utb 5053

```
W0054637
```

Eine Arbeitsgemeinschaft der Verlage

Böhlau Verlag · Wien · Köln · Weimar
Verlag Barbara Budrich · Opladen · Toronto
facultas · Wien
Wilhelm Fink · Paderborn
A. Francke Verlag · Tübingen
Haupt Verlag · Bern
Verlag Julius Klinkhardt · Bad Heilbrunn
Mohr Siebeck · Tübingen
Ernst Reinhardt Verlag · München
Ferdinand Schöningh · Paderborn
Eugen Ulmer Verlag · Stuttgart
UVK Verlag · München
Vandenhoeck & Ruprecht · Göttingen
Waxmann · Münster · New York
wbv Publikation · Bielefeld

Nils Berkemeyer und Lisa Mende

Bildungswissenschaftliche Handlungsfelder des Lehrkräfteberufs

Eine Einführung

Waxmann

Münster · New York

In Erinnerung an Frau Prof. Dr. Edith Glumpler (1951–2000)

Online-Angebote oder elektronische Ausgaben sind erhältlich
unter www.utb-shop.de

Bibliografische Information der Deutschen Nationalbibliothek
Die Deutsche Nationalbibliothek verzeichnet diese Publikation
in der Deutschen Nationalbibliografie; detaillierte bibliografische
Daten sind im Internet über http://dnb.dnb.de abrufbar.

utb 5053
ISBN 978-3-8252-5053-9

© 2018 Waxmann Verlag GmbH
www.waxmann.com
info@waxmann.com

Umschlaggestaltung: Atelier Reichert, Stuttgart
Satz: Stoddart Satz- und Layoutservice, Münster
Druck: Friedrich Pustet GmbH & Co. KG, Regensburg

Gedruckt auf alterungsbeständigem Papier,
säurefrei gemäß ISO 9706

Printed in Germany

Inhalt

B   Handlungsfelder – eine Einführung in die Kompetenzbereiche
     gemäß KMK

„Ein edles Verlangen muß in uns entglühen, zu dem reichen Vermächtniß von Wahrheit, Sittlichkeit und Freyheit, das wir von der Vorwelt überkamen und reich vermehrt an die Folgewelt wieder abgeben müssen, auch aus unsern Mitteln einen Beytrag zu legen, und an dieser unvergänglichen Kette, die durch alle Menschengeschlechter sich windet, unser fliehendes Daseyn zu befestigen. Wie verschieden auch die Bestimmung sey, die in der bürgerlichen Gesellschaft Sie erwartet – etwas dazu steuern können Sie alle! Jedem Verdienst ist eine Bahn zur Unsterblichkeit aufgethan, zu der wahren Unsterblichkeit meyne ich, wo die That lebt und weiter eilt, wenn auch der Nahme ihres Urhebers hinter ihr zurückbleiben sollte."[1] (Schiller, 1789, zitiert nach 1996, S. 135)

---

1   Alle Zitate sind in originaler (historischer) Orthographie wiedergegeben.

Vorwort

„Über die Schwierigkeit einer Einführung in die Erziehungswissenschaft" – in unserem Fall in die schulpädagogischen Anteile der Bildungswissenschaften – hat Lutz Koch einen hoch instruktiven Aufsatz mit eben jenem Titel verfasst (Koch, 1976). Koch betont vor allem die Herausforderung, eine Systematik anzubieten, die es ermöglicht, sich in dem Themengebiet, auf das sich eine solche Einführung bezieht, zurechtzufinden. Diese Systematik haben wir ebenfalls gesucht und gefunden: zum einen in Form des institutionellen Rahmens des Lehrkräfteberufs und zum anderen in den Kompetenzbereichen des Lehrkräfteberufs, die wir den Standards für die Lehrerbildung: Bildungswissenschaften, beschlossen von der Ständigen Konferenz der Kultusminister der Länder in der Bundesrepublik Deutschland (KMK, 2004, 2014), entnommen haben. Neben dieser Systematik sind aber auch zwei weitere Fragen herausfordernd. Zum einen die Frage nach Umfang und Tiefe unserer Einführung und zum anderen danach, wie sichtbar die Autoren sein sollten. Wir haben uns dafür entschieden, eher umfänglich und mit eigenen Meinungen und Positionen diese Einführung zu verfassen. Unsere Einführung in das Studium der Bildungswissenschaften für das Lehramt steht somit vor der Herausforderung, den Inhalt nicht nur als sachgerechte Einführung zu verstehen, sondern auch als Lerngegenstand – und somit Teile des Textes immer auch auf diesen selbst anzuwenden. Er führt also in die Bildungswissenschaften ein, ist zugleich aber auch Teil der bildungswissenschaftlichen Literatur. Dieses Problem wird vor allem dort deutlich, wo die Aussagen über die üblichen Darstellungen der relevanten Konzepte, Theorien, Modelle und Forschungsbefunde hinausgehen und relativ eigenständige Gedanken bieten. Gerade an diesen Stellen ist es schwierig, sich quasi selbst noch einmal zu kommentieren oder einzuordnen. Trotz dieser Herausforderung haben wir nicht gänzlich auf solche Passagen verzichtet. So ist ein Band entstanden, der in dieser Form als Einführung noch nicht vorliegt und so hoffentlich seine Berechtigung haben und seinen Nutzen finden wird. Insgesamt soll der Band dazu anregen, eigene „professionsgemäße" Positionen zu entwickeln, die sich an unsere Standpunkte anlehnen oder diese benutzen, um sich davon abzugrenzen und andere, begründete Ansichten zu entwickeln, die bildungswissenschaftliche Aspekte der Lehrkräfteprofession reflektiert weiterdenken. Wir wünschen uns, dass das Buch dazu beiträgt, informierter über bildungswissenschaftliche Sachverhalte und Zusammenhänge nachzudenken und zu argumentieren. Im Buch werden wir davon sprechen, dass es ein sehr wesentliches Ziel des bildungswissenschaftlichen Studiums ist, Gründe zu identifizieren, zu analysieren und in Diskussionen anführen zu können. Wenn dies gelingt, hätten wir unser Ziel, das wir mit dieser Darstellung beabsichtigen, sicherlich erreicht.

Natürlich würden wir uns auch wünschen, dass der Band in einem ähnlichen Sinn auch Rezeption bei den Kolleginnen und Kollegen in der Lehrkräftebildung erfährt und so zum Gespräch über angemessene Formen der Professionalisierung sowie über die passenden Inhalte innerhalb dieser Ausbildung an Hochschulen beiträgt. Die Entscheidung, die vorliegende Einführung an den bildungswissenschaftlichen Standards für die Lehrerbildung (KMK, 2014), zu orientieren, ist sicherlich ein möglicher Diskussionspunkt. Weder decken sie alle möglichen und relevanten Bereiche der Bildungswissenschaften ab, noch sind die Kompetenzbereiche in sich immer schlüssig und stringent. Wir haben hier aber bewusst auf eine Analyse der KMK-Standards verzichtet, weil wir der Meinung sind, dass sie eher nützen und als gemeinsame Grundlage bildungswissenschaftlichen Wissens für Studierende, aber auch für junge Kolleginnen und Kollegen eine orientierende Wirkung haben können. Gleichwohl bedürfen sie unterschiedlicher Deutungen und Lesarten, damit keine Einseitigkeiten entstehen. So ist insgesamt auffällig, um nur ein Beispiel zu geben, dass die KMK-Standards wenig Raum und wenig konkrete Anlässe für einen kritischen Zugriff auf das Schulsystem liefern. Diesen muss man sich selbst erarbeiten. Wir haben daher versucht, vor allem diesen Aspekt immer wieder zu betonen, und deshalb Themen wie Demokratie, Chancengerechtigkeit und soziale Ungleichheit beständig in die Einführung eingewoben.

Der vorliegende Band basiert auf der Einführungsvorlesung, die seit dem Jahr 2012 an der Friedrich-Schiller-Universität Jena für die Lehramtsstudierenden im 1. Semester gehalten wird. Sie ist mehrmals weiterentwickelt und im vorliegenden Band nochmals deutlich ergänzt worden. Der Fokus liegt sicherlich auf dem Bereich der Sekundarstufe I und II und klammert die Besonderheiten der Grundschule aus. Dennoch sind viele Themen gleichermaßen für Studierende des Grundschullehramts relevant. Die Lektüre wird durch einige didaktische Hilfen in einem Online-Anhang erleichtert und unterstützt. Hierzu zählen u.a. verschiedene Selbstlerntools und beispielhafte Single-Choice-Klausuraufgaben, die als alternative Form der Zusammenfassung betrachtet werden können. Wir hoffen daher mit diesem Band eine hilfreiche Einführung in die Bildungswissenschaften aus schulpädagogischer Perspektive für das Lehramtsstudium vorzulegen, die nicht nur für den Beginn des Studiums Orientierung bietet, sondern deutlich darüber hinaus ihren Nutzen hat und ein Begleiter für das Studium wird. Daher haben wir uns auch entschieden, umfängliche Literatur in den Band einzubauen, so dass Rezipienten sich relativ einfach in bestimmte Themengebiete vertiefen können. Die Lesehinweise am Ende der Kapitel bieten hierfür eine erste Gelegenheit. Sie bieten auch jeweils einen klassischen Text an, um nochmals deutlich zu machen, dass es lohnt, sich mit solchen wertvollen und überdauernden Texten auseinanderzusetzen. Wir danken dem gesamten Lehrstuhlteam: Dr. Jens Beljan, Jana Berkemeyer, Cathrin Burkhardt, Elisabeth Franzmann, Jennifer Graf, Anne Israel, Leon Lörchner, Sebastian Meißner, Sascha Roth und Ina Semper für zahlreiche Hinweise und Anmerkungen, die den Text haben deutlich besser werden lassen. Dies gilt auch für die herausragende Betreuung durch unseren Lektor Falk Burkhardt, der Verständlichkeit und Stringenz des Bandes nochmals deutlich verbessern konnte. Bedanken möchten wir uns auch bei Beate Plugge vom Waxmann Verlag, die die Entstehung des Bandes ebenso professionell wie freundlich begleitet hat.

1. Einleitung

Braucht es eine weitere Einführung in das bildungswissenschaftliche Studium? Wir meinen „Ja" und wollen dies, bevor wir uns den Inhalten dieser Einführung annähern, gern kurz erläutern. Eine Einführung in ein Themengebiet zeichnet sich ganz allgemein in der Regel weniger durch wissenschaftliche Neuigkeiten aus, als durch didaktische Aufbereitung und insbesondere eine Systematisierung des Themengebiets. In einem solchen Sinne finden sich in dieser Einführung auch bekannte, z.t. klassische Inhalte für das Lehramtsstudium. Allerdings sind sie hier, im Unterschied zu vielen anderen Einführungen, nicht an der wissenschaftlichen Disziplin, in unserem Fall der Schulpädagogik[2] (▶ Anhang 2), sondern an der Profession der Lehrkraft orientiert. Was genau damit gemeint ist, das wiederum ist selbst Gegenstand dieser Einführung. Vorerst genügt es an dieser Stelle festzuhalten, dass die KMK 2004 und in überarbeiteter Form 2014 Standards für die Lehrkräftebildung im Bereich der Bildungswissenschaft verabschiedet hat (ausführlich ▶ Anhang 6), die für die Zusammenstellung der Inhalte der Darstellung leitend waren. Damit haben wir uns einer Systematik unterworfen, die zunächst eher einen Zwischenstand der Systematisierung von Standards darstellen, die in der Ausbildung von Lehrkräften erreicht werden sollen. Dennoch sind wir der Meinung, dass es gut ist, einen solchen ersten Kanon an Kompetenzen (▶ Anhang 2) im Sinne eines Mindeststandards an Professionswissen aufzustellen, weil so eine gemeinsame Gesprächsgrundlage mit übereinstimmenden, zumindest aber ähnlichen Bezugspunkten wahrscheinlicher wird.

Wir möchten also eine an den von der KMK für die Lehrkräftebildung beschlossenen Standards orientierte Einführung in den bildungswissenschaftlichen Teil des Studiums anbieten, ergänzt um übergreifende Themen wie (rechtliche und institutionelle) Rahmenbedingungen sowie Professionalisierung (▶ Abbildung 1), die zu Studienbeginn Orientierungshilfe bietet und möglicherweise auch noch am Ende des Studiums die Basis für eine erfolgreiche Prüfung bildet und so die Entwicklung hin zu einer professionellen Lehrkraft begleitet.

Professionalisierung findet natürlich nicht allein durch das Lesen von Büchern statt, aber sie gelingt auch nicht ohne grundständige Einführungen und

---

2   Diese Darstellung stellt eine schulpädagogische Einführung in verschiedene Themen der Bildungswissenschaft dar. Hauptthemen anderer bildungswissenschaftlicher Disziplinen, wie z.B. der Pädagogischen Psychologie, der Historischen Pädagogik und/oder der Sozialpädagogik werden dabei mitunter nur tangiert oder auch gar nicht behandelt.

Vertiefungen in bestimmte Wissensdomänen. Damit sind wir bei einer Eigenheit des Lehramtsstudiums angelangt, die darin besteht, dass sich Lehramtsstudierende vor dem Hintergrund ihrer Expertinnen- oder Expertenrolle als ehemalige Schülerinnen oder Schüler und somit als kluge Beobachtende von Lehrkräften dazu entschieden haben, ebenfalls Lehrkraft zu werden und so vielleicht ihr gesamtes Berufsleben in den Dienst der Bildungsinstitution Schule stellen. Derartige Entscheidungen basieren nicht selten auf festen Gewissheiten und starken Überzeugungen. Es sind aber gerade solche Überzeugungen, die wissenschaftliches Arbeiten und unvoreingenommenes Denken auch erschweren können. Denn Wissenschaft ist, jedenfalls in einer bestimmten Lesart, immer daran interessiert, unsere alltäglichen Vorstellungen zu hinterfragen und neue Perspektiven auf bekannte Phänomene zu generieren. Die Wissenschaft als eine forschende Praxis kann sich solch eine Haltung (noch) erlauben, gegenüber der schulischen Praxis, der es darum geht, Sicherheiten aufzubauen und zu gewährleisten. Der pädagogischen Praxis der Schule erscheint darum die akademische Wissenschaft nicht selten als wenig hilfreich für die angestrebte schulische Praxis. Doch bevor wir voreilig von der Wissenschaft Anleitungen verlangen, sollten wir uns gemeinsam darauf einlassen, Wissenschaft das tun zu lassen, was sie am besten kann: Das Denken anzuregen, fremdartige Perspektiven sowie überraschende und weniger überraschende Zusammenhänge aufzuzeigen. Das Studium sollte in diesem Sinne nicht nur als ein auf Zertifikate ausgerichteter „Qualifikationsprozess" verstanden werden, an dessen Verschulung die Hochschulen keinen unerheblichen Anteil tragen, sondern vor allem auch als ein Bildungsprozess wahrgenommen werden, der von den Studierenden selbst weitreichend mitgestaltet werden kann und soll. Dies gelingt zum Beispiel, wenn nach der Lektüre dieser Einführung Inkonsistenzen entdeckt, alternative Lesarten eines Konzepts eingefordert oder einfach weitere Texte zur Vertiefung gelesen werden. Es geschieht, wenn die Texte in der Interaktion mit Kommilitoninnen und Kommilitonen erneut zur Sprache gebracht werden und mit anderen Wissensbeständen verknüpft und vielleicht dann auch in der gemeinsamen Erkundung der Bedeutsamkeit des Gelesenen für eine künftige Schulpraxis herangezogen werden. Professionelle Lehrkräfte brauchen Wissen, nicht nur über ihre zu unterrichtenden Fächer, sondern auch über ihren Beruf, ihre Profession, und über das, was jenen in der täglichen Arbeit auszeichnet. Dazu gehört eine eigene Professionssprache, die die Verständigung über wesentliche Aufgaben vereinfacht, vielleicht auch erst ermöglicht. Der Lehrkräfteberuf steht diesbezüglich jedoch noch eher am Anfang. Alltagstheorien beispielsweise über Faulheit, Begabung, Bosheit oder Herzensgüte sind noch allzu häufig monokausale Variablen, wenn es um die Erklärung von Schülerinnen- und Schülerverhalten geht. Dies ist jedoch ebenso unangemessen wie die Idee, durch Ablasszahlungen der Hölle entgehen zu können (eine immerhin für einige Zeit sehr verbreitete Auffassung und Praxis). Sich also einer in Teilen neuen Sprache anzunähern und das eigene Denken in einem pädagogisch-wissenschaftlichen Sinne zu trainieren, um Gründe für ein angemessenes pädagogisches Handeln zu kennen und anzuführen, soll wesentliches Ziel dieser Einführung sein. Pädagogisch-wissenschaftlich meint in diesem Zusammenhang, wissenschaftlich informiert pädagogische Urteile (dies sind Werturteile; ▶ Abschnitt 2.3.3) fällen zu können. Das „pädagogisch" (der Begriff hat seinen Ursprung im griechischen *paideia*, was schon immer so viel bedeutete wie die Lehre und die Theorie von der menschlichen Erziehung und Bildung, vgl. Böhm, 2004, S. 750) soll uns dabei daran erinnern, dass der Staat Lehrkräfte vor allem deshalb anstellt, um Kinder und Jugendliche zu schützen und ihnen einen möglichst moralisch, emotional und kognitiv gebildeten Start in die Eigenständigkeit, die sich auch durch die Teilhabe an der Gesellschaft auszeichnet, zu ermöglichen.

Die Einführung in die bildungswissenschaftlichen Handlungsfelder des Lehrkräfteberufs lässt sich inhaltlich grob in zwei Teile gliedern (▶ Abbildung 1):

Teil A:
Umfasst Kapitel 2 bis 6 und versteht sich als professionsgemäße Einführung in die allgemeinen, rechtlichen und institutionellen Rahmenbedingungen sowie normativen Grundlagen des Lehrkräfteberufs.

Teil B:
Beinhaltet Kapitel 7 bis 10 und nimmt die in den bildungswissenschaftlichen Standards für die Lehrkräfteausbildung (KMK, 2004, 2014) beschriebenen vier Kompetenzbereiche: Unterrichten, Erziehen, Beurteilen und Innovieren, die in insgesamt elf Kompetenzen (K) (▶ Abbildung 1; ausführlicher im Anhang 6) operationalisiert sind, sowohl auf theoretischer wie auch empirischer Basis näher in den Blick.

Im ersten inhaltlichen Kapitel (▶ Kapitel 2) wird der Professionalisierungsprozess von Lehramtsstudierenden zunächst im Medium der Wissenschaft als individueller Reflexions- und Lernprozess verstanden und näher ausgeführt. Es ist ein Angebot, sich und das Studium zu reflektieren und das Studium auch als Raum der Sozialisation und Bildung zu verstehen und so an der Lebensform Wissenschaft zu partizipieren. Kapitel 3 und 4 nehmen besonders die historische Entwicklung der Institutionalisierung des deutschen Schulwesens in den Fokus sowie die Herausbildung der Lehrkräfteprofession. Kapitel 4 versteht sich dabei als Brückenkapitel, in dem drei historisch be-

Schulsystem (▶ Kapitel 3, 4, 5)

Kompetenzbereich: Unterrichten
(▶ Kapitel 7)

K 1: „Lehrerinnen und Lehrer planen Unterricht unter Berücksichtigung unterschiedlicher Lernvoraussetzungen und Entwicklungsprozesse fach- und sachgerecht und führen ihn sachlich und fachlich korrekt durch" (KMK, 2014, S. 7).

K 2: „Lehrerinnen und Lehrer unterstützen durch die Gestaltung von Lernsituationen das Lernen von Schülerinnen und Schülern. Sie motivieren alle Schülerinnen und Schüler und befähigen sie, Zusammenhänge herzustellen und Gelerntes zu nutzen" (ebd., S. 8).

K 3: „Lehrerinnen und Lehrer fördern die Fähigkeiten der Schülerinnen und Schüler zum selbstbestimmten Lernen und Arbeiten" (ebd., S. 8).

Kompetenzbereich: Beurteilen
(▶ Kapitel 9)

K 7: „Lehrerinnen und Lehrer diagnostizieren Lernvoraussetzungen und Lernprozesse von Schülerinnen und Schülern; sie fördern Schülerinnen und Schüler gezielt und beraten Lernende und deren Eltern" (ebd., S. 11).

K 8: „Lehrerinnen und Lehrer erfassen die Leistungsentwicklung von Schülerinnen und Schülern und beurteilen Lernen und Leistungen auf der Grundlage transparenter Beurteilungsmaßstäbe" (ebd., S. 12).

Professionalität
(▶ Kapitel 2, 3, 4, 6)

Kompetenzbereich: Erziehen
(▶ Kapitel 8)

K 4: „Lehrerinnen und Lehrer kennen die sozialen und kulturellen Lebensbedingungen, etwaige Benachteiligungen, Beeinträchtigungen und Barrieren von und für Schülerinnen und Schüler(n) und nehmen im Rahmen der Schule Einfluss auf deren individuelle Entwicklung" (ebd., S. 9).

K 5: „Lehrerinnen und Lehrer vermitteln Werte und Normen, eine Haltung der Wertschätzung und Anerkennung von Diversität und unterstützen selbstbestimmtes Urteilen und Handeln von Schülerinnen und Schülern" (ebd., S. 10).

K 6: „Lehrerinnen und Lehrer finden Lösungsansätze für Schwierigkeiten und Konflikte in Schule und Unterricht" (ebd., S. 10).

Kompetenzbereich: Innovieren
(▶ Kapitel 10)

K 9: „Lehrerinnen und Lehrer sind sich der besonderen Anforderungen des Lehrerberufs bewusst. Sie verstehen ihren Beruf als ein öffentliches Amt mit besonderer Verantwortung und Verpflichtung" (ebd., S. 13).

K 10: „Lehrerinnen und Lehrer verstehen ihren Beruf als ständige Lernaufgabe" (ebd., S. 13).

K 11: „Lehrerinnen und Lehrer beteiligen sich an der Planung und Umsetzung schulischer Projekte und Vorhaben" (ebd., S. 14).

Abbildung 1: Kapitelübersicht und inhaltliche Schwerpunkte der Einführung in Bezug auf die bildungswissenschaftlichen Standards für die Lehrkräfteausbildung (KMK, 2014; eigene Darstellung)

gründete Themenbereiche vorgestellt werden (Schulstruktur, Theorie und Praxis, Chancengerechtigkeit), die auch aktuell noch von großer Bedeutung für den bildungswissenschaftlichen Diskurs sind. Daran schließt sich im Kapitel 5 eine nähere Beschreibung der aktuellen und rechtlichen Strukturprinzipien des deutschen Schulsystems sowie dessen Steuerung an. Dies geschieht sowohl unter Berücksichtigung einschlägiger empirischer Studien, als auch schultheoretischer Darlegungen. Ausführungen zu Bausteinen einer Theorie der Schulsystementwicklung beenden dieses Kapitel. Die Frage(n), wodurch sich professionelle Lehrkräfte auszeichnen, behandelt Kapitel 6 zentral. Zur Annäherung an eine Beantwortung dieser Frage(n) und damit zusammenhängender Problemstellungen werden Vorschläge für Professionsleitbilder und empirische Befunde aus der Forschung zum Lehrkräfteberuf dargestellt sowie Professionstheorien diskutiert. In diesem Kapitel stellen wir mit dem Konzept der lernenden Profession sowie der deliberativen Profession zudem zwei eigenständige Angebote zum Verständnis der Lehrkräfteprofession vor.

Teil B beginnt mit Kapitel 7, dem Kompetenzbereich „Unterrichten". Es wird dort in Ergebnisse der Schul- und Unterrichtsforschung eingeführt und didaktische Modelle werden vorgestellt. Zudem findet sich ein eigener Abschnitt, mit dem das Konzept der Bildungsstandards als Grundlage für alle Unterrichtsprozesse in Deutschland charakterisiert wird. In Kapitel 8 werden mit dem Kompetenzbereich „Erziehen" verschiedene Ziele von Erziehung in Abhängigkeit der Bestimmung des Verhältnisses von Schule und Gesellschaft dargelegt. Weiter wird in diesem Kapitel besonders auf den Aspekt der Sozialisation eingegangen und es werden zentrale Berichtsysteme und Ergebnisse der Kindheits- und Jugendforschung in Deutschland vorgestellt. Auch werden hier die Themen der Moralentwicklung, Werte- und Demokratieerziehung sowie Kommunikation und Konfliktmanagement behandelt. Kapitel 9, Kompetenzbereich „Beurteilen", gibt einen umfassenden theoretischen sowie anwendungsbezogenen Einblick in Fragen der pädagogischen Diagnostik, in konkrete Fragen der schulischen Leistungsmessung, -bewertung und -beurteilung sowie in grundlegende Aspekte des pädagogischen Beratens. Kapitel 10 führt in den Kompetenzbereich „Innovieren" ein und setzt sich intensiv mit dem Thema Schulentwicklung sowie den entsprechenden Definitionsmöglichkeiten, Forschungsfeldern und zentralen Forschungsbefunden auseinander. Ergänzt ist dieses Kapitel um den Themenbereich Lehrkräftegesundheit, der zunehmend an Bedeutung gewinnt und im Sinne einer Work-Life-Balance von besonderer Bedeutung ist.

Dem Band wird ein Online-Anhang beigefügt (www.link.utb), der exemplarisch wesentliche Inhalte aller Kapitel in Form einer Single-Choice-Klausur resümiert (▶ Anhang 1). Die Single-Choice-Klausur besteht insgesamt aus 32 Fragen. Pro zentralem Thema: Schulsystem, Professionalisierung, Unterrichten, Erziehen, Beurteilen, Innovieren umfasst sie vier bis sieben Fragen, die so oder ähnlich auch in einer Klausur Eingang finden könnten und somit auch als konkrete Vorbereitung auf Prüfungen zu verstehen sind. Hier befindet sich auch ein umfassender didaktischer Anhang, der mittels verschiedener Selbstlerntools, wie Übungs- und Reflexionsfragen gemäß der Bloomschen Lernzieltaxonomie oder themenbezogenen Fallvignetten, die Möglichkeit eröffnet, selbstständig das in dieser Einführung dargelegte Wissen einzuüben, anzuwenden und zu überprüfen. Zudem stellt der Anhang verschiedene Materialen bereit, wie sie aktuell in Formen innovativen Unterrichts zur Anwendung kommen, wie beispielsweise Fremd- und Selbstbewertungsbögen von Schülerinnen- und Schülerleistungen, ein exemplarisches Kompetenzraster, Checklisten und Leitfäden für die Vorbereitung, Durchführung und Nachbereitung von Beratungsgesprächen.

A
Institutionelle Rahmung des Lehrkräfteberufs

2. Studierende auf dem Weg zur professionellen Lehrkraft im Spannungsfeld von Wissenschaft und Profession

Wir können dieses Kapitel noch einmal mit Schiller beginnen, der im Titel seiner Jenaer Antrittsvorlesung im Jahr 1789 danach fragt, was heißt und zu welchem Zweck studiert man Universalgeschichte (siehe Schiller, 1996). Wir ersetzen Universalgeschichte durch Bildungswissenschaften (▶ Anhang 2) und sind somit zum einen aufgefordert, nach dem Gegenstand der Bildungswissenschaften zu fragen, und zum anderen danach, worin das Ziel des Studiums der Bildungswissenschaften besteht. Die Bildungswissenschaften umfassen alle wissenschaftlichen Teildisziplinen, die in der Lehrkräftebildung nicht Fachdidaktik oder Fachwissenschaft sind. Je nach wissenschaftlichem Standort wird unterschiedlich akzentuiert, welche akademischen Disziplinen sich an der Lehrkräftebildung beteiligen, und dies zumeist der Erziehungswissenschaft, der Psychologie, der Soziologie, der Politikwissenschaft und der Philosophie zugeschrieben. Diese vorliegende Einführung fokussiert daher auf erziehungswissenschaftliche, bildungsphilosophische, soziologische sowie pädagogisch-psychologische Theorien und Forschungsbefunde.

In der Überschrift zu diesem Kapitel ist das Ziel eines bildungswissenschaftlichen Studiums bereits angedeutet: Es sollte darin bestehen, Grundlagen für das professionelle Lehren bzw. die pädagogische Professionalität zu legen sowie Beiträge auf dem Weg dorthin zu leisten. Hierin enthalten ist die Annahme, dass durch das bildungswissenschaftliche Studium ein wichtiger oder wesentlicher Beitrag zur Professionalität von Lehrkräften erreicht wird. Diese Annahme ist nun aber gerade bei Studierenden nicht selten umstritten, da diese mitunter den (Mehr)Wert der bildungswissenschaftlichen Inhalte für die eigene Kompetenzentwicklung (ein anderes Wort für Professionalisierung, allerdings deutlich enger in seiner Bedeutung; ▶ Kapitel 6) in Frage stellen. Dies hat möglicherweise mit den jeweils spezifischen Erwartungen von Dozierenden an der Hochschule und denen der Studierenden zu tun (vgl. hierzu eindrucksvoll Flitner, 1989). Die Erwartungen vieler Studierender bestehen darin, konkretes Wissen zu erwerben, das ihnen unmittelbar hilft, Unterricht zu planen, Schülerinnen und Schüler zu motivieren oder bei Störungen angemessen zu intervenieren. Dieser Wunsch entspricht einer Vorstellung vom Studium als Meisterlehre, in dem Dozierende das handwerkliche Wissen an ihre Auszubildenden weitergeben. Dies kann ein Studium in aller Regel nicht leisten; und soll es auch nicht! Ein solches Ausbildungsformat entspräche dann eher dem Unterricht an einer Berufsschule, nicht aber einem wissenschaftlichen Studium, auf dessen Einrichtung sowohl die Erziehungswissenschaften, als auch der Berufstand der Lehrkräfte selbst zu Recht stolz ist (▶ Kapitel 3). Es ist daher aus Sicht der Autoren zentral, sich ein angemessenes Bild vom Studium der Bildungswissenschaften zu machen und von der Rolle, die die Wissenschaft und die Studierenden dabei selbst übernehmen. Wir haben hierzu ein Modell entwickelt, das dazu dienen soll, den Studierenden eine Idee vom Zusammenhang zwischen Wissenschaft und eigenem Studium zu entwickeln. Hierbei geht es um die Professionalisierung im Medium der Wissenschaft als individuellem Reflexions- und Lernprozess (▶ Abbildung 2). Um dieses Modell und die mit ihm verbundene Idee verständlich zu machen, werden nachfolgend zunächst die einzelnen Elemente des Modells vorgestellt und anschließend der Gesamtzusammenhang erläutert. Die Vorstellung des Modells verzichtet dabei weitgehend auf eine differenzierte Darstellung anderer Auffassungen, so dass gerade in diesem Kapitel in besonderer Weise die Auffassung der Autoren zur Sprache kommt, während in den anderen Kapiteln die Auffassung der Autoren hinter eine umfassendere Darstellung zurücktritt, ohne jedoch gänzlich zu verschwinden.

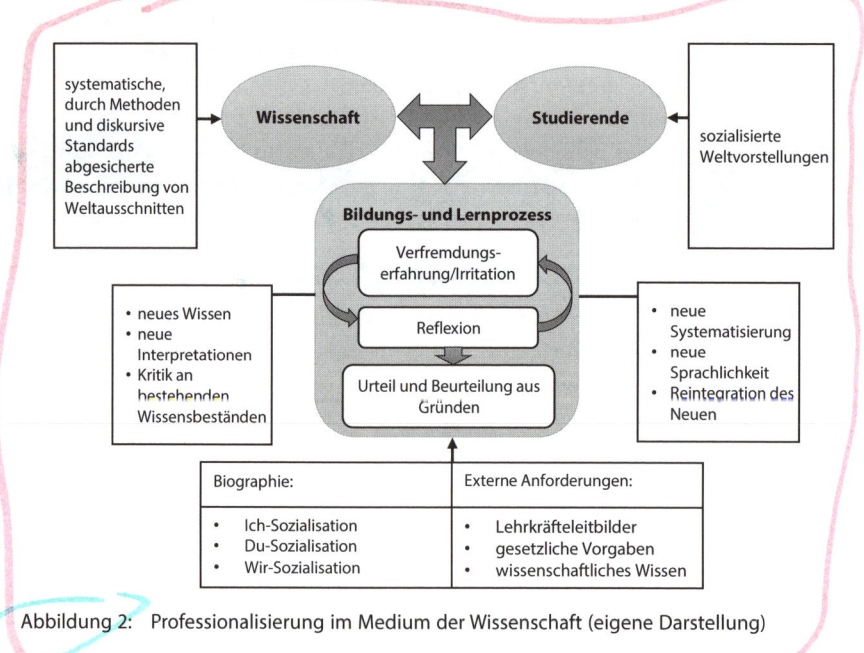

Abbildung 2: Professionalisierung im Medium der Wissenschaft (eigene Darstellung)

2.1 Aspekte von Wissenschaft

In der Beschreibung dessen, was hier als Wissenschaft verstanden wird, die wir später dann in Form der Bildungswissenschaften konkretisieren, folgen wir den Ausführungen von Jürgen Mittelstraß (2001, 2015), einem der renommiertesten Wissenschaftstheoretiker der Nachkriegszeit, und nutzen an dieser Stelle somit zunächst ein Autoritätsargument. Wir werden später aber hoffentlich sehen, dass es auch systematisch in besonderer Weise zu unserer Idee der Professionalisierung im Medium der Wissenschaft passt (Berkemeyer & Schneider, 2009).

2.1.1 Wissenschaft als Wissensbildung

Wissenschaft ist zunächst eine sich in der Menschheitsgeschichte sukzessiv ausbreitende Praxis, die für sich eine spezifische Rationalität beansprucht, da sie zur Wissensbildung nach bestimmten Verfahren und Methoden beiträgt (Kittsteiner, 2000). Dieses Wissen wird dann in vielfältiger Form verbreitet und gesellschaftliche Teilsysteme und Akteure nehmen in unterschiedlicher Weise Bezug auf diese Wissensangebote. So basieren bis heute militärische Innovationen auf wissenschaftlichen Erkenntnissen, genauso wie medizinische Verfahren oder auch die Fortschreibung unserer Gesetzgebung. Allerdings zeigt sich schnell, dass in den diversen wissenschaftlichen Disziplinen nicht ein einzelnes Verfahren zur Wissensbildung besteht, sondern sehr unterschiedliche Verfahren und Methoden zur Erkenntnisgewinnung genutzt werden. Mittelstraß fächert das fallibilistische Modell, in dessen Zentrum die Aufdeckung von Irrtümern steht, oder anders formuliert, die Korrektur wissenschaftlicher Modellannahmen (siehe hierzu vor allem Popper, 1989), in ein historisches Modell, ein strukturalistisches Modell und in ein konstruktivistisches Modell auf (Schurz, 2006; Tschamler, 1996, S. 29 ff.). Solch unterschiedliche wissenschaftstheoretische Vorstellungen finden auch in der Erziehungswissenschaft ihren Niederschlag (König & Zedler, 1983; Krüger, 1999). Hier wird traditionell in eine geisteswissenschaftliche Pädagogik, eine empirische Erziehungswissenschaft und eine kritische Erziehungswissenschaft unterschieden (Benner, 1973). Diese lassen sich dann wiederum bestimmten wissenschaftstheoretischen bzw. erkenntnistheoretischen Positionen zuordnen (▶ Tabelle 1).

Tabelle 1: Zentrale wissenschaftstheoretische Positionen in der Erziehungswissenschaft (eigene Darstellung)

Position	Wichtige Vertreter	Bezugstheorie/Methode
Geisteswissenschaftliche Pädagogik	Wilhelm Dilthey (1833–1911) Herman Nohl (1879–1960) Theodor Litt (1880–1962) Eduard Spranger (1882–1963)	Hermeneutik, Phänomenologie, Dialektik
Empirische Erziehungswissenschaft	Aloys Fischer (1830–1938) Heinrich Roth (1906–1983)	Logischer Positivismus
Empirische Bildungsforschung	Wolfgang Brezinka (*1928) Jürgen Baumert (*1941) Wilfried Bos (*1953) Eckhard Klieme (*1954) Olaf Köller (*1963) Petra Stanat (*1964)	Kritischer Rationalismus, Stochastik, latente Messmodelle
Kritische Erziehungswissenschaft	Klaus Schaller (1925–2015) Herwig Blankertz (1927–1983) Wolfgang Klafki (1927–2016) Klaus Mollenhauer (1928–1998)	Marxismus, kritische Theorie der Frankfurter Schule, empirisch-rekonstruktive Sozialforschung

Eine solche Systematisierung, die ohne Zweifel immer unzureichend ist, da sie zugunsten einer Systematik die tatsächlichen Erscheinungsformen des wissenschaftlichen Arbeitens vereinfacht, hat immerhin den Vorteil, dass die Zuordnung von Autoren es uns erlaubt, etwas über den Prozess der Wissensbildung auszusagen. Neben solchen wissenschaftlichen Schulen (Kauder, 2010), häufig auch als Paradigmen bezeichnet, lassen sich zudem verschiedene Wissens- und Textsorten in den Bildungswissenschaften finden, die sich hinsichtlich ihrer Funktionen und Wissenschaftlichkeit unterscheiden (ausführlich hierzu ▶ Anhang Tabelle 8). Es ist daher für das Studium hilfreich, die Fülle an Literatur, die den Studierenden dabei begegnet, zumindest in ersten Ansätzen wie folgt klassifizieren zu können:

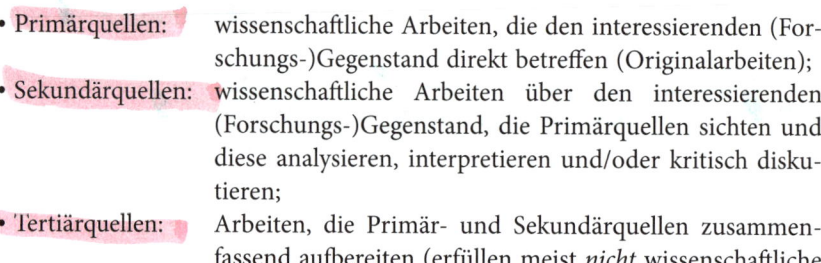

- Primärquellen: wissenschaftliche Arbeiten, die den interessierenden (Forschungs-)Gegenstand direkt betreffen (Originalarbeiten);
- Sekundärquellen: wissenschaftliche Arbeiten über den interessierenden (Forschungs-)Gegenstand, die Primärquellen sichten und diese analysieren, interpretieren und/oder kritisch diskutieren;
- Tertiärquellen: Arbeiten, die Primär- und Sekundärquellen zusammenfassend aufbereiten (erfüllen meist *nicht* wissenschaftliche Kriterien);

- Referenzwerke: Arbeiten, die Primär- und Sekundärquellen zusammenfassend aufbereiten (erfüllen wissenschaftliche Kriterien);
- Handreichungen: Publikationen, die als Praxishilfen konzipiert sind und sich an Handelnde in den jeweiligen Bereichen wenden;
- Graue Literatur: Literatur, die nicht im Buchhandel vertrieben wird, die aber dennoch den Charakter der zuvor genannten Kategorien einnehmen kann.

Die Kompliziertheit dieser Debatten über Erkenntnismöglichkeiten muss uns dabei nicht weiter schrecken. Sie dauert immerhin schon so lange wie Menschen hierüber nachdenken und wir müssen (zum Glück) gar nicht in die Details einsteigen. Es soll daher genügen, dass wir uns fürs erste daran erinnern, dass durch den Bezug auf Wissenschaft nicht per se die absolute Wahrheit einer Aussage zu erwarten ist und darum unser Gegenüber nicht automatisch von den angeführten Argumenten oder Erkenntnissen allein aus dem Grund überzeugt sein muss, weil wir diesen das Gütesiegel „wissenschaftlich" mitgeben. Wir müssen also den differenzierten Gebrauch wissenschaftlicher Argumente und Positionen einüben, um uns in dem angestrebten Beruf einer Lehrkraft zurechtzufinden. Hierin steckt allerdings wiederum eine zentrale Annahme der Autoren, dass nämlich alle wissenschaftlichen Richtungen in der Bildungswissenschaft spezifische Blickwinkel auf die Welt bieten, die es im eigenen Professionswissen konstruktiv aufeinander zu beziehen gilt. Verabsolutierende Positionen, die die Unsinnigkeit anderer Verfahren, Methoden und Methodologien behaupten, sind weder für die Wissenschaft noch für die Profession fruchtbar. Dies gilt im Übrigen auch für die simplifizierende Gegenüberstellung von Natur- und Geisteswissenschaften, als sei damit schon irgendetwas erklärt. Viel entscheidender als die Methodologie der Forschung ist die Qualität ihrer Durchführung und die Transparenz in Bezug auf ihre Schwächen (die nahezu jede Studie aufweist). Qualitätskriterien sind hierbei standardisierte Methoden und Auswertungsverfahren wie auch die Normen und Regeln von Interpretation und Argumentation. So können beispielsweise empirisch hervorragend durchgeführte Studien erhebliche Schwächen in der Argumentation aufweisen und umgekehrt fehlt es vielen Argumenten in der Erziehungswissenschaft an empirischen Belegen. Es lassen sich nicht häufig Arbeiten finden, die alle Qualitätskriterien in sich vereinen. Daher ist es von zentraler Bedeutung, dass Studierende im Laufe ihres Studiums die Kompetenz entwickeln, Texte diesbezüglich auch eigenständig zu beurteilen.

2.1.2 Wissenschaft als gesellschaftliche Institution

Wissenschaft bezieht sich aber nicht nur auf Wissensformen allein, sondern zudem auch auf die Institutionen der Wissenschaft und die Idee der Wissenschaft selbst. Mit der institutionellen Verfasstheit verweist Mittelstraß auf die „gesellschaftliche Form, in der sich die wissenschaftliche Wissensbildung verwirklicht" (Mittelstraß, 2015, S. 30). Hiermit sind die konkreten Orte (Universitäten, Fachhochschulen, außeruniversitäre Forschungseinrichtungen wie z.B. die Max-Planck-Institute) der Wissenschaft einerseits und die hiermit vermittelten symbolischen Bedeutungen wie Wahrheit und Rationalität andererseits gemeint. Dass die Lehrkräftebildung innerhalb dieser gesellschaftlichen Institutionen stattfindet, ist nicht selbstverständlich und historisch betrachtet keineswegs für angehende Lehrkräfte immer Bestandteil des Studiums gewesen (▶ Kapitel 3). Daher ist es nicht ganz unwichtig, sich gelegentlich auch daran zu erinnern, dass ein gebührenfreies Studium an einer Hochschule wie auch die einzelnen Studiengänge selbst von der Gesellschaft eingeräumte Privilegien darstellen, die bei nicht mehr überzeugend vorgebrachter Legitimation und daraus resultierender schwindender gesellschaftlicher Akzeptanz durchaus auch wieder entzogen werden können. Dann nämlich, wenn die eigentlichen Leistungen der Universität – Forschung und Lehre – die Lehramtsstudiengänge nicht mehr angemessen durchdringen und diese zu stark an vermeintlich praktischen und schulpraxisbezogenen Erwägungen ausgerichtet werden, es also keine Differenz mehr zur zweiten Ausbildungsphase in der Lehrkräftebildung gibt (Abs & Anderson-Park, 2014). Genau hieran ist zu denken, wenn etwa die Theorielastigkeit oder die Abstraktion im Studium beklagt werden. Das Lehramtsstudium in der Bundesrepublik Deutschland ist der Praxis der Schule bereits sehr weit entgegengekommen, etwa in der professionsorientierten – im Unterschied zu einer an den wissenschaftlichen Disziplinen der Erziehungswissenschaft ausgerichteten – Gestaltung vieler Lehramtsstudiengänge. Dies heißt konkret, dass sich die Systematik der Präsentation der relevanten Wissensbestände auch wirklich an der Profession und am Berufsfeld und eben nicht an den jeweiligen Systematiken etwa der Schulpädagogik orientiert.

2.1.3 Wissenschaft als Lebensform

Die dritte Bedeutung von Wissenschaft sieht Mittelstraß in der Idee der Wissenschaft als Lebensform. „Dies, der Umstand, daß Wissenschaft Ausdruck der Vernunftnatur des Menschen ist und diese eine eigene Lebensform ausmacht, gerät immer mehr in Vergessenheit" (Mittelstraß, 2015, S. 31). Diese Lebensform kann – so Mittelstraß weiter – mit Schiller als „himmlische Göttin" oder „tüchtige Kuh" aufgefasst werden. Worum es hierbei im Grunde geht, ist nicht die naive Vergötterung akademischen Lebens an sich, es geht auch nicht um die (Rück-)Etablierung einer als unantastbarer geltenden Professorenschaft oder um eine blinde Ehrfurcht vor den „Wissenden". Vielmehr geht es bei dem Hinweis, Wissenschaft als Lebensform zu verstehen, um die Verbindung wissenschaftlichen Tuns als einer ethisch gerechtfertigten Praxis. Wissenschaft als Lebensform fühlt sich dabei dem Prinzip Verantwortung (Jonas, 2003) verpflichtet und stellt sich in den Dienst einer demokratischen Gesellschaft, zu deren Aufklärung, Kritik und Weiterentwicklung sie durch die Praxis des Erkennens und Transferierens einen gewichtigen Beitrag leistet (Ricken et al., 2014; Schultheis & Hector, 2008). Aus diesem Grund ist die Freiheit von Forschung und Lehre auch ein grundgesetzlich geschütztes Gut. Dieser Punkt wird daher aus Sicht der Verfassenden vorliegender Einführung deshalb betont, weil Schule ebenfalls als Lebensform gedacht werden kann, die in Bezug auf die nachwachsende Generation in ihrem Erziehungs- und Bildungsauftrag eine ähnliche Funktion wie die Wissenschaft aufweist. In diesem Sinne akzeptiert und befolgt Wissenschaft auch die selbstauferlegten Normen und Standards wissenschaftlichen Arbeitens – dies schließt beispielsweise den Verzicht auf Plagiate bereits auf der Ebene von Hausarbeiten ein. Zum wissenschaftlichen Ethos gehören weiterhin die kritische Begleitung und Positionierung gegenüber gesellschaftlichen Entwicklungen sowie auch eine aufgeklärte Selbstreflexion der Wissensbildung als gesellschaftliche Praxis. Dies ist ein hohes Gut und anspruchsvolle Verpflichtung. Dort, wo es gelingt, Wissenschaft als Lebensform zu leben, dort kann sie auch Orientierung bieten. Zugrunde liegt den Überlegungen von Mittelstraß, dass die Orientierung der Wissenschaft durch die Verbindung von rationalen Wissensformen, Institutionen und Lebensform durch eine *bildende* Wissenschaft gelingt und somit dem Bildungsauftrag der Institution Universität, der auf eben jene wissenschaftliche Rationalität angewiesen ist, die der Wissenschaft als bildende Lebensform erst das Fundament gibt, Rechnung getragen wird. Wenngleich diese Überlegungen ein wenig pathetisch daherkommen mögen, so sind sie doch bei der Frage nach Schule als Lebensform und der angemessenen Ausgestaltung von Schule hilfreich und selbstredend gerade auch dann, wenn es um die Professionalisierung der angehenden Lehrkräfte geht.

2.2 Studierende – das Studium als Sozialisationsprozess

Studierende lernen hoffentlich alle drei Bedeutungen von Wissenschaft im Verlauf ihres Studiums kennen. Dabei werden die Studierenden aber nicht von der Universität absorbiert, vielmehr beginnt mit dem Studium ein besonderer Teil der Sozialisation im Leben junger Menschen, die Hochschulsozialisation. Diese bewirkt nicht nur einen akademischen Habitus, sondern mündet idealerweise auch in Bildungs- und Lernprozesse. Damit wird daran erinnert, dass das Studium eben nicht nur als eine Phase des Erwerbs neuer Kompetenzen zu begreifen ist, sondern und vielleicht vor allem als eine Phase der Weiterentwicklung der eigenen Persönlichkeit. Dabei spielt die Selbstsozialisation eine ebenso bedeutsame Rolle wie Formen der Du- und Wir-Sozialisation. Hiermit sind diejenigen Prozesse gemeint, die entweder durch eigenes Entscheiden (bewusst oder unbewusst), Interaktionen innerhalb von Familie oder Partnerschaft sowie in den jeweiligen Referenzgruppen (Freundeskreis, Sportverein etc.) erlebt und individuell verarbeitet werden. Diese Sozialisationsprozesse tragen maßgeblich zu dem bei, was wir Biographie nennen. Diese wird für Studienanfängerinnen und Studienanfänger nun um den Erfahrungsraum Hochschule ergänzt und neue Möglichkeiten für die eigenen Sozialisations- und Bildungsprozesse entstehen. Die Begegnung mit Wissenschaft ist dabei ein zentrales Moment, aber natürlich nicht das einzige. Wenn es daher zunächst vor allem um Angebote und Möglichkeiten geht, neues Wissen zu erwerben, so ist dabei nicht zu vergessen, dass dieser Erwerb von zahlreichen subjektiven Faktoren sowie weiteren Umweltbedingungen abhängt. Dies gilt zunächst für Sie, die Studierenden, als auch später für Ihre Schülerinnen und Schüler. Angehende Lehrkräfte, so unser Wunsch – sollten also die eigenen Lernprozesse sehr bewusst wahrnehmen, weil darin eine wichtige Lernquelle für die spätere Berufsausübung liegt (Kraus, 2016). Es lohnt daher, nach Gründen zu suchen, warum das Lernen in dem einen Fach eher leicht, in einem anderen hingegen jedoch schwerer fällt. Es lohnt sich, darüber in den Gedanken- und Meinungsaustausch mit den Studienkolleginnen und -kollegen und somit den Mitstreiterinnen und Mitstreitern zu treten und sich dadurch darüber Klarheit zu verschaffen. Eine solche Aufklärung von Lernbedingungen ist ein zentraler Teil der späteren professionellen Praxis.

Die so angestrebte Professionalisierung der Studierenden lässt sich sodann als ein Sonderfall der Hochschulsozialisation auffassen. Sie findet dann statt, wenn die Begegnung der Studierenden mit den drei Bedeutungsweisen von Wissenschaft zu einer aktiven Auseinandersetzung mit sich selbst (▶ Kapitel 6; insbesondere den Ansatz von Werner Helsper), seinen Kommilitonen und natürlich den Angeboten, die die Wissenschaft in Form der von ihr hervorgebrachten Wissensformen und Wissensbeständen führt. Befunde der Sozialisationsforschung zeigen allerdings, dass diese normative Erwartung an das Studium häufig nicht mehr geteilt und erfüllt wird. Verwertungszusammenhänge und Ergebnisorientierung im Sinne von Leistungserbringung zwecks Modulabschluss etc. werden jedoch zunehmend traditionellen Ideen des hochschulischen Bildungsprozesses durch Erkenntnisgewinn entgegengestellt und nicht selten als bedeutsamer erachtet (Dobischat & Düsseldorff, 2015). Insbesondere für angehende Lehrkräfte ist eine solche Haltung ungünstig, da sie damit einen Nützlichkeitshabitus einüben würden, der wiederum die später anzuleitenden Bildungs- und Entwicklungsprozesse von Schülerinnen und Schülern bedrohen könnte, da jene Prozesse selbst von den Studierenden und künftigen Lehrenden dann nicht mehr in ihrer vollen Breite erlebt und erfahren worden sind und somit als normative Zielgröße und Korrektiv gegen allzu funktionalistische, also auf unmittelbare Verwertungszusammenhänge reduzierte Vorstellungen von Lernen und Bildung nicht zur Verfügung stehen. In einem solchen Sinne gilt es, die eigenen Lernprozesse auch als ein Modell für spätere Lernsituationen zu begreifen.

Nachfolgend geht es vor allem um die Begegnung mit den unterschiedlichen Wissensformen, die die Universität im Kontext des Lehramtsstudiums und hier vor allem des bildungswissenschaftlichen Studienteils bereithalten, also den Bildungs- und Lernprozessen.

2.3 Das Studium als Bildungs- und Lernprozess

Lernprozesse sollen hier weniger lerntheoretisch, vielmehr allgemeiner als Bildungsprozess im Rahmen der Professionalisierung begriffen werden, wobei dieser Bildungsprozess allgemeinen Zielen folgen soll. Mit Nida-Rümelin (2013) lassen sich Rationalität, Freiheit und Verantwortung als zentrale Ziele von Bildungsprozessen angeben, die in besonderer Weise auch im Studium verfolgt werden sollten. Für Studierende des Lehramts ist dies mit der Besonderheit verbunden, dass sie derartige Bildungsprozesse im Studium erleben und diese Erfahrung dann als Grundlage für die Gestaltung von schulischen Lern- und Bildungsprozessen reflexiv nutzen können. Dies stellt alle Studierende vor die reizvolle Herausforderung, sich und die eigene Rolle im Rahmen dieses Prozesses zu reflektieren und sukzessive besser zu begreifen.

Die Steigerung der (1) Rationalität ist bei Nida-Rümelin nicht als instrumentelle Form der Rationalität oder technische Form gemeint, sondern als die Fähigkeit, in je unterschiedlichen Situationen des Lebens Gründe für die eigenen Überzeugungen (Theorie) und die eigenen Handlungen (Praxis) anzugeben. Wenn wir nun behaupten, dass professionelle Lehrkräfte aus den richtigen Überzeugungen heraus handeln, so ist es offensichtlich, dass die Trennung von Theorie und Praxis eine künstliche ist, man könnte auch sagen eine graduelle. Dies hat bereits Kant in seiner Abhandlung „Über den Gemeinspruch: Das mag in der Theorie richtig sein, taugt aber nicht für die Praxis" (siehe Kant, 2016) klar formuliert. Bildung in diesem Sinne meint also die Fähigkeit zum Formulieren von Gründen, die sich von bloßen Meinungen und Behauptungen sichtbar unterscheiden. Die Wissenschaft kann hierbei durch Studien, durch reflektierte Literatur, durch kritische Positionierungen (vgl. zu diesen drei Wissenssorten z.B. Hampe, 2014) eine wichtige Rolle einnehmen, sie kann aber keine „Alleinherrschaft" für sich beanspruchen. Auch wenn die Wissenschaft das Privileg besitzt, ebenfalls eine Praxis zu sein, die u.a. gerade zur Erarbeitung von Gründen mit etabliert worden ist, so müssen die an den Universitäten ausgebildeten Professionen auch andere Lebensbereiche und die in diesen auftauchenden Gründe mitverstehen können und berücksichtigen. Beispielsweise sind rechtliche Gründe nicht immer mit wissenschaftlichen Gründen vereinbar (dies ist einer von vielen Gründen, weshalb Gesetze ständig weiterentwickelt werden). Dies gilt im Schulbereich etwa bei der Wahrung des Elternwillens in Fragen der Erziehung. Eltern haben nicht immer, wissenschaftlich betrachtet, die besseren Gründe, in der Erziehung so oder so zu handeln, aber sie haben dazu das Recht! Darum sind die Beratung von Eltern und die Zusammenarbeit zwischen Lehrkräften und Eltern so bedeutsam, da es hier um die Aushandlung einer gemeinsamen schulischen Praxis im Interesse des Schulkindes geht. Der Verwendung guter Gründe, etwas so oder anders zu gestalten, kommt dabei besondere Bedeutung zu (vgl. die Praxis von Verträgen zwischen Eltern und Schule, in denen über Rechte und Pflichten informiert wird, und die ein Hybrid aus Recht, Wissenschaft und der Kultur der Schule darstellen). Der Erwerb der Fähigkeit des Begründens ist dabei traditionell an die Idee des forschenden Lernens gebunden. Humboldt hat in seinem Königsberger und Litauischen Schulplan hierzu formuliert: „Darum ist auch der Universitätslehrer nicht mehr Lehrer, der Studierende nicht mehr Lernender, sondern dieser forscht selbst, und der Professor leitet seine Forschung und unterstützt ihn darin" (Humboldt, 1999a, S. 134). Selbstredend kann man Forschung auch als einen Lernprozess verstehen, aber im Kontext des humboldtschen historischen Umfelds war das Lernen noch vergleichsweise passiv konzipiert und im Sinne einer Bildung an der Sache ausgelegt. Mit der Betonung des forschenden Zugangs wird die Reife von Studierenden und die damit verbundene Verantwortung für den Bildungsprozess betont. Genauso wie die Idee einer gemeinschaftlichen Forschungspraxis zwischen Professorenschaft und Studierenden. Die Massenuniversität mag dies deutlich erschweren, jedoch bleibt die Einsicht, dass nur durch den aktiven Forschungsgeist eine höhere Bildung wird stattfinden können. Ein Studium, dass im Modus einer Schulbildung verfährt, könne dies nicht leisten, so die These vieler Hochschuldozentinnen und -dozenten, die sich weiterhin den Ideen Humboldts verpflichtet fühlen. Die Einrichtung von Praxisphasen in der Lehrerbildung (Berkemeyer et al., 2007; Gröschner & Hascher, im Ersch.) kann jedoch als eine hochschuldidaktische Reaktion auf diese traditionelle Forderung gelesen werden. Hier sollen und können sich Studierende forschend der künftigen Praxis annähern.

Bildung als (2) Freiheit zu verstehen, ist heute vielleicht schon nicht mehr ganz so geläufig. Wir können an dieser Stelle auch nicht die zahlreichen Zusammenhänge von (sozialer) Freiheit, Gerechtigkeit und Bildung (vgl. etwa Honneth, 2011) aufzeigen. Für Nida-Rümelin (2013) bedeutet Freiheit jedoch „das zu tun, was dem eigenen (normativen) Urteil entspricht, vorausgesetzt, dieses Urteil beruht auf einer angemessenen Abwägung von Gründen" (ebd., S. 81). In dieser kantischen Interpretation von Freiheit als Einsicht in die Notwendigkeit, vernünftig zu handeln, zeigt sich, dass es einen engen Zusammenhang zwischen Rationalität (Vernunft) und Freiheit gibt. Schiller hat hierauf in einem Brief an den Herzog von Augustenburg ebenfalls hingewiesen und diejenigen, die in Jena studieren, können es (modern) als Zitat an einer Hauswand entdecken: „Das Reich der Vernunft ist ein *Reich der Freiheit*, und keine *Knechtschaft* ist schimpflicher, als die man auf diesem heiligen Boden erduldet" (siehe Schiller, 2000, S. 133, Hervorhebungen im Original). Sollte dies heute als antiquiert empfunden werden, so ist dringend angeraten, eine solche Empfindung zu korrigieren. Freiheit kann nur in einem solchen Sinne als die über Vernunft mit allen Weltbürgern geteilte und soziale Freiheit verstanden werden und nicht als Freiheit des Einzelnen, ausschließlich persönliche Interessen zu verfolgen.

So besehen ist der Weg zur (3) Verantwortung dann nicht mehr weit. Verantwortung kann übernehmen, wer frei in der Nutzung seiner Vernunft ist und Gründe liefert, etwas so und nicht anders zu tun. Dies schließt die Vielfalt guter Gründe keinesfalls aus, jedoch eine Unzahl schlechter Gründe, die eben nicht mehr als Meinungen und Behauptungen sind.

Die Nähe der Inhalte, die zwischen den Beschreibungen professioneller Lehrpersonen (▶ Kapitel 6) und den Ausführungen zum Bildungsverständnis bei Nida-Rümelin bestehen, sind verblüffend. Zugleich wird damit ersichtlich, dass die Professionalisierung an der Hochschule nicht nur technologisch als ein Erwerb von Kompetenzen begriffen werden darf und darin auch nicht der Berufsstand der Lehrkräfte aufgeht. Dass Hochschulen diese Bildungsprozesse begünstigen, ist Aufgabe von Hochschulentwicklung und somit eine Aufgabe für alle an den Hochschulen beteiligten Personen.

2.3.1 Fremdheit, Verfremdung und Irritation als Modi der Begegnung mit Wissenschaft

Die Begegnung von Studierenden und Wissenschaft führt im unkomplizierten Fall zur Ergänzung der jeweiligen Wissensbestände (Lernen). Sie werden schlicht neu gewusst, später partiell vergessen und bestenfalls nachhaltig abgespeichert. Dies gelingt aber insbesondere bei trägen, rein deklarativen Wissensbeständen weniger gut, insbesondere dann nicht, wenn sie nicht regelmäßig aktiviert werden. Die Begegnung kann aber auch zu Verfremdung oder Irritation führen, insbesondere dann, wenn neue Wissensbestände nicht zu alten passen oder Erwartungshaltungen, die in Bezug auf einen wissenschaftlichen Gegenstand aufgebaut worden sind, nicht erfüllt werden. Eine klassische Situation für Irritationen ist z.B. dann gegeben, wenn die Erwartungen nach Klarheit und Eindeutigkeit nicht erfüllt werden. Häufig wünschen sich Studierende klare, exakte Aussagen seitens der Wissenschaft bzw. der Dozierenden, die jene dann aber in der gewünschten Klarheit und Eindeutigkeit nicht liefern. Dies liegt zum einen am historischen Charakter der Sozialwissenschaften, die nicht unabhängig von den jeweils gegebenen gesellschaftlichen Bedingungen gedacht werden können und weshalb sich im Verlauf der Zeit auch Befunde verändert haben können. Man denke dabei etwa an die Frage nach den jeweils aktuell praktizierten und propagierten Erziehungsstilen in der Gesellschaft und jenen, wie die Jugendlichen selbst ihre Kinder später einmal erziehen möchten (so z.B. die Studie von Fend, 1988). Sozialwissenschaften, und hierzu zählt auch die Bildungswissenschaft, sind eben keine Naturwissenschaft. Dennoch darf hieraus nicht geschlussfolgert werden, dass es gar kein relevantes oder gültiges Professionswissen gäbe. Es ist nur etwas schwieriger, ein solches jeweils anzugeben, da auch die Bedingungen, unter denen es entstanden ist, zu reflektieren und zu bewerten sind. Daher ist es von zentraler Bedeutung, dass Studierende der Bildungswissenschaft auch in das methodische Denken und Arbeiten eingeführt werden, um derartige Beurteilungsfähigkeiten, man könnte auch sagen: eine solche methodische Literalität, zu erwerben.

2.3.2 Reflexion als Bildungsprozess

Damit sind wir bei einem der zentralen Lern- und Bildungsziele für die eigene Professionalisierung angelangt, der Fähigkeit, die eigenen Ergänzungs-, Verfremdungs- und Irritationsprozesse zu reflektieren. Die Anforderung zur Reflexion eines beliebigen Sachverhalts gehört zur alltäglichen Praxis des Lernens und Lehrens und doch scheint sie häufig nicht recht durchdacht. Die eine jegliche Reflexion begleitende Frage lautet nämlich, was bedeutet es überhaupt, über den Sachverhalt einer Frage zu reflektieren? Wenn wir es für den Moment mit „bewusstem und gezieltem Nachdenken" übersetzen, dann wird vielleicht die Schwierigkeit, die der Aufforderung nach Reflexion innewohnt, deutlicher. Wann gelingt es, bewusst und gezielt über etwas nachzudenken, und – vielleicht noch wichtiger – wovon hängt das Ergebnis dieses Nachdenkens ab? Üblicherweise kann Nachdenken auch als Teil des Sozialisationsprozesses verstanden werden. Es sind nämlich die in der individuellen Sozialisation zu eigen gewordenen Kategorien, die das Denken leiten. Mit dem Erwerb bestimmter Erklärungsmuster und der Entwicklung einer spezifischen, gewissermaßen individuellen Sprache erfolgt einhergehend auch der Aufbau eines eigenen Weltbildes. Diese Form des Nachdenkens ist uns zudem vertraut geworden, da sie immerhin zu einer vergleichsweise erfolgreichen Biographie, jedenfalls bis zum Studium, geführt hat. In der Schulpädagogik wird an dieser Stelle häufig auch von den Alltagstheorien (Dirks & Hansmann, 1999) gesprochen, die die Art und Weise bestimmen, wie wir über Dinge denken. Dies bedeutet, dass unsere Fähigkeit zur Reflexion immer auch schon teilbestimmt ist durch das bereits vorhandene, jedoch fragmentarische Wissen. Daher ist es für die Professionalisierung notwendig, die Reflexion selbst nicht nur als eine Tätigkeit, sondern ebenfalls als einen Lernprozess aufzufassen. Es kommt also darauf an, sich selbst beim Reflektieren zu beobachten sowie zu prüfen, mit welchen Annahmen und Erfahrungen und damit welchem Vorwissen die Reflexion durchgeführt wird und welche der Positionen als gesichert angenommen werden können. Dies wird als Metareflexion bezeichnet. Für eine solche Metareflexion können die Studierenden eigene Regeln aufstellen, um die individuellen Reflexionsprozesse zu beobachten und so auch zu trainieren. In der Erziehungswissenschaft wurde die Idee der Reflexivität zu einem eigenen Forschungsansatz weiterentwickelt (Lenzen, 1996).

2.3.3 Urteilskraft und Beurteilen als Bildungskriterium für den Lehrkräfteberuf

Im Sinne des angestrebten Professionalisierungsprozesses zeigt sich die Güte der Reflexion an den gefällten Urteilen und der Beurteilung des festgestellten Sachverhalts. Bei Terhart (2002b) wird nicht zwischen Urteil und Beurteilung unterschieden. Er fasst beide Bereiche noch als Urteilsfähigkeit zusammen, die die höchste Kompetenzstufe in einem Kompetenzmodell bildet, das zudem weiterhin aus Wissen, Reflexion und Kommunikation besteht (ebd., S. 30). Die Trennung in *Urteil* und *Beurteilung*, wie von Schnädelbach (2012) gefordert, ist jedoch aus systematischen Gründen hilfreich, verweist sie doch deutlich stärker auf die normative und damit wertbasierte Dimension einer Beurteilung und die eher analytisch-synthetische Dimension eines Urteils.

Ein Urteil, so ist zunächst festzuhalten, soll einen Sachverhalt zutreffend beschreiben, kategorisieren, einordnen. Idealerweise sollten solche Urteile wahr sein. Nun aber beginnt die Schwierigkeit für das praktische Handeln. Stellen wir uns folgende Feststellung, die die Form eines Kausalurteils hat, vor: *Sabrina verwendet zu wenig Zeit auf ihre Übungsaufgaben, deshalb erreicht sie die vorgegebenen Lernziele nicht.* Dieses Urteil hat die Form einer Diagnose, die aus der Beschreibung eines Ergebnisses (Lernziel nicht erreicht) und der Angabe eines Grundes besteht (Sabrina verwendet zu wenig Zeit auf ihre Übungsaufgaben). Es wird schnell deutlich, dass dieses Urteil noch keineswegs darüber Auskunft gibt, was nun zu tun ist oder ob überhaupt etwas zu tun ist und wenn ja, wer etwas tun soll. Zudem ist auch rasch ersichtlich, dass die Frage danach, ob ein solches Urteil wahr ist oder nicht, problematisch in ihrer Beantwortung ist. Davon abgesehen, dass eine solche Frage in die Untiefen der Wahrheitstheorie führt (Nida-Rümelin, 2016a), ist allein alltagstheoretisch anzumerken, dass der Wahrheitswert eines solchen Urteils von sehr unterschiedlichen Dingen abhängt. Zusammengenommen ist es aber wohl die Glaubwürdigkeit der Person, die dieses Urteil fällt, die uns über die Bereitschaft, das Urteil als wahr anzuerkennen, etwas aussagt. Die Gesellschaft hat zunächst sehr formalspezifische Rollen ausdifferenziert, damit die Glaubwürdigkeit einzelner Personen größer wird. Alle Professionen lassen sich in einem solchen Sinn verstehen. Sind solche Rollen (Professionen wie Ärztinnen/Ärzte, Juristinnen/Juristen, Theologinnen/Theologen und auch Lehrkräfte) erst einmal ausgebildet, ist es zunächst sinnvoll, in der Kommunikation mit diesen den Wahrheitsgehalt ihrer Aussagen als wahr anzunehmen. Holen wir uns beispielsweise bei einer schweren Krankheit eine „zweite Meinung" ein, so tun wir dies nicht, weil wir glauben, dass uns die zuerst konsultierte Ärztin oder der Arzt belügt, sondern vielmehr deshalb, weil wir hoffen, dass sie oder er sich möglicherweise geirrt hat oder aber eine neue, alternative Behandlung noch nicht kennt, die uns aber – so die Hoffnung – von der zweiten Medizinerin oder dem zweiten Mediziner empfohlen wird. Damit wird zugleich auch deutlich, dass Urteile in Form von Diagnosen immer auch ein Irrtumsrisiko aufweisen können und die Diagnose immer abhängig ist vom Stand des Wissens der oder des Diagnostizierenden. Die Urteile der professionellen Praktizierenden sind in diesem Sinne in zweifacher Weise kontextgebunden. Zum einen im Sinne eines intrapersonalen Kontexts, der darüber entscheidet, welches Wissen für die eigene Urteilsbildung herangezogen wird, und zum anderen interpersonal als prädiktiver und korrigierender Einfluss, den andere Personen (z.B. aus dem Arbeitsumfeld) oder auch organisationale Regelungen (z.B. „Wir verwenden nur dieses Diagnoseinstrument für den Bereich X") auf uns haben. Bei alledem sollten wir aber von der Absicht der Akteure ausgehen, ein wahres Urteil zu fällen, wohl wissend, dass dies nicht immer, vielleicht sogar nur selten gelingen kann.

Neben der Glaubhaftigkeit einer Person geht es zudem um die erlebte Übereinstimmung von Aussagen mit den eigenen Erfahrungen, also der empfundenen Stimmigkeit, die ein Gegenüber in Bezug auf die Aussage erlebt. Dies gilt vor allem für Aussagen, die sich auf alltägliche und somit in der Regel auch erfahrbare Sachverhalte und Verhaltensweisen beziehen. Diese Alltagserfahrungen sind eingewoben in ein Netz „struktureller Rationalität" (Nida-Rümelin, 2016b), an dem wir partizipieren und das es uns ermöglicht, die Passung und Stimmigkeit von Handlungen zu beurteilen. Für Aussagen über Spezialwissen ist dies allerdings nicht mehr ohne Weiteres möglich, wenngleich wir sicherlich ein Gespür für Plausibilitäten entwickeln. Dennoch, Spezialwissen wird nicht mehr einfach so in der Alltagswelt geteilt. Daher ist es notwendig, sich zügig mit dem jeweiligen Spezialwissen vertraut zu machen, um die pädagogische Praxis angemessen begleiten, verstehen und später auch beurteilen zu können. Andernfalls besteht die Gefahr, alle Aussagen von Praktikern sogleich – und damit unreflektiert – als wahr anzuerkennen.

Schauen wir noch einmal auf das Beispiel eines Urteils. Was macht die Diagnose über Sabrina zu einem wahren Urteil? Wahr ist zunächst der unterstellte Zusammenhang von Zeit, die zum Üben aufgewendet wird, und dem erreichten Lernerfolg. Hierfür liegen ganz allgemein sehr viele wissenschaftliche Studien vor, die diesen Zusammenhang belegen. Wir können darum aber noch nicht wissen, ob im konkreten Fall von Sabrina die unterstellte Kausalität zutrifft. Könnte es nicht auch ganz andere Gründe für Sabrinas Scheitern in Bezug auf die Lernziele geben? Ist das Urteil also eigentlich ein Urteil über Sabrina oder greift die Lehrperson auf ein typisches Erklärungsmuster zurück, um Sabrinas Scheitern zu erklären? Wir können also fragen, ob es sich bei dem Urteil wirklich um ein Urteil handelt oder um einen Akt der strategischen Kommunikation. Strategisch wäre diese Kommunikation in dem Sinne, dass die Lehrperson mit der gelieferten Erklärung zunächst einmal keine Verantwortung für Sabrinas Scheitern übernehmen muss und zugleich eine wissenschaftlich plausible Erklärung liefert, die sie als professionell Agierende ausweist. Um nicht ständig in eine solche Bredouille zu gelangen, sollten Urteile also in besonderer Weise begründet sein und plausibel nachvollzogen werden können (▶ Kapitel 9).

Wenn wir nun weiter davon ausgehen, dass ein Urteil als wahr oder angemessen erachtet wird, da die Gründe hierfür einleuchten (z.B. die Person, die zuständig ist, hat ein standardisiertes Verfahren oder ein ausführliches Gespräch zur Diagnose genutzt; es wurden verschiedene Gründe für das Verhalten angeführt; es liegt keine Einseitigkeit des Urteils und der Begründung vor etc.), dann ist auch eine Beurteilung des Urteils in einem zweiten zum Ausdruck gebrachten Sinn möglich. Die erste Beurteilung ist die Reflexion auf die Güte des Urteils selbst. Die zweite Beurteilung hingegen erfolgt in Bezug auf die zu erfolgenden Konsequenzen, die mit dem Urteil verbunden sind. Soll Sabrina, weil sie zu faul ist, sitzenbleiben oder soll sie gefördert werden, damit sie die Lernziele noch erreicht? Soll sie die Schule wechseln oder gar die Familie? Welche Bewertungen des Sachverhalts in Form eines Urteils sind nun die angemessenen? Welche drücken die Urteilsfähigkeit einer Person aus?

Auch hier fällt auf, dass die Adäquatheit einer Beurteilung so leicht nicht festgestellt werden kann. Wir benötigen dazu mehr Informationen: Um welche Lernziele handelt es sich? Wie groß ist das bestehende Lerndefizit? War Sabrina schon immer eine lernschwache Schülerin? – und viele mehr. Zudem geraten wir in den Bereich der zur Verfügung stehenden Werte und Normen, die die Grundlage zur Beurteilung der Konsequenzen, die letztlich die pädagogischen Maßnahmen darstellen, liefern. Es kann daher auch gesagt werden, dass das pädagogische Ethos (▶ Abschnitt 6.1) von Lehrpersonen in den Beurteilungen von Urteilen sichtbar wird. Im Unterschied zu in der Wissenschaft tätigen Personen (hier gibt es einen Werturteilsstreit, vgl. Dahrendorf, 1962; Schurz, 2006) verfügen professionelle Lehrkräfte nicht über den „Luxus", sich eines Urteils samt Beurteilung zu enthalten. Vielmehr ist der Beruf der Lehrkraft gerade durch die Verpflichtung auf eine Beurteilung charakterisiert und zwar bei Erziehungs- und Lernprozessen. Daher ist die Rückbesinnung auf die verwendeten Grundlagen der eigenen Beurteilung fundamental für reflektierende und professionelle Lehrkräfte (Fuchs & Koch, 2007).

Bei der Beurteilung der eigenen wie auch fremder Fach- sowie Werturteile finden Lehrpersonen wiederum Hilfe in ihren wissenschaftlichen Bezugsdisziplinen. Zum einen helfen diese, die wissenschaftliche Aufklärung über Sachzusammenhänge herzustellen und beständig zu aktualisieren, und zum anderen tragen sie dazu bei, Instrumente, Verfahren und Methoden der Schulpraxis in Bezug auf deren Angemessenheit kritisch zu befragen. Für unser Beispiel bedeutet dies, dass z.B. danach zu fragen ist, wie die Leistungen von Sabrina diagnostiziert worden sind und ob hierbei notwendige Standards der Leistungsbeurteilung (▶ Kapitel 9) eingehalten wurden. Die professionelle Beurteilung eines Urteils kann somit auf Standards, die in der Wissenschaft und idealerweise unter Einbindung fachspezifischer Autoritäten aus der Schulpraxis verhandelt werden, zurückgreifen. Es ist aber darauf zu achten, dass es je nach Wissenschaftstradition unterschiedliche Standards gibt. Hier ist es die Aufgabe der Lehrkräfte, die Angemessenheit für den je konkreten Fall zu prüfen und entsprechend auf einen „passenden" Standard zurückzugreifen oder auch Standards zu kombinieren. Es ist hierbei nicht so sehr entscheidend, dass dieses Vorgehen wissenschaftlich legitimiert werden kann – das ist vielmehr eine methodologische Frage –, sondern ob das Vorgehen als angemessen erachtet wird, was wiederum in der Profession zu entscheiden ist.

Konkret bedeutet dies: Die Feststellung von Sabrinas Leistungsfähigkeit kann durch standardisierte Tests genauso erfolgen wie durch nicht standardisierte Beobachtungen. Es kommt eben ganz darauf an, dass das Vorgehen *angemessen* ist. Als angemessen kann eine Vorgehensweise erachtet werden, wenn sie pragmatischen Kriterien der Plausibilität, der Zeitökonomie, der Transparenz und Nachvollziehbarkeit genügt und eine sinnvolle Ausgangsbasis der Verständigung liefert.

Die dem Urteil zu entnehmenden bzw. aus dem Urteil gefolgerten Konsequenzen stellen die zentrale Beurteilung des Sachverhalts dar: Was also soll mit Sabrina geschehen? Wir sehen sofort, dass die Antworten, wie oben bereits angedeutet, sehr vielfältig sein können und von sehr unterschiedlichen Faktoren abhängen. Hierzu zählen das Urteil und die Grundlagen des Urteils, die Erfahrungen der Lehrperson, Interaktionsqualitäten zwischen Lehrperson und diagnostizierter Schülerin u.a.m. Man könnte auch sagen, es liegen ganze Klassen von kontrollierten und unkontrollierten Einflussgrößen vor. Die Professionalität einer Lehrkraft zeigt sich daher zunächst in der umfangreichen Kenntnis dieser Einflussgrößen sowie weiterhin an deren ausgewogener, praxisbezogener Berücksichtigung in der Schule. Es wird angenommen, dass zu Beginn des Studiums noch sehr viele unkontrollierte Einflüsse die Beurteilung prägen, während mit zunehmender Berufserfahrung und Expertise diese sukzessive zurückgedrängt werden, ohne sie jedoch gänzlich ausschalten zu können. Damit ist eine wichtige Aufgabe für das Studium beschrieben, nämlich die Beobachtung eben dieses Verhältnisses von Klassen des kontrollierten und unkontrollierten Einflusses auf unsere Fähigkeiten zu Urteilen und zu Beurteilen. Studium bedeutet in diesem Sinne dann auch die Aufklärung des Zusammenhangs zwischen unseren Überzeugungssystemen (Nida-Rümelin, 2016b) und unseren Urteilen. Je besser wir die Überzeugungssysteme mit Gründen untermauern können, desto wahrscheinlicher wird es, dass die Beurteilungen angemessen sind und mit den „richtigen", der Wahrheit angenäherten und der vorliegenden Situation auch entsprechenden Gründen erfolgen. So gesehen ist die professionelle Lehrkraft eine besondere Lebensform, die einen Spezialfall des auf *Deliberation* von Gründen angelegten Menschen ist (ebd.). Dies meint, dass professionelle Lehrpersonen in besonderer Weise ihr Handeln durch den Ausweis von Gründen rechtfertigen und es dieses Handeln auch den aufgeführten Gründen an diesen orientieren können (ausführlich ▶ Kapitel 6.6).

> **Definition: Deliberation**
>
> „Deliberation bezeichnet die argumentative Suche nach und die Gewichtung von Gründen für und gegen Handlungsoptionen durch eine Gruppe. Deliberation ist dialogisch, das bedeutet, dass jeder Teilnehmer die Möglichkeit hat, sich an der Diskussion zu beteiligen und zu Äußerungen anderer Stellung zu beziehen, also ihnen zuzustimmen, sie zu hinterfragen oder ihnen zu widersprechen. Deliberation folgt zudem einer Logik der Öffentlichkeit: Die genannten Gründe verlangen nach Verallgemeiner- und prinzipieller Übertragbarkeit. Was für einen Teilnehmer ein Grund ist, muss für die anderen zumindest ein möglicher Grund sein. Private Motive und Interessen (z.B. der Wunsch nach mehr Geld oder Macht) gelten in der Deliberation nicht als legitime Gründe. Wenn Gründe verallgemeinerbar und übertragbar sind, gibt es keinen Anlass, sie geheim zu halten, im Gegenteil: Die Öffentlichkeit dient der Prüfung von Verallgemeinerbarkeit und Übertragbarkeit." (Landwehr, 2012, S. 360)

2.4 Das Lehramtsstudium und gesellschaftliche Verantwortung – ein Appell

Es sollte mit diesen Überlegungen auch deutlich geworden sein, dass der Wunsch, Lehrkraft zu werden, auch mit Pflichten verbunden ist. Studieren ist eben nicht nur die „Abarbeitung" eines Studienverlaufsplans nach zeitökonomischen und persönlichen Gesichtspunkten, sondern vor allem entspricht Studieren noch immer dem etymologisch aus dem Latein stammenden *sich ernstlich um etwas bemühen* (studere) bzw. dem *Eifer oder inneren Drang nach Wahrheit* (studium), aber eben auch *das Gedächtnis üben* sowie *sich wissenschaftlich beschäftigen*. Es geht also zunächst darum, die eigene Biographie um gänzlich neue Wissensbestände zu erweitern, wie andererseits auch die Gesellschaft jungen Menschen die Möglichkeit einräumt, diese Bildungserlebnisse zu erfahren. In gegenseitiger Bezogenheit aufeinander liegt zugleich die Erwartung vor, wissenschaftlich fundierte und im Diskurs reflektierte Erkenntnisse in die Gesellschaft zurückzuführen. Eine Verpflichtung, die deutlich macht, warum gerade Lehrpersonal an Universitäten ausgebildet werden sollte und auch warum es vom Grundsatz richtig ist, diese auch zu verbeamten. Schließlich haben schulische (aber auch akademische) Lehrkräfte ein gewichtiges Wörtchen mitzureden, wenn es um das „Reich der Vernunft" geht. Schülerinnen und Schüler auf diese Aufgabe vorzubereiten und mit ihnen den Austausch von Gründen einzuüben, ist also nicht nur Kern schulischer, sondern auch hochschulischer Bildungsprozesse.

„Autor" (Nida-Rümelin, 2013, S. 246) oder Autorin für das eigene Leben zu sein, sollte auf der Stufe universitärer Bildung nicht mehr von den Institutionen allein abhängig gemacht werden. Dies ist vielleicht der wesentlichste Unterschied zwischen schulischer und universitärer Bildung: Kinder und Jugendliche sind sehr viel stärker auf eine „ältere Generation" (Schleiermacher, 2000) angewiesen als Studierende, denen der Zugang zu einem wichtigen Gebiet im Reich der Vernunft hoffentlich noch sehr lange kostenfrei zugänglich ist. Es liegt in erster Linie an den Studierenden selbst, etwas daraus zu machen, für sich und insbesondere auch für das Gemeinwohl.

Literatur zum Weiterlesen

Dobischat, R. & Düsseldorff, K. (2015). Sozialisation in Berufsbildung und Hochschule. In K. Hurrelmann, U. Bauer, M. Grundmann & S. Walper (Hrsg.), *Handbuch Sozialisationsforschung* (Pädagogik, 8. Aufl., S. 469–491). Weinheim: Beltz.

Humboldt, W. von (2002). Über die innere und äussere Organisation der höheren wissenschaftlichen Anstalten in Berlin. In W. von Humboldt. *Werke in fünf Bänden. Schriften zur Politik und zum Bildungswesen* (Bd. 4, 6. Aufl.; S. 255–266). Hrsg. von A. Flitner und K. Giel. Darmstadt: WBG.

Mittelstraß, J. (2015). *Der philosophische Blick. Elf Studien über Wissen und Denken.* Wiesbaden: Berlin University Press.

Rothland, M. (2014). Warum entscheiden sich Studierende für den Lehrberuf? In E. Terhart, H. Bennewitz & M. Rothland (Hrsg.), *Handbuch der Forschung zum Lehrerberuf* (2., überarb. u. erw. Aufl.; S. 349–385.). Münster: Waxmann.

3. Schulsystem und Lehrprofession in historischer Perspektive

„Allzu viele Lehrer wissen nicht eben viel von ihrer Schule. Sie müssen verstehen lernen, daß sie vor eine neue große Aufgabe gestellt sind" (Groothoff, 1968, S. 270). Vielleicht kann man dieses Zitat, das inzwischen selbst zur neueren Geschichte der Erziehungswissenschaft zu zählen ist, auch als Motto für die nachfolgenden Überlegungen gelten lassen. Es geht darum, die Verfasstheit der Schule und des Lehrkräfteberufs aus der Geschichte heraus zu verstehen und mit aktuellen Anforderungen in Verbindung zu bringen. Und es stimmt wohl auch heute noch, dass (angehende) Lehrkräfte mehr über die Institution Schule (▶ Kapitel 5) wissen sollten. Ganz sicher ist jedenfalls, dass bestimmte Verhältnisse im Schulsystem ohne einen Blick zurück nicht verstanden werden können.

3.1 Institutionalisierung des Schulsystems

Berkemeyer et al. (2014, S. 279) stellen fest:

> „Die Datensätze der statistischen Landesämter offenbaren auf regionaler Ebene ein weitaus vielfältigeres Bild der tatsächlichen schulischen Angebotsstrukturen, als es die landesweit geltenden Regelungen, die den Schulgesetzen zu entnehmen sind, anzeigen."

Hintergrund für diese Aussage ist eine Analyse der Schulangebotsstruktur für alle 402 (Stand 2012) in der Bundesrepublik bestehenden Kreise und kreisfreien Städte. Diese Analyse konnte somit zeigen, dass die Schulangebote der Kreise und kreisfreien Städte nicht allein durch die Landesgesetzgebung (▶ Kapitel 5), sondern offensichtlich auch durch regionale Einflüsse der Schulträger und der regionalen Kreis- und Stadtparlamente erfolgt. Im Grunde kann man auch sagen, dass dieser Befund eine Bestandsaufnahme historisch gewachsener Schullandschaften ist. Dabei sind Schullandschaften weniger als politisch-programmatischer Begriff regionaler Schulreformen zu verstehen, sondern vielmehr als Resultat gesellschaftlicher Interessenlagen, Konflikte und politischer Entscheidungen (Neugebauer, 2014; Zymek et al., 2006; Zymek, 2014). Schullandschaften, so wie wir sie aktuell vorfinden, haben also eine Geschichte und diese wird mitunter als pfadabhängig beschrieben. Hiermit ist gemeint, dass eine einmal unter turbulenten Bedingungen getroffene Entscheidung systemerhaltende Feedbackeffekte erzeugt, so dass eine Umsteuerung immer aufwendiger wird und die einmal getroffene Entscheidung lange nachwirkt (Zymek, 2017).

Weshalb finden wir in den Städten in Relation zu ländlichen Gebieten prozentual mehr Gymnasien und weshalb sind diese in Deutschland so bedeutsam und unantastbar (u.a. Hurrelmann, 2013)? Dies sind nur einige von vielen möglichen Fragen, die uns als Startpunkte einer kleinen Exkursion in die Geschichte der Institutionalisierung von Schule dienen. Als Konzept von Institutionalisierung verstehen wir hier – in einem eher engen Sinne (für ein sehr umfassendes, an die menschliche Sprachpraxis geknüpftes Konzept vgl. Searle, 2012) – die Routinisierung gesellschaftlicher Handlungszusammenhänge, die eine rechtliche Kodifizierung erfahren haben, also sich in einem Gesetz oder einer verfassten Regelung (z.B. Verwaltungsvorschrift) niedergeschlagen haben (zur genaueren Erläuterung vgl. Gukenbiehl, 2000). Damit wird zunächst ein einfaches und enges Institutionenverständnis verfolgt, das auf die offensichtlichen Regeln des Zusammenwirkens abhebt. Es gibt aber auch Formen der Institutionalisierung, die weniger offensichtlich, gleichsam aber tief in gesellschaftlichen Prozessen des Zusammenwirkens verwurzelt sind. Sie können als nichtintendierte oder stillschweigend akzeptierte Institutionalisierung aufgefasst werden. Der „heimliche Lehrplan" kann als eine solche Form gedeutet werden, zumindest die z.T. unbekannten erziehenden Strukturen der Schule (Adorno, 1971, S. 81; Dreeben, 1980), sowie auch Formen der institutionalisierten Diskriminierung von Kindern aus sozioökonomisch schwächeren Haushalten (Gomolla & Radtke, 2009), die im bundesdeutschen Schulsystem systematische Benachteiligung erfahren (empirische Untersuchung am Beispiel des französischen Bildungswesens z.B. Bourdieu & Passeron, 1971).

3.1.1 Ursprünge in Renaissance und pädagogischem Jahrhundert

Selbstredend gab es zu allen schriftlich dokumentierten Zeiten (und vermutlich auch davor) so etwas wie institutionelle Bildung, also Orte, die vor allem zum Zwecke der Bildung (was auch immer hierunter zu unterschiedlichen Zeiten genau verstanden worden sein mag; ▶ Abschnitt 7.1.2) eingerichtet worden sind. Folgend überspringen wir die Griechen, Römer und auch die ersten Klosterschulen und starten in der Neuzeit, genauer der Renaissance, die für das humanistische Denken und humanistische Bildungsideal eine besondere Bedeutung hat, da hier unter Rückbezug auf die Klassiker der Antike die Reflexion in Bezug auf den Menschen neue Dimensionen erfährt (Tenorth, 2010, S. 59 ff.). Hierzu gehört ganz sicherlich auch die sich rasch verbreitende Idee der Bildsamkeit des Menschen und der damit verbundenen Idee von Freiheit sowie die Vorstellung, dass der Mensch jenseits fester kosmologischer Ordnungen (sei es wie bei Platon als Philosoph, Soldat oder Arbeiter oder in religiösen Glaubenssystemen) existiert (Konrad, 2012, S. 43 f.).

Wilhelm Dilthey (1833–1911), Mitbegründer der geisteswissenschaftlichen Pädagogik, sieht im Zeitalter der Renaissance (15. und 16. Jahrhundert) die erste Blütezeit des höheren Schulwesens, also dessen, was wir heute als Gymnasium bezeichnen. Diese waren die ersten organisierten Orte humanistischer Bildung, die, wenngleich organisiert, doch noch im Wesentlichen autonom in ihrer inneren Ausgestaltung waren. Die Reform und Weiterentwicklung der Schule war damals eine Reform in den „Schulstuben" (innere Schulreform, Bottom-up). Dilthey (1969) schreibt hierzu:

> „Was auch an Einrichtungen und Menschen jener Zeit vermißt wird: es bestand doch freies Schalten gewachsener pädagogischer Kräfte, freudige Durchbildung pädagogischer Gedanken in den Schulstuben und eine Schulverfassung, welche den Ertrag der Erfahrungen zu formulieren, zu übertragen und zu verbessern gestattete" (ebd., S. 122).

Schulentwicklung wird von Dilthey in dieser Frühzeit ganz offensichtlich als Entwicklung der Einzelschule aus pädagogischen Gründen heraus gedeutet (siehe zur Systematisierung von Ansätzen zur Schulentwicklung ▶ Kapitel 10). Damit ist auch ausgesagt, dass die „richtige" Lösung vor Ort gewichtiger gewesen ist als die Einheit und Standardisierung des Schulsystems. In einer Zeit ohne Schulpflicht, also ohne den Anspruch, allen Kindern der Gesellschaft ein Schulangebot bereitzustellen, sicherlich ein möglicher Weg.

Doch mit dem zunehmenden Bedarf an gebildeten Menschen in der Gesellschaft, vornehmlich um den Bedarf einer expandierenden Staatsverwaltung sowie einer sich modernisierenden Armee, aber auch um den neuen Anforderungen in Industrie (vor allem naturwissenschaftliches Wissen) und Handel (vor allem moderne Sprachen wie Französisch und Englisch) gerecht zu werden, engagierten sich die deutschen Staaten und allen voran die Städte, in denen die Industrialisierung stattfand, sowie Patronate (Neugebauer, 2014) zunehmend in Fragen institutionalisierter Bildung. Mit dem 18. Jahrhundert blicken wir auf das sogenannte pädagogische Jahrhundert, in welchem z.B. Rousseaus Werk „Emile" erscheint, das gleichsam als pädagogische Begründung des Konstrukts der Kindheit (vgl. hierzu auch die epochemachenden Beiträge von Ariès, 1977; DeMause, 1980) wie auch der Disziplin der Entwicklungspsychologie gelesen werden kann. Darüber hinaus enthält es mit der „negativen Erziehung" eine bis dato neuartige Erziehungskonzeption (▶ Kapitel 8). Die ersten deutschen Klassiker der Schulpädagogik werden ebenfalls in diesem Jahrhundert geschrieben und der erste Lehrstuhl für Pädagogik wird von Ernst Christian Trapp (1745–1818) im Jahre 1779 in Halle besetzt. Es wird bereits deutlich, dass Schule fortan nicht als eine staatliche, religiöse, pädagogische oder rein ökonomische Veranstaltung allein begriffen werden kann – man denke nur exemplarisch an das Zeitalter der Industrialisierung und den wachsenden Bedarf an qualifizierten Arbeitskräften und damit die Geburtsstunde des Facharbeiters, sowie die aus der Naturwissenschaft sich entwickelnden Anwendungswissenschaften, die heute als Ingenieurswissenschaften bezeichnet werden[3] –, sondern immer im Kräftefeld der unterschiedlichen in der Gesellschaft vorhandenen Interessen zu verstehen ist (Lundgreen, 1995; van Ackeren & Klemm, 2009, S. 15). Dabei entwickeln sich Lehrkräfte selbst sogar zu einem wichtigen Akteur in diesem Kräftefeld mit eigenen, keineswegs nur pädagogischen Interessen, wie der Sammelband „Der Lehrer und seine Organisation" (Heinemann, 1977) zeigt, in dem die Entstehung und das Wirken von Interessenverbänden und Lehrergewerkschaften in historischer Perspektive beschrieben und analysiert sind.

3.1.2 Etappen der Normierung des deutschen Schulsystems

Unterrichtspflicht

Eine erste wichtige Wegmarke hin zu einem umfassenden und flächendeckenden Schulsystem, in dem alle Kinder in ähnlicher Weise und nach ähnlichen Vorgaben beschult werden (Normierung) – dieses Ziel ist erst zum Ende des 19. Jahrhunderts erreicht (Bölling, 1983; Konrad, 2012) –, findet sich in dem von Friedrich Wilhelm I. erlassenen „General Edict" zur Unterrichtspflicht von 1717. Die Wirkung des Erlasses war – nicht unähnlich jener Wirkung von Anweisungen, die auch heute noch von Kultusministerien erlassen werden – beschränkt. Ganz offensichtlich ist es nicht ohne Weiteres möglich, eine Order zu erteilen, die bestimmt, dass ab morgen dieses oder jenes zu geschehen habe (Tenorth, 2014). Gleichwohl war damit die Programmatik für eine durch den Staat vorangetriebene institutionelle Bildung in staatlichen Schulen gesetzt, die in den Folgejahren immer wieder erneuert wird. Zunächst durch die im „General-Landschul-Reglement" verkündete allgemeine Unterrichtspflicht und dann nochmals im „Allgemeinen Landrecht für die preußischen Staaten" von 1794. Die Schulstruktur formierte sich jedoch recht langsam, was Dilthey wie folgt beschrieben hat:

---

3 Siehe hierzu die illustrativen Ausführungen von Andrea Wulf über die Zeit Alexander von Humboldts als Angestellter der Bergbaubehörde und seine bergbautechnischen Innovationen (Wulf, 2016).

„Denn noch wurde in Preußen nach dem Erlaß des Landschulregle-
ments von 1763 [über den Ausbau des Volksschulwesens in Preußen;
d.A.] [...] die vorgeschriebene Prüfung von Elementarschullehrern
nicht nach festen Regeln und durch Behörden, die in gegenseitigem
Vernehmen waren, geregelt. [...] Der höhere Unterricht war noch bun-
ter und mannigfaltiger: ein Gestrüpp, das die große Staatsschere noch
nicht geschnitten und zurechtgestutzt hatte. Da gab es neben den Lan-
desschulen die städtischen Lateinschulen, die unten Volksschulen, in
der Mitte höhere Bürgerschulen, oben Gymnasien waren. Also Einheits-
schulen lange vor den heutigen Verehrern derselben. Die Klassen waren
vielfach selbstherrlich und ordneten sich dem Kursus der Anstalt nicht
unter. Die Rektoren und die Lehrer unter ihnen waren durchweg Theologen. Auch bestand für diese bis 1810 keine allgemeine angeordnete
Prüfung, sondern vielfach wurden zumal von den Stadtobrigkeiten Se-
minarzeugnisse, Empfehlungen, Probelektionen, Nachweis der geistigen
Vorbildung als Ausweis angesehen. Ferner existierte vor dem Edikt von
1788 in Preußen keine auf der Schule stattfindende Prüfung der Matu-
rität [Reifeprüfung; d.A.], sondern es war den Universitäten die Abwei-
sung Unreifer überlassen. Und auch die dann vorgeschriebene Maturi-
tätsprüfung wurde weder ausnahmslos auf den Schulen vorgenommen,
noch gab es für sie allgemeine Normen über das allgemeine Bildungsziel und seine Bestandteile; nur die Anwesenheit eines Kommissars des
Provinzialschulkollegiums [vergleichbar der heutigen oberen Schulaufsicht; ▶ Kapitel 5; d.A.] erwirkte eine gewisse Gleichförmigkeit."
(Dilthey, 1969, S. 123 f.)

Dieses Zitat verdeutlicht sehr eindrücklich die Herausforderungen aus organisatorischer Sicht beim Aufbau eines flächendeckenden Schulsystems. Dilthey
nennt hier die Ausbildung von Lehrkräften, die Vergleichbarkeit und Eindeutigkeit von Schulangeboten, das Prüfungs- und Berechtigungswesen sowie die
Formulierung allgemein verbindlicher Normen und Standards – eine Diskussion, die bis heute beispielsweise in Bezug auf die Bildungsstandards (▶ Abschnitt 7.3) anhält.

Erste Schulbehörden und Standardisierungen

Die so beschriebenen Aufgaben wurden in Preußen maßgeblich vom 1787 in
Berlin gegründeten Oberschulkollegium, vergleichbar den heutigen Schulministerien, bearbeitet. 1788 wird beispielsweise das 1. Abiturreglement (▶ Anhang 2) erlassen und so erstmalig eine Prüfung an Schulen unmittelbar mit
dem Übergang an die Universität verbunden. Dies war auch der Beginn des
Streits um das Berechtigungswesen (Meyer, 1977), also der Frage danach, wel-

che höhere Schulform das Recht dazu hatte, den Schülern (die Mädchen kamen erst später zu ihrem Recht) die Studierfähigkeit zu zertifizieren (s.u.). In einem 2. Abiturreglement von 1812 (▶ Anhang 2) wurde dies für den Zugang zur Universität für diejenigen Studiengänge, die mit einem Staatsexamen endeten (Juristen, Mediziner), verbindlich geregelt. Mit dem 3. Abiturreglement von 1834 (▶ Anhang 2) war dieser Prozess abgeschlossen und alle Studiengänge bedurften nun des Abiturs.

Ausdifferenzierung des höheren Schulwesens

In Bezug auf das höhere Schulwesen und die Frage der Berechtigung der Abnahme der Abiturprüfung stellten sich die traditionellen Lateinschulen gegen neu aufkommende Realschulen und Realgymnasien, die ihre Lehrpläne stärker mathematischen und naturwissenschaftlichen Fragen öffneten (Kraul, 1984; Meyer, 1977; Müller, 1977). Erst auf der Reichsschulkonferenz von 1900 wurde entschieden, dass alle Formen des höheren Schulwesens die Berechtigung erhalten, die Abiturprüfung abzulegen (vgl. hierzu ausführlich Herrlitz et al., 2009; Kraul, 1984, S. 111 f.). Zehn Jahre zuvor wollten Kaiser Wilhelm II. und konservative Philologen noch das Realgymnasium abschaffen (Tosch, 2014). Faktisch war dies aber aufgrund des Widerstandes großer Teile des Bürgertums nicht möglich, womit wiederum ein Beispiel für Reichweite und Schwierigkeiten der Steuerung des Schulsystems vorliegt. Aus dieser Diskussion heraus lassen sich dann auch Vorstellungen über gymnasiale Schulprofile wie althumanistisch, neuhumanistisch, neusprachlich, naturwissenschaftlich, musisch etc. verstehen (zur Stundentafel der jeweiligen Schularten ▶ Tabelle 2). Diese Profilbildung dauert bis heute an, wird aktuell aber stärker durch Aspekte des sozialen Umfelds mitgeprägt, so dass nicht mehr allein die Sachorientierung das Profil einer Schule mitbestimmt, sondern auch die Reaktion der Schule auf ihr soziales Umfeld und auf die Kinder und Jugendlichen, die sie besuchen.

Tabelle 2: Stundentafel der Höheren Knabenschulen in Preußen (1901) (Albisetti & Lundgreen, zitiert nach van Ackeren & Klemm, 2009, S. 25)

| Lehrgegenstände | Unterrichtsstunden von Sexta (Jahrgangsstufe 5) bis Oberprima (Jahrgangsstufe 13) | | | | | |
| | Gymnasium | | Realgymnasium | | Oberrealschule | |
	absolut	in %	absolut	in %	absolut	in %
Religion	19	7	19	7	19	7
Deutsch und Geschichtserzählung	26	10	28	11	34	13
Lateinisch	68	26	49	19	–	–
Griechisch	36	14	–	–	–	–
Französisch	20	8	29	11	47	18
Englisch	–	–	18	7	25	10
Geschichte	17	7	17	6	18	7
Erdkunde	9	3	11	4	14	5
Rechnen und Mathematik	34	13	42	16	47	18
Naturwissenschaften	18	7	29	11	36	14
Schreiben	4	2	4	2	6	2
Zeichnen	8	3	16	6	–	–
Freihandzeichnen	–	–	–	–	16	6
Insgesamt	259	100	262	100	262	100

Entstehung der Schulstruktur

Die Entscheidung über die Profilbildung konnte jedoch erst getroffen werden, nachdem die sehr viel grundsätzlichere Frage nach der Schulstruktur in Preußen geklärt war. Weiter oben haben wir schon die eher unfreiwillige Idee der Einheitsschule kennengelernt, die sich durch eine horizontale Strukturierung der Bildungsgänge auszeichnet. Heute würden wir sagen, durch eine Schule, die zunächst eine Elementarstufe (also Grundschule von Klasse 1 bis 4 oder 1 bis 6 in Berlin und Brandenburg) und dann eine Sekundarstufe I und eine Sekundarstufe II aufweist. Die Thüringer Gemeinschaftsschule steht beispielsweise in dieser Tradition, genau wie Integrierte Gesamtschulen (IGS), die allerdings nicht über eine „Grundschulstufe" verfügen. Die grundlegende schulverwaltungstechnische Idee hierzu legte Wilhelm von Humboldt (1767–1835), „Schöpfer" (Böhm, 1994) der später nach ihm benannten Universität in Berlin und von 1809 bis 1810 Leiter des preußischen Bildungswesens im Innenministerium. Humboldt unterscheidet drei Stadien des Unterrichts, die er für die einzig sinnvollen erachtet: den Elementarunterricht, den Schulunterricht und den Universitätsunterricht.

„Der Elementarunterricht umfasst bloss die Bezeichnung der Ideen nach allen Arten, und ihre erste und ursprüngliche Classification, kann aber, ohne Nachtheil, in dem Stoff zu dieser Form in Natur- und Erdkenntnis mehr oder minder Gegenstände mit aufnehmen. Er macht es erst möglich, eigentlich Dinge zu lernen, und einem Lehrer zu folgen. Der Schulunterricht führt den Schüler nun in Mathematik, Sprach- und Geschichtskenntnis bis zu dem Punkte wo es unnütz seyn würde, ihn noch ferner an einen Lehrer und eigentlichen Unterricht zu binden, er macht ihn nach und nach vom Lehrer frei, bringt ihm aber alles bei, was ein Lehrer beibringen kann. Der Universität ist vorbehalten, was nur der Mensch durch und in sich selbst finden kann, die Einsicht in die reine Wissenschaft. Zu diesem SelbstActus im eigentlichsten Verstand ist nothwendig Freiheit, und hülfereich Einsamkeit, und aus diesen beiden Punkten fliesst zugleich die ganze äussere Organisation der Universitäten." (Humboldt, 1999a, S. 149)

Humboldt verweist hier auf eine zentrale lerntheoretische Einsicht: Ohne die Beherrschung der elementaren Kulturtechniken kann es kein weitergehendes elaboriertes Lernen geben. Leider wird hieraus im Schulsystem nicht die Konsequenz gezogen, dass sich das Curriculum an die Lernenden und deren Vorwissen anzupassen hat. So kommt es, dass wir heute in Deutschland noch viele 15-jährige Jugendliche haben, die die basalen Kulturtechniken Lesen, Schreiben und Rechnen nur unzureichend beherrschen und sehr unschön in der Formulierung als Risikogruppe in der Folge der PISA-Studien bekannt geworden sind (▶ Kapitel 5).

Humboldt, der formal an einer äußeren Schulreform mitzuwirken suchte und curricular das Programm des Neuhumanismus enthusiastisch vertrat, das unter anderem einer aus heutiger Perspektive naiv anmutenden Bewunderung des antiken Griechenlands huldigte, konnte sich jedoch mit seiner formalen Vorstellung einer einheitlichen Nationalerziehung nicht durchsetzen. Griechisch wurde allerdings in die Curricula der Gymnasien aufgenommen, so dass viele Schüler und später auch Schülerinnen sich an den „bewunderungswürdigen Menschen, um es mit einem Wort zu sagen: de(n) Griechen" (Humboldt, zitiert nach Blättner, 1969, S. 10) bilden konnten. Die äußere Schulreform einer einheitlichen, stufenförmigen Nationalerziehung wurde als „irrig" (Michael & Schepp, 1993, S. 123) verworfen. Während einige Autoren hierin die Abwehr von breit angelegten Bürgerinteressen sehen (Blättner, 1969), erachten andere in dieser Abwehrreaktion eher ein mehr oder weniger geschicktes Verwaltungshandeln in einer unübersichtlichen Zeit (Jeismann, 1977). Es bleibt, wie auch immer die Entwicklung zu beurteilen ist, die Einsicht, dass Deutschland fortan – bis heute – ein gegliedertes Schulsystem aufweist (vgl.

die Übersicht bei Müller, 1977), das eine soziale Selektionsfunktion erfüllt (ebd., S. 274) und insgesamt wohl mehr die Interessen des Staates als die der Klienten, also vor allem der Schülerinnen und Schüler vertreten hat (vgl. hierzu die herausragende Fallstudie zur Geschichte eines Gymnasiums in Minden von Kraul, 1984). So wurde nicht zuletzt in den deutschen Gymnasien der Kaiserkult propagiert, nationalistische und nationalsozialistische Erziehung realisiert. In dieser Perspektive war Schule und die in ihr und durch sie stattfindende Erziehung dann tatsächlich nicht mehr als die „Reaktion der Gesellschaft auf die Entwicklungstatsache" (Bernfeld, 1973, S. 119). Doch diese pessimistische Lesart scheint ebenso übertrieben wie ein überbordender Optimismus, der die großen Pädagogen des 17. und 18. Jahrhunderts auszeichnete, aber auch in gewisser Weise blind bleiben ließ für die spezifisch konfliktären Zusammenhänge zwischen Schule und Gesellschaft (vgl. Klafki, 1989), z.B. Positionskämpfe um Chancen zur Teilhabe an Gesellschaft oder Exklusionsanstrengungen durch Privatisierung bestimmter Bildungsmöglichkeiten (Rolff, 1997).

Entwicklung der Grundschulen

Wenngleich die Anfänge des höheren Schulwesens von besonderer Bedeutung für das Verständnis des modernen Schulwesens sind, so haben sich in der hier besprochenen Zeit auch die übrigen Schulformen entwickelt. Zur Realisierung der Schulpflicht wurde insbesondere die Elementarschule, die ab Mitte des 19. Jahrhunderts dann zunehmend als Volksschule bezeichnet wurde, ausgebaut, die um 1900 von ca. 90 Prozent aller Schülerinnen und Schüler besucht wurde (Bölling, 1983; ▶ Abbildung 3). Die Volksschule war insbesondere die Schulform, die für die ländlichen Regionen das Schulangebot darstellte und sich im Wesentlichen als einzügige Dorfschule präsentierte, die vom ansässigen Dorfpfarrer ganz offiziell beaufsichtigt wurde. Mit der „Stiehlschen Regulative" (▶ Anhang 2) bekam sie 1854 eine erste gemeinsame Verordnung, die allerdings nach Ansicht Böllings (ebd.) eine Begrenzung der Bildungsansprüche der Gesellschaft darstellte und insofern den konkreten Anforderungen, die aus der Industrialisierung heraus erwuchsen, entgegenstanden. Das Bildungsziel sollte nicht mehr das „Streben nach abstrakter, formeller Denkbildung" sein, vielmehr sollten „die Kinder schon früh sich als Glieder einer von Gott geordneten Gemeinschaft erkennen" (Stiehlsches Regulativ, zitiert nach Michael & Schepp, 1993, S. 172; vgl. auch Jeismann, 1977). Dieses Regulativ spiegelt die Zeit der Restauration nach der 1848er Revolution gut wider. Die Bildung des Einzelnen als Ideal, wie es bei Humboldt noch vorzufinden ist und in seiner Schrift über die Grenzen des Staates (z.B. Humboldt, 1999b) seinen deutlichsten Ausdruck findet, eben auch in der Zurückweisung des Einflusses des Staates auf die Bildungs- und Erziehungsprozess, wird nunmehr der Einzelne durch Rückgriff auf die christliche Weltordnung, die ohne Zweifel ihren Ausdruck auch in der Ständeordnung wie der soziostrukturellen Ordnung des 18. und 19. Jahrhunderts fand, als Teil der Gemeinschaft konzipiert, in der dieser seine feste Rolle zu erkennen und anzunehmen hat. Diese Idee ist sichtbarer Ausdruck der restaurativen Allianz von Thron und Altar und ganz auf die Bewahrung des Bestehenden hin angelegt und weist alle Hoffnungen auf Aufstiegsdynamik und Aufstiegsmobilität durch Bildung zunächst in ihre Schranken.

Aus der Volksschule erwuchs ab 1920 die für alle Kinder verbindliche Grundschule, die zur ersten echten deutschen Gesamtschule wurde und so als eine Realisierung der humboldtschen Elementarstufe betrachtet werden kann (Rodehüser, 1989; ▶ Abbildung 4), allerdings nicht mit nur einem Anschluss in die Sekundarstufe I, sondern mit drei Anschlussoptionen. Zunächst gab es noch zahlreiche Einheiten, in denen Grundschule und Volksschule verbunden waren, später entwickelte sich hieraus Ende der 1960er Jahre die eigenständige Hauptschule ab Klasse 5 (Konrad, 2012, S. 99 ff.).

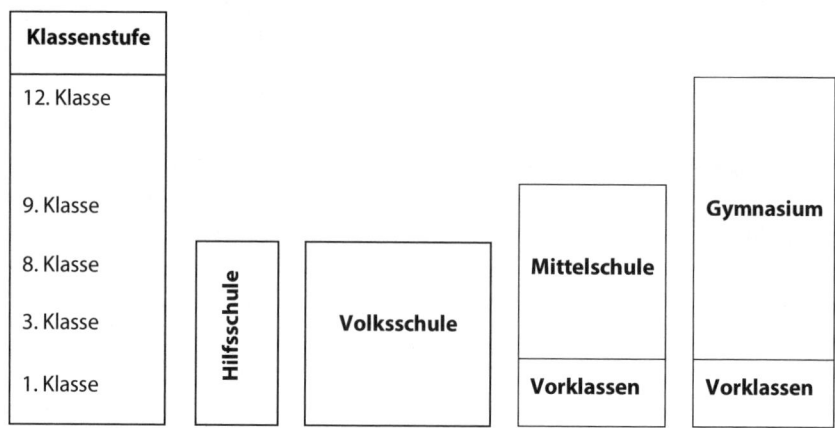

Abbildung 3: Deutsche Schulstruktur vor 1919 (van Ackeren et al., 2011, S. 34)

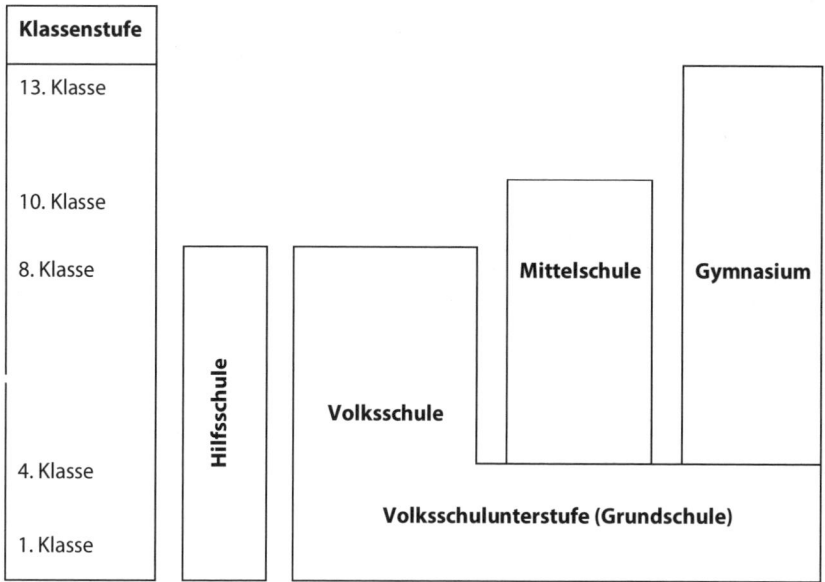

Abbildung 4: Deutsche Schulstruktur ab 1919 (van Ackeren et al., 2011, S. 35)

Ausdifferenzierung des mittleren Schulwesens

Die vielleicht geringste Bedeutung wies zunächst das Mittelschulwesen auf, das als Grauzone zwischen Elementarschule und höherem Schulwesen ein zahlenmäßig vergleichsweise unbedeutendes Dasein führte (3 Prozent der Schülerinnen und Schüler besuchten um 1900 eine Mittelschule). Das Mittelschulwesen entstand aus den Bürger- und Stadtschulen und war im Kern immer an der „realen" Bildung ausgerichtet, die für Kaufleute, aber auch Handwerker und höhere Arbeiter in der Industrie von weitaus größerer Bedeutung waren als die klassischen Bildungsinhalte, insbesondere die alten Sprachen. Solche „Nützlichkeitsanstalten" hatten es nicht leicht, wie folgendes Zitat des Altphilologen Friedrich Thiersch (1784–1860), dessen Reform des bayerischen Bildungswesens 1829 die gymnasiale Bildung auf den Altsprachenerwerb reduzierte, verdeutlicht:

> „Es ist lächerlich, wenn die Realschulen glauben, Mathematik, deutsche Sprache und Französisch ersetze den Gymnasialunterricht [...]. Ein gebildeter Mensch, der diesen Namen verdient, der eine höhere ideale Geistesrichtung nimmt und über das Nützlichkeitsprinzip hinausdenkt, wird nie aus ihnen hervorgehen können; wohl aber zieht man heran Kinder der Zeit, Umwälzungsmenschen, die alles bessern wollen, nur nicht sich selbst." (zitiert nach Bölling, 1983, S. 22)

Doch gerade eine solche Verachtung zeigt, dass etwas vergleichsweise Bedeutendes im Entstehen ist und dem zugleich unterstellt wird, dass es eventuell auch eine Konkurrenz zu den klassischen Gymnasien darstellt. Solche Kämpfe und Konflikte um die Bedeutung von Schularten oder auch Schulfächern finden wir bis heute (Zymek, 2008, S. 222 f.). Wesensmerkmal solcher Auseinandersetzungen ist, dass sie selten über Behauptungen hinauskommen und fast immer eigene Interessen und Besitzstände bewahrt werden sollen. Es sei daher z.b. daran erinnert, dass der Nützlichkeitsvorwurf, der heutzutage als Ökonomisierungsvorwurf auftritt, auch den PISA-Machern und der Nach-PISA-Politik gemacht worden ist (exemplarisch Brügelmann, 2015). Es lohnt sich allemal, sich hierzu eine eigene fundierte Meinung zu bilden und auch zu überprüfen, welche Funktion, welche Argumente in solchen Auseinandersetzungen haben. Die Herausbildung der Realschule aus dem mittleren Schulwesen konnte jedenfalls trotz der von Thiersch gezeichneten düsteren Aussichten für die Kinder, die sie besuchten, nicht verhindert werden. Zunächst ging durch staatliche Normierung aus den Stadt- und Bürgerschulen die Mittelschule hervor, die dann ab 1927 in Preußen und 1931 auf Reichsebene die „Mittlere Reife" zum Abschluss hatte (Bölling, 1983, S. 18 f.), womit sich nun endgültig die Dreigliedrigkeit (Hauptschule, Realschule, Gymnasium) in Deutschland etabliert hatte. Seit 1964 trägt die Mittelschule den Namen Realschule (ebd.). Im Zuge des Umbaus des deutschen Schulsystems wird der Name Realschule aber zunehmend verdrängt und durch neue Begriffe, die die Zusammenführung von Hauptschule und Realschule anzeigen, wie z.B. Sekundarschule, Oberschule, Regelschule u.a.m. ersetzt (▶ Abbildung 9).

Zentrale Entwicklungen im 20. Jahrhundert

Was nach 1900 und bis ca. 1970 entstand, wird von Blankertz (2011; siehe auch Flitner et al., 1997) trotz der z.T. überdeutlichen historischen Zäsuren, als systematischer Zusammenhang in der Schulgeschichte gedeutet. Die im Weimarer Schulkompromiss im Jahr 1920 (vgl. Kluchert, 2014; ▶ Anhang 2) getroffenen Vereinbarungen sollten die Weichen für eine eindeutige Entwicklungslinie hin zur Dreigliedrigkeit stellen.

> „Die angezeigten Vorgaben verpflichteten die Schulentwicklung auf das Organisationsprinzip der Vertikalität [Säulenprinzip; d.A.]. Damit war gemeint, dass Kinder und Jugendliche der gleichen Altersstufe in getrennten, also im System parallel nebeneinander angeordneten Schulen unterrichtet wurden. Diese vertikale Orientierung hat nur dann einen Sinn, wenn die Schulen sich nach Besuchsdauer, Abschlüssen, Berechtigungen, Vermittlung von beruflichen Chancen und gesellschaftlichem Ansehen unterschieden und unterscheiden *sollten*." (Blankertz, 2011, S. 235, Hervorhebung im Original)

Gemeint ist hiermit die Festlegung auf die Dreigliedrigkeit des westdeutschen Schulsystems, das erst nach und nach seine Gestalt verändert. Eine Etappe dieser Veränderung stellt die sogenannte Gesamtschulbewegung dar (z.B. in Hessen, vgl. hierzu von Friedeburg, 1992, der selbst Schulminister und wissenschaftlich wie politisch an dieser Bewegung beteiligt war; sowie Rolff & Evers, 1974). Eine weitere Etappe findet seit den 1990er Jahren statt und reicht bis in die Gegenwart. Hierbei handelt es sich um den Umbau der Schulsysteme in vielen Bundesländern hin zur Zweigliedrigkeit, wie sie in den Ost-Bundesländern nach 1990 bereits implementiert wurde. Der Umbau basiert allerdings weniger auf pädagogischen als vielmehr auf planungstechnischen Überlegungen, da der demographische Wandel (Autorengruppe Bildungsberichterstattung, 2010) in der Bundesrepublik Deutschland (Rückgang der Schülerinnen- und Schülerzahlen) eine Zusammenlegung von Schulangeboten erfordert. Dies ist dann einer der Hauptgründe, weshalb „das Ende der Hauptschule" nicht nur proklamiert, sondern auch faktisch zu beobachten ist (Rösner, 2007) und die Zweigliedrigkeit zum neuen Leitmotiv der Schulstrukturdebatte wird (Idel et al., 2016; Neumann et al., 2017), gleichwohl sich die Situation in Deutschland derzeit noch sehr viel komplexer darstellt, als eingangs bereits dargelegt (Berkemeyer et al., 2014).

Für das Nachkriegsdeutschland lassen sich noch einige, nicht unbedeutende Reformbemühungen sowie koordinierende und zum Zweck der Angleichung der Schulsysteme vorgenommene Initiativen benennen. Bedeutsam sind hier das Düsseldorfer Abkommen (1955) und das Hamburger Abkommen (1964) (▶ Anhang 2), mit dem u.a. die Schulpflicht von acht auf neun Jahre verlängert wurde und das ein zehntes Schuljahr an der Hauptschule ermöglichte, die damit einen qualifizierten Hauptschulabschluss als analogen Abschluss zur mittleren Reife vergeben konnte, womit die Durchlässigkeit im System gefördert werden sollte. Hierzu diente auch die Einführung einer Fremdsprache im Curriculum der Hauptschule. Zudem wurde die Förder- und Beobachtungsstufe (in einigen Bundesländern später zur Orientierungsstufe weiterentwickelt) in Klasse 5 und 6 für alle Kinder zugelassen (von Friedeburg, 1992, S. 348 f.). Zudem sei hier noch auf die Oberstufenreform der 1970er Jahre hingewiesen, die ein Leistungskurssystem vorsah, so dass die Schülerinnen und Schüler ihre fachbezogenen Interessen vertiefen konnten. Diese Reform ermöglichte somit eine Profilbildung auf der Ebene der Einzelschülerin und des Einzelschülers innerhalb einer Schule. Gleichwohl blieben spezifische Schulprofile weiterhin bestehen (ebd., S. 435 ff.). Die 1960er und 1970er Jahre sind dann insgesamt häufig auch als Phase der Bildungsexpansion (▶ Kapitel 10) und als eine besonders reformfreudige Zeit bezeichnet worden. Sinnbildlich hierfür steht der Deutsche Bildungsrat, dessen Gutachten bis heute überaus lesenswert sind und der viele Reformperspektiven beschrieben hat, die z.T.

erst heute stärkere Beachtung finden oder aber noch immer nicht realisiert worden sind (Deutscher Bildungsrat, 1974). Die Grundeinteilung der Aufgaben des Lehrkräfteberufs, wie sie von der KMK formuliert worden sind, entspricht ebenfalls den Anregungen des Deutschen Bildungsrats (1971). Damit sind wir in der Gegenwart angelangt und können uns auf die Entwicklung der Profession der Lehrkräfte konzentrieren.

3.2 Herausbildung einer eigenständigen Profession

Vorerst wollen wir den Begriff der Profession (aus dem Lateinischen *professio* für Bekenntnis, Gewerbe, Beruf stammend) klassisch begreifen und ihn als Bezeichnung für die frühmodernen, akademisch gebildeten Berufe der Theologen, Mediziner und Juristen nutzen (Lundgreen, 2011; Müller & Tenorth, 1995; Tenorth, 1977). Diese Professionen waren auch aufgrund der akademischen Ausbildung, derer sie bedurften, gesellschaftlich hochgeachtet und nicht zuletzt deshalb eine Zielmarke für viele andere Berufe bezüglich Ausbildung, Bezahlung und Prestige. Doch genau wie die Herausbildung des Schulwesens weder geradlinig noch besonders rasch vonstattenging, so auch nicht die Entwicklung des Standes der Lehrkräfte oder, wie wir heute sagen, die der Profession der Lehrkräfte. Die Vorreiterrolle auf dem Gebiet der Professionalisierung übernahmen unzweifelhaft die Lehrkräfte des höheren Schulwesens. Die Volksschullehrer (es waren für sehr lange Zeit nur Männer) weisen eine hiervon sehr verschiedene Geschichte der Professionalisierung auf. Zu unterscheiden ist sicherlich auch noch einmal zwischen Prozessen der Professionalisierung in den Städten, wo sie zuerst auftraten und auf dem Land, wo es mitunter bis heute schwierig ist, überhaupt Personal zu finden.

3.2.1 Ein belasteter Anfang

Was wir über die Geschichte der Profession der Lehrkräfte wissen können, vermag uns nicht allein die Erziehungswissenschaft zu vermitteln, die Quellen hierzu sind vielfältig und bunt. Wir wollen dies hier nur exemplarisch veranschaulichen und greifen auf ein altes Volkslied, eine soziologische Analyse von Adorno sowie einige ausgewählte Klassiker der Literatur zurück, die sich explizit mit Schule und Lehrkräften befasst haben.

Einen Eindruck vom miserablen Image und den ärmlichen Lebensbedingungen des Dorfschullehrers vermittelt das Volkslied vom armen Dorfschulmeisterlein (Furck, 1986, S. 260 f.):

„(7) Am Sonntag ist er Organist, am Montag fährt er seinen Mist, am Dienstag hütet er die Schwein; das arme Dorfschulmeisterlein.

(8) Am Mittwoch fährt er in die Stadt und kauft, was er zu kaufen hat, 'nen halben Hering kauft er ein, das arme Dorfschulmeisterlein.

(9) Am Donnerstag geht er in die Schul und legt die Buben übern Stuhl, Haut sie so lang, bis sie dann schrein, das arme Dorfschulmeisterlein. [...]

(11) Und wird im Dorf ein Kind getauft, dann kann man sehn, wie er so sauft. Elf Halbe schütt' er in sich rein, das arme Dorfschulmeisterlein.

(12) Und wird im Dorf ein Haus gebaut, dann kann man sehn, wie er da klaut; den größten Balken schleppt er heim: das arme Dorfschulmeisterlein."

Sieht man einmal von den in parodistischer Absicht formulierten, z.T. zynischen Textpassagen ab, so lassen sich doch einige wichtige Einsichten aus diesem Lied gewinnen. Der Lehrkräfteberuf garantiert noch kein hinreichendes Einkommen, darum sind Lehrkräfte häufig in mehreren Berufen (z.B. Organist, Landwirt u.a.m.) tätig. Zudem wird der „Dorfschulmeister" als grausam, prügelnd, hedonistisch, exzessiv und sadistisch gekennzeichnet. In seinem noch immer lesenswerten Aufsatz über die „Tabus des Lehrberufs" hat Adorno (1975, S. 70 ff.) diese Motive aufgegriffen und im Sinne einer kollektiven Psychoanalyse zu interpretieren versucht und damit eine Analyse über die gesellschaftlich verbreitete Abneigung gegenüber dem Lehrberuf vorgelegt, die letztlich sehr drastisch bereits in dem Volkslied vom Dorfschulmeisterlein zum Ausdruck kommt. Adorno stellt in dieser Analyse die These auf, dass Schule ein prototypischer Ort für die Entfremdung des Menschen sei. Als Entfremdung versteht er dabei den Verlust der eigenen Bewusstheit seiner selbst. Der Mensch verliert sich in einem falschen Bewusstsein, das durch die kapitalistische Konsumgesellschaft, Popkultur und Oberflächlichkeit der Beziehungen bestimmt wird. Der Lehrkraft kommt hierbei laut Adorno eine besondere Rolle zu, wie nachfolgendes Zitat zeigt:

„Das Kind wird, oft übrigens im Kindergarten, aus der primary community, aus unmittelbaren, hegenden, warmen Verhältnissen herausgerissen und erfährt an der Schule jäh, schockhaft zum ersten Mal Entfremdung; die Schule ist für die Entwicklung des Einzelmenschen fast der Prototyp gesellschaftlicher Entfremdung überhaupt. [...] Agent dieser Entfremdung ist die Lehrerautorität und die negative Besetzung der imago des Lehrers die Antwort darauf." (ebd., S. 82)

Weil die Lehrkraft die Autorität des Staates, der Obrigkeit verkörpert, erleben Schülerinnen und Schüler Entfremdungsmomente. In den Worten Adornos wird die Wärme des Kindergartens durch die Kälte der strafenden und beschämenden Lehrkraft ersetzt. Dieses Bild, gleich wie real es ist, verdichtet sich zur Imago, einem Bild der Lehrkraft, das tief in der Gesellschaft verwurzelt ist. Wenngleich wir 50 Jahre nach Adorno freilich etwas milder über die Eintritte der Kinder in die Schule urteilen würden, so bleibt doch der Grundgedanke hoch interessant, den Adorno in Bezug auf das Image, das imaginierte Lehrkräftebild der Gesellschaft entfaltet. Er argumentiert, dass die heimlichen Vorurteile über den Lehrkraftberuf und zwar vor allem über dessen Vergangenheit noch immer wirksam sind und stillschweigend das schulische Geschehen mitbeeinflussen. Und da die Lehrkraft auch den funktional gegebenen Auftrag der Selektion wahrnimmt, ist die erinnerte Bedrohung auch faktisch durchaus noch real. Die Lehrkraft als durch die Gesellschaft delegierte Instanz der Selektion ist zugleich Sündenbock, wenn es um die Erklärung des Scheiterns geht. Die gesellschaftlichen Akteure können sich hingegen ganz auf die Kritik der Schule und der weitergehenden Verankerung und Tradierung ihrer Vorurteile konzentrieren.

Vieles von diesen im Ergebnis sehr negativen Analysen mag heute kaum oder vielleicht auch gar nicht mehr stimmen und dennoch ist uns diese Vorstellungswelt von der Schule als „Kampfplatz" zwischen Lehrkräften und Schülerinnen und Schülern, aber auch innerhalb der Schülerschaft vertraut. Nicht zuletzt darum sehnen sich viele angehende Lehrkräfte und wohl auch erfahrene Lehrkräfte nach „freundlichen und klugen" Schülerinnen und Schülern, nach einer gewissen „bürgerlichen Wärme" (Freundlichkeit, Toleranz, Einfühlungsvermögen), setzen also das voraus, was Schule erst noch mitbewirken soll. Und wenn diese Kinder und Jugendlichen sich nicht vorstellungskonform verhalten, so ist der Wunsch nach Trainings im Umgang mit Konflikten sehr groß (▶ Abschnitt 8.3). Adorno bietet für diesen Sachverhalt eine anspruchsvolle Lesart, die uns darauf aufmerksam macht, dass die Gesellschaft einen immerwährenden Konflikt der Generationen in das Schulsystem und hier den Lehrkräften übergeben hat. Wir können dies negieren oder uns um eine angemessene Bearbeitung bemühen. Dies bleibt letztlich, wie so oft, den Lehrkräften und damit auch den Lehramtsstudierenden und ihrem sich entwickelnden professionellen Urteil überlassen. Unter dem Stichwort der Anerkennung geht es in aktuellen Forschungen aber noch immer um die Fragen, wem in Schulen welche Anerkennung auf welche Weise zukommt (Balzer & Ricken, 2010; Fritzsche, 2014; Geisler, 2015; Ricken, 2013), wie Akteure auf fehlende Anerkennung reagieren (Nairz-Wirth et al., 2013; Prengel, 2014; Sandring, 2013) und welche Strukturen hierfür verantwortlich sind (Meißner et al., 2018a). Diese Eindrücke werden im Übrigen durch zahlreiche Romane – und damit kommen wir zur dritten, der literaturwissenschaftlichen Perspektive – ebenfalls bekräftigt (vgl. hierzu auch eine illustrative Übersicht bei Enzelberger, 2001, S. 141 ff.), wobei sich mitunter aber auch sehr positive Erzählungen finden (▶ Tabelle 3). Wir werden diese hier nicht weiter kommentieren, sie sollen vielmehr als Anregung zur Lektüre verstanden werden.

Tabelle 3: Romane mit Inhaltsschwerpunkt Lehrkräfte und Schule (Auswahl) (eigene Darstellung)

Autor/in	Jahr	Titel	Kurzzusammenfassung
Heinrich Mann	1905	Professor Unrat	Sein willkürlich strafendes und boshaftes Verhalten hat dem Gymnasiallehrer Raat den Spitznamen Prof. Unrat eingebracht. Der Lehrer wird als ein disziplinierender Kämpfer beschrieben, der im Sinne einer „Schwarzen Pädagogik" in der Schule Krieg gegen seine Schüler führt.
Hermann Hesse	1906	Unterm Rad	Erzählung über den schulischen Auf- und Abstieg des Schülers Hans Giebenrath, der an dem Leistungsanspruch seiner Lehrer und schließlich an sich selbst zerbricht. Die Lehrer treiben den Schüler zum Ehrgeiz und zur gesellschaftlichen Anpassung an, übergehen aber die Förderung der Individualität.
Friedrich Torberg	1930	Der Schüler Gerber	Der Schüler Kurt Gerber setzt sich vergeblich gegen den Versuch zur Wehr, von den autoritativen Maßnahmen seines Lehrers gebrochen zu werden.
Erich Kästner	1933	Das fliegende Klassenzimmer	Internatsgeschichten um Streit zwischen Gymnasiasten und Realschülern und Grunderfahrungen der Kindheit wie Verlassenheit, Wunsch nach Anerkennung, Mut und Freundschaft. Der freundliche und von allen geliebte Lehrer Dr. Johann Bökh tritt vor allem als Lernbegleiter in Erscheinung.
Ödön von Horváth	1937	Jugend ohne Gott	Ein von humanistischen Werten geprägter Lehrer beobachtet die seelische Verwahrlosung seiner Schüler, denen das Gerechtigkeitsempfinden abhandenkommt. Eingebettet in eine Kriminalhandlung zeigt das Werk die Tragödie einer Jugend, die ohne Liebe zu Gott und Achtung vor Menschen und Traditionen aufwächst. Das pädagogische Versagen des Lehrers geht einher mit dessen religiös-moralisierendem Eifer.
Nancy H. Kleinbaum	1989	Der Club der toten Dichter	In einem auf Disziplin und Leistung getrimmten Eliteinternat unterrichtet der Lehrer John Keating mit unkonventionellen und lebensnahen Mitteln kritisches und kreatives Denken, wobei er mit den autoritativen Vorstellungen seiner Kollegen und einigen Eltern konfrontiert wird.

Autor/in	Jahr	Titel	Kurzzusammenfassung
Juli Zeh	2005	Spieltrieb	Eine Geschichte über die Verführung und Erpressung des Lehrers Smutek durch die Schülerin Ada und den Schüler Alev. In der von Entfremdung geprägten Schule wird die Lehrperson vor allem als Dienstleister dargestellt.
Andrea Heratie	2011	Die Regenbogentruppe	Autobiographisch fundierte Erzählung über eine Schule in Indonesien, deren Schließung der engagierte und selbstlose Lehrer Pak Harfan und die idealistische junge Lehrerin Bu Muslimah zum Wohle der Kinder verhindern wollen.
Judith Schalansky	2011	Der Hals der Giraffe	Für die Gymnasiallehrerin Inge Lohmark ist Leistung alles. Dazu folgt sie dem Rollenmodell einer distanzierten und kühlen Lehrerpersönlichkeit. In kurzen Momenten scheint der Wunsch auf, ihre innere Verhärtung aufzuhalten.

Was könnte man aus diesen Bildungsromanen und Erzählungen über Bildung lernen? Wir haben dieses kleine Mosaik zum Image von Lehrkräften zum Einstieg gewählt, weil wir es für bedeutsam erachten, sich mit den gesellschaftlichen Vorstellungen über den Lehrkräfteberuf auseinanderzusetzen. Ziel sollte es sein, bestehende Vorurteile über diesen Beruf aufzulösen und die Leistungen dieser Profession für die Gesellschaft herauszustellen. Damit ist die Forderung verbunden, dass die Profession eine reflektierte Selbstbeschreibung von Stärken und Schwächen ihres pädagogischen Wirkens anfertigt. Dies gehört aus unserer Sicht zu einer deliberativen Profession hinzu (▶ Abschnitt 6.6), die aus guten Gründen handelt und gute Gründe für ihr Handeln auch benennt und darstellt. So kann ein Diskurs auch jenseits von Vorurteilen entstehen.

3.2.2 Zentrale Wegmarken

Nachfolgend werden nunmehr zentrale Wegmarken der Professionalisierung der Lehrkräfte seit dem 18. Jahrhundert vorgestellt. Hierbei folgen wir im Wesentlichen der Darstellung von Lundgreen (2011). Während, wie bereits kurz angerissen, auf dem Land vor allem verarmte Dorfschullehrer, nicht selten ehemalige Unteroffiziere, die in der Armee keine Verwendung mehr fanden, und Theologen „Schule hielten" (Terhart, 2016), gab es in den Städten bereits Lehrerzünfte, die den Zugang zum und die Ausbildung des Berufs regelten. Hierbei dominierte das Meister-Schüler-Prinzip (ebd.). Bis zu diesem Zeitpunkt konnte man in einem strengeren Sinne, trotz sicherlich manch positiver Entwicklung und dem zunehmenden, auch wissenschaftlichen Nachdenken über

Erziehung (Comenius „Didactica magna" erschien im Jahr 1657, Rousseaus „Emile" gut 100 Jahre später), noch von keinem echten Berufsstand des Gymnasiallehrers sprechen (Kemnitz, 2011, S. 38). Hierfür fehlten die systematische Ausbildung und eine eigenständige Zielsetzung für den Beruf wie auch die Anbindung an die Universitäten. Wir werden sehen, dass sich zunächst der Gymnasiallehrerstand als Profession etablierte und im Nachgang hierzu die anderen Schularten ebenfalls Lehrervereine gründeten und die eigene Professionalisierung vorantrieben. Diese bestand zunächst und ganz wesentlich darin, universitär (wie Mediziner, Juristen und Theologen) ausgebildet zu werden und einen entsprechenden finanziellen Status abzusichern.

Der erste wichtige Schritt für die Gymnasiallehrer wurde von Humboldt im Jahr 1810 in Preußen mit der Einführung der Lehramtsprüfung, dem „examen pro facultate docendi" eingeführt, um die Lehrbefähigung der angehenden Lehrkräfte zu ermitteln. Geprüft wurde hier zunächst Lehrplanwissen in den Fächern Latein, Griechisch, Deutsch, Mathematik, Geschichte, Geographie und Naturkunde (Lundgreen, 2011, S. 11). Hieran lässt sich sehr deutlich erkennen, dass Prüfungsgegenstand weniger die didaktischen Kompetenzen der Kandidaten als vielmehr Aspekte materialer Bildung in Form trägen Wissens (▶ Abschnitt 7.1.2) waren – der Beginn einer Prüfungs- und Lehrtradition, die noch bis heute verbreitet ist. Je besser die Kandidaten in den jeweiligen Fächern geprüft wurden, desto höher die Klassenstufe, bis zu der sie unterrichten durften. Wenngleich dieser erste Schritt verwaltungstechnisch und dementsprechend für die Laufbahn von Lehrkräften als Staatsbeamte bedeutsam gewesen ist, so ist dennoch zu beachten, dass die Reichweite dieser Prüfung zunächst sehr beschränkt war. Kemnitz (2014) weist zu Recht darauf hin, dass mit 39 Prüfungen zwischen 1810 und 1815 die preußischen Gymnasien wohl kaum bedarfsdeckend versorgt werden konnten, zumal von den 39 Prüflingen nur sieben als uneingeschränkt tauglich befunden wurden (Bölling, 1983, S. 21). Kemnitz (2014) gibt einen Zeitraum von 50 Jahren an, bis die Lehramtsprüfung zum Regelfall wurde. Dies bedeutet auch, dass das Fachlehrerprinzip anfänglich noch keineswegs Standard war. Lediglich für die Oberstufe war dies seit dem Jahr 1831 implementiert und der Begriff Oberlehrer verwies auf die Befugnis, in dieser zu unterrichten. Es dominierte aber noch die von Humboldt favorisierte Variante der „Allgemeinbildung" als grundlegendes Prinzip für den Lehrkräfteberuf. Alle Lehrkräfte an höheren Schulen sollten zumindest in den unteren Klassen alle Fachinhalte unterrichten können. Vielleicht ein Grund, weshalb bis heute die Wertschätzung der „Allgemeinbildung" so groß ist und naturwissenschaftliche Inhalte hierbei häufig weniger Beachtung finden (exemplarisch Schwanitz, 2002). In der Entstehungszeit dieser Programmatik für die Lehrkräftebildung spielten die Naturwissenschaften noch keine besondere Rolle, trotz der bereits erzielten herausragenden Entdeckungen. Diese Idee jedoch, dass jeder allen alles lehren können sollte, konnte sich mit der zunehmenden Ausdifferenzierung der Wissenschaften nicht halten und erschien auch organisatorisch nicht länger praktikabel. So entwickelte sich das Fachlehrerprinzip zum durchgängigen Prinzip in allen Stufen des Gymnasiums und seit 1898 hießen nunmehr alle Lehrkräfte am Gymnasium Oberlehrer und mussten für beide Stufen eine Lehrbefähigung nachweisen. Zwischenzeitlich führten die Oberlehrer auch den Titel eines Professors, wenn sie an Universitäten in Preußen einen Magistertitel oder eine Promotion erwarben. Ab 1918 wurden alle Gymnasiallehrer mit akademischem Hintergrund zu Studienräten ernannt, womit man einem Wunsch der Lehrerverbände nachkam (Bölling, 1983, S. 31) und eine Bezeichnung eingeführt wurde, die bis heute Gültigkeit besitzt.

Ende der 1830er Jahre formulierte ein Berliner Gymnasialdirektor in Bezug auf die ersten Erfolge dieser Professionalisierungsbemühungen der Lehrerschaft folgendes:

„Übersieht man die Geschichte des Schulwesens in den letzten 30 bis 40 Jahren, so findet man, daß sich seitdem erst ein eigentlicher Gymnasiallehrerstand gebildet hat, der sich weit über den früheren erhebt. [...] Die Stellen an den Gymnasien sind dem größten Teile nach mit Männern von ausgezeichneten Kenntnissen besetzt; nicht wenige unter ihnen gibt es, welche geschickt sind, den akademischen Lehrstuhl zu besteigen; und gewiß würde der unter seinen Kollegen eine geringe Achtung genießen, der nicht unablässig bemüht wäre, seine Kenntnisse zu vermehren und tiefer zu begründen." (Spilleke, zitiert nach Bölling, 1983, S. 21)

Interessant ist neben dem allgemeinen Lob einer deutlich verbesserten Lehrerschaft in Bezug auf ihre fachlichen Kompetenzen auch, dass das Motiv des lebenslangen Lernens hier bereits auftaucht. Und zwar nicht als Postulat gegenüber der Profession, sondern als Maßstab professioneller Selbstkontrolle. Wer sich nicht weiterbildet, verliert die Achtung seiner Kollegen und kann mit deren kollegialer Anerkennung nicht rechnen. Diese Form der professionellen Selbstkontrolle wäre sicherlich auch heute ein wünschenswerter Bestandteil des Professionsethos der Lehrkräfte. Zugleich wird aber auch klar, dass sich diese Form der Weiterqualifikation ganz wesentlich auf die Fächer und nicht auf die pädagogischen Fähigkeiten bezog.

Die Implementierung des Fachlehrerprinzips konnte nur deshalb umfänglich erreicht werden, weil sich die akademischen Fächer auch an den Universitäten zu eigenständigen Fakultäten ausdifferenzierten. Während zu Beginn der universitären Professionalisierung die Ausbildung von Lehrkräften der Theologischen und dann vor allem der Philosophischen Fakultät oblag, so wurden die

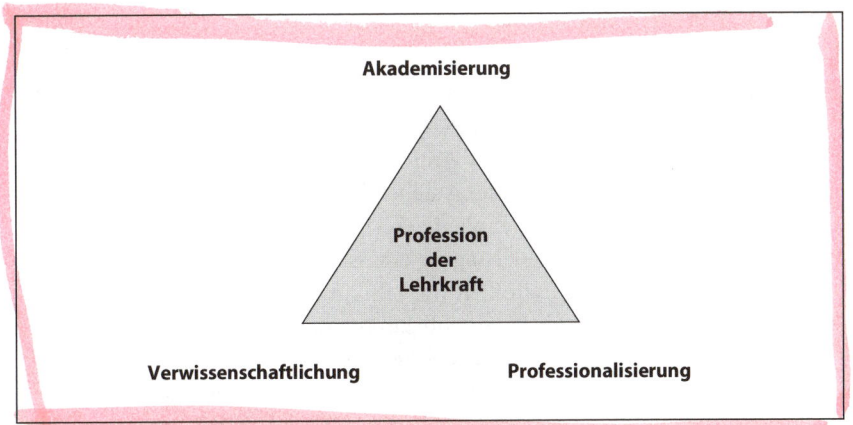

Abbildung 5: Treiberdreieck der Profession „Lehrkraft" (in Anlehnung an Lundgreen, 2011; eigene Darstellung)

Die drei Treiber, die den Statusaufstieg wesentlich begünstigt haben, sind Akademisierung, Professionalisierung, die hier vor allem als organisierte Interessenvertretung gemeint ist, und Verwissenschaftlichung.

- Als *Akademisierung* wird die gesellschaftliche Entwicklung hin zu immer höheren Ausbildungsniveaus verstanden, so dass gesellschaftlich eine Nachfrage nach höheren Bildungsabschlüssen entsteht.
- Dieser Trend wird von Lehrkräften erkannt und im Sinne einer *Professionalisierung* als Organisation der eigenen Profession fruchtbar gemacht (Heinemann, 1977). Sie organisieren sich zunehmend in Vereinen und Verbänden, um die eigenen Interessen vor allem in Bezug auf Status und Besoldung besser vertreten zu können.
- *Verwissenschaftlichung* bezeichnet die Tatsache, dass in modernen Gesellschaften wissenschaftliches Wissen, getragen von Expertinnen und Experten, als eine überlegene Wissenssorte gilt. Diese Grundvorstellung wird aktuell in Diskursen über die Wissensgesellschaft (Küppers, 2010; Stehr, 1994) und eine reflexive Moderne ausführlich geführt (vgl. Beck et al., 1996; Stehr & Grundmann, 2010). Doch gerade die Erziehungswissenschaft hat in Form der Wissensverwendungsforschung gezeigt, dass das wissenschaftliche Wissen nicht einfach handlungspraktisch werden kann (Dewe et al., 1992). Vielleicht liegt darin ein Grund, weshalb Lehrkräfte wissenschaftlichem Wissen nur bedingt trauen. Während es zur Legitimation von Status und Besoldung zwingend gebraucht und akzeptiert wird, bleibt es für die eigene Praxis nicht selten rudimentär (siehe hierzu ausführlich Combe & Helsper, 1996).

3.3 Was folgt für die Profession von morgen?

Insgesamt kann der Prozess der Professionalisierung von Lehrkräften in Deutschland als Erfolgsgeschichte gelesen werden. Jedenfalls trifft dies zu, begreift man die Professionalität vom Amt her (Stichweh, 1996) und betrachtet auch die mit dem Amt in Verbindung stehenden Privilegien. Hierzu zählten ab den 1830er Jahren der herausgehobene Gerichtsstand, die Verbeamtung und die damit verbundene Eingliederung in eine soziale Rangreihe innerhalb des preußischen Staates, die adelsähnlich war (Bölling, 1983, S. 31). Die sukzessive Steigerung der Gehälter und die erhebliche Verringerung der Gehaltsdifferenz zwischen den einzelnen Lehramtstypen, die etwa um 1980 erreicht worden ist, haben zu einem vorläufigen Schlusspunkt dieser Erfolgsgeschichte geführt.[4] Bezugnehmend auf zunehmende Lehrdeputatsstunden und immer neue und über die bisher bekannten Aufgaben hinausgehenden Herausforderungen fallen erste Schatten auf diesen rasanten sozialen Aufstieg. Doch ungeachtet der Erfolge in Bezug auf Besitzstand sowie Ansehen in der Gesellschaft, das besser ist, als mancher vermutet (Rothland, 2016a), bleibt eine Herausforderung, die leider von vielen Lehrkräften in dieser Form noch gar nicht erkannt worden ist. Es geht um die Frage nach dem „richtigen" oder erst einmal überhaupt nach dem Verhältnis von Fachlichkeit und Bildungswissenschaft. Wilhelm Flitner hat dies bereits im Jahr 1957 bemerkt, indem er notiert, dass bei den Philologen (also den Gymnasiallehrern) „noch immer die pädagogische Theorie in wissenschaftlicher Form für überflüssig gehalten wird" (z.B. Flitner, 1989, S. 10). Die weiter oben angeführte Lobesrede von Spilleke verweist geradezu auf die herausragenden Leistungen in Bezug auf die Fachlichkeit der Lehrkräfte. Wenngleich diese auch heute noch von besonderer Bedeutung ist (Blömeke et al., 2010a, 2010b) so muss doch auch gesehen werden, dass Fachlehrkräfte von den wissenschaftlichen Aspekten im Fach sehr viel weiter entfernt sind als vor 200 Jahren. Dies ist schlichtweg dem enormen Zuwachs an wissenschaftlichem Wissen und der Ausdifferenzierung des Wissenschaftsbetriebs geschuldet. Selbst an den Universitäten entsteht mitunter eine Distanz der wissenschaftlichen Leistungen zu den „Hochleistungsforschungen" der großen Wissenschaftszentren (z.B. Max-Planck-Institute, Institute der Helmholtz-Gemeinschaft Deutscher Forschungszentren oder Einrichtungen wie dem CERN, wo hunderte, mitunter tausende Fachexpertinnen und -experten hochspezialisierter Forschung nachgehen, ohne sich mit dem Alltagsgeschäft universitärer

---

4   Diese kurze Geschichte der Profession, wie sie hier skizziert wird, hat selbstredend viele Leerstellen. Eine davon ist die zunehmende Teilhabe der Frauen an der Profession der Lehrkräfte (vgl. hierzu Enzelberger, 2001; sowie ▶ Kapitel 6). Zur Bedeutung der Interessenvertretungen und Gewerkschaften für den Lehrberuf ist nach wie vor der Sammelband von Heinemann (1977) hochgradig lesenswert.

Selbstverwaltung befassen zu müssen). Zugleich nimmt die bloße Repräsentation von Wissen in einem Zeitalter, in dem Informationen viel leichter zugänglich sind, nicht mehr eine so zentrale Stellung ein wie noch zu Zeiten der preußischen Bildungsreformen. Zugleich erfordern die Bildungsexpansion und die sich wandelnden gesellschaftlichen Verhältnisse vielleicht mehr denn je einen Typus von Lehrkraft, der dazu in der Lage ist, nicht nur Wissen zu repräsentieren, Sachverhalte didaktisch zu reduzieren (Lehner, 2012) und zu erklären, sondern Lehrkräfte, die akademische Wissensbestände lebensweltlich transformieren und Lernprobleme nicht nur feststellen, sondern auch erkunden und Strategien zur Bearbeitung anbieten. Insgesamt sind Lehrkräfte dabei viel mehr als früher Entwicklungshelfende für kognitive, soziale und emotionale Problemstellungen in einem Netz von Professionen (▶ Kapitel 6). Hierfür reicht aber eine reine Fachperspektive nicht aus. Es braucht einen interdisziplinären Kopf, der zwischen Fach, Fachdidaktik, Bildungswissenschaften sowie Erkenntnissen der Sonder- und Förderpädagogik wie auch der Sozialpädagogik sich zu bewegen und diese Kenntnisse in einem Akteursnetzwerk in und außerhalb der Schule kooperierend einzubringen weiß.

Literatur zum Weiterlesen

Friedeburg, L. von (1992). *Bildungsreform in Deutschland. Geschichte und gesellschaftlicher Widerspruch.* Frankfurt am Main: Suhrkamp.

Herrlitz, H.-G., Hopf, W., Titze, H. & Cloer, E. (2009). *Deutsche Schulgeschichte von 1800 bis zur Gegenwart. Eine Einführung* (5., aktual. Aufl.). Weinheim: Beltz Juventa.

Konrad, F.-M. (2012). *Geschichte der Schule. Von der Antike bis zur Gegenwart* (Beck'sche Reihe, Bd. 2406; 2., durchges. und aktual. Aufl.). München: Beck.

Kraul, M. (1984). *Das deutsche Gymnasium. 1780–1980.* Frankfurt am Main: Suhrkamp.

4. Nebenwirkungen der Institutionalisierung des Schulsystems

Wir haben darauf hingewiesen, dass die Etablierung eines flächendeckenden Schulsystems eine der großen Errungenschaften der Moderne ist. Zugleich sind mit der Institutionalisierung von Schule und einer staatlich verfassten Profession (man könnte hier im Unterschied dazu auch ein vollständig privatisiertes oder zivilgesellschaftlich getragenes Schulsystem denken) aber auch Nebenwirkungen aufgetreten, die im Grunde in allen Entwicklungsphasen des Systems thematisch werden. Als Nebenwirkungen werden nichtintendierte Effekte begriffen, mit denen Risiken in Bezug auf eine weitergehende Modernisierung (im weitesten Sinne hier als Verbesserung verstanden) des Schulsystems verbunden sind. Drei aus unserer Sicht bedeutsame Nebenwirkungen werden im Folgenden vorgestellt. Diese strukturell konstituierten Nebenwirkungen sind als historisch begründet aufzufassen, wirken aber bis in die Gegenwart, so dass sie auch als Brücke zwischen der Historie von Schule und Profession und ihrer Gegenwart gelesen werden können. Es handelt sich dabei um (1) Probleme der Steuerung einer staatlichen Schule und Profession, die im Grunde immer durch Fragmentierung in den Bereichslogiken und Rechtfertigungsordnungen von Staat, Schule als Organisation, Profession und Pädagogik betrachtet werden können. (2) Eine weitere Nebenwirkung sehen wir im Theorie-Praxis-Problem, was die Professionalisierung von Lehrkräften erschwert und zwar nicht aufgrund der Tatsache, dass es eine Differenz gibt, sondern dass die Differenzen mit Herrschaftsansprüchen verbunden werden und so Kommunikation erschwert wird. (3) Eine letzte hier vorzustellende Nebenwirkung sehen wir in der Erzeugung sozialer Ungleichheit durch das Schulsystem und die in ihm handelnden Akteure.

4.1 Steuerung zwischen Profession und Bürokratie

Mit den Anfängen der systematischen Professionalisierung, für die uns das „examen pro facultate docendi", das von Humboldt im Jahr 1810 in Preußen eingeführt wurde, als Geschichtszeichen dienen kann, trat auch der Staat zunehmend auf die Bühne der institutionellen Bildung. Damit wurde eine Konfliktlinie begründet, die auf der einen Seite den Staat, auf der anderen Seite die Ideen einer Pädagogik, die einen Beitrag zur Ermöglichung der Freiheit des Einzelnen leisten will, voneinander trennt. Die Profession steht zwischen den Ansprüchen des Staates und den normativen Idealen der Pädagogik. Während der Staat alle Interessen der Gesellschaft, auch im Schulsystem zu berücksichtigen hat (Religion, Wirtschaft, Politik u.a.m.), kann die Pädagogik all dies ausblenden und zugunsten des Kindes alles einfordern, was nötig erscheint. Während der Staat die Profession ausbildet und besoldet, bleibt der Pädagogik nur das Ideal; vielleicht ein ungleicher Kampf? Dieses Kapitel schaut auf Etappen der Strukturierung der Steuerung des Schulsystems, die immer auch vor dem Hintergrund dieses Konflikts betrachtet werden kann.

1778 wurde das Oberschulkolleg als oberste Schulbehörde eingerichtet, angesiedelt im Innenministerium, dass bereits ein Jahr später das erste „Abiturientenedikt" erließ und so sukzessive wichtige Schritte zur Ordnung des höheren Schulwesens unternahm (▶ Abschnitt 3.1.2). Wobei man sich diese ordnende Funktion weniger als ein „Durchregieren" denn vielmehr als ein Anpassungshandeln an bestehende Verhältnisse vorzustellen hat. Es wurden also Verordnungen und Erlasse an die Wirklichkeit angepasst, nicht umgekehrt. Da, wo es doch zu solchem Ansinnen kam, wurde die Steuerungsphantasie rasch mit den Grenzen der sozialen Wirklichkeit konfrontiert (Tosch, 2014). Und auch das 1794 im Allgemeinen Landrecht verkündete Bekenntnis, dass Schulen und Universitäten „Veranstaltungen des Staates" seien, konnte nicht darüber hinwegtäuschen, dass insbesondere in der Anfangszeit systematischer, staatlicher Schulverwaltung die Gestaltungskraft noch überschaubar war und weite Teile des Staatsgebietes aufgrund der „Kommunikationsverhältnisse [...] noch nicht durchdrungen werden konnten" (Neugebauer, 2014, S. 57). Doch der Auf- und Ausbau der preußischen Schulverwaltung sollte diese „Defizite" sukzessive bearbeiten und eine umfassende Kultusbürokratie erzeugen.

Der Aufstieg der Profession ist auf das Engste mit dem Aufbau der Verwaltung und der durch die Anerkennung als Staatsbeamte erfolgten Integration der Lehrer in die Kultusbürokratie verbunden (Richter, 1995). Müller (1977) hat dies in seiner Analyse zur Lehrerrolle und Bürokratie unter Rückgriff auf die bürokratietheoretischen Arbeiten Max Webers (1864–1920) und Michel Croziers (1922–2013) gezeigt und auch die damit verbundenen Nachteile herausgearbeitet. Müller analysiert hierzu:

> „Das Phänomen des ‚bürokratischen circulus vitiosus', das M. Croziers in seiner Arbeit ‚Le phénomen bureaucratique' herausgearbeitet hat, bestimmt die Entwicklung des Schulsystems im 19. Jahrhundert. Die steigende Abhängigkeit der Lehrer von der Schulbürokratie wird von einzelnen Gruppen dazu benutzt, ‚ihre Position im Machtkampf innerhalb der Organisation zu verbessern. So kommt es zu neuem Druck nach Unpersönlichkeit und Zentralisierung, die einzige Lösung des Problems persönlicher Privilegien'. ‚Ein solches Interpretationsschema gründet sich nicht länger auf die passive Reaktion des ‚menschlichen Faktor(s)' (demokratische Lehrer werden von einer reaktionären Regierung an der

Verwirklichung ihrer Zielsetzungen gehindert), es beruht auf der Entdeckung der *aktiven Neigung der menschlichen Agenten, aus allen verfügbaren Mitteln unter allen Umständen Vorteile zu ziehen, um die eigenen Vorrechte zu steigern.* (Crozier, 1968)" (Crozier, zitiert nach ebd., S. 88, Hervorhebungen im Original)

Nach Max Weber liege das zukünftige Entwicklungsproblem in der Frage,

> „ob wir mit Wissen und Willen Menschen werden sollten die ‚Ordnung‘ brauchen und nichts als Ordnung, die nervös … werden, wenn sie aus ihrer ausschließlichen Angepaßtheit an diese Ordnung herausgerissen werden" (Weber, zitiert nach ebd., S. 89, Hervorhebung im Original).

Diese Form der Kritik sollte in den 1970er Jahren im Rahmen der großen Reformbewegungen im Bildungssystem nochmals an Schwung und Kraft gewinnen (zu konservativen Gegenreaktionen ▶ Kapitel 8.2.4). Beispielhaft ist hierfür eine Arbeit von Peter Vogel (1977) mit dem Titel „Die bürokratische Schule – Unterricht als Verwaltungshandeln und der pädagogische Auftrag der Schule". Im Vorwort zu diesem Band fasst Wolfgang Fischer Vogels zentrale These zusammen:

> „Insofern jedenfalls die Schule ein Moment der (staatlichen) Herrschaftsausübung ist, konkret als bürokratisch organisierte Verwaltung ihrer ‚äußeren‘ und ‚inneren Angelegenheiten‘, muß in ihr die Sache einer unorganisierbaren, Herrschaftsansprüche aufhebenden Bildung des Einzelnen hinter seiner verwaltungsmäßigen Qualifikation zurückstehen" (ebd., S. 12).

Damit sind wichtige Punkte für die Verfasstheit der Lehrprofession zwischen staatlichen, gesellschaftlichen, eigenen Professionsansprüchen sowie pädagogischen Ansprüchen formuliert. Der verwalteten Schule wird die Idee einer emanzipatorischen Erziehung entgegengesetzt, die das Individuum aus den gesellschaftlichen Zwängen und Entfremdungszuständen befreit, eine Idee, die der Frankfurter Schule, zu der Autoren wie Theodor W. Adorno (1903–1969), Max Horkheimer (1895–1973) und Jürgen Habermas (*1929) gehören, entstammt. Radikalere Forderungen dieser Art wurden dann beispielsweise von Autoren wie Ivan Illich (1926–2002) vorgebracht, der provokant für eine „Entschulung der Gesellschaft" eintrat (Illich, 1972), was freilich als Entwurf für ein demokratisches Bildungssystem gedacht war (Berkemeyer, im Ersch.a). Auch die Idee einer Demokratisierung der Schule lässt sich diesbezüglich als Gegenbewegung zur verwalteten und einer bloß auf Reproduktion angelegten Schule verstehen. John Dewey und Lawrence Kohlberg haben dies nicht nur theoretisch gefordert, sondern auch in pädagogische Programme umgesetzt. In Deutschland haben sich unter anderem Wolfgang Klafki, Wolfgang Edelstein, Fritz Oser und Peter Fauser sehr eindrücklich für eine demokratische Schule eingesetzt (▶ ausführlich Kapitel 8).

Die Profession der Lehrkräfte wird sich vermutlich immer innerhalb solcher Spannungsfelder bewegen müssen und ist dabei selbst Teil des Feldes (Heinemann, 1977). Es macht daher wenig Sinn, die Gesamtsituation zu bedauern, sich auf radikale Positionen der Schulkritik am staatlichen Schulsystem zurückzuziehen oder aber diese Kritik in Gänze auszublenden. Es kommt vielmehr darauf an, eine eigenständige Position in diesem Geflecht zu finden. Hierzu muss man es zunächst in Ansätzen über- und durchschauen, um sich dann immer wieder neu zu verorten. Diese Neuverortung ist darum notwendig, weil gesellschaftliche Felder bzw. Teilsysteme nicht statisch, sondern dynamisch sind. Zugleich ist aber auch daran zu denken, dass Bürokratisierung gewissermaßen noch immer die demokratische Garantie für ein staatliches Schulwesen darstellt, von dem bislang unzählig viele Menschen profitiert haben, sei es als Lehrkraft oder als Schülerin und Schüler.

Abschließend sei noch darauf hingewiesen, dass mit der Bürokratisierung und der mit ihr verbundenen erlassorientierten Verwaltungspolitik des 19. Jahrhunderts eine Verrechtlichung der Schule eintritt, die insgesamt, bei aller möglichen Kritik, als großer demokratischer Gewinn gesehen werden muss (Richter, 1995; Tenorth, 2014). Die Schulgeschichte des 19. Jahrhunderts ist somit wohl immer Modernisierung und Disziplinierung zugleich, Entwicklung der Profession wie auch Missbrauch ihrer Freiräume (Tenorth, 1996). Das Schulrecht bindet nun nicht nur die Profession, sondern alle Mitglieder der Gesellschaft an bestimmte Rahmenvorgaben. Selbstverständlich hat sich das Schulrecht weiterentwickelt und dies wird auch künftig geschehen. Der erreichte Vorteil besteht darin, dass sich das Schulrecht auf das Grundgesetz der Bundesrepublik Deutschland stützt und somit Normen für die Schule vorgegeben sind, die sich mit pädagogischen Programmen und nicht mehr mit dem „Abrichtungshandeln" (Müller, 1977, S. 89) vergangener Tage in Einklang bringen lassen. Insofern war die Bürokratisierung der Schule eine notwendige Entwicklung auf dem Weg zu einem funktionierenden, flächendeckenden Schulsystem und einer funktionierenden Profession der Lehrkräfte. Dieser Status musste dann unter Bedingungen von Demokratie überwunden, eben demokratisiert werden, wozu die Verrechtlichung der Schule einen maßgeblichen Beitrag leisten konnte (▶ Abschnitt 5.1). Die Legitimation staatlicher Bildung kann in demokratischen Gesellschaften letztlich nur noch über das Recht erfolgen. Es ist nun wiederum Aufgabe der Profession darauf zu achten, dass die Handlungsmöglichkeiten für die Profession selbst zur Erreichung ihres gesellschaftlichen Auftrags durch das Recht erweitert und nicht beschränkt werden

(Tenorth, 2014, S. 34). Diesbezüglich ist die Demokratisierung der Schule sicherlich noch nicht ausgereizt (zur Idee der „Demokratisierung der Demokratie", die gut auf die Demokratisierung von Schule übertragbar ist, siehe Offe, 2003).

4.2 Verwissenschaftlichung als Ursache für die Theorie-Praxis-Irritation?

Wir haben gesehen, dass Verwissenschaftlichung als Treiber der Konstitution einer Lehrprofession betrachtet worden ist (▶ Abbildung 5). Mit dieser Verwissenschaftlichung ist zugleich aber auch eine Thematik auf Dauer gestellt, die unter dem Begriffspaar Theorie und Praxis verwendet wird. Aktuell sind vor allem Bildungspolitikerinnen und -politiker, aber auch Gewerkschaften und Lehrerverbände der Meinung, es bedürfe mehr Praxis, um Lehrkräfte zu professionalisieren. Hier sollen nachfolgend wenigstens einige Überlegungen angestellt werden, die sich mit der Entstehung des Problems befassen und insofern hier als historische Reflexion verstanden werden. Es geht also um den Versuch, Wissen nicht als objektiven Sachverhalt aufzufassen, sondern Wissen auch in Abhängigkeit von Geschichte sowie gesellschaftlicher und wissenschaftlicher Verfasstheit zu verstehen. Eine solche Perspektive findet sich ausgearbeitet bei Kuhn (1997). Es ist uns wichtig, diese Perspektive hier noch zu ergänzen, weil sich gerade rund um das „Theorie-Praxis-Problem" eine Reihe von Missverständnissen etabliert hat, die sich für Studierende zu Hindernissen im Studium ausweiten können. Im Übrigen bestand bei keinem der pädagogischen Klassiker (Tenorth, 2003) ein Zweifel, dass man Theorie benötigt, um die Praxis mit Grunden zu gestalten und sie mit angemessenen Begriffen zu reflektieren. So sind also Argumente für pädagogische und didaktische Handlungen sowie Fachsprachlichkeit mit dem Begriff der Theorie verbunden, die Praxis hingegen ist die individuell und zugleich überindividuell strukturierte und institutionalisierte Tatsache der Erziehung in der Schule. Hinzu kommt die wissenssoziologische Reflexion der Konstitution beider Praktiken, der wissenschaftlichen sowie der schulischen Praxis. In beiden entsteht neues Wissen, es ist aber aufgrund der Verfasstheit der unterschiedlichen Praktiken nicht immer füreinander anschlussfähig. Dies soll nachfolgend verdeutlicht werden.

4.2.1 Problematisierung der Theorie-Praxis-Dichotomie

Es lassen sich aktuell eine Reihe unterschiedlicher Lesarten des Theorie-Praxis-Problems, oder wie wir vorschlagen, der Theorie-Praxis-Irritation, vorfinden (Bohl et al., 2015; Herzmann & König, 2016; Oelkers, 1976; Glumpler & Rosenbusch, 1997). Dabei werden übereinstimmend zwei grundsätzliche Positionen berichtet: Zum einen die Differenzposition, die davon ausgeht, dass Theorie und Praxis unvermittelt nebeneinanderstehen und zum anderen die Integrationsposition, die davon ausgeht, dass es eine Möglichkeit der Überführung und Vermittlung bis hin zur Anwendung gibt (so z.B. im Falle analytisch-empirischer Forschung, Langewand, 2004, S. 1030; zur Übersicht siehe auch Berkemeyer et al., im Ersch.). Eine Schwierigkeit bei solchen Beschreibungen in analytischer Absicht ist die enorme Simplifizierung, die durch die einfache Differenz „Theorie-Praxis" vorgenommen wird. Betrachtet man die hierzu gängige Unterscheidung, wie sie in Abbildung 6 vorgenommen wird, so werden die Probleme ganz offenbar. Es ist z.B. wenig einsichtig, weshalb etwa Theorie synonym für Wissenschaft verwendet wird.

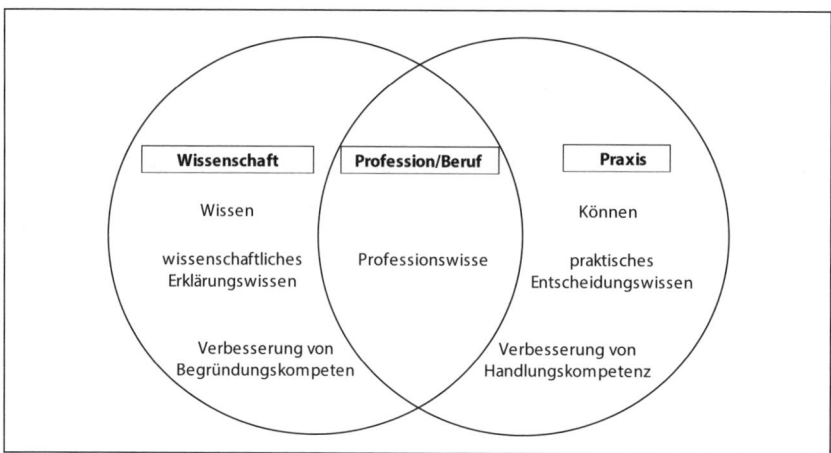

Abbildung 6: Klassifikation unterschiedlicher Wissensformen (leicht verändert nach Herzmann & König, 2016, S. 155; eigene Darstellung)

Es macht aus unserer Sicht wenig Sinn, einem so heterogenen Gebilde wie Wissenschaft homogen ein ebenso heterogenes Gebilde wie schulische Praxis gegenüberzustellen. Diese simple Gegenüberstellung lässt viel zu viel Platz für subjektive Ausdeutungen dessen, was dann als Wissenschaft, Theorie oder Praxis verstanden werden kann. Zudem übersieht eine solche Gegenüberstellung, dass Wissenschaft selbst eine Praxis moderner Gesellschaften ist und entsprechend vielfältigen kulturellen Traditionen des Forschens, Erklärens und Verstehens unterliegt (Kuhn, 1997). Es ist also vielmehr davon auszugehen, dass es die unterschiedlichsten Verbindungen und Netzwerke zwischen in der Praxis der Wissenschaft erzeugten Wissensformaten und solchen der in der Praxis Verwendung findenden Wissensformate gibt. Man wird immer Verbindungen, Wissensnetzwerke und gemeinsame Sprachspiele finden, die ein Band zwischen den schulischen und wissenschaftlichen Praktiken spannen. Allerdings darf man sich dies nicht zwingend so vorstellen, dass dieses Band ein je aktuelles zwischen agierenden Personen ist. Es kann auch ein Band sein, das sich durch die Geschichte der jeweiligen Praxis webt, so dass Erkenntnisse oder wissenschaftliche Konzeptionen aus beispielsweise den 1970er Jahren in bestimmten Routinen der 2000er Jahre erkennbar werden.

Bevor wir hier eine systematische Schlussbetrachtung vornehmen, um die Schwierigkeiten der „Theorie-Praxis-Erzählung" zu reduzieren, wird zunächst noch einmal aus einer historischen Perspektive betrachtet, welche Wissensformate bedeutsam waren und auch heute noch sind. Um es vorweg zu sagen: Wir werden sehen, dass es weniger um die Frage von Theorie und Praxis als vielmehr um die Frage von durch Praktiken legitimierte Wissensformate geht. Man könnte auch sagen, das Wissen muss zu bestimmten „Rechtfertigungsordnungen" (Boltanski, 2010; Boltanski & Thévenot, 2014) passen, um aktuell bei einer Mehrheit von „Nutzerinnen und Nutzern" anerkannt zu werden. Die Profession der Lehrkräfte musste in diesem Sinne lernen, mit unterschiedlichen Kritiken umzugehen und diese so zu beantworten, dass sie zu einer übergeordneten Rechtfertigungsordnung passen. Ein Ordnungsprinzip, das sich dabei herausgebildet hat, ist das Leistungsprinzip, das auf Selektion zielt. Eine andere Rechtfertigungsordnung ist das Prinzip der Kulturtradierung, das auf die Bewahrung kultureller Traditionen zielt (so vor allem die Philologinnen und Philologen). Dieses hängt eng zusammen mit einer Rechtfertigungsordnung, die Wissen grundsätzlich hierarchisch versteht und akademisches Wissen über alltägliches Wissen setzt (hieraus ist auch die ehemals fast sakrale Verehrung der Professorenschaft zu verstehen). Rechtfertigungsordnungen können nun miteinander in Konflikt treten. Hier zeigen sich dann die gesellschaftlichen „Kämpfe" um das „richtige" Bildungsverständnis.

4.2.2 Zur Genese der Anerkennung von Wissensformaten

Die Geschichte des Lehrberufs hat gezeigt, dass zunächst die Allgemeinbildung für den Beruf wesentlich war. Mit Allgemeinbildung – besser aber ist von Weltwissen zu sprechen, wie dies auch im Kompetenzkonstrukt der PISA-Studie getan wird –, ist Wissen gemeint, das in der jeweiligen Zeit als bedeutsam erachtet wurde, z.B. viele Bibelstellen kennen, Kirchenlieder singen, lateinische

Texte übersetzen, die Fähigkeiten des Schreibens und Rechnens etc. Die ersten Lehramtsprüfungen prüften entsprechend schulisch-curriculares Wissen. Man sollte all das können, was unmittelbar auch in dieser Form in der Schule zur Darstellung gebracht wurde. Dieses Wissen mag mitunter auf wissenschaftlichen Ansätzen und Erkenntnissen basiert haben, war aber vor allem tradiertes und somit klassisches Wissen im Sinne z.b. einer materialen Bildungstheorie (▶ Abschnitt 7.1.2). Dieser Ansatz wich dann über die Jahre dem Fächerprinzip, es trat also eine Spezialisierung der Lehrkräfte hinsichtlich ihres Professionswissens ein. Sie sollten Experten für das Fach werden, und nicht wenige waren dies im besonderen Maße (vgl. das Zitat des Berliner Gymnasialdirektors Spilleke oben). In einer kurzen Zeit der Entwicklung des Lehrkräfteberufs wurde somit die Ausrichtung an der Art und Weise der akademischen Präsentation von Wissen sowie auch der Produktion dieses Wissens (zumeist durch exegetische und philologische Forschung) zum Leitbild. Die Expansion des höheren Schulwesens wie die Ausdifferenzierung der Universitäten führte dann aber gewiss zu einem faktischen Auseinanderdriften der Kompetenzen von Lehrkräften und Professoren in Bezug auf das Fach, ohne dass sich jedoch das grundsätzliche Leitbild verändert hätte. Man denke diesbezüglich an die Führung des Titels „Professor" für Lehrkräfte an Gymnasien. Gymnasiallehrkräfte, zu Beginn des 19. Jahrhunderts in der Mehrheit philologisch arbeitende Sprach- und Literaturwissenschaftler – noch handelt es sich ausschließlich um Männer –, wurden dann insgesamt auch als Philologen bezeichnet und bis heute trägt eine wichtige Professionsvertretung den Namen Philologenverband. Unsere These ist nun, dass bis heute die Wissensformate und Inhalte der an Universitäten unterrichteten Fächer von den angehenden Lehrkräften nicht sonderlich in Frage gestellt werden und dort, wo eine Verbindung zwischen Fachgehalt und Unterrichtsstoff entsteht, kommt es zugleich zu einer Anerkennung dieses universitär dargebotenen Fachgehalts (Entkopplungsthese). Damit erfolgt die Rechtfertigung wissenschaftlichen Wissens nicht aufgrund wissenschaftlicher Kriterien, sondern mit der antizipierten Brauchbarkeit des Wissens (Legitimation durch Nützlichkeit). Die Ausbildung wird dann als wissenschaftlich beschrieben, ohne dass aber immer gewährleistet ist, dass die Studierenden einen Einblick in die tatsächliche und aktuelle Forschung erhalten (Kriterium hierfür wäre beispielsweise die Mitwirkung an einem Forschungsprozess in einem Forschungsprojekt). Vieles an Universitäten in der Lehre Dargebotenes ist eben eine Gerinnung dessen, was als bedeutsam von einer Person X in einer Epoche Y erklärt wird. Damit handelt es sich um einen bestimmten, für das Fach wesentlichen, tradierten Kanon, der individuell durch die Dozierenden zur Darstellung gebracht wird. Dieser Kanon darf aber genau aus diesen Gründen nicht als für ewig gegeben angesehen werden, was bereits durch einen Vergleich von Einführungstexten zu einem bestimmten Fach ersichtlich wird. Es kommt also zu einer Entkopplung oder zumindest Distanzierung von Wissensformaten, die letztlich zu Kommunikationskomplikationen führen, da diese Wissensformate für die unterschiedlichen Akteure eine unterschiedliche Relevanz besitzen. Die Relativierung der zugeschriebenen Relevanz in gemeinsamen Kommunikationsprozessen, die für eine Verständigung äußerst vorteilhaft ist, gelingt jedoch nur teilweise.

In Bezug auf das *bildungswissenschaftliche Wissen* kann daher festgestellt werden, dass dieses noch nicht auf eine solche Tradition wie beispielsweise das Lateinische oder die Mathematik zurückblicken kann und wird, da es auch vom Studienumfang her eher randständig ist, nicht selten markiert als weniger bedeutsam in der Ausbildungsstruktur von Lehrerbildnerinnen und Lehrerbildnern wie auch Studierenden. Fehlende Tradition und fehlende symbolische Markierung der Bedeutung in aktuellen Curricula verhindern somit eine engere Kopplung von Profession und bildungswissenschaftlichem Wissen. Häufig wirkt es sogar als Provokation für die aus Fachperspektive etablierten Rechtfertigungsordnungen. Diese Lesart des Theorie-Praxis-Problems trifft in dieser Form vor allem für angehende Gymnasiallehrkräfte zu und hat weniger mit Ignoranz als vielmehr mit den tradierten Strukturen der Ausbildung zu tun (vgl. hierzu schon Flitner, 1989). Provokant formuliert kann man sagen, dass die Ausbildung von Lehrkräften so angelegt ist, dass sie eher auf die Erhaltung der genannten Ordnungsprinzipien (Leistungsprinzip durch Pflege des Mythos „Verdienst durch Leistung", Prinzip der Kulturtradierung durch Fachpflege, Selektionsprinzip durch Pflege der Verwaltungsförmigkeit schulischen Lernens, wo jede Note tatsächlich einen Verwaltungsakt bedeutet) als auf Forschung (Wissenschaftlichkeit) und Sorge um die nachwachsenden Subjekte (Fürsorge, Pädagogik) zielt. Durch diese Ausrichtung wird erkennbar, dass es hier kaum zur Kopplung kommen kann, wodurch Kommunikationsprobleme kaum vermeidbar sind.

Für die Kommunikation bedeutet dies nun, dass Theorie und Praxis als Kommunikationsherausforderung zu begreifen sind, in der es um Verständigung in Bezug auf einen Sachverhalt geht. Es ist dabei gerade Aufgabe der Wissenschaft, diesen Sachverhalt nicht nur typisch darzustellen, sondern auch neue Beschreibungsformen zu finden (auch PISA hat dies mit der Rasch-Skalierung getan) und ergänzende Perspektiven zu liefern. Problematisch wird die Kommunikation, wenn auf notwendige Kopplungsversuche zwischen den Beschreibungen verzichtet wird. Kopplungsversuche jedoch sind wiederum auf einen Verzicht auf Überlegenheitsansprüche angewiesen. Überlegenheit kann im Grunde genommen nur für eine (familien)ähnliche Praxis behauptet werden (siehe hierzu Wittgenstein, 1980, 2003, der mit dem Begriff der Familienähnlichkeit auf strukturelle Ähnlichkeiten in Sprachspielen, z.B. einen Zug bei Brettspielen machen, hingewiesen hat), also innerhalb der wissenschaftlichen Praxis oder der schulischen Praxis, nicht aber zwischen den Praktiken. Dies wird aber leider nicht immer berücksichtigt. Daraus darf aber auch nicht geschlossen werden, dass beide Praktiken einander gleichgültig sein können. Wie eingangs festgehalten, finden sich die Begründungen hierfür bereits bei den Klassikern der Pädagogik (siehe hierzu auch die herausragende Argumentation von Hügli, 1999, S. 171 ff.).

Erschwerend für die „Kommunikation der Praktiken" untereinander ist, dass die wechselseitigen Erwartungshaltungen, die von Politik und Praktikern beider Seiten gepflegt werden, möglicherweise verfehlt sind. Wir halten es zwar für richtig und zutreffend, dass die Bildungswissenschaften allein die Bezugsdisziplin für alle Lehrkräfte sein können, denn nur diese werden von allen Lehrkräften studiert, doch darf hieraus nicht der Fehlschluss getätigt werden, dass die Bildungswissenschaften darum auch schon eine vollständige Handlungswissenschaft darstellen, die wie in einer Berufsausbildung Studierenden „zeigen" kann, wie sie später unterrichten, erziehen oder beraten sollen. Denn die Vorstellung, dass Hochschullehrende zugleich auch gute Lehrkräfte in Schulen sein müssen, ist zumindest fraglich, nicht zuletzt, weil schulische und hochschulische Praxis auf differenten Grundlagen fußen (z.b. Freiwilligkeit im Studium vs. Schulpflicht; Ausbildung von wissenschaftlichen Fähigkeiten vs. Basisfähigkeiten und Kulturtechniken). Sie müssen dies aber auch gar nicht sein. Vielmehr sollen sie Auszüge schulischer Praxis erforschen, mit, im Zweifel aber auch ohne, Konsequenzen für die Praxis. Daher ist es angeraten, die Erwartungshaltung immer wieder neu zu justieren. Was die Bildungswissenschaften aber entsprechend leisten, ist Beobachtungen über Schule, Schulsystem und Unterricht zu liefern und diese den angehenden und bereits tätigen Lehrkräften für ihren Professionalisierungsprozess als Lerngelegenheit anzubieten; ebenso wie auch Systematiken solcher Beobachtungen, die es mitunter ermöglichen, Zusammenhänge leichter zu erkennen und besser zu verstehen.

4.2.3 Herausforderungen für die Professionalisierung

Was ergibt sich nun aus diesen Ausführungen? Nun, zum einen zeigt sich, weshalb bestimmte Wissensformate als bedeutsam, andere vielleicht als weniger bedeutsam erachtet werden (Tradition, strukturelle Verankerung und Repräsentation in der Ausbildung, Passung zu Rechtfertigungsordnungen). Dies lässt sich schlicht aus der Professionalisierungsgeschichte der Lehrkräfte, der aktuellen Curricula an Universitäten und den Stundentafeln der Schulen ablesen. Es zeigt sich zudem, dass es wenig hilfreich ist, über die Frage der unmittelbaren Verbindungsmöglichkeiten von Theorie und Praxis nachzudenken. Dieses monolithische Blockdenken ist schlicht und ergreifend nicht hilfreich. Es ist eine Erzählung, um Differenzen stark zu machen, ohne aber die Verbindungen zu sehen. Vielmehr plädieren wir dafür, wissenschaftliche Praxis mit ihren Beobachtungen und Systematisierungen in den Kommunikationsprozess der eigenen Praktiken systematisch mit einzubinden und umgekehrt. Denn am Ende sollten wir schon davon ausgehen, dass alle Gesellschaftsmitglieder von allen Professionen einer Gesellschaft wissenschaftlich informiertes Handeln erwarten (was sich nicht zuletzt auch an der Sprache zeigt). Damit sind wir zurück bei der Urteilskraft (▶ Abschnitt 2.3.3), die es vor allem auch im Studium auszubilden gilt. Also der Fähigkeit, sich eine umfassende Meinung zu bilden, die mehr ist als nur die eigene Meinung. Die Herausforderung dabei besteht darin, immer wieder sicher geglaubte Perspektiven auf die Welt und deren Sachverhalte zu prüfen, zu verifizieren, gegebenenfalls zu verwerfen und neue anzunehmen und sie damit zu verändern. Gerade dies macht eine wissenschaftliche Haltung aus, um die es auch bei der Wissenschaftspropädeutik in der Oberstufe gehen sollte. Wie auch immer man sich hierzu verhalten will, Theorie und Praxis deuten auf unterschiedliche Wissensformen mit differenten Traditionen ihrer Anerkennung hin.

Wir schlagen daher vor, dass Professionen die Kommunikation in und von unterschiedlichen Praktiken einüben müssen, also beispielsweise mit Befunden aus der Forschung schulische Entscheidungen auf einem Elternabend begründen oder Fragestellungen der Forschung kritisch mit Beobachtungen aus der Praxis konfrontieren. Als Theorie-Praxis-Probleme bezeichnete Sachverhalte sind aus unserer Sicht zuvorderst Kommunikationsprobleme zwischen den beiden Praktiken, die vor einer z.T. nicht unerheblichen Übersetzungsherausforderung stehen, die in der Regel aber immer bearbeitet und auch aufgelöst werden können. Was allerdings nicht immer gelingt oder vielleicht auch nur selten, ist die jeweils für sich in Anspruch genommene Bedeutsamkeit der Information oder einer Routine dabei aufrecht zu erhalten. Kommunikationen dieser Art sollten also aus einem Behauptungsmodus in einen Verständigungsmodus überführt werden. Dies ist im Übrigen auch eine Notwendigkeit im schulischen Unterricht, der unserem Verständnis nach auch im Sinne dieser Theorie-Praxis-Irritation zu begreifen ist. Praxis wird dann als Lebenswelt übersetzt und Theorie ist curricularer Bildungsinhalt.

4.3 Schule, Gesellschaft und Chancen auf Bildung

Dieser Abschnitt führt ein in eine dritte Nebenwirkung institutioneller Schulbildung, die im nachfolgenden Kapitel nochmals ausführlicher aufgegriffen wird: den Zusammenhang von Schule und Gesellschaft in Bezug auf die Dimension sozialer Gerechtigkeit (Hopf, 1995). Die Einführung eines flächendeckenden Schulsystems ist von vielen Pädagoginnen und Pädagogen nicht nur als Möglichkeit der Literalisierung der Gesellschaft verstanden worden, sondern auch als Chance einer Demokratisierung der Gesellschaft sowie der damit verbundenen Hoffnung auf mehr soziale Gerechtigkeit. Das ideologische Fundament dieser Hoffnungen lieferte die Französische Revolution mit ihrem Versprechen von Gleichheit, Freiheit und Brüderlichkeit. Bildung wurde nun als das Medium benannt, das die Menschen aus der Ständegesellschaft hinaus in diese neue freiheitliche Ordnung der Gesellschaft führen sollte.

Die Umstellung der gesellschaftlichen Ordnung von einem Ständesystem, in dem die Geburt über die Position entschied, hin zu einem Gesellschaftssystem, wo die Leistungsfähigkeit (Meritokratie, die Stellung in der Gesellschaft nach Verdiensten oder Leistung) des Einzelnen über seine Position in der Gesellschaft entscheiden sollte (siehe hierzu auch Weimarer Schulkompromiss ▶ Anhang 2), kann als Fortschritt gewertet und zudem als gerecht bezeichnet werden. Jedenfalls in der Theorie dürfte man dies annehmen. Faktisch zeigte sich jedoch ein anderes Bild, wie wir weiter oben bereits gesehen haben. Um 1900 herum besuchten gerade einmal 7 Prozent einer Jahrgangskohorte das Gymnasium, davon waren Mädchen zudem noch ganz drastisch in der Unterzahl. Erschwerend kommt hinzu, dass das höhere Schulwesen traditionell erhebliche Abgänge im Verlauf eines Schülerinnen- und Schülerdurchgangs produzierte, so dass häufig nur 25 Prozent eines Gymnasialjahrgangs tatsächlich auch das Abitur ablegten (Müller, 1977, S. 34). Damals wurde deshalb auch offen darüber diskutiert, ob das Gymnasium nicht sinnvollerweise eher im Sinne einer heutigen Gesamtschule zu verstehen sei, in der also der Schulabschluss Abitur möglich war, aber nicht zwingend sein musste, so dass ein vorzeitiger Abgang, vielleicht mit einem anderen Zertifikat, keine Schmach bedeutet hätte. Der Berliner Gymnasialdirektor Eduard Bonnell (1802–1877) schreibt hierzu:

> „Das Gymnasium ist [...] nicht eine Vorbereitungsanstalt für die Universität, sondern, wie sein Name selbst sagt, eine geistige Ringstätte, eine Übungsschule für die Kräfte des Geistes. [...] Gelehrte kann keine Schule bilden also auch nicht bilden wollen. [...] Ungelehrt soll aber keine Schule sein, auch die Dorfschule nicht; wenn aber in derselben gar keine Gelehrsamkeit ist, keine Einsicht [und] kein Verständnis [...], dann ist sie eine Dressur, keine Schule mehr." (zitiert nach Müller, 1977, S. 30)

Faktisch konnte sich diese Idee einer Gesamtschule, einer Schule für alle, aber weder in der Mitte des 19. Jahrhunderts noch in den 70er Jahren des 20. Jahrhunderts durchsetzen. So ist zu konstatieren, dass allein aufgrund der Anzahl an Jugendlichen, die Abitur gemacht haben, kaum eine Aufstiegsdynamik in der Gesellschaft durch Bildung zu erwarten war. Zudem lässt sich zeigen, dass das höhere Schulwesen nicht allein von den Klügsten eines Jahrgangs besucht worden ist, sondern vor allem von Kindern der Ober- und Mittelschicht, also Adligen, Akademikern und höheren Beamten sowie Kaufleuten und Industriellen, nicht zuletzt, da bis in die 1950er Jahre Schulgeld bezahlt werden musste. Wenngleich wir also eine Literalisierung und Alphabetisierung der Kinder und Jugendlichen beobachten können, so führt diese doch letztlich nur in Ansätzen zu einer Öffnung und Durchlässigkeit der Gesellschaft. Insofern ist diese erste Bildungsexpansion (im Sinne von: alle haben überhaupt die Möglichkeit, lesen und schreiben zu lernen) mit der zweiten Bildungsexpansion der 1960er und 1970er Jahre (▶ Abschnitt 10.2) vergleichbar (Hopf, 1995). Beide führten nicht nachhaltig und tiefgreifend zu einer Aufstiegsmobilisierung in der Gesellschaft. Allerdings hat Deutschland andere Wege gefunden, gesellschaftliche Positionen jenseits allgemeinbildender Schulabschlüsse zu vergeben. Hier spielen das Berufsschulsystem und die handwerklichen Karrierewege eine besondere Rolle (Berkemeyer et al., 2017; Nida-Rümelin & Zierer, 2015; Stratmann & Pätzold, 1995). Die Vorstellung, durch schulische Bildung individuelle Freiheit und Chancengerechtigkeit in der Gesellschaft zu verwirklichen, konnte bislang also noch nicht oder jedenfalls nicht in umfassender Weise realisiert werden. Die Gründe hierfür können in den unterschiedlichen, aus gerechtigkeitstheoretischer Perspektive ungünstigen Weichenstellungen im deutschen Schulsystem gesehen werden. Die Verhinderung eines Einheitsschulwesens (bzw. Stufenschulwesens) sowie die enge Kopplung von sozialer Herkunft und Gymnasialbesuch sind hierfür zwei wesentliche Gründe. Die Philologinnen und Philologen, haben allerdings aufgrund ihres Strebens nach einem Sonderstatus innerhalb der Lehrprofession ebenfalls hieran einen Anteil, dies sollte nicht vergessen werden.

Literatur zum Weiterlesen:

Berkemeyer, N., Bos, W., Hermstein, B., Abendroth, S. & Semper, I. (Hrsg.). (2017). *Chancenspiegel – eine Zwischenbilanz. Zur Chancengerechtigkeit und Leistungsfähigkeit der deutschen Schulsysteme seit 2002*. Unter Mitarb. von M. Kanders. Gütersloh: Bertelsmann Stiftung.

Hügli, A. (1999). *Philosophie und Pädagogik* (Wissenschaft im 20. Jahrhundert). Darmstadt: WBG.

Radtke, F.-O. (1996). *Wissen und Können. Die Rolle der Erziehungswissenschaft in der Erziehung* (Studien zur Erziehungswissenschaft und Bildungsforschung, Bd. 8). Wiesbaden: VS Verlag für Sozialwissenschaften.

Vogel, P. (1977). *Die bürokratische Schule. Unterricht als Verwaltungshandlung und der pädagogische Auftrag der Schule.* Kastellaun: A. Henn.

5. Die bundesdeutschen Schulsysteme: Rechtliche Regelungen, Aufbau, Steuerungsstruktur und schultheoretische Beschreibungen

Nachdem im vorangegangenen Kapitel einige historische Grundlagen der Verfasstheit der bundesdeutschen Schulsysteme aufgezeigt worden sind, wenden wir uns nun den gegenwärtigen Bedingungen von Schule zu. Dabei fokussieren wir auf die Bereiche *Recht*, *Struktur* und *Steuerung* sowie Befunde zur *sozialen Ungleichheit* und *Gerechtigkeit* im Schulsystem.

5.1 Recht als Fundament einer demokratischen Schule

Die Bedeutung des Rechts für moderne demokratische Gesellschaften ist kaum zu überschätzen (Habermas, 1999). Auch für den Bereich des Schulwesens kann von einer zunehmenden „Verrechtlichung" (Avenarius, 2001; Richter, 1995) gesprochen werden. Nachfolgend sind in enger Anlehnung an Avenarius (2001) grundlegende Bereiche des Schulrechts sowie dessen Beziehungen zu anderen Rechtsbereichen aufgeführt.

5.1.1 Das Grundgesetz als Basis schulrechtlicher Bestimmungen

> „*Das Schulrecht umfasst die Gesamtheit der Rechtsnormen, die sich auf die Schule und das Schulwesen beziehen.* Es regelt insbesondere Struktur, Aufbau und Gliederung (Organisation) des Schulwesens in seiner Gesamtheit, die staatliche Schulhoheit und -aufsicht, Verfassung, Unterhaltung und Verwaltung des öffentlichen Schulwesens, die Rechte und Pflichten der an Schule beteiligten Personen (Lehrer, Schüler, Eltern u.a.) sowie die Rechtsverhältnisse der Schulen in freier Trägerschaft (Privatschulen). Soweit es sich um eigens für die Schule gesetzte Rechtsnormen handelt, spricht man vom *Schulrecht im engeren Sinne.* Dieses wird durch Normen des allgemeinen Verwaltungsrechts, des bürgerlichen Rechts, des Jugendrechts und andere Rechtsgebiete, insbesondere jedoch durch die in den Verfassungen enthaltenen Grundrechte und Grundsätze ergänzt; sie bilden das *Schulrecht im weiteren Sinne.*" (Avenarius, 2001, S. 3 f., Hervorhebungen im Original)

Mit diesem Zitat zeigt sich, dass Schule in ihrer demokratischen Verfasstheit mitten im Gewebe einer komplexen, gesamtgesellschaftlichen Rechtslage angesiedelt ist. Schulrecht steht also nie nur für sich selbst, sondern ist immer auch in Bezug auf andere Rechtsbereiche zu lesen und zu verstehen. Dem Grundgesetz (im Folgenden GG) kommt hierbei die bedeutsamste Stellung zu.

Von einer Verrechtlichung der Schule wird gesprochen, da erst nach dem Zweiten Weltkrieg die heute für uns so selbstverständliche Grundkonstitution von Schule festgelegt worden ist, die besagt, dass das Schulverhältnis heute als Rechtsverhältnis definiert ist (Avenarius, 2001, S. 5) und kein „besonderes Gewaltverhältnis" mehr ausübt, „wonach Eingriffe in die Rechte des Schülers auch ohne gesetzliche Grundlage zulässig waren" (ebd.). Dies bedeutet zunächst grundsätzlich, dass alle an Schule Beteiligten einen Anspruch auf die Wahrung ihrer Grundrechte haben. Dies kann sehr weitreichend interpretiert werden, da beispielsweise Artikel 2 des GG die freie Persönlichkeitsentfaltung garantiert. Bereits hieraus kann auf das Recht auf individuelle Förderung geschlossen werden, so wie es unterdessen einige Bundesländer auch gesetzlich festgelegt haben (Richter, 1995). Ebenso kann auch das schulgesetzlich festgelegte Recht auf Beratung hiermit in Verbindung gebracht werden. Insgesamt lautet die zentrale Botschaft, dass Schule nicht mehr willkürlich nach Auffassung des Staates oder einer beliebigen Meinung ausgestaltet werden kann, selbst wenn es politische Mehrheiten geben würde, die einer nicht rechtskonformen Gestaltung die Möglichkeit böten. Das moderne Recht schützt Kinder, Jugendliche, Eltern und Lehrkräfte, indem es die Grundrechte als zu wahrende Rechte im Schulsystem festschreibt. Damit sind konstitutive Rahmenvorgaben sowie Bildungs- und Erziehungsziele auf das Engste miteinander verwoben. Schließlich gilt es, Schülerinnen und Schüler genau für diese Rechtsauffassung zu sensibilisieren und sie darüber hinaus zu befähigen, unter Bedingungen von Demokratie teilhabeorientiert Gesellschaft zu gestalten und weiterzuentwickeln (siehe Staatszielbestimmung; Art. 20, Abs. 1 GG). Dieses demokratische Grundbewusstsein ist – und dies geht häufig neben Fragen der Kompetenzvermittlung in Schule unter – die wichtigste zu vermittelnde Kompetenz und oberstes Staatsziel. Mit den Vorteilen der Verrechtlichung ist aber auch auf die Gefahr einer Überregulierung, umgangssprachlich „Regelungswut" genannt, hinzuweisen. Schulleiterinnen und Schulleiter klagen nicht selten über die enorme Detailsteuerung durch den Gesetzgeber und die Schulverwaltung, die über Erlasse so ziemlich alles regeln, was regelbar erscheint. Dies wird häufig mit dem Schlagwort der „Rechtssicherheit" in Zusammenhang gebracht und begründet. Es ist wichtig zu sehen, dass diese Aushandlung über das, was geregelt werden muss und solche Dinge, die unter Bedingungen von Rahmenregelungen flexibel zu entscheiden sind, auch eine Aufgabe der Profession ist. Im Sinne der demokratisch verfassten Schule ist es daher auch Aufgabe der Staatsbeamtinnen und

-beamten, die Schulaufsicht und somit die Schuladministration in Fragen der aus Sicht der Profession notwendigen und nicht notwendigen Regelungen zu beraten (Avenarius, 2001, S. 143).

5.1.2 Schulrecht und die Bildungshoheit der Länder

Mit der besonderen Bedeutung des Grundgesetzes der Bundesrepublik Deutschland sowie der Landesverfassungen der einzelnen Bundesländer, die hier inhaltsgleich zum Grundgesetz bewertet werden sollen, liegt ein bestimmter Normenkatalog als Orientierungsrahmen auch für die Schule vor. Diese Normen werden in den Schulgesetzen der Länder zu verbindlichen Rechtsnormen, die allerdings bei näherer Betrachtung mitunter einigen Spielraum für Interpretation und Ausgestaltung lassen, was sowohl der Lehrkräfteprofession als auch den Ansprüchen an eine lernende Organisation Schule, die zwingend Freiheitsgrade benötigt (▶ Kapitel 6), entgegenkommt. Mit dieser Verbindung von Grundgesetz und Schulrecht kann durchaus davon gesprochen werden, dass wesentliche Orientierungen für den Erziehungsauftrag der Schule vorgegeben sind und es mitunter etwas befremdlich wirkt, wenn einzelne Schulen sich trotz dessen mühevoll auf Erziehungsziele verständigen. Die Anforderungen des Grundgesetzes an seine Bürger sind so hoch, dass sie als durchaus ausreichend anzusehen sind, um den Erziehungsauftrag der Schule hinreichend zu rahmen. Konkretisierungen sind dann sicherlich je nach Schulart und Schulstandort sowie auch nach Jahrgang möglich und teilweise auch sinnvoll.

Schulrecht ist, trotz der engen Verbindung zum Grundgesetz und auch an deren bundesweiten Rechtsbereichen, eine Angelegenheit der Länder. Dies ist ebenfalls im Grundgesetz der BRD geregelt (Art. 30 GG und Art. S. 70 ff.; Avenarius, 2001, S. 4). Diese Tatsache spiegelt sich auch in den bildungspolitischen Auseinandersetzungen rund um die Landtagswahlen der Länder. Gemeinschaftsschule Ja oder Nein, G8 oder G9, gebundener Ganztag oder verlässlicher Halbtag, Inklusion ausbauen oder auf Status quo stellen, Noten abschaffen oder Notengebung ausweiten, Lehrkräfte verbeamten oder nicht? – mit diesen immer wiederkehrenden Fragen sind nur einige der aktuellen bildungspolitischen Kampfplätze benannt. Was also genau wird in den Schulgesetzen der Länder geregelt?

Die Struktur der Landesgesetzgebungen ähnelt sich. Sie enthalten häufig folgende Regelungsbereiche: Bildungs- und Erziehungsauftrag, Rechtsstellung der Schule und ihrer internen Organisation (Schulkonferenz, Schulleitung etc.), Aufbau und Organisation (Schularten), staatliche Schulaufsicht, kommunale Schulträgerschaft, Finanzierung, Privatschulrecht (grundgesetzlich in Art. 7 GG geschützt), Elternrecht, Schulpflicht, Rechte der Schülerinnen und Schüler, Rechte der Lehrkräfte, Zugangs- und Übergangsregelungen, Leistungsbewertung, Erziehungs- und Ordnungsmaßnahmen.

Es lohnt sich für jeden Studierenden und Lehrenden (!), einmal das Schulgesetz zumindest für das für ihn oder sie relevante Bundesland zu studieren. Es ist immerhin beachtlich, wie viele Facetten des Arbeitsplatzes und wie viele Prozesse der täglichen Arbeit darin Erwähnung finden. Wir wollen dies nachfolgend am Beispiel der beiden Bundesländer Thüringen und Nordrhein-Westfalen veranschaulichen und aus unserer Sicht instruktive Passagen aus deren Schulgesetzen vorstellen. So heißt es im ersten Abschnitt des Thüringer Schulgesetzes (ThürSchulG) zu den Grundsätzen des Schulwesens in § 2, Absatz 2 über den gemeinsamen Auftrag der Thüringer Schulen:

> „Die Schulen sind im Rahmen ihres Bildungs- und Erziehungsauftrags zur individuellen Förderung der Schüler als durchgängiges Prinzip des Lehrens und Lernens verpflichtet."

In § 31, Absatz 5 und 6 des Thüringer Schulgesetzes sind die Rechte der Eltern auf Information und Beratung niedergelegt:

> „(5) Der Zusammenarbeit zwischen den Eltern und der Schule dienen insbesondere Elternsprechstunden, Elternsprechtage, Hausbesuche, Klassenelternversammlungen und klassenübergreifende Elternversammlungen.
>
> (6) Eltern können mit Zustimmung des jeweiligen Lehrers den Unterricht ihres Kindes besuchen, soweit dadurch der geordnete Unterrichtsbetrieb nicht unangemessen beeinträchtigt wird."

Und in § 57, Absatz 2, des Schulgesetzes für Nordrhein-Westfalen (SchulG NRW) sind Aufgabenbereiche der Lehrkräfte geregelt:

> „Lehrerinnen und Lehrer wirken an der Gestaltung des Schullebens, an der Organisation der Schule und an der Fortentwicklung der Qualität schulischer Arbeit aktiv mit. Sie stimmen sich in der pädagogischen Arbeit miteinander ab und arbeiten zusammen."

Alle drei Beispiele zeigen, wie weitreichend die gesetzlichen Bestimmungen wesentliche Arbeitsbereiche und Grundstrukturen des Berufs regeln. Schülerinnen und Schüler individuell zu fördern, mit Eltern eng zusammenzuarbeiten sowie sich aktiv an der Entwicklung der Schule zu beteiligen und Kooperation nicht als Möglichkeit, sondern als Verpflichtung und Notwendigkeit zu begreifen, gehören dazu. Insofern lohnt es tatsächlich, bereits zu Beginn des

Studiums Schulgesetze mit ihren z.T. sehr konkreten Hinweisen zum Berufsfeld Schule zu lesen.

5.1.3 Recht als Rahmung pädagogischen Handelns

Durch die diversen Rechtsgrundlagen im deutschen Schulwesen sowie deren z.T. differierenden Auslegungen kann es zu Spannungen kommen, die in Abbildung 7 vereinfacht veranschaulicht sind.

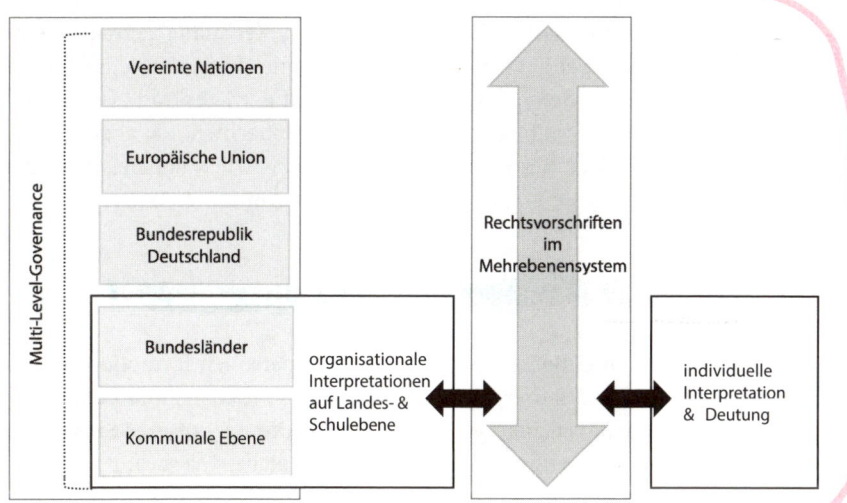

Abbildung 7:   Spannungsverhältnis zwischen Handlungsorientierung im Multi-Level-Governance-System (eigene Darstellung)

Abbildung 7 verweist zunächst auf ein hierarchisch zu interpretierendes Rechtssystem. Dabei kann es aber bereits zwischen der Exekutive und Judikative zu unterschiedlichen, z.T. auch widersprüchlichen Deutungen kommen (organisationale Deutungen). Dies wird durch die weitergehende administrative Umsetzung, also die organisationalen Interpretationen und Deutungen potenziell verschärft. Schließlich ist hierbei auch noch die individuelle Seite der Wahrnehmung, Interpretation und Umsetzung zu bedenken. Zwischen all diesen Akteuren und Rechtsvorschriften kann es zu Uneindeutigkeiten und Spannungen kommen. Was bedeutet es zum Beispiel, dass es in der UN-Behindertenrechtskonvention von 2006 oder in Thüringen ein Recht auf individuelle Förderung gibt? Wird dies gleichförmig interpretiert oder entstehen je nach Person, Partei oder Ebene im Schulsystem unterschiedliche Interpretationen und Handlungsorientierungen? Hiermit soll vor allem darauf hingewiesen werden, dass Recht sicherlich unverzichtbar und bedeutsam für das pädagogisch-professionelle Handeln ist, es aber keineswegs immer auch eindeutig und vor allem nicht abschließend formuliert ist. Es gibt also Handlungsspielräume und Aushandlungszonen. Hieran sollte sich die Profession aktiv beteiligen und sich keineswegs nur als „Opfer" von Rechtsprechung und starren Regelungen, wie dies zuweilen kommuniziert wird, begreifen.

Nicht nur die maßstabgebenden Rechtsetzungen auf internationaler, z.B. europäischer Ebene oder gar, wie im Fall der UN-Behindertenrechtskonvention, auf globaler Ebene, können mit nationalen Gesetzen oder Gesetzen auf Landesebene Reibung erzeugen, sondern auch Regelungen auf den Landesebenen selbst, wenn unterschiedlichen Ansprüchen Rechnung getragen wird. So sind beispielsweise bei Fragen der Schulautonomie (Ebene der einzelschulischen Organisation) vs. der „pädagogischen Freiheit der Lehrkraft" (Individualebene) immer wieder Spannungsverhältnisse zu beobachten, die aber als konstitutiv und als regulärer Bestandteil der beruflichen Arbeit aufgefasst werden sollten und nicht als Dissens (Helsper, 1996; ▶ Abschnitt 6.2.1).

5.1.4 Erwartungen an Lehrkräfte aus rechtlicher Perspektive

Abschließend werden einige Erwartungen an Lehrpersonen formuliert, wie sie sich aus den Rechtsnormen ergeben. Auch bei dieser Darstellung bleiben wir eng an den Ausführungen von Avenarius (2001). Die aus unserer Sicht wichtigste Information in Bezug auf die Rechte und Pflichten verbeamteter Lehrpersonen wird von Avenarius wie folgt auf den Punkt gebracht: „Der Lehrer muss als Beamter die Gewähr dafür bieten, dass er jederzeit für die freiheitliche demokratische Grundordnung eintritt" (ebd., S. 143). Er hat zwar gegenüber den Vorgesetzen eine Gehorsamspflicht, die aber nicht als „Kadavergehorsam" (ebd.) missverstanden werden darf. Im Sinne der Gewähr der freiheitlich demokratischen Grundordnung soll der Lehrende

„mitverantwortlich handeln, indem er seine Sachkunde und seine Erfahrungen zur Verfügung stellt, Schulleiter und Schulbehörde berät und, falls erforderlich, Einwände erhebt (vgl. § 37 Satz 1 BRRG)" (ebd.).

Des Weiteren ist es nicht nur ein pädagogisches Gebot, mit Eltern, Lehrkräften sowie Schülerinnen und Schülern zu kooperieren, sondern ein gesetzlich verankertes. Für verbeamtete Lehrkräfte gelten wie für die Schülerinnen und Schüler auch die Grundrechte, allerdings mit Einschränkungen und zwar dann, wenn die Wahrung eines funktionierenden Beamtentums dies erforlich macht. Das heißt, dass die Staatsstellung der verbeamteten Lehrkraft im Zweifel zu temporären Einschränkungen im Bereich der Grundrechte führt, wie das Beispiel des Streikrechts zeigt. Auch ist die vom Grundsatz her freie Wahl des Arbeitsortes für Beamte eingeschränkt, da sie aus dienstlichen Gründen versetzt werden können, was faktisch jedoch nicht häufig passiert. Für Beamte im Schuldienst gilt weiter ein besonderes Toleranzgebot. Als verbeamtete Lehrperson vertritt man im Grunde den Toleranzanspruch des Grundgesetzes. Dies geht soweit, dass für die Lehrpersonen die Meinungsfreiheit zugunsten der Toleranz der ihnen Anvertrauten bedingt eingeschränkt ist. Im Sinne einer Güterabwägung wird hier also die Pflicht, Toleranz gegenüber den Schutzbefohlenen zu üben, über das Recht auf freie Meinungsäußerung gestellt. Hieraus wird erkennbar, dass das Verständnis für und der Respekt vor den Schülerinnen und Schülern bei weitem keine rein pädagogischen Anforderungen an den Lehrberuf sind, schon gar keine Auswüchse irgendeiner „Kuscheleckenpädagogik", sondern eine Grundbedingung des staatlichen Schulwesens darstellt.

Zu den Pflichten der Lehrkräfte gehört auch die sachlich ausgewogene Darstellung von politischen Inhalten. Hier geht es darum, dass die Schülerinnen und Schüler möglichst viele Argumente zu einem Thema kennen lernen. Nicht richtig ist die häufig vertretene Ansicht, dass die Lehrkraft gar keine eigene Meinung haben dürfe. Sie darf diese den Schülerinnen und Schülern nur nicht aufzwingen, sie als die einzig sinnvolle behaupten. Dies wurde 1976 im Beutelsbacher Konsens wie folgt festgehalten: Überwältigungsverbot (keine Indoktrination), Beachtung kontroverser Positionen in Wissenschaft und Politik im Unterricht sowie das Befähigen der Schülerinnen und Schüler, in politischen Situationen ihre eigenen Interessen zu analysieren und zu artikulieren (siehe Wehling, 1977, S. 179 f.; Widmaier & Zorn, 2016).

Dies gilt im Übrigen auch für Lehrende an Hochschulen, wobei bei diesen die Möglichkeit der Meinungsäußerung aufgrund des Rechts auf Freiheit von Forschung und Lehre weitreichender ist (Richter, 1995). Hochschuldozierende dürfen, ja sollen ihre Sicht auf die Dinge darlegen, ohne dabei jedoch zu verhehlen, dass es auch andere wissenschaftliche Positionen gibt, die vielleicht zu anderen Ansichten gelangen. Dies ist in Schule wie Hochschule auch nötig, um wichtige Praktiken demokratischen Handelns einzuüben, nämlich die politische Debatte (vgl. hierzu Demokratie als Deliberation bei Nida-Rümelin, 2009, 2016b, die sich idealerweise auf Argumente stützt; dazu ebenfalls Nida-Rümelin, 2006; sowie unser Ansatz zur deliberativen Profession ▶ Abschnitt 6.6).

Für Lehrkräfte gilt das Recht der Religionsfreiheit, wobei das Tragen religiöser Symbole wie beispielsweise das Kopftuch im Islam in den jeweiligen Bundesländern unterschiedlich bewertet wird. Bis 2015 stellte sich die Lage in etwa wie folgt dar: Während in den ostdeutschen Bundesländern wegen fehlender Konfliktfälle keine Verbote oder Regelungen ausgesprochen waren, fanden sich in der überwiegenden Zahl der westdeutschen Bundesländer aufgrund der Neutralitätspflicht Verbote. Nach Einzelfallentscheidungen aufgrund entsprechender Klagen entschied nunmehr das Bundesverfassungsgericht im März 2015, dass pauschale Kopftuchverbote nicht mit der Religionsfreiheit in Einklang zu bringen seien und dass es auch keine Bevorzugung des christlichen Glaubens im Schulgesetz geben dürfe.

Schließlich können sich Lehrkräfte in allen Bundesländern auf ihre pädagogische Freiheit berufen. Sie ist allerdings im Vergleich zum Recht auf Freiheit der Lehre und Forschung bei Hochschullehrenden deutlich weniger weitreichend. Die pädagogische Freiheit ist kein Recht, was einer Lehrkraft als Person zukommt. Hierzu abschließend nochmals Avenarius (2001):

> „Die pädagogische Freiheit ist eine pflichtgebundene Freiheit, die ihren Grund und innere Rechtfertigung in der Erziehungsaufgabe des Lehrers findet. Sie ist ihm nicht um seiner selbst, sondern um seiner Funktion, seines Amtes willen gewährleistet. Es handelt sich also nicht um eine personale, sondern um eine auf den Schulzweck, auf die Bildungsinteressen der Schüler bezogene Freiheit. [...] Die pädagogische Freiheit endet dort, wo die Leistungsfähigkeit des öffentlichen Schulwesens und die Bildungsinteressen der Schüler beeinträchtigt werden." (ebd., S. 148 f.)

Die pädagogische Freiheit ist also kein umfängliches Recht, das es den Lehrkräften erlaubt, nach ihrer Fasson beliebig zu unterrichten und zu erziehen. Der staatlich formulierte Auftrag muss gewahrt bleiben und erfüllt werden, vor allem auch unter Wahrung der Rechte der Eltern (Richter, 1995). Ob man dies soweit interpretieren darf, dass Lehrkräfte in deutschen Schulen ihre pädagogische Freiheit zum Nachteil der Schülerinnen und Schüler genutzt haben, weil das bundesdeutsche Schulsystem im Kontext der PISA-Studie in spezifischen Bereichen erhebliche Mängel aufgewiesen hat, müssen Juristinnen und Juristen diskutieren und beurteilen. Klar ist jedenfalls, dass die pädagogische Freiheit eine Aufforderung ist, den Erziehungsauftrag vergleichsweise optimal zu erfüllen. Damit dies gelingt, braucht es Freiheitsgrade, auch um Lehrgänge auszuprobieren sowie Unterricht und Schule weiterzuentwickeln. Sie berechtigt aber nicht dazu, die Dinge so zu tun, wie man sie immer schon getan hat, vor allem dann nicht, wenn klar ist, dass bestimmte Routinen nicht (mehr) dem Erziehungs- und Bildungsauftrag entsprechen oder ihn konstruktiv stützen und absichern.

5.1.5 Nachgeordnete Rechtsvorschriften – Funktion und Bedeutung

Neben diesen grundsätzlichen Regelungen durch die Verfassungen (Bund, Land) und das Beamten- und Schulrecht existieren zudem Rechtsverordnungen, Verwaltungsvorschriften (Erlasse, Verfügungen), Satzungen sowie fachliche Empfehlungen und Handreichungen.

Rechtsverordnungen stellen die dritte Ebene der Rechtsnormen dar (Hoegg, 2017, S. 18) und regeln unwesentliche Aspekte des Schulwesens. Unwesentlich sind diejenigen Sachverhalte, die nicht als wesentlich im Schulrecht geregelt sind. So gehören z.B. Prüfungsordnungen in diese Gruppe von Verordnungen. Die Kultusministerin oder der Kultusminister kann diese Sachverhalte, sofern dies im Schulgesetz so vorgeschrieben ist, verordnen.

Verwaltungsvorschriften stellen Interpretationen von Rechtsnormen dar und regeln durch diese Interpretationen (also die Sichtweise einer je aktuellen Schulverwaltung) einen spezifischen Sachverhalt. Erlasse sind also Detailregelungen, die auf der aktuell gültigen Sichtweise einer Schulverwaltung basieren. Nachfolgend ist ein beliebiges Beispiel aus Nordrhein-Westfalen (NRW) gewählt, um die Charakteristik eines Erlasses zu veranschaulichen.

Beispiel für einen Runderlass
(gilt und betrifft alle Schulen des Landes) vom Ministerium für Schule und Bildung des Landes Nordrhein-Westfalen (MSB NRW, Stand: 01.06.2015):

„Teilnahme am Unterricht und an sonstigen Schulveranstaltungen RdErl. d. Ministeriums für Schule und Weiterbildung v. 29.05.2015 (ABl. NRW. 7/8-15)
1.   Teilnahmepflicht (§ 43 Absatz 1 SchulG – BASS 1-1)
1.1 Die Pflicht, regelmäßig und aktiv am Unterricht und an den sonstigen verbindlichen Schulveranstaltungen teilzunehmen, gilt auch für Schülerinnen und Schüler, die nicht mehr schulpflichtig sind.
1.2 Ein Schülerstreik oder ein von Eltern veranlasster Schulstreik sind unzulässig.
1.3 Bei Verstößen gegen die Teilnahmepflicht ist nach Nummer 3 des Runderlasses zur Überwachung der Schulpflicht vom 04.02.2007 (BASS 12-51 Nr. 5) zu verfahren."

Die bekanntesten Verwaltungsvorschriften dürften allerdings die jeweiligen Richtlinien und Lehrpläne sein, die die Bildungs- und Erziehungsziele für die einzelnen Fächer regeln. Es ist mitunter überraschend, wie wenig bekannt diese im Detail sind. Dies gilt vor allem bei vergleichsweise neu implementierten Lehrplänen (Höhmann, 2002). Lehrpläne gehören, wie alle Verwaltungsvorschriften, zur Pflichtlektüre (im rechtlichen!, nicht nur appelativen Sinne) und sollten von Studierenden von Beginn an begleitend zum Studium rezipiert werden, um Verbindungen zwischen Lehrplänen, Richtlinien und universitärem Curriculum ziehen zu können. Die Dienstherrin oder der Dienstherr kann jedenfalls mit Recht davon ausgehen, dass sie bekannt sind. Dies bedeutet auch, dass sie z.B. für die Prüfung zum Ersten Staatsexamen den Studierenden bekannt sein sollten. Rechtliche Grundlagen gehören somit ganz eindeutig zum Professionswissen von Lehrkräften.

Eine Operationalisierung der Lehrpläne findet sich in den Schulbüchern, die einen erheblichen Einfluss auf die Unterrichtsgestaltung haben. Darum sind Schulbücher auch von den Ministerien zu genehmigen. Entsprechend orientieren sich die Verlage an den Kriterien der Genehmigung (z.B. Passung zum Lehrplan, Anschluss an gängige Lehr- und Lernprinzipien), so dass es eine Reihe von etablierten Schulbüchern für die einzelnen Schularten und Klassenstufen gibt. Die Entscheidung, welches Lehrbuch nun verbindlich an der Schule genutzt wird, fällt die Fach- oder Schulkonferenz (je nach Bundesland). Mitunter verzichten Schulen aber auch auf die Einführung eines bestimmten Lehrbuchs und stellen ein eigenes Curriculum auf, in das verschiedene Lehrbücher und andere Konzepte integriert sind (häufiger bei Schulen in privater Trägerschaft oder Reformschulen zu finden).

In den letzten Jahren sind die Bildungsstandards[5] für die jeweiligen Fächer ergänzend zu den Lehrplänen hinzugekommen, die ab dem Jahr 2003 sukzessiv für einige Unterrichtsfächer und Jahrgangsstufen von der KMK verabschiedet worden sind und regelmäßig vom Berliner Institut für Qualitätsentwicklung im Bildungswesen (IQB) überprüft und auch weiterhin entwickelt werden (▶ Abschnitt 7.3). Bildungsstandards werden von der KMK wie folgt definiert:

Definition: Bildungsstandards

„Die von der Kultusministerkonferenz verabschiedeten Bildungsstandards greifen allgemeine Bildungsziele auf und legen fest, welche Kompetenzen die Schülerinnen und Schüler bis zu einer bestimmten Jahrgangsstufe an wesentlichen Inhalten erworben haben sollen. Die Bildungsstandards konzentrieren sich auf Kernbereiche eines Fachs und beschreiben erwartete Lernergebnisse. Entsprechend der oben skizzierten Systematik stellen die Bildungsstandards der Kultusministerkonferenz somit eine Mischung aus Inhalts- und Outputstandards dar. Sie beziehen sich auf das im Durchschnitt erwartete Niveau der Leistungen von Schülerinnen und Schülern am Ende der Jahrgangsstufe 4 (in der Mehrzahl der Länder erfolgt danach der Übergang in die weiterführende Schule), beim Hauptschulabschluss bzw. beim Mittleren Schulabschluss und sind damit Regelstandards." (KMK, 2005, S. 9)

---

5 Vgl.: https://www.kmk.org/themen/qualitaetssicherung-in-schulen/bildungsstandards.html [23.06.2018].

	SEKUNDARSTUFE II

Gymnasiale Oberstufe
am Gymnasium (i.d.R. Jahrgangsstufen 10–12)
an Schularten mit drei Bildungsgängen (i.d.R. Jahrgangsstufen 11–13)

	SEKUNDARSTUFE I

Schularten mit drei Bildungsgängen/Gesamtschule

Die folgenden Schularten umfassen die drei Bildungsgänge der Hauptschule, der Realschule und des Gymnasiums:

Integrierte Gesamtschule

Kooperative Gesamtschule

Integrierte Sekundarschule (Berlin)

Oberschule (Bremen, Niedersachsen)

Stadtteilschule (Hamburg)

Regionale Schule (Mecklenburg-Vorpommern)

Gemeinschaftsschule (Baden-Württemberg, Saarland, Sachsen-Anhalt, Schleswig-Holstein, Thüringen)

Sekundarschule (Nordrhein-Westfalen)

(Klassen 5–10)

Schularten mit zwei Bildungsgängen	Gymnasium
Schularten mit zwei Bildungsgängen Die folgenden Schularten mit zwei Bildungsgängen fassen die Bildungsgänge der Haupt- und der Realschule pädagogisch und organisatorisch zusammen: Mittelschule (Sachsen) Regelschule (Thüringen) Sekundarschule (Bremen, Sachsen-Anhalt) Erweiterte Realschule (Saarland) Verbundene Haupt- und Realschule (Hessen) Regionale Schule (Mecklenburg-Vorpommern) Realschule plus (Rheinland-Pfalz) Regionalschule (Schleswig-Holstein) Oberschule (Brandenburg) Mittelstufenschule (Hessen) **(Klassen 5–10)**	**Gymnasium** Der Bildungsgang des Gymnasiums wird auch an Schularten mit drei Bildungsgängen angeboten **(Klassen 5–9/10)**

Hauptschule	Realschule	
Hauptschule **(Klasse 5–9/10)**	**Realschule** **(Klasse 5–10)**	
Haupt- und Realschulen existieren in nennenswerter Zahl nur noch in sechs Ländern: Baden-Württemberg, Bayern, Hessen, Niedersachsen, Nordrhein-Westfalen und Schleswig-Holstein. In Bayern trägt die mit der Hauptschule vergleichbare Schulart die Bezeichnung Mittelschule. Die Bildungsgänge der Hauptschule und der Realschule werden auch an Schularten mit mehreren Bildungsgängen mit nach Ländern unterschiedlichen Bezeichnungen angeboten.		
Hauptschulbildungsgang	**Realschulbildungsgang**	**Gymnasialer Bildungsgang**

Abbildung 9: Grundstruktur des deutschen Schulwesens für Sekundarstufe I und II, ohne Förderschule und Berufsschule (Stand: Dezember 2016; leicht verändert nach KMK, 2017)

Diese Darstellungsvariante enthält zwar auch noch die „Versäulung" des deutschen Schulwesens entsprechend der angebotenen Bildungsgänge (unterste Zeile), betont aber stärker den stufenförmigen Aufbau (Sek. I und Sek. II) und zeigt vor allem die Vielfalt der in vielen Bundesländern neu eingeführten Schulen mit zwei Bildungsgängen und Schularten mit drei Bildungsgängen. Dass jedes Bundesland eigene Namen für die neu eingeführten Schularten erfinden musste, ist typisch für das föderale System, ärgerlich jedoch beispielsweise für Eltern, die bei dieser Vielfalt an Schularten (manche sprechen auch von einem Durcheinander) schnell den Überblick verlieren können (Tillmann, 2013).

5.2.2 Bundesweite Koordinierung durch die Kultusministerkonferenz

Die KMK ist das entscheidende Gremium, wenn es um die Koordinierung des deutschen Schulwesens geht. Daneben findet sich noch die Bund-Länder-Kommission (BLK), die die Koordinierung zwischen Bund und Ländern verantwortet. Sie ist aufgrund des Kooperationsverbotes von Bund und Ländern im Schulbereich aber weniger bedeutsam, wenngleich mitunter wichtige Impulse durch die BLK in das Schulwesen getragen werden (so z.B. in der Zeit der großen BLK-Programme zur Schulentwicklung wie FörMig oder QuisS). Die KMK beschreibt ihre Aufgabe selbst wie folgt:

Aufgaben der Kultusministerkonferenz:
„In der Ständigen Konferenz der Kultusminister der Länder in der Bundesrepublik Deutschland (kurz: Kultusministerkonferenz) arbeiten die für Bildung und Erziehung, Hochschulen und Forschung sowie kulturelle Angelegenheiten zuständigen Ministerinnen und Minister bzw. Senatorinnen und Senatoren der Länder zusammen. Dabei nehmen die Länder ihre Verantwortung für das Staatsganze selbstkoordinierend wahr. In Angelegenheiten von länderübergreifender Bedeutung sorgen sie für das notwendige Maß an Gemeinsamkeit in Bildung, Wissenschaft und Kultur.
    Eine wesentliche Aufgabe der KMK besteht darin, durch Konsens und Kooperation für die Lernenden, Studierenden, Lehrenden und wissenschaftlich Tätigen das erreichbare Höchstmaß an Mobilität zu sichern, zur Gleichwertigkeit der Lebensverhältnisse in ganz Deutschland beizutragen und die gemeinsamen Interessen der Länder im Bereich Kultur zu vertreten und zu fördern.

Daraus ergeben sich als abgeleitete Aufgaben:
- die Einheitlichkeit und Vergleichbarkeit von Zeugnissen und Abschlüssen als Voraussetzung für die gegenseitige Anerkennung zu vereinbaren,
- auf die Sicherung von Qualitätsstandards in Schule, Berufsbildung und Hochschule hinzuwirken,
- die Kooperation von Einrichtungen der Bildung, Wissenschaft und Kultur zu fördern.

Die erforderliche Koordination erfolgt durch Beschlüsse, Empfehlungen, Vereinbarungen oder auch Staatsabkommen, die einen verbindlichen Rahmen vorgeben. Im Sinne der gewollten Vielfalt im Bildungswesen wird auf Detailregelungen verzichtet, um Raum für Innovationen zu lassen." (KMK, o.J.)

Da die KMK aufgrund der Tatsache, dass Schule unter die Länderhoheit fällt, nur im Konsens zu Beschlüssen kommen kann, wird immer wieder über den Sinn dieser Einrichtung und die Reichweite der von der KMK beschlossenen Empfehlungen diskutiert. Insgesamt kann man bei aller berechtigten Kritik, die an diesem Gremium auch geübt wird, mit Führ (1997, S. 40) wohl festhalten, dass

> „doch gerade in bildungspolitischen Krisensituationen sich die KMK als unentbehrlich erwiesen [hat], und zwar selbst dann, wenn es nicht in jedem Fall gelang, die angestrebte Einigung zustande zu bringen."

Weiter oben wurde bereits darauf hingewiesen, dass die KMK beispielsweise die Einführung nationaler Bildungsstandards (Klieme et al., 2003) beschlossen hat. Diese Einführung ist im Zusammenhang mit dem nach dem ersten PISA-Schock verabschiedeten 7-Punkte-Programm zu betrachten, das ebenfalls von der KMK beschlossen wurde und bis heute nachwirkt bzw. z.T. noch immer die Bildungspolitik der Länder mitstrukturiert. Aufgrund der relativen Bedeutung wird der dritte Punkt um die vorrangigen Handlungsfelder des Beschlusses der 299. Kultusministerkonferenz vom 17./18.10.2002 hier in Gänze zitiert:

> *„3. Vorrangige Handlungsfelder im Nachgang zu PISA und PISA-E*
>
> Nach einer ersten Einschätzung der für die Bundesrepublik Deutschland berichteten Ergebnisse hat sich die Kultusministerkonferenz auf ihrer Sitzung am 05./06.12.2001 auf sieben Handlungsfelder verständigt, in denen die Länder und die Kultusministerkonferenz vorrangig tätig werden.

Handlungsfelder der KMK

1. Maßnahmen zur Verbesserung der Sprachkompetenz bereits im vorschulischen Bereich;
2. Maßnahmen zur besseren Verzahnung von vorschulischem Bereich und Grundschule mit dem Ziel einer frühzeitigen Einschulung;
3. Maßnahmen zur Verbesserung der Grundschulbildung und durchgängige Verbesserung der Lesekompetenz und des grundlegenden Verständnisses mathematischer und naturwissenschaftlicher Zusammenhänge;
4. Maßnahmen zur wirksamen Förderung bildungsbenachteiligter Kinder, insbesondere auch der Kinder und Jugendlichen mit Migrationshintergrund;
5. Maßnahmen zur konsequenten Weiterentwicklung und Sicherung der Qualität von Unterricht und Schule auf der Grundlage von verbindlichen Standards sowie eine ergebnisorientierte Evaluation;
6. Maßnahmen zur Verbesserung der Professionalität der Lehrertätigkeit, insbesondere im Hinblick auf diagnostische und methodische Kompetenz als Bestandteil systematischer Schulentwicklung;
7. Maßnahmen zum Ausbau von schulischen und außerschulischen Ganztagsangeboten mit dem Ziel erweiterter Bildungs- und Fördermöglichkeiten, insbesondere für Schülerinnen und Schüler mit Bildungsdefiziten und besonderen Begabungen.

Die Befunde von PISA-E haben den Vorrang von Maßnahmen auf diesen Feldern bestätigt. Diese differenzierten Ergebnisse erfordern, dass die Länder unterschiedliche Schwerpunkte und Prioritäten setzen, die ihre landesspezifischen Gegebenheiten besonders berücksichtigen." (ebd., S. 6 f., Hervorhebung im Original)

Im Punkt 5 wird die Einführung der Standards zur Qualitätssicherung angekündigt. Dieses Programm ist bis heute aktuell und hat nachhaltige Wirkung auf die Tätigkeit aller Lehrenden in der Schule (▶ Abschnitt 7.3; sowie Altrichter & Maag Merki, 2016).

5.2.3 Grundlagen der Steuerung des Schulwesens

Während mit dem bundesdeutschen *Schulwesen* bislang vor allem die Strukturierung der Schularten betrachtet wurde, soll mit dem Begriff des *Schulsystems* vor allem auf den Aufbau des Mehrebenensystems Schule hingewiesen werden, das in einem Gesamtzusammenhang von Bildungspolitik, Bildungsverwaltung und Einzelschulen sowie weiterer Akteure wie Hochschulen (mit ihren Aufgaben der Aus- und Fortbildung in der 1. und 3. Phase der Lehr-

kräftebildung) und Schulträger steht. Auch hier kann eine formale Koordinie-
rungs- bzw. Steuerungsstruktur dargestellt werden.

Am Beispiel Thüringens wird in der folgenden Abbildung 10 zunächst noch
einmal die sich aus den Schulgesetzen der Länder ergebende Verwaltungsstruktur aufgezeigt.

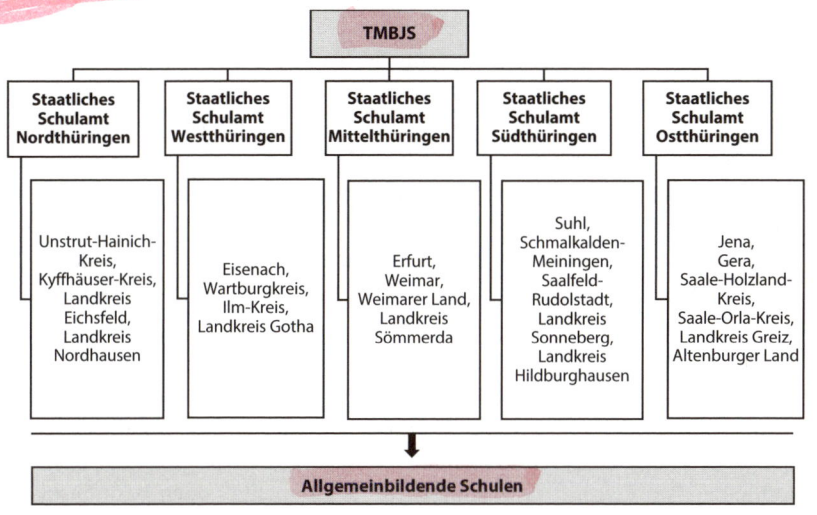

Abbildung 10: Thüringer Schulämter (TMBJS, o.J.)

Wie in Abbildung 10 sichtbar, steht an der Spitze der Schulverwaltung das
Thüringer Ministerium für Bildung, Jugend und Sport (TMBJS). Von 1999
bis 2014 hieß es Thüringer Ministerium für Bildung, Wissenschaft und Kultur
(TMBWK). In fast allen Bundesländern ist das Schulministerium mit benach-
barten Ressorts zusammengefasst, häufig wechseln die jeweiligen Zuschnitte
mit den jeweiligen Koalitionen, die die neue Regierung stellen. Es lohnt, unterschiedliche Ministeriumsseiten einmal online zu besuchen, um die Zuständig-
keitsbereiche im Schulsystem differenzierter zu verstehen. Zumeist findet sich
unter den Abteilungen oder Referaten (jede Abteilung besteht aus mehreren
Referaten) eine Abteilung für Grundsatzangelegenheiten, für den Haushalt und
das Personal, die Schularten u.a.m. Die in allen Bundesländern vorhandenen
Landesinstitute zur Unterstützung der Schulen (namentlich z.B. das QUA-LIS
in Nordrhein-Westfalen oder das ThILLM in Thüringen; vgl. ausführlich die
Homepage der KMK mit allen Instituten und Anschriften sowie Verlinkun-
gen[9]) bilden zumeist eine weitere Abteilung der Schulministerien. Unterhalb

---

9   Verfügbar unter: https://www.kmk.org/service/servicebereich-schule/landesinstitute.
    html [23.06.2018].

des Ministeriums sind die Schulaufsichtsbehörden angesiedelt, die jeweils den Bezirksregierungen eines Landes beigeordnet sind oder eine Abteilung darin bilden. Je nach Verwaltungsstruktur kann hiervon aber auch abgewichen werden. In Thüringen beispielsweise hat es eine Reform der Schulaufsichtsbezirke gegeben, so dass nun noch fünf staatliche Schulamtsbezirke bestehen. Je nach Bundesland gibt es eine ein- oder zweistufige Schulaufsicht. In Thüringen ist die Schulaufsicht eine einzelne Mittelbehörde in den fünf staatlichen Schulämtern. Diesen Ämtern sind dann die Landkreise und kreisfreien Städte mit ihren Schulen zugeordnet (▶ Abbildung 10). Im Fall von zweistufigen Schulaufsichtsbehörden findet sich zumeist die Schulaufsicht für das höhere Schulwesen auf Bezirksebene und für das niedere Schulwesen auf Ebene der Kreise und kreisfreien Städte (vgl. die ausführliche Darstellung der Organisation der Schulaufsicht für die Bundesländer bei Füssel & Leschinsky, 2008; sowie das Gutachten zur Weiterentwicklung der Schulaufsicht in Nordrhein-Westfalen von Bogumil et al., 2016). Dieser Verwaltungsaufbau stellt die bürokratische Organisation und entsprechende Koordination und Steuerung mit den oben beschriebenen Rechts- und Verwaltungsmitteln dar. Hierzu zählen vor allem Steuerungsstrategien, die auf Regulierung, Strukturierung und Finanzierung setzen (Berkemeyer, 2010, S. 164), zunehmend aber auch auf den Typus der Informierung (z.B. Handreichungen und orientierende programmatische Dokumente, wie der Referenzrahmen für Schulqualität oder Bildungspläne, aber auch Instrumente der Neuen Steuerung, wie z.B. Schulinspektion oder Vergleichsarbeiten, wie VERA 3 und 8).

Seit Verabschiedung der sieben Handlungsfelder der KMK hat sich in den Bundesländern ein allgemein als „Neue Steuerung" (▶ Abschnitt 10.4) bezeichnetes Programm etabliert, das die zuvor dominierenden Prozesse der Verwaltungsmodernisierung im Sinne des New Public Managements (NPM) ergänzt und z.T. auch ganz abgelöst hat. Im NPM standen Dezentralisierung der Verwaltungsaufgaben und damit einhergehend zunehmende Eigenverantwortung der Schulen im Vordergrund (siehe z.B. Liket, 1995; Avenarius et al., 1998; Bellenberg et al., 2001; Harazd et al., 2009; Maag Merki, 2009; Miceli, 2018).

Im Programm der „Neuen Steuerung", das häufig auch synonym mit einem Wechsel von der Input- hin zur Outputsteuerung bezeichnet wird – was insgesamt irreführend ist, da es am Ende bei einem Verwaltungsprogramm bleibt und darum vom Grundsatz her keine Änderungen in der grundsätzlichen Art und Weise des Steuerns vorliegen –, wird nun vor allem auf die Einführung von Bildungsstandards (▶ Abschnitt 7.3) und Verfahren der externen Evaluation gesetzt (z.B. Schulinspektion und Leistungsmessungen; siehe Lambrecht, 2018). Es ist als Reaktion auf das schlechte Abschneiden Deutschlands in der TIMS-Studie sowie bei PISA zurückzuführen. Im Zuge dieses Programms ist es zu einer beachtlichen Modernisierung der Bildungsverwaltung, weniger jedoch der Schulen gekommen. Zahlreiche Ministerien haben neue Abteilungen oder Referate eingerichtet, die sich mit diesen Aspekten der Steuerung befassen (insbesondere zu beobachten in größeren Bundesländern und den Stadtstaaten).

Zum Programm der „Neuen Steuerung" ist zudem sehr viel Forschung entstanden, die unter anderem im „Handbuch Neue Steuerung" (Altrichter & Maag Merki, 2016) zusammengefasst vorliegt. Viele der Befunde weisen darauf hin, dass die „Neue Steuerung" noch nicht die intendierte Wirkung entfaltet hat. Ziel war es, durch diese Form der Steuerung datenbasiert oder dateninformiert Schule und Unterricht weiterzuentwickeln. Ursachen für die begrenzte Reichweite des Programms sind empirisch aber noch nicht umfänglich untersucht (vgl. aber Bellmann et al., 2016). Zudem liegen erste theoretische Erklärungsversuche vor, die das Scheitern weniger in den notwendigen Informationsverarbeitungs- und Rezeptionsprozessen sehen, als vielmehr in der unberücksichtigten „Anthropologie Neuer Steuerung" (Berkemeyer, 2017). Dies meint, dass die Kommunikationsherausforderungen und -anforderungen, der sich auch die „Neue Steuerung" unterworfen sieht, bislang nicht hinreichend beachtet sind (▶ Abschnitt 10.4).

5.3 Ist das deutsche Schulsystem ungerecht?

Van Ackeren und Klemm (2009) verweisen unter Bezug auf Artikel 3 Absatz 3 des Grundgesetzes darauf, dass das Schulsystem der Bundesrepublik nicht nur eine formaljuristische Gleichheitsbehandlung sicherstellen muss, sondern auch die faktische Chancengleichheit. Was kann über diese herausragende Aufgabe des Schulsystems ausgesagt werden und wie können Chancengleichheit und Chancengerechtigkeit hergestellt werden?

Braucht es um gerecht zu sein

5.3.1 Erklärungsmodelle und zentrale Befunde zur sozialen Ungleichheit

Mit den ersten großen Large-Scale-Assessments (▶ Tabelle 4), also den internationalen Vergleichsstudien zur Messung von Kompetenzen bei Schülerinnen und Schülern, wurde nicht nur die Mittelmäßigkeit der Kompetenzen deutscher Schülerinnen und Schüler im Unterschied zu anderen Ländern festgestellt – wo zuvor der Glaube bestand, dass das deutsche Bildungssystem zur Weltspitze zähle –, sondern auch, dass in der Bundesrepublik Deutschland der Zusammenhang zwischen schulischer Leistung (in Form von Kompetenzerwerb) und sozialer Herkunft besonders stark ausgeprägt ist. Diesen im Grunde alten und bekannten Befund (▶ Kapitel 3; sowie für das französische Schulsystem Bourdieu & Passeron, 1971) erneut bestätigt zu haben, ist eine der bedeutsamsten Leistungen der PISA-Studie. In der Folge ist so viel wie seit den 1970er Jahren nicht mehr zu Themen der sozialen Ungleichheit sowie der Bildungsgerechtigkeit geforscht worden (z.b. Baader & Freytag, 2017; Eckert & Gniewosz, 2017; Manitius et al., 2015b; Becker & Lauterbach, 2016b).

Tabelle 4: Large-Scale-Assessments (modifiziert nach Drechsel et al., 2015, S. 349)

	PISA	TIMSS	IGLU	IQB-Bildungstrend
Stichprobe	Zufallsstichprobe	Zufallsstichprobe	Zufallsstichprobe	Zufallsstichprobe
Reichweite	International	International	International	National
Domänen	Lesen Mathematik Naturwissenschaften	Mathematik Naturwissenschaften	Lesen	Mathematik Naturwissenschaften Deutsch Englisch Französisch
Ausrichtung	Literacy	Curriculum	Literacy	Bildungsstandards
Zielgruppe	15-Jährige	Klassen 4/8/12	Klasse 4	Klassen 4/9
Design	Trend (3-jähriger Zyklus)	Trend (4-jähriger Zyklus)	Trend (5-jähriger Zyklus)	Trend (Primarstufe 5- und Sek I 3-jähriger Zyklus)
Initiator	OECD	IEA	IEA	KMK
Vergleichsperspektive				
Normorientierter Vergleich	Internationaler Vergleich	Internationaler Vergleich	Internationaler Vergleich	Verkopplung mit internationalem Vergleich
Kriterialer Vergleich	Kompetenzstufen	Kompetenzstufen	Kompetenzstufen	Kompetenzstufen
Ipsativer Vergleich	Vergleiche über die Zeit	Vergleiche über die Zeit	Vergleiche über die Zeit	Vergleiche über die Zeit
Wissenserwerb	Deskriptiv: Monitoring Benchmark Korrelationsstudie	Deskriptiv: Monitoring Benchmark Korrelationsstudie	Deskriptiv: Monitoring Benchmark Korrelationsstudie	Deskriptiv: Monitoring Benchmark

Im Kontext der PISA-Forschung sind zahlreiche weitere Forschungen und Untersuchungen zu Schule und Unterricht und insbesondere auch zur Ungleichheit im Schulsystem entstanden (z.B. Ditton, 2016b; Frederking et al., 2005). Nachfolgend werden nur einige, aus unserer Sicht aber zentrale Befunde referiert:

- Zwei konkurrierende Erklärungsmuster: Es haben sich in der bildungsso-ziologischen Debatte zwei konkurrierende, teils ergänzende Theorieperspek-tiven entwickelt (Vester, 2006), die die (Re-)Produktionsmechanismen von Bildungsungleichheiten untersuchen.

- Erklärungsmuster nach *Boudon*: Nach Boudon (1974) sind Bildungsun-gleichheiten das aggregierte Ergebnis individueller, sozialschichtabhängi-ger Entscheidungsprozesse, die im institutionellen Rahmen des Bildungs-systems getroffen werden (Becker & Lauterbach, 2016a; Betz, 2015; Ditton, 2016b, 2017; Dumont et al., 2014). Differenziert wird hierbei zwischen pri-mären und sekundären Effekten der sozialen Herkunft. *Primäre Herkunfts-effekte* bezeichnen die schulischen Leistungs- und Kompetenzunterschiede, die aus der Sozialschichtzugehörigkeit resultieren. Die variierende familiäre Ressourcenausstattung sowie die unterschiedlichen Sozialisations- und Er-ziehungspraktiken gehen mit einer differenziellen schulischen Entwicklung von Kindern und Jugendlichen einher. *Sekundäre Herkunftseffekte* bezeich-nen hingegen die schichtspezifisch variierenden Bildungsaspirationen (bzw. Bildungsbestrebung) und das damit verbundene unterschiedliche Entschei-dungsverhalten der Eltern (Ditton, 2016b, 2017; Maaz et al., 2010). Unglei-che Bildungsbeteiligungen resultieren demnach aus dem Zusammenspiel zwischen primären und sekundären Herkunftseffekten (Becker, 2017; Krais, 2014; Maaz et al., 2010; Müller & Reitz, 2015; Rogge & Groh-Samberg, 2015). Neuere werterwartungstheoretische Arbeiten ergänzen das ursprüng-liche Boudon-Modell und beziehen zur Erklärung der (Re-)Produktion so-zialer Ungleichheiten an den Übergängen des Bildungssystems zusätzlich weitere Faktoren ein, wie z.B. Schullaufbahnempfehlungen, Risikoaversion oder Zensuren (Breen & Goldthorpe, 1997; Dumont et al., 2014; Erikson & Jonsson, 1996; Esser, 1999; Maaz & Nagy, 2009).

- Erklärungsansatz nach *Bourdieu*: Ungleichheiten innerhalb von Bildungs-institutionen werden zudem aus konflikttheoretischer Perspektive im An-schluss an die Arbeiten Pierre Bourdieus, die mit dem Konzept des *Habitus* (bzw. Gewohnheiten, Praktiken, Haltungen) begründet werden (Bourdieu, 1982), untersucht. In den Blick geraten dabei die vielschichtigen Interakti-onseffekte zwischen dem in der Herkunftsfamilie erworbenen primären und dem sekundären schulischen Habitus. Die sozialstrukturell bedingte diver-gierende Ausstattung von Familien mit einem bestimmten ökonomischen, kulturellen und sozialen Kapital führt zur Ausbildung eines klassenspezi-fischen Habitus (Bourdieu, 1983, 1993). Diese sozialisatorisch erworbenen Gewohnheiten, Praktiken und Haltungen gehen mit einer herkunftsabhän-gigen „Wahrnehmung und Prädisposition von Bildungsgängen und Bil-dungseinrichtungen" einher (Helsper et al., 2014). Damit verweist dieser Er-klärungsansatz auf die enge Kopplung zwischen dem Bildungssystem und den Strukturen der sozialen Schichtung. Neuere Arbeiten versuchen mittels milieutheoretischer Ansätze zudem die Wechselwirkungen zwischen Familie, Schule und Peerbeziehungen in den Blick zu nehmen und auf ihre ungleichheitsmindernde oder -reproduzierende Wirkung hin zu untersuchen (Deppe, 2013; Vester, 2014). Zugleich verweisen u.a. Gomolla und Radtke (2009) bezugnehmend auf die Perspektive *institutioneller Diskriminierung* auf den Beitrag organisationaler Strukturen, Regeln und alltäglicher Praktiken, die zur dauerhaften und systematischen Benachteiligung sozialer Gruppen innerhalb von Bildungsinstitutionen führen.

- Bildungsexpansion der deutschen Nachkriegsphase: Während einerseits eine insgesamt höhere Bildungsbeteiligung aller sozialen Schichten an weiterführenden Bildungsgängen und damit verbunden eine Höherqualifizierung der Bevölkerung nachweisbar ist, haben sich andererseits die Ungleichheitsverhältnisse zwischen den Schichten kaum verändert und sind im Zeitverlauf relativ stabil geblieben (Breen et al., 2012; Geißler, 2014; Hadjar & Becker, 2017). Dies wird in Anlehnung an Ulrich Beck (1986) auch als „Fahrstuhleffekt" bezeichnet.

- Herkunftsbedingte soziale Ungleichheiten: Es lässt sich über viele Studien hinweg ein deutlicher Zusammenhang von sozialer Herkunft und Bildungserfolg nachweisen (z.B. Ditton, 2016a).

- *Differenzielle Lernmilieus*: „Von differenziellen Lern- und Entwicklungsmilieus wird dann gesprochen, wenn junge Menschen *unabhängig von und zusätzlich zu* ihren unterschiedlichen persönlichen, intellektuellen, kulturellen, sozialen und ökonomischen Ressourcen je nach besuchter Schulform differenzielle Entwicklungschancen erhalten, die schulmilieubedingt sind und sowohl durch den Verteilungsprozess als auch durch die institutionellen Arbeits- und Lernbedingungen und die schulformspezifischen pädagogisch-didaktischen Traditionen erzeugt werden" (Baumert et al., 2009, S. 36, Hervorhebung im Original).

- *Räumliche Disparitäten*: Verschiedene Forschungsarbeiten weisen auf z.T. erhebliche Unterschiede zwischen Bundesländern, aber auch zwischen Gebietskörperschaften eines Bundeslandes hin. Dadurch rückt nicht nur die divergierende Ausstattung mit schulischer Infrastruktur in den Blick. Zugleich wird auf den Einfluss regionaler Schulangebotslagen auf das schichtspezifische Bildungs- und Entscheidungsverhalten aufmerksam gemacht (Berkemeyer et al., 2016; Kemper & Weishaupt, 2011; Terpoorten, 2014; Weishaupt, 2018).

5.3.2 Ungleichheit beschreiben und die Frage der Gerechtigkeit – der Chancenspiegel

Einen Versuch, nicht nur die soziale Ungleichheit im Schulsystem nachzuweisen, sondern sich der deutlich schwierigeren Frage nach der Chancengerechtigkeit im Schulsystem zu stellen, stellt der so genannte *Chancenspiegel* (CSP) dar. Dieser Chancenspiegel ist Ergebnis eines gemeinsamen Projekts der Institute für Schulentwicklungsforschung (TU Dortmund) und Erziehungswissenschaft (FSU Jena) sowie der Bertelsmann Stiftung zwischen den Jahren 2012 bis 2017. Er versteht sich als Instrument eines datenbasierten Schulsystemmonitorings und fokussiert vergleichend die Schulsysteme der Bundesländer. Auf der Basis schul- und gerechtigkeitstheoretischer Überlegungen werden vier zentrale Dimensionen der Chancengerechtigkeit von Schulsystemen unterschieden: *Integrationskraft, Durchlässigkeit, Kompetenzförderung* und *Zertifikatsvergabe*. Jede dieser Dimensionen wird mit statistischen Indikatoren operationalisiert. In der letzten Ausgabe des Chancenspiegels 2017 werden die Indikatoren in Form von Zeitreihen über einen Zeitraum von 12 Jahren betrachtet. Damit wird die Schulsystementwicklung der deutschen Länder nach dem bildungspolitischen Megaereignis „PISA 2000" nun erstmals umfassend und vergleichend untersucht. Alle Ausgaben des Chancenspiegels sind im Internet unter www.chancen-spiegel.de frei zugänglich. Auf der Homepage können bundeslandspezifische Einzelergebnisse leicht abgefragt werden. Der zentrale empirische Befund lautet, dass die bundesdeutschen Schulsysteme sich in den beobachteten Dimensionen deutlich verändert haben. Insgesamt entwickeln sich alle Bundesländer weiter, allerdings mit sehr unterschiedlichen Tempi. Dies führt insgesamt zu einer Vergrößerung der regionalen Disparitäten, die Ungleichheit zwischen den Bundesländern nimmt also zu, wenngleich auf höherem Ausgangsniveau.

Als eine der wenigen Studien versucht der Chancenspiegel diese Entwicklung auch theoretisch zu erklären (Berkemeyer et al., 2017, S. 12 ff.). Insgesamt wird die Entwicklung modernisierungstheoretisch gedeutet, also als eine typische Entwicklung moderner, ausdifferenzierter Gesellschaften, die einer Steigerungslogik folgen. Treiber dieser Entwicklung sind vor allem der demographische Wandel, sich global durchsetzende kulturelle Leitbilder (z.B. Inklusion), aber z.T. auch Steuerungsmaßnahmen, die auf veränderte Bedarfslagen der Bevölkerung reagieren (z.B. Ganztagsausbau). Die beobachteten Entwicklungen konnten häufig als pfadabhängige Entwicklungen beschrieben werden. Dies bedeutet, dass einmal getroffene Entscheidungen die Schulsystementwicklung noch lange beeinflussen (z.B. starker Ausbau von Ganztagsschulen vs. eher mäßiger Ausbau; Inklusion vorantreiben vs. zögernd nur ein Mindestmaß an Inklusionsplätzen anbieten etc.). In Bezug auf die Kapitelüberschrift resümieren die Autorinnen und Autoren des Chancenspiegels:

> „Ob nach solch einer skizzenhaften Zwischenbilanz das Glas nun halb voll oder halb leer ist, dürfte eigentlich nicht die Frage sein. Vielmehr sollte deutlich geworden sein, dass die Bemühungen um mehr Chancengerechtigkeit voranschreiten müssen und teilweise auch zu intensivieren sind – insbesondere hinsichtlich einer vergleichbaren Leistungsfähigkeit der Schulsysteme der Bundesländer." (Berkemeyer et al., 2017, S. 363)

5.4 Theorien der Schule und des Schulsystems

Dieses Kapitel endet mit einem knappen Überblick über ein für die Schulpädagogik sehr relevantes Forschungsgebiet: die Schultheorie. Während wir in Kapitel 3 einige historische Einblicke gewonnen und anschließend das Schulsystem in seinen rechtlichen und strukturellen Dimensionen kennengelernt haben, wird nun in eine Diskussion eingeführt, die unter dem Stichwort „Theorie der Schule" firmiert. Hierbei geht es vor allem um zwei wesentliche Fragestellungen (Bohl et al., 2015, S. 77 f.):

1. Was soll Schule in modernen Gesellschaften leisten und wie soll sie zu diesem Zwecke gestaltet werden?
2. Wie ist Schule, welche Leistungen bringt sie hervor und wie lassen sich diese erklären?

Während die erste Frage die normativen, also wertbezogenen Fragekomplexe subsumiert, wird mit der zweiten Frage die empirisch-analytische Dimension von schultheoretischem Denken adressiert. Es geht nun nachfolgend nicht darum, einzelne Theorien oder Theorieentwürfe vorzustellen, sondern die Systematik schultheoretischen Denkens vorzustellen. Dabei greifen wir auf unterschiedliche Darstellungen zurück.

Theorie

Die Erläuterung dessen, was mit Theorie gemeint ist, ist keineswegs einfach. Der Handbuchartikel von Tiel (2004, S. 260 ff.) in der Enzyklopädie „Wissenschaftstheorie" (Mittelstraß, 2004) verdeutlicht dies eindrucksvoll. Wir unterscheiden zunächst zwischen einer alltäglichen Verwendung und einer eher wissenschaftsimmanenten Verwendung des Begriffs. Im Alltag wird der Begriff zur Verdeutlichung von fest geglaubten Zusammenhängen gebraucht, die darlegen, wie und warum etwas so ist, wie es uns erscheint. Theoretisieren gehört in diesem Sinn zur Praxis des Alltags.

In wissenschaftlichen Kontexten werden zum einen geprüfte, begründete Annahmen (Hypothesen) zu Modellen verdichtet. Sie drücken häufig kleinere Zusammenhänge eines spezifischen Bereichs aus. Solche Modelltheorien finden sich in Kontexten der Lehrerbildung häufig in der Pädagogischen Psychologie oder auch der sogenannten Empirischen Bildungsforschung (z.B. zur Erklärung von Lernmotivation oder Interesse, hierzu Deci & Ryan, 1985; Deci, 2014). Zum anderen finden wir analytische Abhandlungen, die durch Beschreibung, Analyse und Spekulation einen Zusammenhang herstellen. Dies ist in einem eher weiten, auch die verstehenden Theorien einbeziehenden Sinne Theorie. Die Anwendung beider Varianten dürfte künftig zwingend sein, um die Theoriebildung in den Bildungswissenschaften zu verbessern und weiterzuentwickeln.

5.4.1 Thematische Bereiche einer Theorie der Schule

Terhart (2013) unterscheidet acht schultheoretische Deutungen (▶ Abbildung 11), die eher als „Argumentieren und Sprechen" über Schule, denn als theoretisch und empirisch elaborierte Schultheorien zu betrachten seien. Man könnte auch sagen, dass es sich hierbei um Beschreibungsversuche von Schule handelt, die z.T. einen sehr unterschiedlichen Fokus aufweisen und sich auch wissenschaftstheoretisch, also dem eigenen Verständnis von Forschung nach, deutlich unterscheiden. Diese Differenzen deuten unserer Meinung nach nicht auf eine Entscheidungsnotwendigkeit hin, also eine Perspektive A oder B zu favorisieren, sondern vielmehr darauf, dass Akteure im Schulsystem einen Weg finden sollten, all diese Perspektiven sinnvoll in ihr Deutungssystem zu integrieren. Anders formuliert: Keine der Perspektiven ist falsch im Sinne einer widerlegten These. Sie sind mehr oder weniger zutreffend und vor allem je nach aktuellem Interesse der Rezipienten mehr oder weniger relevant (Diederich & Tenorth, 1997, S. 182 f.).

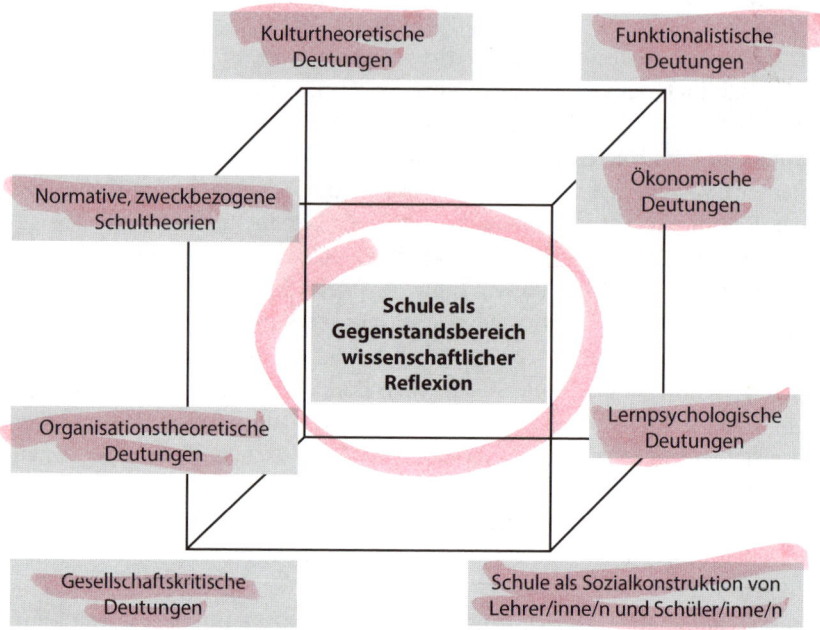

Abbildung 11: Schultheoretische Reflexionen (in Anlehnung an Terhart, 2013, S. 36 ff.; eigene Darstellung)

Die erste Gruppe an Beschreibungen von Theorie bilden die *normativen oder zweckbezogenen Theorien*, die darum bemüht sind, Ziele für die Schule als gesellschaftliches Teilsystem zu formulieren und deren Aufgabe zu konkretisieren. Dies geschieht häufig mit Bezug zur Gesellschaft, um zu verdeutlichen, was Schule hinsichtlich gesellschaftlicher Anforderungen zu leisten hat. Humboldts Entwürfe des Schulsystems lassen sich so verstehen (siehe hierzu auch Baumgart & Lange, 1999) oder auch die pädagogischen Schriften Russels (1974). Modernere schultheoretische Arbeiten können hier stärker auf die im Bildungs- und Erziehungsauftrag der Schule verankerten rechtlichen Grundsätze zurückgreifen. Gleichwohl sind diese Grundsätze abstrakt genug, so dass eine Konkretisierung in schultheoretischen Überlegungen durchaus sinnvoll und hilfreich sein kann. Die bekannte Denkschrift der Bildungskommission NRW (1995) „Schule der Zukunft – Zukunft der Schule" unter Federführung des damaligen Minister- und späteren Bundespräsidenten Johannes Rau, sowie der Sammelband „Unser Ziel: Humane Schule" von Meyer und Winkel (1991) sind als Beispiele hierfür zu lesen. Noch immer von hoher Relevanz ist der Beitrag von Klafki (1989), der neun Thesen formuliert, die zum Ausdruck bringen, wann Schule sich normativ als eine demokratische Schule verstehen darf. Sie sind nachfolgend stichwortartig zusammengefasst. Schule ist demnach demokratisch (ebd., S. 28 ff.), wenn sie:

- Verfassungstext und Verfassungsrealität reflexiv hält;
- in divergierende Interessen- und Konfliktlagen einführt;
- in Alternativen zu bestehenden gesellschaftlichen Lösungen denkt;
- sich ihrer Umwelt öffnet, ohne dabei die Distanz zu verlieren;
- positive Erfahrungen der Anerkennung ermöglicht;
- ungleiche Schülerinnen und Schüler ungleich behandelt (Gleichheitsgrundsatz);
- Schülerinnen und Schüler umfassend als Person (auch im Sinne eines Rechtsträgers) behandelt;
- vielfältige Lernzugänge ermöglicht, die ein vertiefendes Verständnis in die großen Themen der Welt ermöglichen (epochale Schlüsselprobleme wie Frieden, Umwelt, Armut u.a.m.);
- sich reflexiv und partizipativ weiterentwickelt.

Im Sinne der weiter oben vorgestellten Staatszielbestimmung, die vor allem auch darin besteht, Bürgerinnen und Bürger zur Demokratie zu befähigen, halten wir diese Bestimmung einer demokratischen Schule für überaus aktuell und zielführend. Klafki (1989) beschreibt hier eine Schule der Anerkennung, der kognitiven Leidenschaft für die Schlüsselprobleme der Welt und einer Kultur der Reflexion mit dem Ziel des besseren Verstehens. Damit ist aus unserer Sicht sehr viel über das ausgesagt, was Schule zu leisten hat.

Kulturtheoretische Deutungen finden sich dort, wo Schule zum Ort der Enkulturation wird, zugleich aber selbst als Bestandteil der Kultur und der Geschichte einer „Nation" begriffen wird. Solche zumeist geisteswissenschaftlichen Ansätze, die die Schule als Lebensform einer je konkreten geschichtlichen Situation auffassen, finden sich vor allem in der geisteswissenschaftlichen Pädagogik, z.B. bei Nohl (siehe hierzu z.B. Baumgart & Lange, 1999). Terhart (2013) verweist zudem auf jüngere Arbeiten von Klafki (2002) und Benner (2002). Aufgabe und Auftrag der Schule werden in dieser Deutung stärker aus den je kulturellen Erfahrungen und kulturellen Traditionen verstanden und abgeleitet. Insofern wird in dieser Perspektive die Eigenständigkeit von Schule und Schulsystem zugunsten deren Verwobenheit mit der Geschichte zumeist einer Nation aufgelöst und das Eingebundensein von Schule in dieses gesellschaftliche Geflecht betont.

Funktionalistische Deutungen betonen die objektiven Funktionen, die das Schulsystem für die Gesellschaft erfüllt. Im Anschluss an die strukturfunktionalistische Theorie von Talcott Parsons (1902–1979), einem der einflussreichsten soziologischen Theoretiker des 20. Jahrhunderts, hat im deutschsprachigen Raum Helmut Fend (1980) eine bis heute nachwirkende Theorie der Schule formuliert, die die schulischen Funktionen der Qualifizierung, der Selektion und der Legitimation herausgearbeitet hat. Dabei wird Schule als gesellschaftlich organisierte Sozialisationsinstanz begriffen, die kulturell bedeutsame Wissensinhalte vermittelt (Qualifizierung), Positionen durch Zertifikate (Abschlüsse) vergibt bzw. Aufstiege in der Gesellschaft ermöglicht oder verhindert (Selektion) und schließlich gesellschaftlich relevante Normen vermittelt und so Schülerinnen und Schüler in die bestehenden Herrschaftsverhältnisse hineinsozialisiert (Legitimationsfunktion). Niklas Luhmann (2002) sowie insbesondere derselbe und Karl E. Schorr (1988) haben aus systemtheoretischer Perspektive dann eine Vielzahl schultheoretischer Überlegungen vorgelegt (siehe hierzu z.B. Berkemeyer, 2010, S. 23, 147 f.).

Ökonomische Deutungen fragen vor allem nach Effizienz und Effektivität der Schule, also dem Verhältnis von Aufwand und Ertrag. Diese Perspektive bringt weniger schultheoretische Überlegungen im engeren Sinne in den Diskurs ein, als vielmehr eine Evaluationsperspektive. Die Ökonomie bietet Modelle an, die die Gesellschaft darüber informieren, ob ein gesellschaftliches Teilsystem effizient hinsichtlich gegebener Zielsetzungen arbeitet oder nicht. Diese Perspektive ist trotz aller berechtigten Kritik an mitunter zu einfachen Modellen hilfreich und in demokratischen Gesellschaften auch notwendig. Eine ökonomische Perspektive auf Bildung heißt nämlich eben nicht Ökonomisierung der Bildung, sondern Selbstvergewisserung bezüglich der Kostendimension des gesellschaftlich bereitgestellten Systems Schule. Dies ist im Grunde bei allen Gesellschaftssystemen der Fall. Die Steuerzahlerin und der Steuerzahler haben eben ein Recht darauf, zu wissen, ob ihr Geld auch gut investiert ist. Dies lässt gleichwohl hinreichend Raum für die Frage, unter welchen Bedingungen welche Ergebnisse als überzeugend eingeschätzt werden können, und somit bleibt diese Perspektive zentral in den schultheoretischen Deutungen. Ein Versuch, pädagogische mit ökonomischen Prinzipien in Einklang zu bringen, hat Böttcher (2002) in seiner Arbeit „Kann eine ökonomische auch eine pädagogische Schule sein?" vorgelegt, die vor allem Fragen einer zielführenden Steuerung bei Wahrung pädagogischer Ansprüche verhandelt.

Gesellschaftskritische Deutungen sehen in der Schule vor allem ein Instrument der Herrschaftsausübung der herrschenden Klassen (Baethge, 1995). Anfang der 1970er Jahre wurde beispielsweise von Ivan Illich (1972) eine Schrift über die „Entschulung der Gesellschaft" vorgelegt, in der er die Abschaffung der Schule forderte und zwar, weil schulische Bildung in der vorliegenden Form die Gesellschaft in zwei Bereiche teile und ihr damit schade (ebd., S. 38; ▶ Abschnitt 4.1). Eine frühere schulskeptische Variante findet sich bei Bernfeld (2000, erstmals 1925) in „Sisyphos oder die Grenzen der Erziehung". Eigene Arbeiten lassen sich ebenfalls, wenngleich moderater in der Radikalität der Kritik, in diese Traditionslinie einreihen (Berkemeyer et al., 2017). Insbesondere in den 1970er und 1980er Jahren hatte diese Form der Schultheorie auch durch die kritische Pädagogik Auftrieb erhalten, die im Anschluss an die Arbeiten der Frankfurter Schule entstand (Bernhard et al., 2018; Krüger, 1999, S. 57 ff.; Schwandt, 2010). Aktuelle Varianten schulkritischen Denkens greifen stärker auf die diskursanalytischen Arbeiten Michel Foucaults zurück, der Herrschaftsstrukturen in Diskursen verankert sieht, die die Subjekte zu spezifischen Formen der Selbstbeherrschung (Gouvernementalität) nötigen (Pongratz et al., 2004; Ricken & Rieger-Ladich, 2004). Eigene Arbeiten lassen sich ebenfalls in einen gesellschaftskritischen Kontext einordnen, wobei jedoch stärker auf Gerechtigkeitstheorien (Berkemeyer et al., 2017; sowie Berkemeyer, im Ersch.b) und aktuellere Ansätze der Sozialtheorie (Beljan & Berkemeyer, im Ersch.; Berkemeyer, 2016) zurückgegriffen wird.

Organisationstheoretische Deutungen von Schule liegen spätestens mit Beginn der 1960er Jahre auch in Deutschland vor. International finden sich solche Ansätze bereits früher (vgl. z.B. Handbook of Organizations, 1965, das diesbezügliche und bis heute relevante Forschungen der Nachkriegszeit bündelt und in dem Bidwell einen Beitrag zu „The School as a Formal Organization", ebd., S. 972 ff., vorgelegt hat), da hier die Organisationstheorie insgesamt stärker ausgebaut war. In Deutschland erschien Anfang der 1970er Jahre mit Fürstenau (1972) eine erste bürokratietheoretische Analyse von Schule. Mitte der 1980er Jahre beginnt dann eine Phase, in der Schule als Organisation vor allem in ihren Entwicklungspotenzialen gesehen wird (Rolff, 1993). Dies geschieht im Anschluss an den Organisationsentwicklungsansatz und die Vorstellung, dass die Mitglieder einer Organisation für deren Entwicklung die richtigen Strategien entwickeln können. Schulprogrammarbeit und interne Evaluation sind Beispiele dieses Ansatzes für die Schule (▶ Abschnitt 10.3.4). Neuere organisationstheoretische Ansätze betonen aber vor allem die weniger rationalen Seiten von Organisationen. Die Eigendynamik und Eigenlogik von Organisationen werden betont sowie deren Entwicklung jenseits zweckrationaler Programme und bildungspolitischer Zielsetzungen (exemplarisch Böttcher & Terhart, 2004; Drepper & Tacke, 2012). Insgesamt ist die organisationstheoretische Perspektive trotz einer Reihe von Einzelarbeiten (Pätzold et al., 2015) jedoch relativ schwach und vergleichsweise unsystematisch im schultheoretischen Diskurs vertreten (Berkemeyer, 2010, S. 73 ff.) und es fehlt vor allem an empirischen Arbeiten, die bislang nur vereinzelt vorliegen (Berkemeyer & Holtappels, 2007).

Sozialkonstruktivistische Deutungen befassen sich damit, wie sich Schule als Lebenswelt für Kinder und Jugendliche konstituiert. Hier geht es weniger um die offiziellen Programme und die formal geplanten Unterrichtsstunden und Erziehungsauffassungen, sondern um die tatsächlich vorzufindende Praxis. In diesem Sinne kann diese Perspektive auch als praxeologische und/oder ethnographische Perspektive aufgefasst werden, die sich mit der Konstruktion von Interaktionen und Strukturationen befasst. Hier jedoch geht es darum festzustellen, welche Werte in den Interaktionen sichtbar werden, wie Schulkulturen konstituiert werden (Helsper et al., 2001) und welche „heimlichen" Regeln die Interaktionen bestimmen. Diese Forschungsrichtung ist daher eng mit bildungssoziologischen Forschungen auf der Mikro- und Mesoebene (Krais, 2014) sowie mit kulturwissenschaftlichen Ansätzen (Thompson et al., 2014) verwandt.

Lernpsychologische Deutungen sehen in der Schule vor allem einen formalen oder formellen Rahmen, der die Sicherstellung von Unterricht garantiert. Dieser wird dann auch spezifisch in den Blick genommen und vor allem auf seine Wirksamkeit hin untersucht. Insbesondere nach der ersten PISA-Studie ist dieser Ansatz sehr stark weiterentwickelt worden. Lernpsychologische Deutungen spekulieren dabei weniger über die Frage, was Bildungsprozesse auslöst und wie Bildung im Menschen hervorgebracht werden kann (dies ist vor allem in einer geisteswissenschaftlichen Perspektive bedeutsam), sondern beobachten konkrete Lehr-Lernsituationen. Die Ergebnisse solcher Forschungen sind für Lehrkräfte hoch interessant und gehören inzwischen, etwa in Form der 10 Merkmale guten Unterrichts (Helmke & Weinert, 1997; Helmke, 2015; Meyer, 2004), zum Professionswissen von Lehrkräften (z.B. König et al., 2018; ▶ Abschnitt 7.2). Schultheoretisch unterbestimmt sind in dieser Perspektive jedoch noch die Zusammenhänge von Interaktion, Unterrichts- und Schulorganisation sowie der Effekte schulischer Unterstützungssysteme und übergreifender Steuerung durch z.B. Standards oder auch Schulbücher.

Inzwischen finden zwei weitere Deutungsrichtungen stärkere Berücksichtigung. Zum einen die *steuerungstheoretische Perspektive*, in der es um Führung, Steuerung und Governance in und von Schule und Schulsystem geht. Zum Teil ist dieser Ansatz zwar in der organisationstheoretischen Deutung angelegt, er hat sich aber in den letzten Jahren doch zu einer eher eigenständigen Betrachtungsweise weiterentwickelt (Berkemeyer, 2010). Zum anderen werden Ansätze der empirischen Schulqualitätsforschung als *empirische Schultheorie* diskutiert (Fend, 1998; Helmke et al., 2000; Leschinsky, 1996; Semper et al., 2017; Steffens & Bargel, 2016). Ob man hier wirklich von einer eigenständigen Perspektive sprechen kann, ist diskussionswürdig, da doch alle Empirie im Grunde auch theoretischer Vorannahmen bedarf, so dass sie sich mit der einen oder anderen Deutungsweise verbinden lässt. Dennoch ist es von Bedeutung, die empirische Forschung im Kontext der Schultheorie zu betonen, um Ansätze zu überprüfen oder auch bestehende schultheoretische Ansätze aufgrund neuer empirischer Befunde zu ergänzen. Zudem sind gerade aus der Schulqualitätsdiskussion (die stark von der angloamerikanischen School-Effectiveness-Forschung beeinflusst worden ist, vgl. Bonsen et al., 2008) inzwischen einige Instrumente der „Neuen Steuerung" hervorgegangen, wie z.b. die Qualitätsrahmen für Schulqualität der Bundesländer (Berkemeyer, 2017; Dobbelstein et al., 2017), Beobachtungsbögen für Unterrichtsqualität sowie Feedbackinstrumente (Helmke et al., 2017) und vergleichende Leistungsuntersuchungen (z.B. VERA), so dass gerade die empirische Schulforschung derzeit einen nicht unerheblichen Einfluss auf die Praxis schulischer Arbeit hat.

5.4.2 Schultheorien zur Vertiefung – Einzelentwürfe und Überblicksdarstellungen

An dieser Stelle kann nicht detailliert auf Einzelentwürfe schultheoretischen Denkens eingegangen und auch keine weitere Systematisierung schultheoretischen Denkens vorgenommen werden. Um aber eine Weiterarbeit in diesem Bereich zu ermöglichen, sind in Tabelle 5 einige wichtige schultheoretische Arbeiten der letzten 25 Jahre aufgeführt, die eine weitere Vertiefung sowie alternative Systematisierungszugänge ermöglichen.

Tabelle 5:   Schultheoretische Arbeiten (eigene Darstellung)

Autor(en)	Kernaussagen und zentrale Themen
Tillmann (Hrsg.) (1993)	Einführung in das schultheoretische Denken entlang der Hauptströmungen wissenschaftlichen Denkens in der Erziehungswissenschaft. Einzelne Autoren werden u.a. im Rahmen geisteswissenschaftlicher Pädagogik, strukturell-funktionaler Soziologie, marxistischer Ansätze, interaktionistischer Sichtweisen oder psychoanalytischer Positionen vorgestellt. Gerahmt ist der Sammelband durch eine kurze Einführung zum Thema sowie eine abschließende Diskussion bekannter Erziehungswissenschaftler.
Apel (1995)	Ausgehend von einer kritisch-konstruktiven Analyse historischer und systematischer Schultheorieentwürfe bzw. -ansätze wird eine pädagogische Theorie der Schule aus erziehungswissenschaftlicher Perspektive entworfen, *„bei der Schule als Ort der Erziehung und Bildung, als Stätte des Lernens und der pädagogischen Interaktion erscheint und die Frage nach einer Gestaltung der Institution unter bildungstheoretischem Gesichtspunkt im Vordergrund steht.* Dabei wird nach Bedingungen und Möglichkeiten bildender Einwirkung in den Sozialisationsprozeß gefragt." (ebd., S. 270, Hervorhebungen im Original)
Leschinsky (Hrsg.) (1996)	Beiheft der Zeitschrift für Pädagogik, in dem der Forschungsstand zu einer sich als umfassend verstehenden Theorie der Schule mit den Bereichen Systemebene, Institution, Unterricht, Lehrkräftebildung sowie historischen Analysen zur pädagogischen Konzeptualisierung- und Professionalisierungsdebatte zusammen getragen ist.

Autor(en)	Kernaussagen und zentrale Themen
Diederich & Tenorth (1997)	Studienbuch v.a. für (angehende) Lehrkräfte, das schwerpunktmäßig Erläuterungen und Analysen zu Geschichte, Funktion und Gestaltung der Schule beinhaltet. Im „Nachwort für Kollegen" legen die Autoren ihren eigenen Entwurf einer Theorie der Schule dar, der „Schule als einen Rahmen für das Aufwachsen" (ebd., S. 185) versteht und durch sechs Grundbegriffe charakterisiert ist (Interaktion, Organisation, Institution, Programmatik, Selektivität, Reaktivität).
Baumgart & Lange (1999)	Sammlung klassischer und aktueller Texte zur Schultheorie, die durch vielfältige Erläuterungen der Autoren sowie Arbeitsaufgaben für Leserinnen bzw. Leser didaktisch gerahmt sind. Ziele sind u.a. die Herausbildung eines reflektierten Verständnisses der Institution Schule sowie die Erschließung verschiedener Schultheorien für die Analyse der pädagogischen Praxis.
Fend (2006)	Lehrbuch für alle im Bildungssystem tätigen Akteure, das eine Weiterentwicklung von Fends „Theorie der Schule" (1980) darstellt. „Schilderte die erste Theorie der Schule die *Topographie* des Bildungswesens und seine *Funktionsweise* in einem umfassenden gesellschaftlichen Zusammenhang, so führt die Neue Theorie der Schule in die *Dynamik* der Gestaltung des Bildungswesens ein und macht damit auf die zwischen den Akteuren auf Makro-, Meso- und Mikroebene ablaufenden *Prozesse* aufmerksam" (ebd., S. 17, Hervorhebungen im Original). Das Bildungswesen wird als kollektiver Akteur verstanden, in dem Informationen in Form von Respezifikationsprozessen zwischen den Ebenen des Systems ausgetauscht und transportiert werden.
Leschinsky & Cortina (2008)	Entwurf einer institutionstheoretisch angelegten Schultheorie, die das Schulsystem durch zehn konstitutive Merkmale beschreibt (Universalismus und Spezifität, Versachlichung, Raum für freie Interaktion, Individuelle Leistung, Stimulation sozialer Vergleiche, Reflexive Distanz, Primat simulierter und pädagogisch aufbereiteter Erfahrung, Organisatorische Unabhängigkeit, Professionalität der pädagogischen Arbeit).
Lang-Wojtasik (2008)	In dem schultheoretischen Ansatz verbindet der Autor den Weltgesellschaftsansatz mit Luhmanns Systemtheorie zu einer Schultheorie, die sich den Herausforderungen einer globalisierten Welt stellt. Der nationalstaatliche Containerraum wird verlassen und es wird danach gefragt, was Schule in einer spätmodernen und globalen Welt leisten soll und zu leisten vermag.
Wiater (2012)	Systematische Einführung in die Theorie der Schule, die „von der Makrostruktur der Institution Schule über die Mesostruktur von Gestaltungselementen aller Einzelschulen bis hin zur Mikrostruktur der konkreten Schule vor Ort als Tätigkeitsfeld von Lehrern, Schülern und anderen Personengruppen führt" (ebd., S. 7 f.). Entlang der verschiedenen Analyseebenen sind die zentralen Themen der Schultheorien übersichtlich aufgearbeitet.

Autor(en)	Kernaussagen und zentrale Themen
Kiper (2013)	Einführungswerk in die Institution und Organisation Schule, das zugleich die Beteiligung der verschiedenen Akteure an der Gestaltung von Schule aufzeigt. Dabei wird auf gegenwärtig relevante Aufgaben und Herausforderungen der Schule eingegangen. Das Spektrum reicht von der Ganztagsschule bis zur Inklusion und von Bildungsstandards bis hin zur Diagnostik. Dabei wird Schule als Institution und soziale Tatsache im Spannungsverhältnis zwischen Individuum und Gesellschaft verortet. Vor dem Hintergrund aktueller Herausforderungen wird erörtert, welche Gestaltungsspielräume für die Akteure bestehen.
Bohl et al. (2015)	Einführungswerk in die Klassiker schultheoretischen Denkens (von Comenius und Rousseau bis hin zu Hentig, Foucault und Fend), das sich v.a. an Studierende des Lehramts oder der Erziehungswissenschaft richtet. Im Unterschied zu Baumgart und Lange (1999) arbeiten die Autoren jedoch nicht entlang von Originalbeiträgen, sondern in Form von Werkdarstellungen und Analysen. Das Buch enthält neben diesen schultheoretischen Ausführungen auch umfangreiche Erläuterungen zur wissenschaftlichen Disziplin der Schulpädagogik.
Berkemeyer et al. (2017)	Entwurf eines Rahmens zur Analyse der Entwicklung von Schulsystemen. Schulsysteme entwickeln sich im Spannungsverhältnis von funktionalen Erfordernissen, gesellschaftlichen Machtkonstellationen, kulturellen Leitwerten bzw. Leitbildern (Erfordernisse des Zeitgeists). Fragen der Entwicklung werden zudem gerechtigkeitstheoretisch reflektiert.

5.4.3 Auf dem Weg zu einer Theorie des Schulsystems

Die bisherigen Ausführungen haben auf die Vielfältigkeit, über Schule nachzudenken und Sachverhalte der Schule zu erforschen, hingewiesen. Hieraus leitet sich im Grunde die Forderung ab, Schultheorie künftig als Theorie des Schulsystems zu betreiben. Wenngleich noch ohne diese Begriffsverwendung, so hat Adl-Amini hierauf bereits Ende der 1980er Jahre hingewiesen, als er im Rahmen einer Podiumsdiskussion formulierte:

„Ich glaube, dass es sinnvoll ist, eine Theorie der Schule interdisziplinär aufzubauen, und zwar auf drei Grundpfeilern, nämlich auf Institution, Didaktik und Ökologie. Sie kann Forschungserträge der Soziologie, Anthropologie, Erziehungswissenschaft und Psychologie zu einer pädagogischen, d.h. am Menschen orientierten Schultheorie integrieren." (Adl-Amini et al., 1993, S. 126)

Und Apel (1995) fordert am Ende seiner „Theorie der Schule":

„Daneben darf nicht übersehen werden, daß in einer Theorie der Schule auch die Frage des Schulsystems, der Schulorganisation, des Schulaufbaus diskutiert und untersucht werden muß" (ebd., S. 275).

Eine Theorie des Schulsystems ist dabei sicherlich nicht als eine einzige Theorie zu verstehen, sondern als Gefüge von mal mehr, mal weniger starken Hypothesen und Aussagen, die das Gesamtsystem der Schule mit all seinen Zusammenhängen in den Blick zu bekommen versucht. Ein solches Theoriegerüst würde mindestens folgende Bereiche ausweisen müssen:

- Schule und Gesellschaft: In welchem Zusammenhang stehen gesellschaftliche Entwicklungen zu Aufgaben, Prozessen und Ergebnissen im Schulsystem (Berkemeyer et al., 2017)? Welche Effekte zeigen sich beispielsweise aufgrund gesellschaftlicher Individualisierungsprozesse (Beck, 1986, 1988) innerhalb von Einzelschulen, gerade auch in Bezug auf das Lehrkräftehandeln?
- Ebenfalls ist zu fragen, welche Effekte aufgrund von Traditionen in den daraus erwachsenden „Schullandschaften" (Zymek et al., 2006) entstehen. Wir haben dies an anderer Stelle als Frage nach der Ökologie des Schulsystems thematisiert (Berkemeyer et al., 2014).
- Eine Theorie des Schulsystems versucht einen Begriff vom Schulsystem zu entwickeln, mit dem Grenzen des Systems zur Umwelt deutlich werden. Ob dies systemtheoretisch in Anlehnung an Luhmann und Schorr (1988), feldtheoretisch in Anlehnung an Bourdieu (1985), strukturationstheoretisch in Anlehnung an Giddens (1988) sowie Sydow und Wirth (2014) oder andere Konzeptionen, Theorien oder Hybride erfolgt, ist dann im Rahmen einer Theorie des Schulsystems selbst zu erörtern.
- Eine Theorie des Schulsystems erläutert das Agenda-Setting politischer Programme und Zielsetzungen und prüft deren Realisierung auch hinsichtlich der rechtlich verbindlichen Vorgaben sowie deren Interpretation in den einzelnen Organisationen und Interaktionssequenzen des Unterrichts.
- Eine Theorie des Schulsystems umfasst zudem Ansätze zum Verwaltungshandeln und dessen Eigensinnigkeiten. Hierbei kann es nicht nur um neuere Formen des Verwaltungshandelns gehen (z.B. Analyse von Schulinspektionen), sondern auch und gerade um das alltägliche Verwaltungshandeln. Welche Leistungen stellt die Bildungsverwaltung zur Verfügung und welche Effekte haben diese Leistungen für die Einzelschulen? Welche Kooperations- und Koordinationsformen haben sich hierbei etabliert und worin bestehen die die Koordinierung orientierenden Werte (Zweckrationalität, Wertrationalität, Interessen etc.)?
- Eine Theorie des Schulsystems trifft Aussagen über alle in ihm tätigen Akteure, nicht nur über die Profession der Lehrkräfte. Sie fragt nach Kooperationsbedingungen, -kulturen und -wirkungen.
- Eine Theorie des Schulsystems ist kritisch und fragt nach Nebenwirkungen (Bellmann & Weiß, 2009) und Pathologien des Schulsystems (Berkemeyer,

2016). Dies kann sie im Sinne von Ungleichheits- und/oder Gerechtigkeits-
forschung tun.

- Eine Theorie des Schulsystems erstellt eine angemessene, organisationstheoretische Beschreibung von Schule als Einzelorganisation. Diese kann schulartspezifisch sein und berücksichtigt die Entwicklungshistorie von Einzelschulen, deren personelle Zusammensetzung sowie die soziale Lage. Sie
führt idealerweise zu einer mehrdimensionalen Klassifizierung von Einzel-
organisationen des Schulsystems.

- Eine Theorie des Schulsystems versteht Unterricht als interdependentes In-
teraktionsgeschehen innerhalb des Schulsystems sowie seiner Umwelten.

- Eine Theorie des Schulsystems zeigt, wie Didaktiken auf die bis hierhin auf-
gezeigte Komplexität reagieren können und wie sich Lehrpläne und Standards für das Schulsystem hierzu verhalten.

- Eine Theorie des Schulsystems beschreibt hierbei die vorzufindenden Füh-
rungsprozesse und Führungsstile, Steuerungsinstrumente und Strategien sowie entsprechende Koordinierungsmechanismen und deren Zusammenwirken.

- Eine Theorie des Schulsystems wird zudem vor dem Hintergrund ihrer Erkenntnisse auch weiterhin über die Zukunft des Schulsystems spekulieren
und Vorschläge für dessen Ausgestaltung in programmatischer wie planeri-
scher Absicht vorlegen.

Wie an diesen ersten Überlegungen und Anforderungen leicht zu erkennen ist,
kann eine Theorie des Schulsystems wohl kaum in einer einzigen Darstellung
abgehandelt werden. Vielmehr ist sie als komplexes Forschungsprogramm zu
konzipieren. Für angehende Lehrkräfte markiert sie hingegen Gegenstandsbereiche, die mehr oder weniger direkt die künftige Praxis beeinflussen und daher auch von unmittelbarer Relevanz sind. Zudem ist sie als ein Diskursfeld zu
betrachten, in dem Schul- und Forschungspraktikerinnen sowie -praktiker gemeinsam über das System Schule nachdenken.

Literatur zum Weiterlesen:

Berkemeyer, N. (2010). *Die Steuerung des Schulsystems. Theoretische und praktische
Explorationen.* Wiesbaden: VS Verlag für Sozialwissenschaften.
Cortina, K. S., Baumert, J., Leschinsky, A., Mayer, K. U. & Trommer, L. (Hrsg.).
(2008). *Das Bildungswesen in der Bundesrepublik Deutschland. Strukturen und
Entwicklungen im Überblick.* (Orig.-Ausg., vollst. überarb. Neuausg). Reinbek bei
Hamburg: Rowohlt-Taschenbuch-Verlag.
Diederich, J. & Tenorth, H.-E. (1997). *Theorie der Schule. Ein Studienbuch zu Ge-
schichte, Funktionen und Gestaltung.* Berlin: Cornelsen.

van Ackeren, I., Klemm, K. & Kühn, S. M. (2011). *Entstehung, Struktur und Steuerung des deutschen Schulsystems. Eine Einführung.* (Lehrbuch, 2., überarb. und aktual. Aufl.). Wiesbaden: VS Verlag für Sozialwissenschaften.

6. Den Lehrberuf als Profession begreifen

Mit den Begriffen Professionalität und Professionalisierung werden unterschiedliche Aspekte rund um den Lehrkräfteberuf betont. In den Ausführungen zum historischen Teil von Schule und Profession haben wir den Begriff der Profession als Kennzeichnung eines besonderen Berufsstands verwendet. In diesem Sinne konnte mit Beginn der 1980er Jahre, dem Zeitpunkt, ab dem die Lehrkräftebildung gänzlich an die Universitäten verlagert wurde, vom Abschluss oder der Vollendung der Professionalisierung gesprochen werden (Döring, in Terhart, 1992). Hierbei wird Professionalisierung als Verwissenschaftlichung gedeutet, die in der heute bestehenden universitären Zwei-Fächer-Ausbildung und im erziehungswissenschaftlichen bzw. bildungswissenschaftlichen Begleitstudium ihre vorläufig finale Gestalt gefunden hat. Verwissenschaftlichung ist zugleich ein Differenzkriterium geachteter und besonders qualifizierter Tätigkeiten in modernen ausdifferenzierten Gesellschaften (Luhmann, 1987).

Zudem finden sich aber auch Verwendungsweisen, die unter dem Stichwort Profession nach dem „Wesen" oder weniger metaphysisch nach dem strukturellen Kern pädagogischer Professionalität fahnden. Diese firmieren als Ansätze zur Bestimmung pädagogischer Professionalität.

Eine dritte Verwendungsweise liegt schließlich im Begriff der Professionalisierung als Weiterentwicklung der Profession in Bezug auf die eigenen Standards und Fähigkeiten, den ihr übertragenen Auftrag einerseits zu erfüllen, ihn andererseits aber auch unter den Bedingungen einer sich verändernden Gesellschaft neu mitzubestimmen. Dabei geht es auch um seine Verteidigung gegen nichtpädagogische Interessen (Funktionalisierung von Bildung, bloßer Verwertbarkeitsanspruch schulischer Bildung). Gerade dieser letzte Aspekt erscheint derzeit noch vergleichsweise unterbelichtet oder vielleicht auch nur vergessen angesichts des zunächst einmal zu konstatierenden Siegeszugs der Profession (s.o.).

Die gesamte Debattenlage ist komplex und z.T. widerspruchsvoll, da Vertreterinnen und Vertreter unterschiedlicher wissenschaftlicher Positionen um die Deutungshoheit ringen (exemplarisch hierfür die Auseinandersetzung zwischen Baumert & Kunter, 2006 und Helsper, 2007). Für angehende Lehrkräfte sind derartige Auseinandersetzungen im Grunde wenig hilfreich, da letztlich davon auszugehen ist, dass es keinen „Sieger" dieser Debatte gibt, sondern unterschiedliche Autorinnen und Autoren auf unterschiedliche Aspekte des Berufs fokussieren (so auch die Argumentation bei Terhart, 2011). Diese unterschiedlichen Aspekte nachzuvollziehen und sie miteinander zu denken, ist aus unserer Sicht eine zentrale Herausforderung für (angehende) Lehrkräfte. Dieses Kapitel möchte einen Beitrag hierzu leisten.

6.1 Leitbilder und Ethos der Profession

Wie sollen Lehrkräfte sein? Woran sollen sie sich orientieren? Was kennzeichnet das „richtige" Verhalten? Solche und ähnliche Fragen werden diskutiert, wenn es um Leitbilder und die normativen Grundlagen (dies sind mitunter diejenigen Leitbilder, die in der Gesellschaft, aber auch in der Profession existieren und die sich durchaus auch widersprechen können) des Berufs geht. Diederich und Tenorth (1997) formulieren diesbezüglich:

> „Angesichts der Schwierigkeiten des Berufs auf der einen Seite, im Blick auf die Freisetzung des Lehrers zur autonom bestimmten, jedenfalls im Klassenzimmer unbeobachteten Arbeit auf der anderen Seite ist eine professionelle Ethik ja ebenso unentbehrlich wie eine Orientierung des Handelns durch Regeln und Prinzipien" (ebd., S. 176).

Diese hohe Anforderungsnorm an den Beruf hat es immer gegeben und wird es auch immer geben. Empirisch besehen wird sie aber wohl kaum in Gänze eingehalten, wie exemplarisch ein Befund der ersten PISA-Studie zeigt (Baumert et al., 2001). Dort gaben noch fast 80 Prozent der Lehrkräfte an, dass sie sich nicht für die Ergebnisse, die in der Studie durch die Schülerinnen und Schüler erzielt worden sind, verantwortlich fühlen. Im Sinne eines pädagogischen Ethos ist dieser Befund wenig erfreulich, hatte doch schon Christian Gotthilf Salzmann (1744–1811), einer der führenden Aufklärungspädagogen, bereits früh in der Geschichte der Pädagogik betont und als Grundlage der Erziehung postuliert, dass „von allen Fehlern und Untugenden seiner Zöglinge […] der Erzieher den Grund in sich selbst suchen" muss (Salzmann, zitiert nach Diederich & Tenorth, 1997, S. 175). Sicherlich überzieht Salzmann hier, jedenfalls in Bezug auf die Reichweite des eigenen Verhaltens und der Wirkung, die ein solches pädagogisches Denken und Handeln auf die Kinder und Jugendlichen faktisch haben kann. Allerdings verdeutlicht er eine Haltung, die uns aus dem Sport besser vertraut ist, wenn sich eine Trainerin oder ein Trainer vor ihre oder seine Mannschaft stellt und Verantwortung für die Leistung (zumindest bei schlechten Ergebnissen) übernimmt. Wir denken, dass eine solche „Teamhaltung" auch für den Lehrkräfteberuf sinnvoll und notwendig ist. Weiter unten wird dieser Gedanke auch unter der Idee eines gemeinsamen Arbeitsbündnisses (Oevermann, 1996) vorgestellt.

6.1.1 Pädagogisches Berufsethos in historischer Perspektive

In diesem Abschnitt werden einige wenige Leitbilder oder pädagogische Prinzipien für Lehrpersonen früherer Epochen vorgestellt (▶ Tabelle 6). Dies soll vor allem verdeutlichen, dass Leitbilder immer auch durch die jeweiligen zeitgeschichtlichen Rahmungen beeinflusst sind und darum nie das „reine Wesen" des Berufs berühren können und wollen. Lesenswert in diesem Zusammenhang ist die Studie von Ofenbach (2006) zur Geschichte des pädagogischen Berufsethos, die hier aber nur Erwähnung, jedoch keine Thematisierung finden kann.

Tabelle 6: Lehrkräfteethos ausgewählter pädagogischer Strömungen (Kopp; Krüger; leicht verändert nach Harder, 2014, S. 147)

Pädagogische Strömung und Vertreter	Annahmen zum pädagogischen Ethos
Geisteswissenschaftliche Pädagogik Herman Nohl (1879–1960) Theodor Litt (1880–1962) Eduard Spranger (1882–1963) Wilhelm Flitner (1889–1990) Erich Weniger (1894–1961)	„Der Lehrer hat eine positive Einstellung zum Kinde, er erkennt die Eigengesetzlichkeit der kindlichen Entwicklung an, er vertritt das gesellschaftliche Wertesystem und die Interessen des Kindes advokatorisch in aller Verantwortung. Betont werden die Idealität des Erziehers, welcher geduldig, voll Hoffnung, heiter, humorvoll, gütig ist, sowie seine Hingabe, Autorität und Liebe."
Empirische Pädagogik Albert Fischer (1830–1938) Ernst Meumann (1862–1915) Wilhelm August Lay (1862–1926) Peter Petersen (1884–1952) Heinrich Roth (1906–1983) Wolfgang Brezinka (*1928)	„Der Pädagoge gilt nach wie vor als Kulturvermittler, dessen Aufgabe es ist, junge Menschen zu ihrem Ziel zu führen. Dabei kommt es auf die Wirksamkeit und effektive Organisation an. Das Lehrerhandeln richtet sich rational nach wissenschaftlichen Erkenntnissen aus."
Kritische Pädagogik Wolfgang Klafki (1927–2016) Herwig Blankertz (1927–1983) Klaus Mollenhauer (1928–1998)	„Das Lehrerethos verfolgt das Ziel der herrschaftsfreien nicht asymmetrischen Kommunikation von Gleichberechtigen im Diskurs. Angestrebt wird die Demokratisierung des Unterrichts. Der diskursive Lehrer ist tolerant, argumentativ und kritikfähig. Zum Idealbild gehören Epitheta wie politisch, reformorientiert, steht für klassenlose Demokratie."

Ebenfalls ein früher Versuch zur Formulierung von Leitprinzipien stammt von John Dewey (1859–1952), einem der wichtigsten Philosophen des amerikanischen Pragmatismus (Suhr, 2005) und Klassiker der Pädagogik (Tenorth, 2012), dessen Arbeiten zur Demokratisierung sämtlicher Lebensbereiche beispielsweise leitend bei der Reedukation Deutschlands nach dem Zweiten Weltkrieg waren. Vor dem Hintergrund der Idee, dass Demokratie weniger eine Regierungsform als vielmehr die Art und Weise des Umgangs der Menschen im Gemeinwesen Staat sei (Demokratie als Lebensform) und somit Demokratie und Erziehung untrennbar miteinander verbunden sind und bedingen, formulierte er u.a. die „Principles of Progressive Education" (Dewey, zitiert nach Herrmann & Edelstein, 2002, S. 280):

1. Freedom to Develop Naturally
2. Interest, the Motive of All Work
3. The Teacher, a Guide, not Task-Master
4. Scientific Study of Pupil Development
5. Greater Attention to All that Affects the Child's Physical Development
6. Co-operation Between School and Home to Meet the Needs of Child-Life
7. The Progressive School a Leader in Educational Movements.

Diese Sammlung von Grundsätzen hält Prinzipien für das staatliche Erziehungswesen und damit auch die Ausbildung von Lehrkräften sowie für Schulen selbst bereit und es lassen sich bemerkenswerte Einsichten finden, die konkret auch für Lehrkräfte interessante Hinweise bereithalten. Den Schülerinnen und Schülern sollen Freiräume gelassen werden, damit sie sich „natürlich" (siehe Rousseaus Werk „Emile oder Über die Erziehung") entwickeln können. Interesse soll bei den Lernenden geweckt werden und die Schülerinnen und Schüler und deren Lernprozesse sind zu begleiten. Die kindliche Entwicklung ist wissenschaftlich zu verstehen und damit ist auch auf die physische Gesundheit der Schülerinnen und Schüler zu achten. Die Kooperation mit Eltern ist ebenfalls anzustreben wie auch eine aktive Beteiligung an der Schulentwicklung – so könnte der Katalog für Lehrkräfte übersetzt werden. Nichts davon hat aus Sicht der Autoren seine Gültigkeit verloren, wie wir im Folgenden sehen werden.

6.1.2 Aktuelle Leitbilder für Lehrkräfte und pädagogische Ethik

Welche konkreten Orientierungen im Sinne von Leitbildern oder „Ethiken" (Professionsethos) liegen derzeit vor, um das eigene pädagogische Handeln in einer angemessenen Art und Weise auszurichten? Diesbezüglich werden immer wieder Vorschläge gemacht (siehe kritisch gegenüber solchen Katalogen Reichenbach, 2018). Der erste Vorschlag, der hier vorgestellt wird, entstammt der sogenannten „Bremer Erklärung" aus dem Jahr 2000. In der gemeinsamen Erklärung des Präsidenten der Kultusministerkonferenz und der Vorsitzenden der Bildungs- und Lehrergewerkschaften sowie ihrer Spitzenorganisationen DGB und DBB wird in Bezug auf den Lehrberuf Folgendes festgehalten:

- „Lehrerinnen und Lehrer (LuL) sind Fachleute für das Lernen; ihre Kernaufgabe ist die gezielte und nach wissenschaftlichen Erkenntnissen gestaltete Planung, Organisation und Reflexion von Lehr- und Lernprozessen sowie ihre individuelle Bewertung und systematische Evaluation.
- LuL sind sich bewusst, dass die Erziehungsaufgabe in der Schule eng mit dem Unterricht und dem Schulleben verknüpft ist.
- LuL üben ihre Beurteilungsaufgabe im Unterricht und bei der Vergabe von Berechtigungen für Ausbildungs- und Berufswege kompetent, gerecht und verantwortungsbewusst aus.
- LuL entwickeln ihre Kompetenzen ständig weiter und nutzen geeignete Fort- und Weiterbildungsangebote, um die neuen Entwicklungen und wissenschaftlichen Erkenntnisse in ihrer beruflichen Tätigkeit zu berücksichtigen und zu nutzen.
- LuL beteiligen sich an der Schulentwicklung und der Gestaltung einer lernförderlichen Schulkultur und eines motivierenden Schulklimas." (KMK, 2000, S. 2 ff.)

Im Grunde werden in dieser Erklärung bekannte Sachverhalte, die bereits im „Strukturplan für das Bildungswesen" (1971) des deutschen Bildungsrats formuliert worden sind, wiederholt. Dort heißt es: „Die Aufgaben des Lehrers lassen sich darstellen unter den Gesichtspunkten des Lehrens, Erziehens, Beurteilens, Beratens und Innovierens" (ebd., S. 217). Bei genauerem Hinschauen entdeckt man zudem die bildungswissenschaftlichen Kompetenzbereiche, wie sie dann 2004 und 2014 von der KMK für den Lehrberuf festgelegt worden sind: Unterrichten, Erziehen, Beurteilen und Innovieren. Dies lässt sich als deskriptive Bestimmung der Lehrkräfteprofession lesen. Sie enthält zwar auch normative Setzungen wie „gerecht" oder „nach wissenschaftlichen Erkenntnissen", allerdings in so allgemeiner Form, dass wenig Dissens zu erwarten ist. Solche Beschreibungen sind einerseits relevant, da sie einen konsensuellen Kern des Lehrkräfteberufs erfassen, andererseits sind sie aber noch nicht hinreichend handlungsleitend.

Eine diesbezüglich wesentlich ambitioniertere Variante hat Hartmut von Hentig (*1925) vorgelegt, der in Anlehnung an den Eid der Mediziner einen Sokratischen Eid für Pädagogen einfordert, der zum Beispiel freiwillig im Rahmen der Verbeamtungszeremonie abgelegt werden kann. Immerhin aber soll dokumentiert werden, ob ein Eid abgelegt wurde oder nicht. Faktisch konnte sich dieser Vorschlag bislang nicht durchsetzen. Die Inhalte des Eids sind aber nach wie vor bedenkenswert.

„Der **Sokratische Eid**

Als Lehrer und Erzieher verpflichte ich mich,

- die Eigenart eines jeden Kindes zu achten und gegen jedermann zu verteidigen;
- für seine körperliche und seelische Unversehrtheit einzustehen;
- auf seine Regungen zu achten, ihm zuzuhören, es ernst zu nehmen;
- zu allem, was ich seiner Person antue, seine Zustimmung zu suchen, wie ich es bei einem Erwachsenen täte;
- das Gesetz seiner Entwicklung, soweit es erkennbar ist, zum Guten auszulegen und dem Kind zu ermöglichen, dieses Gesetz anzunehmen;
- seine Anlagen herauszufordern und zu fördern;
- seine Schwächen zu schützen, ihm bei der Überwindung von Angst und Schuld, Bosheit und Lüge, Zweifel und Mißtrauen, Wehleidigkeit und Selbstsucht beizustehen, wo es das braucht;
- seinen Willen nicht zu brechen – auch nicht, wo er unsinnig erscheint; ihm vielmehr dabei zu helfen, seinen Willen in die Herrschaft seiner Vernunft zu nehmen; es also den mündigen Verstandesgebrauch und die Kunst der Verständigung wie des Verstehens zu lehren;
- es bereit zu machen, Verantwortung in der Gemeinschaft und für diese zu übernehmen;
- es die Welt erfahren zu lassen, wie sie ist, ohne es der Welt zu unterwerfen, wie sie ist;
- es erfahren zu lassen, was und wie das gemeinte gute Leben ist; ihm eine Vision von der besseren Welt zu geben und die Zuversicht, daß sie erreichbar ist;
- es Wahrhaftigkeit zu lehren, nicht die Wahrheit, denn ‚die ist bei Gott allein'.

Damit verpflichte ich mich auch,

- so gut ich kann, selber vorzuleben, wie man mit den Schwierigkeiten, den Anfechtungen und Chancen unserer Welt und mit den eigenen immer begrenzten Gaben, mit der eigenen immer gegebenen Schuld zurechtkommt;
- nach meinen Kräften dafür zu sorgen, daß die kommende Generation eine Welt vorfindet, in der es sich zu leben lohnt und in der die ererbten Lasten und Schwierigkeiten nicht deren Ideen und Möglichkeiten erdrücken;
- meine Überzeugungen und Taten öffentlich zu begründen, mich der Kritik – insbesondere der Betroffenen und Sachkundigen – auszusetzen, meine Urteile gewissenhaft zu prüfen;

- mich dann jedoch allen Personen und Verhältnissen zu widersetzen – dem Druck der öffentlichen Meinung, dem Verbandsinteresse, dem Beamtenstatus, der Dienstvorschrift – wenn diese meine hier bekundeten Vorsätze behindern.

Ich bekräftige diese Verpflichtung durch die Bereitschaft, mich jederzeit an den in ihr enthaltenen Maßstäben messen zu lassen." (von Hentig, zitiert nach Baumgart & Lange, 1999, S. 293 f.)

Ein pragmatisches Bild einer professionellen Lehrkraft liefert die amerikanische Lehrerbildnerin Donna Walker Tileston (2004). Unter Bezugnahme auf Louis und Smith (1996, zitiert nach Tileston, 2004, S. 42) formuliert sie vier Leitprinzipien für das Engagement von Lehrkräften, die von uns zur besseren Veranschaulichung ausdifferenziert worden sind:

- Die Lehrerinnen und Lehrer sind engagiert in der Schule als sozialer Organisation. Sie organisieren z.B.:
  - Feste und Feiern,
  - Ausflüge,
  - Fortbildungen,
  - Kontakte zur Kommune (Museen, Kirche, Bücherei etc.).
- Die Lehrerinnen und Lehrer bemühen sich um die Schülerinnen und Schüler als Person, nicht bloß als Lernende eines Faches.
  - Lernprozessdiagnostik fragt immer auch nach dem aktuellen sozialen Befinden der Schülerinnen und Schüler (Ist im Freundeskreis alles in Ordnung? Wie läuft es zu Hause? etc.).
  Schülerinnen und Schüler erfahren Anerkennung und Wertschätzung für Aspekte ihrer Persönlichkeit, die nicht unmittelbar mit dem Fach zusammenhängen.
- Die Lehrerinnen und Lehrer investieren viel Zeit in den Lernfortschritt der Schülerinnen und Schüler. Sie:
  - bieten zusätzliche Sprechstunden an,
  - führen Elterngespräche,
  - bieten Zusatzkurse an.
- Die Lehrerinnen und Lehrer bilden sich umfänglich fort und bringen dies in den Schulalltag ein. Sie
  - besuchen Fortbildungen,
  - bilden Kollegen fort.

Bemerkenswert an dieser Beschreibung ist aus unserer Sicht die Betonung der Wahrnehmung der Schülerinnen und Schüler als Personen und nicht nur als Rollenträger (Jemand, der Deutsch lernt; Jemand, der Geographie lernt etc.) und das geforderte Engagement, das sich in der Forderung nach Sprechzeiten und Zusatzkursen ausdrückt und so zugleich die Verantwortung der Lehrkräfte für den Lernprozess der Schülerinnen und Schüler unterstreicht.

Eine inzwischen sehr bekannte Variante eines Leitbildes, in dem von „Geisteshaltungen" gesprochen wird, hat der australische Bildungsforscher John Hattie vorgelegt:

- „Geisteshaltung 1: Lehrpersonen/Schulleitende sind überzeugt, dass ihre fundamentale Aufgabe darin besteht, ihr Lehren und Lernen und das Lernen und die Lernleistung der Schülerinnen und Schüler wirkungsorientiert zu evaluieren. […]
- Geisteshaltung 2: Lehrpersonen/Schulleitende sind überzeugt, dass Erfolg und Scheitern beim Lernen von Schülerinnen und Schüler davon abhängt, was sie als Lehrpersonen oder Schulleitende getan oder unterlassen haben […] Wir sind die Change-Agents! […]
- Geisteshaltung 3: Lehrpersonen/Schulleitende wollen mehr über das Lernen als über das Lehren reden. […]
- Geisteshaltung 4: Lehrpersonen/Schulleitende fassen Beurteilungen von Schülerleistungen als Feedback zu ihrem Einfluss auf. […]
- Geisteshaltung 5: Lehrpersonen/Schulleitende investieren in den Dialog, nicht den Monolog. […]
- Geisteshaltung 6: Lehrpersonen/Schulleitende genießen die Herausforderung und ziehen sich nie darauf zurück, lediglich ‚das Beste zu geben'. […]
- Geisteshaltung 7: Lehrpersonen/Schulleitende sind überzeugt, dass es zu ihrer Rolle gehört, positive Beziehungen in den Klassen/im Lehrerzimmer zu entwickeln. […]
- Geisteshaltung 8: Lehrpersonen/Schulleitende informieren alle über die Sprache des Lernens." (Hattie, 2014, S. 183 ff.)

In diesem Katalog von Geisteshaltungen werden wissenschaftliche wie haltungsbezogene Aspekte zum Lehrkräfteberuf in aus unserer Sicht zielführender Weise miteinander verschränkt. Interessant ist beispielsweise, dass die von Salzmann (in Diederich & Tenorth, 1997) geforderte Verantwortungsübernahme durch die Lehrpersonen hier in Geisteshaltung 2 ebenfalls zum Ausdruck kommt, wie auch bei Donna Walker Tileston (2004). Dass es (auch und wesentlich) auf die Lehrerin oder den Lehrer ankommt, ist also keine Erfindung von Hattie, wie mitunter kolportiert wird, sondern eine tradierte Einsicht der Schulpädagogik.

Eine der kürzesten Bestimmungen in Bezug auf die Fähigkeiten und Haltungen von Lehrkräften formuliert Apel (1995, S. 276 f.), indem er schreibt, dass Lehrpersonen Pathos, Ethos und Logos bräuchten und demnach die Rhetorik, um jene einzuüben, als Disziplin zurück in die Ausbildung von Lehrkräften kommen müsse. Richtig gelesen wird man einige Elemente, die wir in Abschnitt 7.2 bei den Forschungsbefunden zum Lehrkräfteberuf vorstellen, hierunter subsumieren können. Dies ist deshalb interessant, weil hieran zu sehen ist, dass mitunter sehr Ähnliches in sehr verschiedenen Semantiken seinen Ausdruck findet.

In den USA finden wir eine ausformulierte und von der National Education Association (NEA) ratifizierte Professionsbestimmung, die auch als umfassendes Ethos der Profession bezeichnet werden kann. Aufgrund dieser ihr damit zukommenden Bedeutung zitieren wir diesen „Code of Ethics" vollständig (siehe auch die Einordnung von Prange, 2010, S. 107 ff.).

„Code of Ethics

Preamble
The National Education Association believes that the education profession consists of one education workforce serving the needs of all students and that the term 'educator' includes education support professionals.

The educator, believing in the worth and dignity of each human being, recognizes the supreme importance of the pursuit of truth, devotion to excellence, and the nurture of the democratic principles. Essential to these goals is the protection of freedom to learn and to teach and the guarantee of equal educational opportunity for all. The educator accepts the responsibility to adhere to the highest ethical standards.

The educator recognizes the magnitude of the responsibility inherent in the teaching process. The desire for the respect and confidence of one's colleagues, of students, of parents, and of the members of the community provides the incentive to attain and maintain the highest possible degree of ethical conduct. The Code of Ethics of the Education Profession indicates the aspiration of all educators and provides standards by which to judge conduct.

The remedies specified by the NEA and/or its affiliates for the violation of any provision of this Code shall be exclusive and no such provision shall be enforceable in any form other than the one specifically designated by the NEA or its affiliates.

PRINCIPLE I
Commitment to the Student
The educator strives to help each student realize his or her potential as a worthy and effective member of society. The educator therefore works to stimulate the spirit of inquiry, the acquisition of knowledge and understanding, and the thoughtful formulation of worthy goals.

In fulfillment of the obligation to the student, the educator--
1. Shall not unreasonably restrain the student from independent action in the pursuit of learning.
2. Shall not unreasonably deny the student's access to varying points of view.
3. Shall not deliberately suppress or distort subject matter relevant to the student's progress.
4. Shall make reasonable effort to protect the student from conditions harmful to learning or to health and safety.
5. Shall not intentionally expose the student to embarrassment or disparagement.
6. Shall not on the basis of race, color, creed, sex, national origin, marital status, political or religious beliefs, family, social or cultural background, or sexual orientation, unfairly--
   a. Exclude any student from participation in any program
   b. Deny benefits to any student
   c. Grant any advantage to any student
7. Shall not use professional relationships with students for private advantage.
8. Shall not disclose information about students obtained in the course of professional service unless disclosure serves a compelling professional purpose or is required by law.

PRINCIPLE II
Commitment to the Profession
The education profession is vested by the public with a trust and responsibility requiring the highest ideals of professional service.

In the belief that the quality of the services of the education profession directly influences the nation and its citizens, the educator shall exert every effort to raise professional standards, to promote a climate that encourages the exercise of professional judgment, to achieve conditions that attract persons worthy of the trust to careers in education, and to assist in preventing the practice of the profession by unqualified persons.

In fulfillment of the obligation to the profession, the educator--

1. Shall not in an application for a professional position deliberately make a false statement or fail to disclose a material fact related to competency and qualifications.
2. Shall not misrepresent his/her professional qualifications.
3. Shall not assist any entry into the profession of a person known to be unqualified in respect to character, education, or other relevant attribute.
4. Shall not knowingly make a false statement concerning the qualifications of a candidate for a professional position.
5. Shall not assist a noneducator in the unauthorized practice of teaching.
6. Shall not disclose information about colleagues obtained in the course of professional service unless disclosure serves a compelling professional purpose or is required by law.
7. Shall not knowingly make false or malicious statements about a colleague.
8. Shall not accept any gratuity, gift, or favor that might impair or appear to influence professional decisions or action." (NEA, 1975, Hervorhebungen im Original)

Woran können und sollen sich Studierende für das Lehramt denn nun orientieren? Dies müssen alle natürlich für sich selbst herausfinden und entscheiden – zum Glück! Und nicht leider! Denn man kann nur für sich selbst ein moralisches Koordinatensystem, eine Argumentation, eine Urteilskraft entfalten, die einem Entscheidungen ermöglichen (siehe unsere Idee einer deliberativen Profession ▶ Abschnitt 6.6).

Pädagogische Ethik
Die hier präsentierten Leitbilder können dabei behilflich sein, indem sie entweder als Abgrenzungs- oder als Identifikationsanlässe dienen. Vertiefte Auseinandersetzungen mit diesem Thema, in denen es immer auch um die Möglichkeiten der Begründung pädagogisch-ethischer Prinzipien geht, finden sich in Abhandlungen zur pädagogischen Ethik. Kesselring (2012) bilanziert diesbezüglich:

> „Inzwischen lässt sich auch in der Pädagogik ein wachsendes Bedürfnis nach ethischer Reflexion beobachten. Doch die systematische Reflexion ethischer Fragen ist bis heute Ausnahme geblieben." (ebd., S. 23)

Reflektiert werden müssen dabei nicht nur die gesellschaftlichen Ansprüche an Erziehung, also die Erziehungsziele, sondern auch die in Schule stattfindenden Rekontextualisierungsprozesse und Verfahren der Zielerreichung. Pädagogik ist

– so verstanden – dann immer auch an ethische Fragen gebunden. So hat beispielsweise Hügli (1999) eine Begründung geliefert, in der er zeigt, dass die Ethik Grundlage der Pädagogik ist (dies hatte bereits Schleiermacher in seinen Vorlesungen über Pädagogik ebenfalls getan). In dem von Micha Brumlik vorgelegten Aufsatzband „Advokatorische Ethik" wird der Versuch unternommen, pädagogische Interventionen ethisch zu rechtfertigen (Brumlik, 2017). Dies will Brumlik künftig unter der Perspektive des würdevollen Aufwachsens weiterentwickelt wissen. Die angedachte Aufnahme von Kinderrechten in das Grundgesetz sieht er hierfür als einen wichtigen Schritt. Klaus Prange stellt in seinem Band „Die Ethik der Pädagogik" die Fürsorge durch die Eltern, die Führung durch die Lehrkräfte und die Eigenverantwortung der zu erziehenden Kinder und Jugendlichen als Leitprinzipien der Erziehung dar, die er dann zu begründen sucht (Prange, 2010). Erziehung ist für Prange eine Pflicht, die sich bei den Eltern natürlich ergibt und die der Schule durch die Gesellschaft aufgegeben ist. Führung ist dabei die Wahrnehmung dieser Pflicht, um aus dem Kind eine mündige Bürgerin bzw. einen mündigen Bürger werden zu lassen, wobei Prange an den uns bekannten Satz Kants anschließt, dass der Mensch nur durch Erziehung zum Menschen werden kann. Jürgen Oelkers hat in seinen Überlegungen zur pädagogischen Ethik vor allem auf die Unverfügbarkeit der pädagogischen Situation hingewiesen und argumentiert, dass Erziehung letztlich immer nur im Modus der Kommunikation erfolgen und dementsprechend Erziehung nichts kausal bewirken kann (Oelkers, 1992). Sie kann also auch keine Moral vermitteln. Was sie jedoch kann, ist moralisch zu kommunizieren. Erziehung wird dabei selbst zur moralischen Kommunikation, wobei sie in reflexiven Schleifen immer wieder neu danach fragen muss, was moralisch ist oder was eine Handlung zu einer moralisch richtigen macht (ebd., S. 205 f.). Wir werden im letzten Abschnitt dieses Kapitels mit der „deliberativen Profession" einen Ansatz skizzieren, der ein rechtlich-ethisches Grundgerüst in die Professionsbeschreibung für Lehrkräfte einbaut und die Gedanken über pädagogische Ethik so weiterzuführen sucht

6.2 Dimensionen des Lehrberufs aus professionstheoretischer Perspektive

Wir konnten im Zuge der historischen Auseinandersetzung mit der Professionalisierung des Lehrberufs sehen, dass eine klassische professionstheoretische Deutung des Lehrkräfteberufs nicht weiterführt, um die Spezifika des Lehrkräfteberufs zu verstehen. Formale Kriterien wie Ausbildung, Verdienst und Ansehen erklären nicht die wesentlichen Eigenschaften des Berufs. In einem solch allgemeinen Zugang sind Professionen solche, „die sich auf der Basis einer akademischen Ausbildung mit komplexen und insofern immer ‚riskanten‘ technischen, wirtschaftlichen, sozialen und/oder humanen Problemlagen ihrer Klienten befassen" (Terhart, 2011, S. 204). Als erste Annäherung mag dies nützlich sein, aber es wird doch deutlich, dass wir konkretere Vorschläge benötigen. Für den Lehrkräfteberuf werden entsprechend drei aktuelle professionstheoretische Ansätze zur Erklärung der Eigenheiten bzw. zur Erklärung erfolgreichen pädagogischen Handelns herangezogen, die, wenngleich sehr unterschiedlich im Zugang, dennoch geeignet sind, um durch eine komplementäre Lesart ein vollständigeres Bild der Lehrkräfteprofession zu zeichnen. Mit Terhart (2011) sind hiermit der *strukturtheoretische*, der *kompetenzorientierte* und der *berufsbiographische* Ansatz gemeint. Eine deutlich differenziertere Einteilung bzw. ein weiter ausdifferenzierter Zugang zur Vertiefung findet sich z.B. bei Helsper (2016) oder auch bei Zlatkin-Troitschanskaia et al. (2009). Dieser ist aber für den vorliegenden Zweck nicht notwendig, beinhaltet aber für interessierte Leserinnen und Leser eine hoch interessante Skizze der Weiterentwicklung des professionstheoretischen Diskurses. Wir werden diesen drei Ansätzen aber noch einen vierten, von Bauer et al. (1996) vorgelegten Ansatz zum „professionellen Selbst" zur Seite stellen, der als *subjektzentrierter* Ansatz bezeichnet werden soll.

6.2.1 Strukturtheoretischer Ansatz

Der strukturtheoretische Ansatz stützt sich vor allem auf Arbeiten von Oevermann (1996), Helsper (1996) und Schütze (1996), wobei insbesondere Werner Helsper diesen immer wieder weiterentwickelt (Helsper, 2016) und gegen Kritiker verteidigt hat (Helsper, 2007). Im Kern des strukturtheoretischen Ansatzes steht die Annahme, dass der Lehrkräfteberuf durch Antinomien (strukturelle Gegensätze; ▶ Anhang 2) konstituiert wird. In einem ersten Entwurf werden diese den Lehrkräfteberuf bzw. das professionelle Handeln von Lehrkräften konstitutiv strukturierenden Gegensätze zwischen folgenden Polen gesehen (vgl. Helsper, 1996, S. 530 ff.):

- *Organisation vs. Interaktion* (Regeln des Umgangs vs. fallspezifische Ausnahmen; eigentlich müsste eine Schülerin oder ein Schüler getadelt werden, die konkrete Situation und deren Analyse erlaubt oder erfordert aber eine andere Reaktion);
- *Einheit vs. Differenz* (allgemeine Erziehungsziele und allgemeine Werte vs. Pluralität und Vielfalt);

- *Subsumtion vs. Rekonstruktion* (die Schülerinnen und Schüler als gut, schlecht, lieb, störend etc. kategorisieren vs. sie als Individuen in ihrer Einzigartigkeit zu verstehen);
- *Heteronomie vs. Autonomie* (wie kultiviere ich die Freiheit bei dem Zwange der Erziehung, z.b. in Form von Schulpflicht, Herrschaftsverhältnissen im Klassenzimmer etc.);
- *Nähe vs. Distanz* (Fürsorge und freundschaftliche Begegnung vs. Neutralität und Objektivität, z.b. bei der Notenvergabe).

Ergänzt wird diese Konzeption durch die Antinomie von Sache und Person, die auf das Vermittlungsproblem im Kontext professionellen Handelns eingeht (▶ Abbildung 12).

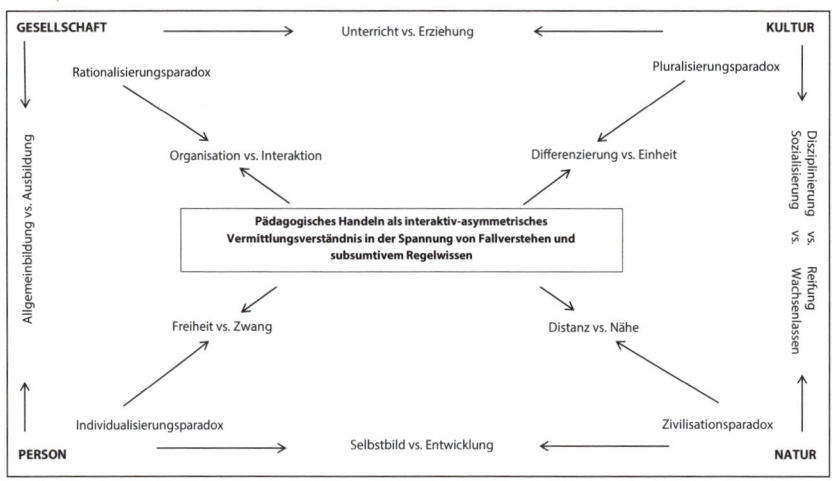

Abbildung 12: Antinomien pädagogischen Handelns in der Moderne (Helsper, 2010, S. 31)

Es ist nicht ganz einfach, sich auf diese Strukturierung des Lehrkräfteberufs einzulassen, da hier kein intuitiver oder erfahrungsbasierter, sondern ein analytischer Zugriff gewählt wird, der erst begriffen sein muss. Doch für alle Studierenden und Lehrenden lohnt es sich, problematische Situationen im Unterricht oder aber Situationen, die anzeigen, dass etwas „gut gelöst" wurde, einmal hinsichtlich dieser Antinomien zu analysieren und die jeweilige Situation so deutlicher zu verstehen. Es wird sich schnell zeigen, dass die Antinomien eine starke analytische Erklärungskraft haben, vielleicht aber weniger geeignet sind, klare Orientierungen zu geben. Sie sind somit ein geeigneter Rahmen zur Stärkung der analytischen Urteilskraft. Dies ist unserer Auffassung nach entscheidend, um Konflikte zu begreifen und rationale Urteile über eine Situation fällen zu können. Antinomien sind dabei nicht als Probleme zu begreifen,

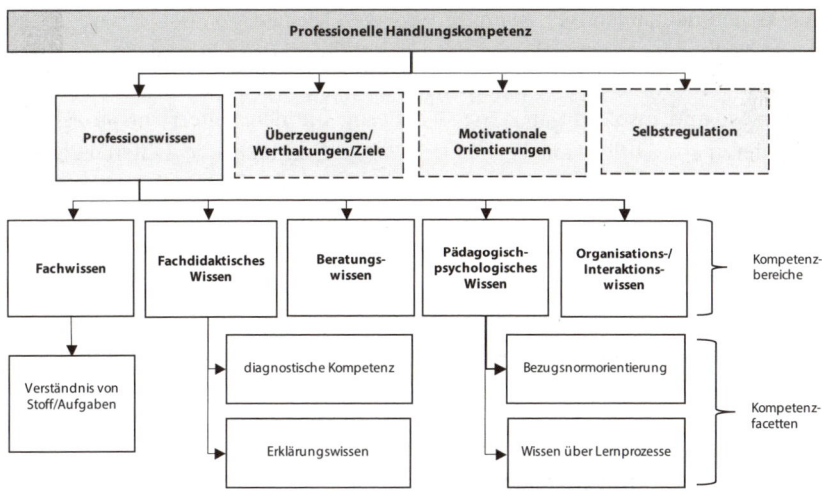

Abbildung 13: Modell der professionellen Handlungskompetenz (leicht verändert nach Baumert & Kunter, 2011, S. 32)

4. *Selbstregulation* umfasst vor allem diejenigen Fähigkeiten, sich engagieren und distanzieren zu können (Nähe und Distanz). Damit ist auch die Fähigkeit gemeint, die eigenen personalen Ressourcen sinnvoll einzusetzen, um so eine möglichst ideale Balance zwischen Arbeit und Privatleben zu ermöglichen (Work-Life-Balance).

Dieser Ansatz hat mindestens zwei Vorteile. Zum einen zeigt er sehr differenziert Fähigkeitsbereiche auf, die als orientierender Katalog für angehende sowie bereits tatige Lehrkräfte zu verstehen ist. Dieser Katalog bietet die Möglichkeit, im Sinne eines Portfolios für sich selbst zu prüfen, in welchen Bereichen das Studium Inhalte anbietet, die bereits gut oder weniger gut beherrscht werden und wo durch Selbststudien Lücken geschlossen werden müssen. Ein solcher Katalog ist zum anderen plausibel, weil er sehr stark auf Forschungsbefunden basiert und somit nicht einfach nur normative Wunschvorstellungen zum Beruf aufgelistet sind, sondern in weiten Teilen relevante, für Lehrkräfte als empirisch bedeutsam belegte Fähigkeiten (▶ Abschnitt 7.2). Ein Nachteil besteht allerdings darin, dass die Zusammenhänge der vier Dimensionen weniger gut erläutert sind, das Modell also eher additiv ist und letztlich keine eindeutigen Handlungsempfehlungen geben kann. Allerdings ist davon auszugehen, dass mit zunehmender Kompetenz einer Lehrperson auch das Agieren in der Schule erfolgreicher wird. Ebenfalls nicht unproblematisch ist in solchen Modellen die Vorstellung, dass „je mehr" immer auch „desto besser" bedeutet. Wir haben es also mit linearen Modellen zu tun, die im Grunde genommen keine qualitativen Bemessungsgrundlagen kennen. So lässt sich fragen, ob immer mehr oder nicht vielmehr das *richtige* Fachwissen bedeutsam ist. Denn es könnte ja sein, dass das so wertgeschätzte Fachwissen z.T. auch nur träges Wissen ist und insofern gar keine Bedeutung für den Unterrichtsprozess hat (vgl. hierzu die Diskussion bei Hattie, 2009). Dennoch, die Differenziertheit des Ansatzes hinsichtlich relevanter Dimensionen professioneller Handlungskompetenz macht ihn bedeutsam und lohnenswert, vor allem auch für die Orientierung im Studium und die Selbstreflexion der eigenen professionellen Entwicklung. Idealerweise würden lehrkräftebildende Universitäten entsprechend kompetenzorientiertes Feedback geben, was allerdings nicht zuletzt aus testtheoretischen Gründen (▶ Abschnitt 9.1.3) eine enorme Herausforderung darstellt.

6.2.3 Berufsbiographischer Ansatz

Der berufsbiographische Ansatz (Hirsch, 1990) versteht Professionalität „zuallererst als berufsbiographisches Entwicklungsproblem" (Terhart, 2011, S. 208). Damit rückt dieser Ansatz vor allem individuelle, durch institutionelle Kontexte gerahmte Entwicklungsprozesse angehender Lehrkräfte in den Blick. Zugleich betont dieser Ansatz, dass das Projekt „Professionalität" im Grunde nie zum Abschluss kommt (siehe hierzu die Idee der lernenden Profession ▶ Abschnitt 6.5), da mit jeder Entwicklung und gleichzeitig stattfindender Veränderung der Rahmenbedingungen (z.B. Schulreformen oder Integration von Flüchtlingskindern u.a.m.) neue Herausforderungen entstehen und damit auch neue Ansprüche an Professionalität und professionelles Handeln erwachsen. Der berufsbiographische Ansatz beschäftigt sich sodann mit einzelnen Phasen der Professionalisierung sowie mit spezifischen Gruppen von Lehrkräften. Diesbezüglich liegen inzwischen interessante Befunde vor, die beispielsweise darauf hindeuten, dass die Passung von Lehramtsstudierenden zum Beruf nicht besser oder schlechter ist als in anderen vergleichbaren Studiengängen (z.B. Rechtswissenschaft, Medizin) (Terhart, 2014c, S. 434). Auch hat sich gezeigt, dass es keine globalen Phasenmodelle gibt, die bestimmte aufeinanderfolgende Entwicklungsabschnitte in der Berufsbiographie beschreiben. Weder müssen der Beginn im Schuldienst durch einen „Praxisschock" noch das Ende der Laufbahn durch Berufsmüdigkeit und Burn-Out-Symptome begleitet sein (ebd., 434 f.). Mit dem Fokus auf Entwicklungsprozesse in Bezug auf die eigene Professionalität betont der berufsbiographische Ansatz zudem die Verbindung von Beruf und Privatleben und somit ebenfalls das Thema der Work-Life-Balance (▶ Abschnitt 10.7). Die Stärken dieses Ansatzes sind ganz sicher die konsequente Beobachtung von Professionalisierungsprozessen über die Leder hieraus resultierenden Auswirkungen verantwortlich. Durch den fortlaufenden Abgleich von Passungen zwischen Handlung und Lernerfolg wird das „professionelle Selbst" reflexiv und verändert sich bei Bedarf und entwickelt sich somit weiter. Lernen ist demnach auch bereits in diesem Ansatz konstitutives Moment der Professionalität. Die Stärken des Ansatzes liegen auf der Hand: Er bietet ein differenziertes Bild professionellen Wissens sowie professioneller Einstellungen und zugleich als einziger Ansatz ein echtes Handlungsmodell im Sinne eines evaluativen Kreislaufs, der Teamarbeit ebenfalls früh in das Nachdenken über Professionalität einbindet. Ebenfalls hoch relevant sind die detaillierten Operationalisierungen von Fähigkeiten, die aufgrund der Gewinnung aus empirischem Material (Lehrkräfteinterviews) sehr konkret sind und mitunter auf Aspekte hinweisen, die in anderen Ansätzen gar keine Rolle spielen. Exemplarisch soll dies im Folgenden an der Dimension „Handlungsrepertoire" veranschaulicht werden. Das Handlungsrepertoire wird durch fünf Teildimensionen erfasst: Soziale Struktur, Interaktion, Sprache und Kommunikation, Hintergrundarbeit und Gestaltung. Diese werden in der folgend tabellarisch zusammengefasst und erläutert (▶ Tabelle 7).

Tabelle 7:   Dimensionen des Handlungsrepertoires (Bauer et al., 1996, S. 117 ff.)

Dimension	Beschreibung
Soziale Struktur	Selbstorganisation, Kontakte und soziale Bindungen aufbauen; Leitung und Führung übernehmen; Kleingruppen bilden und anleiten
Interaktion	Regeln und den Umgang miteinander klären und einüben; positives Gruppenklima schaffen; Feedback geben und empfangen; die Frequenz steigern und verbessern; Humor zeigen; Gefühle wahrnehmen und zeigen: Interesse, Neugier, Begeisterung und Freude
Sprache und Kommunikation	Kurzvorträge halten; interessante Fragen verständlich stellen; Anweisungen geben; Subkultursprache gebrauchen und übersetzen; Experten interviewen bzw. einbeziehen; Streitgespräche moderieren; aktiv zuhören; Diskussionen leiten
Gestaltung	den eigenen Körper (Kleidung, Mimik, Gestik, Stimme, Bewegung) wahrnehmen und wirksam einsetzen; etwas vorführen oder demonstrieren; den Clown spielen; Ereignisse und Störungen zu Lernanlässen machen; Materialien und Räume „zweckentfremden"; Eröffnungs- und Abschlussrituale kennen und einüben
Hintergrundarbeit	Organisieren; Dokumentieren; Abrufen/Auswählen; Ablegen; Material produzieren; Vorbereiten/Planen; Archivieren

Bei dieser Ausdifferenzierung handelt es sich um eine sortierte, aber induktiv gewonnene Ansammlung von Kategorien. In theoretischer Hinsicht ist dies eher eine Heuristik. Aber sie ist insofern interessant, als sehr viele Aspekte angesprochen sind, die den Lehrkräfteberuf in seiner Innenarchitektur zeigen und die in vielen anderen Darstellungen keinerlei Berücksichtigung finden. Insofern lohnt sich eine Auseinandersetzung mit diesem Ansatz aus unserer Sicht in besonderer Weise. Ähnlich wie bei Baumert und Kunter (2011) lässt sich auch hier wiederum im Sinne eines Portfolios ein Katalog erstellen, um die eigenen Fähigkeiten reflexiv zu dokumentieren.

6.3 Forschung zum Lehrkräftehandeln

Mitunter haben wir bereits darauf verwiesen, dass es für manche Aspekte professionellen Handelns auch gute Gründe gibt, die durch die Empirie bestätigt und somit gewissermaßen gegeben sind. Es konnte also empirisch gezeigt werden, dass ein bestimmtes Verhalten sich positiv auf das Klassenklima oder auf den Lernerfolg von Schülerinnen und Schülern auswirkt. In Abschnitt 7.2 (Kompetenzbereich Unterrichten) wird hierauf ebenfalls eingegangen, dennoch sollen an dieser Stelle bereits einige wesentliche Befunde benannt werden (vgl. als sehr umfassenden Überblick das Standardwerk „Forschung zum Lehrberuf" von Terhart et al., 2014). Wir werden dies anhand des von Terhart (2014b) herausgegebenen Sammelbandes „Die Hattie-Studie in der Diskussion", vornehmen, um einerseits auf die Notwendigkeit empirischer Studien und den Gewinn, den man aus diesen ziehen kann, zugleich aber auch andererseits auf deren Grenzen hinzuweisen. Terhart belegt mit genanntem Kommentar zu Hattie eindrucksvoll, dass auch über „Evidenz" trefflich gestritten werden kann[12] (siehe hierzu auch Bellmann & Müller, 2011). Daraus darf nur nicht der Schluss gezogen werden, dass die Empirie, also die Forschungsbefunde, insgesamt nichts taugen würden. Dies tun vielleicht Ideologen, professionelle Lehrkräfte nicht! (Klafki, 1989, S. 6).

Zunächst fasst Köller (2014) die wesentlichen Befunde der 2009 erschienenen Hattie-Studie zusammen, die (neben PISA) eine der zurzeit meist rezipierten Forschungsstudien in Deutschland ist.

---

12 Vgl.: https://visible-learning.org/de/kritik-an-der-hattie-studie-visible-learning [23.06.2018].

Die Hattie-Studie

Die Untersuchung von Hattie (2013) wird als Meta-Metastudie bezeichnet. Sie wertet über 800 Metastudien zu der Frage, was den Lernerfolg von Schülerinnen und Schülern beeinflusst, aus. Lernerfolg wird dabei ausschließlich am gemessenen Lernfortschritt in Fachdomänen wie Deutsch oder Mathematik gemessen. Die allermeisten Studien wurden in eingliedrigen Schulsystemen durchgeführt, so dass ein wesentliches Systemmerkmal für Deutschland keine Berücksichtigung finden kann (Rolff, 2014). Insgesamt wurden rund 50.000 Einzelstudien in der Gesamtanalyse berücksichtigt. Metastudien haben den Vorteil, dass sie verschiedene Einzelstudien miteinander vergleichbar machen und so eine verlässlichere Aussage zu einem Zusammenhang zwischen etwa zwei Variablen (z.B. Intelligenz und Lernerfolg) getroffen werden kann.

Die Bedeutsamkeit oder Stärke des mittleren Zusammenhangs wird in der Studie mit dem Effektstärkemaß „d" gemessen. Für Deutschland haben Köller und Baumert (2012) gezeigt, dass ein Schuljahr in den Kernfächern Deutsch, Englisch und Mathematik einem Lernzuwachs zwischen $d = 0{,}30$ und $d = 0{,}50$ entspricht. Dies wird üblicherweise als kleiner bis mittlerer Effekt gedeutet.

In der Medizin sind solche Studien sehr viel stärker verbreitet. Metastudien liefern also eine verlässlichere „Evidenz" (Beweiskraft) als Einzelstudien. Dennoch sind auch Metastudien und besonders solche Studien, die Metastudien zusammenfassen (Meta-Metastudien), methodisch nicht unproblematisch (Pant, 2014).

Die wichtigsten Befunde der Hattie-Studie sind nachfolgend tabellarisch zusammengefasst (▶ Tabelle 8).

Tabelle 8: Ausgewählte Einflussgrößen auf den Lernerfolg (in Anlehnung an Köller, 2014, S. 26 ff.)

Effekte schulischer/schulsystemischer Faktoren	
Sitzenbleiben	d = -0,16
Klassengröße (Reduzierung von 25 auf 15)	d = 0,21
Finanzen	d = 0,22
Schulische Feriencamps (Summer Schools)	d = -0,22
Inklusion	d = 0,28
Schulleitung (mit Fokus auf Unterrichtsentwicklung)	d = 0,36
Fundierte und fachorientierte Lehrerfortbildung	d = -0,37
Effekte von Faktoren der Lehrkraft und des Unterrichts	
Fachwissen	d = 0,09
Lehrerausbildung	d = -0,11
Hausaufgaben	d = 0, 29
Forschendes Lernen (Experimentieren, Hypothesen aufstellen und prüfen)	d = 0,33
Regelmäßiges Testen (mit Entwicklungsfeedback)	d = -0,34
Time on Task (genutzte Lernzeit)	d = 0,38
Kooperatives Lernen	d = 0,41
Peer-Tutoring (Schüler lernen von Schülern)	d = -0,55
Concept-Mapping	d = 0,57
Direkte Instruktion	d = 0,59
Metakognitive Strategien (Selbstregulation, Selbstkontrolle, Lernstrategien etc.)	d = 0,69
Verteiltes oder massiertes Üben	d = -0,71
Lehrer-Schüler-Beziehung (Empathie, Ermutigung, Klassenklima)	d = 0,72
Feedback (inhaltsorientierte Rückmeldung)	d = 0,73

Bei der Deutung der Befunde sollte man nicht zu vorschnell der System- und Organisationsebene nur einen geringen Einfluss beimessen oder sie als wenig bedeutsam erachten. Denn nur die wenigsten Studien schaffen es, den Mehrebenenzusammenhang zwischen System-Organisation-Unterricht systematisch in den Blick zu nehmen. Lehrkräfte existieren eben nicht unabhängig von ihrer Organisation und ihrem je spezifischen Schulsystem (Bundesland, Kommune).

Insgesamt zeigen die Befunde wenig Überraschendes für die Pädagogik. Letztlich sind viele dieser Aspekte in Leitbildern, Didaktiken und anderen konzeptuellen und praktischen Arbeiten beschrieben worden. Man denke an Nohls pädagogischen Bezug, der Kants Diktum, dass man (sinngemäß) alles, was man tut, der Schülerin und dem Schüler gegenüber transparent tun solle, aufgreift (Nohl, 2002, zuerst 1933) und als zentrale Basis für eine gute Lehrer-Schüler-Beziehung anerkennt. Dennoch sind die Befunde als Übersicht bedeutsam und können durchaus auch praktische Anregungen bereithalten, wie die Bücher „Lernen sichtbar machen für Lehrpersonen" (Hattie, 2014) und „Kenne deinen Einfluss! ‚Visible Learning' für die Unterrichtspraxis" (Hattie & Zierer, 2017) zeigen.

6.4 Künftige Herausforderungen

Wir haben in diesem Kapitel mehrfach darauf hingewiesen, dass Lehrkräfte sich als Lernende verstehen sollten, die nicht nur Professionswissen vertiefen, sondern auch erweitern. Die Notwendigkeit hierzu ist nicht zuletzt in den durch sozialen Wandel hervorgerufenen neuen Herausforderungen, die Gesellschaft an Schule stellt, zu sehen (▶ Kapitel 3). Einige seien im Folgenden exemplarisch aufgeführt:

- Lehrkräfte müssen angesichts der sich ergebenden Kooperationserfordernisse zwischen Lehrkräften und den Vertreterinnen und Vertretern der Professionen wie Sonder- und Sozialpädagogik und weiterem pädagogischen Personal (z.B. Inklusionshelfenden) mehr denn je in kollegialen wie in multiprofessionellen Teams arbeiten. Hierfür sind Kompetenzen im Bereich der Kooperation und Kommunikation notwendig und die Fähigkeit, Entwicklungsperspektiven des Kindes aus unterschiedlichen Professionen heraus zu verstehen. Dazu gehören die Beschäftigten in den Bereichen Inklusion, Sozialpädagogik, Schulpsychologie, Organisationsberatung, Wissenschaft, Schulverwaltung sowie Mitarbeiterinnen und Mitarbeiter der Jugendämter, der Kirchen und Glaubensgemeinschaften, Ehrenamtliche in Vereinen und NGOs, der Polizei sowie Streetworkerinnen und Streetworker – sie alle bilden zusammen mit den Schülerinnen und Schülern und nicht zu vergessen den Eltern ein Kooperationsnetzwerk, das bislang organisational noch keine Entsprechung findet (es gibt hierfür kein festes Gremium, keine Abteilung o.ä.), aber inhaltlich-operativ benötigt wird.
- Der Lehrkräfteberuf selbst unterliegt Modernisierungsprozessen. Damit ist ausgesagt, dass die lange Tradition der Weitergabe eines klassischen Wissenskanons (was im Übrigen eine sehr wohlwollende Interpretation der Leistung der höheren Schulen entspricht) nicht mehr im Zentrum des Berufs steht und auch nicht stehen darf, denn „in Wahrheit handelt es sich um historisch-vermittelte Deutungen des vermeintlich Notwendigen" (Klafki, 1989, S. 12).
- Konnten sich Philologinnen und Philologen noch als „Bewahrer" des Wissens und als Transmissionsriemen der Weitergabe dieses Wissens an eine „ausgewählte" Gruppe von Jugendlichen betrachten, so stellt das Gymnasium inzwischen die Schulart dar, auf die die meisten Kinder nach Klasse vier

bzw. sechs (in Berlin und Brandenburg) wechseln. Tradierte Wissensformen geraten zudem zunehmend unter Legitimationszwang. Weshalb sollen Kinder und Jugendliche intensiv Latein lernen, aber nicht mit den Grundsätzen der Sozial- und Versicherungssysteme vertraut gemacht werden, denen sie später allesamt angehören werden? Doch nicht nur die Frage nach der Legitimation der Fachinhalte stellt sich aktuell, sondern es geht ganz grundsätzlich darum, das Fach nur noch als Vehikel eines Weltzugangs zu verstehen, den Lehrkräfte für Kinder und Jugendliche eröffnen. Dabei ist das akademische Fach kein Selbstzweck. Es ist Mittel, um die Entwicklung von Kindern und Jugendlichen zu fördern. Die Vorstellung, Wächterin oder Wächter eines spezifischen Fachstandards unabhängig von den zu unterrichtenden Schülerinnen und Schülern zu sein, ist jedenfalls in einer reflexiv gewordenen Moderne mehr als fraglich. Es ist nunmehr an der Zeit für die Profession, diesen Schritt zu gehen und sich endlich in Gänze den eigentlichen Aufgaben des Lehrkräfteberufs zu widmen. Hierzu zählt dann auch, mittels moderner Verfahren der Diagnostik Informationen über die Schülerinnen und Schüler zu sammeln, die diese Aufgabe und die dazu notwendigen Entscheidungen auf eine datenbasierte und damit bessere Basis stellen.

- „[D]aß Auschwitz nicht noch einmal sei", dies ist der nicht zu begründende Grundsatz einer jeden künftigen Erziehung, so Adorno (1971, S. 88). Mitunter finden Studierende diese Forderung fremd und merkwürdig. Doch sollten wir uns hierzu und für alle Zeiten dazu bekennen. Fremdenhass, bürgerliche Kälte, Ausgrenzung von Minderheiten, Kinderarmut und Gleichgültigkeit für die Leiden in der Gesellschaft, Antisemitismus u.a.m. sind Zustände und Verhaltensformen in einer Gesellschaft, die der Schule und ihrem grundgesetzlichen Auftrag nicht gleichgültig sein können! Ebenso sollten wir besorgt sein über die Müdigkeit in Bezug auf Europa und die Ignoranz gegenüber den eigenen politischen Systemen (z.B. Wahlbeteiligung, Wissen um politische Zusammenhänge, Kenntnisnahme schulrechtlicher Regelungen etc.). Die Herausforderungen in diesen Bereichen sind groß und die konkreten Antworten rar, z.T. müssen sie auch je wieder neu gegeben werden. Hierbei geht es nicht um naives „Gutmenschentum", sondern um die Haltung (Hattie hatte von den Geisteshaltungen gesprochen ▶ Abschnitt 6.1.2) einer aufgeklärten Demokratie, die in ihrem Ringen um Kompromisse zwischen Gruppen, Gemeinschaften, Individuum und Gesellschaft zu erkennen ist. Lehrkräfte als „Agenten der Demokratie" (so auch der Titel eines Teilprojekts im Rahmen der 2. Förderphase der Qualitätsoffensive Lehrerbildung an der FSU Jena; ▶ Abschnitt 8.4) werden sich künftig vor allem hierdurch auszeichnen müssen, wollen sie für eine plurale und globale Gesellschaft weiterhin von herausragender Bedeutung sein. Dies deuten wir zudem mit der Idee einer deliberativen Profession an (▶ Abschnitt 6.6).

- Damit verbunden ist auch die oben bereits erwähnte Tatsache, dass die Verwaltung des Wissens kein Privileg von Lehrkräften mehr ist. Wissen ist nicht nur fluide geworden (wenngleich es schon noch Dinge gibt, die man einfach wissen kann und auch sollte), sondern auch in einem nie dagewesenen Sinne frei verfügbar. Ob es uns passt oder nicht, es gibt unterdessen eine Unmenge beispielsweise an YouTube-Videos, die uns didaktisch besehen Sachverhalte besser erklären als Lehrkräfte in Schulen. Dies ist unvermeidlich und auch nicht tragisch, wenn Lehrkräfte und die Profession hieraus die Konsequenzen ziehen. Sachverhalte darzustellen ist nur ein Teil. Die Lernprozesse zu verstehen, die notwendig sind, um diese Sachverhalte auch zu begreifen, ist eine andere Angelegenheit. Weshalb kann beispielsweise mancher Jugendliche keine gute Dramenanalyse schreiben? Zu dumm, zu faul, zu fahrig sind wohl kaum professionsgemäße Begründungen. Was können wir hierüber sinnvoll sagen? Dieses Wissen wird künftig das wesentliche Professionswissen sein. Ein Wissen, das die Vermittlung von akademischer Welt, Lebenswelt der Schülerinnen und Schüler und der realen Welt in ihren Relationen, Brüchen und Transformationsproblematiken in sich aufgreift. Hiervon sind wir allerdings mitunter noch weit entfernt. Dennoch sollte dies zunächst der Anspruch und künftig der Standard werden.

6.5 Die lernende Profession – Versuch einer Antwort in sechs Leitprinzipien

Die Bedeutsamkeit der Lehrkraft als eine professionell handelnde Person ist für das Gelingen von Schule unbestritten. Im hier nachfolgend vertretenen Verständnis wird die Profession der Lehrkräfte als *lernende Profession* verstanden,[13] die sich durch einen hohen Grad an Eigenständigkeit, Verantwortung und Entwicklungsfähigkeit auszeichnet. Damit stellen wir hier eine weitere normative Position vor, wie angehende Lehrkräfte und Lehrkräfte, die bereits im Schuldienst sind, sich (auch) begreifen können. Zugleich wird diese als in lernende Organisationen und lernende Systeme eingebettete Lebensform gedacht und so stärker als in anderen Ansätzen auf den Kontext der Profession hingewiesen. Vorliegend wird dies in einer stark normativen Variante getan. Ob hiermit wirklich viel gewonnen wäre, müsste sich freilich empirisch zeigen. Theoretisch findet sich sehr viel Plausibilität, lässt sich der Ansatz der ler-

---

13 Der nachfolgende Text ist eine überarbeitete und gekürzte Fassung einer bislang unveröffentlichten Expertise zur Weiterentwicklung des schulischen Referenzrahmens in Thüringen, die Nils Berkemeyer gemeinsam mit Veronika Manitius verfasst hat.

nenden Profession insgesamt doch als ein Versuch lesen, die Stärken der zuvor vorgestellten Ansätze zusammenzuführen.

Eine lernende Profession erfüllt den ihr übertragenen gesellschaftlichen Auftrag in zweierlei Weise: zum einen in Bezug auf ihre Klienten, die Schülerinnen und Schüler, und zum anderen gegenüber der Gesellschaft als demokratische Lebensform. Um diese hohen Anforderungen erfüllen zu können, gewährt der Staat eine langjährige Ausbildung und setzt darüber hinaus auf ein berufsbegleitendes Lernen, um die notwendigen Anpassungsleistungen und erforderlichen Veränderungen in den eigenen Handlungsroutinen der Profession zu unterstützen.

Neben den staatlich-administrativen Unterstützungsleistungen für die lernende Profession ist auch die Schule als lernende Organisation so organisiert, dass Lernprozesse der Profession unterstützt werden. Schließlich sorgt die Profession auch eigenständig für Lernmöglichkeiten. Selbststudium, kollegiale Fallberatung und Lernnetzwerke von Lehrkräften sind hierfür nur einige Beispiele. Die lernende Profession – und nur diese, so unsere These – kann letztlich angemessen den Auftrag des staatlichen Schulwesens erfüllen, basiert normativ auf den nachfolgend ausgeführten Leitprinzipien.

6.5.1 Verantwortung für den schulischen Auftrag übernehmen

Lehrkräfte übernehmen für die ihnen von der Gesellschaft übertragenen Aufgaben Verantwortung. Diese Aufgaben sind in den jeweiligen Schulgesetzen der Länder verankert. Darüber hinaus konkretisiert sich dieser gesetzlich fixierte Auftrag in den Bildungsstandards, Lehrplänen, den Schulentwicklungsprogrammen, schulinternen Curricula und professionellen und auf Grundlage der pädagogischen Freiheit getroffenen Entscheidungen. Der Wunsch zur Übernahme dieser Verantwortlichkeiten wird zunächst durch das Dienstverhältnis bekundet. Realisiert wird es in der täglichen Arbeit, der Lösung von Problemen, der Ausgestaltung des Unterrichts und des Schullebens. Die realisierte Verantwortungsübernahme zeigt sich nicht zuletzt in den Erfolgen der schulischen Arbeit und insbesondere in der Bereitschaft, Ergebnisse als gemeinsame Leistung von Schülerinnen, Schülern, Sorgeberechtigten, Lehrkräften und weiteren pädagogischen Fachkräften zu begreifen. Insofern ist Verantwortungsübernahme immer auch eine Teilverantwortung für Kinder und Jugendliche. Gemeinsam wird so an den Entwicklungsaufgaben der Kinder und Jugendlichen gearbeitet und nach Wegen gesucht, Entwicklungs- und Lernprozesse begünstigend zu gestalten.

6.5.2 Bildungswissenschaftliche und fachliche Kompetenzen entwickeln

Die lernende Profession orientiert sich beim Aufbau und der Weiterentwicklung an den vier Kompetenzbereichen für die Bildungswissenschaften mit ihren insgesamt 11 Kompetenzen, die im Rahmen der von der KMK 2004 verabschiedeten Standards für die Lehrerbildung bundesweit umrissen und 2014 insbesondere unter der Herausforderung von Inklusion aktualisiert worden sind (▶ Anhang 6). Gleiches gilt für die fachlichen und fachdidaktischen Anforderungen, die von der KMK 2008 beschlossen und 2014 überarbeitet worden sind.

Für die lernende Profession bedeutet dies, dass Lehrkräfte z.b. über ein Portfolio ihrer Kompetenzen, Erfahrungen und Fähigkeiten verfügen, um ihre Expertise auch nach außen dokumentieren zu können. Die Kompetenzentwicklung wird somit, im besten Fall von Beginn des Studiums an, dokumentiert. Die Verantwortung für die Entwicklung der Kompetenzen liegt zuallererst bei den Lehrkräften. Sie sind angehalten, durch Weiterbildung, Fortbildung, Selbststudium, professionelle Netzwerke, Teamarbeit, professionelle Lerngemeinschaften etc. ihre Kompetenzen zu sichern und zu erweitern.

Die Kompetenzen der Lehrkräfte spiegeln sich dabei aber nicht allein in einem Portfolio wider, sondern vor allem in der Ausgestaltung des Unterrichts und des schulischen Zusammenlebens. Ausdruck hierfür können folgende Aspekte sein: Aufgabenpools für die individuelle Förderung und zur Lerndiagnostik, differenzierte Unterrichtsszenarien, die sich auch durch spezifische Medien und Unterrichtsmaterialien auszeichnen, spezifische Beratungsangebote, entwicklungsorientierte Beratung und Beurteilung sowie die sichtbare und dokumentierte Arbeit an der Weiterentwicklung der Schule (z.B. Mitglied einer Steuer- oder Arbeitsgruppe, Durchführung von Projekten u.a.m.).

Die lernende Führung (Schulleitungsteam) unterstützt die lernende Profession bei der Kompetenzentwicklung, indem sie Anreize und Räume für die Weiterentwicklung schafft, zugleich aber auch Fort- und Weiterbildung einfordert.

6.5.3 Reflexionskapazität aufbauen und systematisch nutzen

Die Entwicklung der eigenen Kompetenzen und Einstellungen zum Beruf in Form eines professionellen Ethos (Leitprinzip 5 ▶ Abschnitt 6.5.5) bedarf einer Grundlage, die in der Reflexionskapazität und der Urteilskraft der Lehrkräfte zu sehen ist. So wie die lernende Organisation durch organisationale Untersuchungen die Grundlagen ihrer Entscheidungs- und Verfahrensprozesse untersucht, so muss auch die lernende Profession in der Lage sein, die eigenen Handlungen zu beobachten, kritisch zu reflektieren und entsprechende Konsequenzen abzuleiten. Dieser Zusammenhang wird hier als Reflexionskapazität bezeichnet. Zentral für den Aufbau von Reflexionskapazität ist der routinemäßige Umgang mit Feedbackverfahren. Die sogenannten 360-Grad-Feedbacksysteme können hierfür ein nützliches Verfahren sein. Es geht dabei um die Sammlung der Rückmeldungen von Schülerinnen und Schülern, Kolleginnen und Kollegen, Ausbildungspartnerinnen und -partner, Sorgeberechtigten, der Schulleitung und weiterer Akteure, wenn dies als nötig und sinnvoll erachtet wird. Reflexionskapazitäten entstehen aber auch durch die Lektüre wissenschaftlicher Arbeiten und die Rezeption aktueller Forschungsbefunde oder durch die Kooperation mit Kolleginnen und Kollegen aus der eigenen oder aus anderen Schulen. Professionsnetzwerke, die von Lehrkräften nur zu diesem Zweck gebildet werden, können dabei besondere Dienste leisten. Kollegiale Fallberatung, systematische Teambesprechungen oder Supervision (mit externen Coaches, Supervisorinnen oder Supervisoren) können entsprechend systematische Verfahren der Reflexion darstellen.

Nicht zuletzt sind aber auch die zahlreichen weniger systematischen, aber dauerhaften Beobachtungen des eigenen Unterrichts und das Erproben unterschiedlicher Methoden und Zugänge im Unterricht Ausdruck der Reflexionskapazität. Die Beachtung dieses Leitprinzips findet in den systematisch reflektierten und begründeten Routinen und Weiterentwicklungen der eigenen Arbeit ihren nachhaltigen Ausdruck. Die Fähigkeit, das eigene Vorgehen professionsgemäß zu begründen, Alternativen abwägen zu können, Kontexte des Handelns angemessen zu berücksichtigen und auch den schulischen Auftrag in einer sich wandelnden Gesellschaft zu reflektieren und begründete Urteile und Entscheidungen zu fällen (Urteilskraft), sind Kennzeichen einer professionellen Reflexionskapazität und Urteilskraft.

6.5.4 Die Berufsbiografie als Entwicklungsaufgabe begreifen

Der Lehrberuf ist für viele Lehrkräfte ein Beruf für die gesamte Erwerbszeit, wenngleich inzwischen zahlreiche Differenzierungsmöglichkeiten in Bezug auf den Umfang der Tätigkeit, den Beginn und die Qualifikationswege, die den Einstieg in den Beruf ermöglichen, vorhanden sind. Sich auf den Beruf als Lehrkraft einzulassen, bedeutet, dass die eigene Berufsbiografie zu einer persönlichen Entwicklungsaufgabe wird. Diese Entwicklungsaufgabe umfasst nicht nur die Bereitschaft und Fähigkeit, sich fachlich weiterzubilden, sondern auch die Herausforderung, Beruf und Privatleben in einem sinnvollen Gleichgewicht zu gestalten (Higgins, 2002). Nur mit psychischer und physischer Gesundheit sind die hohen Anforderungen, die der Lehrberuf mit sich bringt, zu erfüllen. In einer kontinuierlichen berufsbiografischen Entwicklung, die keineswegs linear verlaufen muss und wohl zumeist auch nicht kann, ist die Herausforderung für Lehrkräfte zu sehen. Dazu gehört es, die eigene Berufsbiografie kontinuierlich im Blick zu behalten, was nichts anderes heißt, als die eigene berufliche Identität, das professionelle Selbst (▶ Abschnitt 6.2.4), zu reflektieren, Herausforderungen im Beruf anzunehmen und die Bearbeitung der dabei entstehenden Veränderungsanforderungen im besten Fall in Form eines Kompetenzerlebens zu erfahren. Insgesamt gilt es, berufliche Erfahrungen zu systematisieren und sie im Hinblick auf Belastung, besondere Expertise und Entwicklungsmöglichkeiten zu bedenken. Hieraus ergeben sich dann eine systematische Gestaltung eigener Karriereplanungen und die Formulierung persönlicher Entwicklungsziele. Dies Karriere- und Entwicklungsziele sind immer auch im Zusammenhang mit den privaten Lebensbereichen zu reflektieren, um letztlich zu einer zufriedenstellenden Lebensführung zu gelangen. Organisationale und systemische Angebote wie Personalentwicklungsgespräche, Karriereplanungsberatungen etc. können bei der eigenen Reflexions- und Planungstätigkeit unterstützend wirken. Nicht zuletzt werden hier auch Fragen der Vereinbarkeit von beruflichem Engagement und Familie thematisiert.

6.5.5 Ein professionelles Ethos aufbauen und stabilisieren

Professionen zeichnen sich auch durch eine spezifische moralische Handlungsweise, das Ethos, aus. Die Profession der Lehrkräfte blickt noch nicht auf eine stabile Tradition eines Lehrethos zurück, obwohl die Grundlagen des Lehrens und Erziehens in ethischen Überlegungen ihren Ursprung haben. Ein solches Ethos kann Orientierung bei der Frage nach dem richtigen Tun bieten und es ist insofern immer auch Korrektiv zu allein quantifizierten Formen der Effizienzbeschreibung des Schulsystems.

Wenngleich es beispielsweise keinen eigenständigen pädagogischen Eid für den Lehrberuf gibt (siehe Leitbilder ▶ Kapitel 6.1.2) und auch Ethik nicht als Grundlage im Ausbildungskanon verbindlich vorgesehen ist, so gibt es aufgrund der staatlichen Verfasstheit der Profession doch klare Anforderungen an das pädagogische Ethos von Lehrkräften. Als Angestellte des Staates verpflichten sich Lehrkräfte auf die Werte des Grundgesetzes der Bundesrepublik Deutschland sowie des jeweiligen Bundeslandes, in dem sie tätig sind. Darüber hinaus sind Lehrkräfte an jene Staatsverträge oder Ratifizierungen gebunden, die die Bundesrepublik Deutschland im Kontext internationaler Verträge oder Vereinbarungen abgeschlossen hat, beispielsweise die UN-Kinderrechtskonventionen oder die UN-Konvention für die Rechte von Menschen mit Behinderungen. Aus diesem demokratischen Wertegefüge ergeben sich wesentliche

Grundlagen des pädagogischen Ethos, das handlungsleitend ist. Die lernende Profession steht vor der Herausforderung, deutlich zu machen, wie die moralischen Grundprinzipien ihres Handelns das Wohl von Kindern, Jugendlichen und jungen Menschen sowie der Gesellschaft befördern. Es ist hierbei wünschenswert, Leitsätze des pädagogischen Handelns nicht nur schulstandortspezifisch, sondern darüber hinaus und somit für die gesamte Profession zu formulieren.

6.5.6 Aufgaben- und ergebnisorientiert in multiprofessionellen Teams arbeiten

Die Veränderungen im Schulsystem werden nicht zuletzt auch daran erkennbar, dass in Schulen nicht mehr ausschließlich nur Lehrkräfte tätig sind. Vielmehr werden Schulen zunehmend zu Organisationen, in denen multiprofessionelle Teams arbeiten. Dabei orientieren sich die Teams an den Entwicklungsaufgaben der Kinder, Jugendlichen und der jungen Menschen und prüfen, welche Expertise in welcher Form in die Teamarbeit eingebracht werden kann und welche Tätigkeiten gemeinsam vorbereitet und durchgeführt werden müssen. Die Teamarbeit muss sich an ihrer Verfahrensqualität und der Güte der Bearbeitung der in der Schule zu lösenden Probleme messen lassen. Die unterschiedlichen Ausbildungswege, Qualifikationsstufen und Berufskulturen werden im Sinne eines produktiven Umgangs mit Heterogenität genutzt. Die lernende Führung (Schulleitungsteams) begleitet die multiprofessionellen Teams, die sich ebenfalls als lernende Teams verstehen. Gemeinsame Fortbildungen können helfen, Rollen zu klären und Aufgaben zu strukturieren.

6.6 Lehrkräfte als deliberative Profession verstehen

Wenngleich wir im Konzept des „professionellen Selbst" (▶ Abschnitt 6.2.4) und der „lernenden Profession" (▶ Abschnitt 6.5) wichtige Aspekte für den Lehrkräfteberuf grundgelegt sehen, so fehlen doch wesentliche Momente der Bestimmung des Berufs und vor allem notwendige theoretische Bezüge für solch eine Bestimmung. Eine Professionstheorie für Lehrkräfte sollte aus unserer Sicht insbesondere der Tatsache Rechnung tragen, dass die Profession eine zweifache konstitutive Bindung hat. Zum einen ist sie eine Profession des Staates, dieser bildet Lehrkräfte aus und stellt sie zu überwiegenden Anteilen ein. Der Staat unterhält diese Profession keineswegs nur zum Zwecke der Ausbildung von potenziellen Arbeitskräften. Solch eine Behauptung wäre absurd. Vielmehr steht die Profession in einem unmittelbaren Ableitungsverhältnis zum verfassungsmäßigen Staatsziel, das im Grundgesetz formuliert ist: „Die Bundesrepublik Deutschland ist ein demokratischer und sozialer Bundesstaat". In Absatz 2 heißt es weiter:

> „Alle Staatsgewalt geht vom Volke aus. Sie wird vom Volke in Wahlen und Abstimmungen und durch besondere Organe der Gesetzgebung, der vollziehenden Gewalt und der Rechtsprechung ausgeübt." (GG, Art. 20, Abs. 1 u. 2)

Aus dieser grundgesetzlichen Verpflichtung heraus ergibt sich unserer Auffassung nach verbindlich, Richter (1995) folgend, dass eine Erziehung der nachwachsenden Generation über die Erziehungstätigkeit der Eltern hinausgehend erforderlich ist. Wir teilen die von Fischer bereits 1921 formulierte Beobachtung, dass durch die

> „Verengung des Erzieherberufs in den Lehrberuf das Bewusstsein der Gesamtaufgabe verloren ging, dafür diene als Beweis, dass ganze Schichten des Lehrstandes nachdrücklich ablehnen, irgendetwas mit Erziehung zu tun zu haben" (Fischer, zitiert nach Schultheis 2011, S. 373).

Demokratische Erziehung und Erziehung zur Demokratie sind unter Beachtung der Verpflichtung auf das Staatsziel oberstes Gebot. Dieses wird aber durch die zweite Bindung der Profession ergänzt, nämlich die an die Schülerinnen und Schüler und damit auch an die Eltern, weil sie rechtlich und moralisch für ihre Kinder verantwortlich sind. Auch aus dieser Bindung heraus ergibt sich die Notwendigkeit demokratischer Erziehung, die jüngst erst durch Überlegungen, Kinderrechte im Sinne der Kinderrechtskonvention in das Grundgesetz aufzunehmen, gestärkt wird. Kinder und Jugendliche als Rechtsträger zu begreifen, bedeutet letztlich, mit ihnen gemeinsam unter der Maßgabe demokratischer Verfahren zu handeln. Schule hat deutlich zu machen, dass sie unmittelbar das Ziel des Erhalts des demokratischen und sozialen Bundesstaates verfolgt und dabei zugleich, quasi als *conditio sine qua non*, die Einzelrechte und die Individualität der Kinder und Jugendlichen zu schützen und zu bewahren versucht, weil eben Demokratien den Einzelnen weitgehende Rechte einräumen. Die Bindung an den Staat und dessen Verfassung einerseits sowie an die Kinder und Jugendlichen und deren Eltern andererseits erfordert also eine Grundlegung der Profession aus einem demokratischen Erziehungsverständnis heraus. Dieses ist allen anderen Aufgaben der Profession vorangestellt. Dass gilt umso mehr, als die

> „freigesetzten Subjekte, die nicht länger durch traditionale Rollen gebunden und dirigiert werden, kraft eigener kommunikativer Anstrengungen Verbindlichkeiten schaffen [müssen]" (Habermas, 2003, S. 203).

Das Erzeugen von Verbindlichkeit durch Kommunikation ist eine mögliche Definition von Demokratie, was zugleich darauf hindeutet, dass wir hierfür Kompetenzen benötigen, da der Akt der Kommunikation kein einfacher ist, weder kognitiv, emotional noch motivational. Habermas formuliert hier im Grunde in einer bildungstheoretischen Perspektive (▶ Abschnitt 7.1.2) die Notwendigkeit zur Selbstpositionierung in der Welt durch den Austausch von Argumenten und Gründen. Diese demokratische, deliberative Praxis ist voraussetzungsvoll. Womit wir wieder bei dem ersten Grund sind, weshalb der Staat die Profession von Lehrkräften nach wie vor unterhält bzw. die Verfassung den Staat geradezu nötigt („Das gesamte Schulwesen steht unter der Aufsicht des Staates", GG, Art. 6, Abs. 1), diese zu unterhalten. Wir mögen dies bei so mancher Diskussion über das Lernen und die erworbenen Kompetenzen vergessen, doch es ist die zentrale Bestimmungsgrundlage der Profession der Lehrkraft, wozu die Konzeption der deliberativen Profession einen Beitrag liefern soll.

6.6.1 Deliberation als demokratietheoretische Bestimmung

Es gehört vermutlich nicht zur Allgemeinbildung von Demokraten, die vielen unterschiedlichen Möglichkeiten, Demokratie zu verstehen, zu kennen. Und in der Tat kann es verwirren, wenn ein als vielleicht recht klar geglaubtes Konzept in einem zweibändigen Werk zu Demokratietheorien über 30 Ansätze unterschieden werden, die von weit über 50 Autorinnen und Autoren vertreten werden (Lembcke et al., 2012, 2016). Im Anschluss an Habermas (1998, 1999), Nida-Rümelin (2006) und Gutmann (1999) sowie Gutmann und Thompson (2004) teilen wir hier ein Demokratieverständnis, das als deliberativ bezeichnet wird.

> „Die Kernaussage deliberativer Demokratietheorien klingt vielversprechend: Unter den Bedingungen tiefgreifender gesellschaftlicher Konflikte und großer Unsicherheit soll durch den Austausch von Argumenten in einem machtfreien Diskurs Verständigung oder sogar Konsens erzielt werden, wobei zugleich erwartet wird, dass eine solche Lösung unter sachlichen und moralischen Gesichtspunkten rational ist" (Landwehr, 2012, S. 355).

Habermas (1999) sieht in seiner Konzeption „deliberativer Politik" beispielsweise die Stärken republikanischer (Teilhabe der Bürgerinnen und Bürger am politischen Geschehen ist konstitutiv für die Willensbildung) wie liberaler (Betonung der subjektiven Rechte gegenüber dem Staat) Demokratietheorien vereinigt. Hier kann nicht en détail die Habermas'sche Argumentation wiedergegeben werden, es muss vorerst genügen, die wesentliche Grundidee zu formulieren, die darin besteht, dass deliberative Politik Verfahren institutionalisiert, die in den gesellschaftlichen Teilsystemen wirksam werden und so die Beteiligung und die Entstehung autonomer Öffentlichkeiten begünstigen,

> „in denen sich ein gemeinsamer Wille nicht nur auf dem Wege der *ethischen Selbstverständigung* bildet, sondern auch durch *Interessenausgleich* und *Kompromiß*, durch *zweckrationale* Mittelwahl, *moralische Begründung* und *rechtliche* Kohärenzprüfung. Dabei können sich jene beiden Politiktypen, die Michelman idealtypisch gegenüberstellt, auf vernünftige Weise durchdringen und ergänzen. Dialogische und instrumentelle Politik können sich, wenn die entsprechenden Kommunikationsformen hinreichend institutionalisiert sind, im Medium von Deliberation *verschränken*." (ebd., S. 284 f., Hervorhebungen im Original)

Was uns hier wesentlich erscheint, ist die Zusammenführung von Interessenpolitik, der politischen Frage nach der moralisch richtigen Gestaltung der Gesellschaft sowie der Rückversicherung der Politiken hinsichtlich der rechtlichen Rahmungen. Der gemeinsame, keineswegs zwingend harmonische Austausch kann dies möglich machen und zu einer Selbstaufklärung der Gesellschaft in Bezug auf die gewählten Mittel, ihre moralische Richtigkeit sowie ihre rechtliche Passung führen. Auch in der Schule finden wir Beteiligungs- und Mitwirkungsverfahren, beispielsweise in Form der Schulkonferenz oder der Schülerinnen- und Schülervertretung. Ob diese Verfahren hinreichend sind, um rationale Lösungen, die ja Ziel der Deliberation sind, bereitzustellen, ist dann wiederum Aufgabe einer weiteren Deliberation.

Gutmann und Thompson (2004, S. 3 ff.) nennen vier Charakteristika ihres deliberativen Demokratieverständnisses:

1. Deliberative Demokratien basieren auf der Anforderung, *Gründe zu benennen*. Sie sind in diesem Sinne eine Suche nach den besten Argumenten in einer bestimmten Situation. Eine unbegründete Wahl ist in diesem Sinne zumindest eine moralisch schlechte, vielleicht sogar undemokratische Wahl.
2. Ein zweites Merkmal besteht darin, dass die angeführten *Gründe* auch zumindest für alle betroffenen Bürgerinnen und Bürger *verfügbar gemacht werden*. Dies ist vor allem dann schwierig, wenn Aspekte der sogenannten „nationalen Sicherheit" betroffen sind oder aber Gründe in bestimmten, wenig öffentlichen sozialen Netzwerken kursieren, wenn z.B. jemand „Beziehungen" hat und so über „Insider-Wissen" verfügt. Hiermit wird also darauf verwiesen, dass Herrschaftswissen im Sinne von „Gründe kennen", die andere im Prozess der Deliberation nicht kennen, zu vermeiden ist.

3. *Beschlüsse*, die deliberativ zu Stande kommen, sind, so ein drittes Charakteristikum, für *längere Zeit verbindlich*. Dies ist darum notwendig, weil die Herbeiführung deliberativer Entscheidungen nicht selten sehr aufwendig und zeitlich langwierig ist. Deliberative Entscheidungen wirken demnach wie Weggabelungen auf einem gemeinsam zu wählenden Pfad; einmal gegangen, ist es aufwendig, mitunter unmöglich, den Pfad schnell zu verlassen.

4. Deliberative Demokratien und die deliberativen Prozesse sind *dynamisch*, so dass Dialoge nicht abbrechen müssen. Hiermit verbunden ist auch das Prinzip des Economic Disagreement, was so viel umfasst wie die Idee, dass durch vielseitigen Respekt vor den Teilnehmenden der Deliberation Konflikt und Uneinigkeit zwar erwartbar sind, zugleich die Teilnehmenden aber immer auch nach möglichen gemeinsamen Überzeugungen suchen, um Anschlussmöglichkeiten in der Deliberation zu erhalten. Man könnte auch von einem Diplomatieprinzip sprechen.

Die Ziele und die Zwecke, die durch eine solche Vorstellung von Demokratie erreicht werden sollen, sind Gutmann und Thompson (2004, S. 10 ff.) folgend die Legitimation kollektiver Entscheidungen, die Ermutigung öffentlicher Mitwirkung an öffentlichen Angelegenheiten, die Bezeugung wechselseitigen Respekts und die Verbesserung des wechselseitigen Verstehens, der Perspektivübernahme oder, wie wir mit Werlen (2015) auch sagen können, des „Global Understanding" – eines Konzepts des Verstehens, das hochgradig kultursensibel ist.

Wenn wir davon ausgehen, die Bundesrepublik Deutschland in einem solchen Sinne als Demokratie zu verstehen, dann konkretisiert sich auch die Anforderung an die Institutionen und an die Bürgerinnen und Bürger und es wird einmal mehr ersichtlich, weshalb der Staat zur Bereithaltung einer Lehrkräfteprofession aufgefordert ist. Wenn nun Erziehung zur Demokratie für die Schule als wesentlicher Zweck anzuerkennen ist, dann genügt nicht nur ein Verständnis von Demokratie, sondern dieses muss auch in eine Relation zur Profession gebracht werden. Die Idee ist nun, dass dies durch eine transformatorische Übertragung des Konzepts der Deliberation auf die Profession möglich wird. Dabei soll aber gleich zu Beginn ein Missverständnis ausgeräumt werden: Kinder als Rechtsträger aufzufassen und für eine demokratische Praxis in Schule zu plädieren, bedeutet noch lange nicht, dass Schule dann demokratisch ist, wenn die Kinder bestimmen, wo es langgeht. „Erdbeereis auf Lebenszeit", wie es im Song „Kinder an die Macht" von Herbert Grönemeyer heißt, wäre eben nicht zwingend demokratisch, nur weil sich etwa die Mehrheit der Kinder dafür entschieden hat. Wer so argumentiert, tappt in eine Falle, die uns die Mehrheitsdemokratie stellt, wenn wir sie auf nicht legitimierte

Teilgruppen (Kinder) anwenden. Genau dies aber hat bereits Alexis de Tocqueville (1805–1859) in seinen Überlegungen zur Tyrannei der Mehrheit gesehen (Tocqueville, 2011, S. 139 ff.), denn natürlich reicht die Mehrheit als Legitimation für eine Handlung nur unter bestimmten Bedingungen aus. Schülerinnen und Schüler können nicht mehrheitlich entscheiden, dass der Unterricht ausfällt oder nur noch Sport unterrichtet wird. Schule ist demokratisch legitimiert. Sie muss nicht erst demokratisch werden, denn sie ist es bereits durch ihre Legitimation, aber sie könnte demokratischer werden. Es geht also immer nur um eine Demokratisierung der demokratisch verfassten Schule (siehe hierzu auch den Band „Demokratisierung der Demokratie" von Offe, 2003). Das Argument ist, dass, wenn Demokratie einerseits auf Verfahren und andererseits auf gut begründeten Argumenten basiert, beides in der Schule trainiert werden kann. Kommunikationstheoretisch geht es um Sprachspiele der Demokratie, die sich durch eine bestimmte Grammatik (Verfahren) sowie durch ein bestimmtes Geben und Nehmen von Gründen auszeichnet. Wir sind der Meinung, dass dies durchaus als Grundfigur erzieherischen Handelns verstanden werden kann und teilen insofern die Analyse von Lüders (2003; ▶ Kapitel 8).

6.6.2 Deliberation als Grundform erzieherischen Handelns in Schule

Wenn wir nun Deliberation zum wesentlichen Merkmal der Profession machen wollen, so soll dies einerseits über den Aspekt der Institutionalisierung von Verfahren im Mehrebenensystem Schule sowie andererseits durch das konkrete kommunikative Handeln von Lehrkräften in Schule erfolgen. Es geht auch nicht darum, einen völlig neuen Ansatz zu postulieren, sondern vielmehr darum, bestehende Ansätze und Konzepte aus einem spezifischeren Blickwinkel der Deliberation heraus zu betrachten. Dabei ist zunächst auf die Herausforderung einzugehen, dass Prozesse der Deliberation sinnvollerweise unter gleichen und freien Bürgerinnen und Bürgern stattfinden. Dies schließt Schülerinnen und Schüler in bestimmter Hinsicht aus. Und dies ist aus unserer Sicht auch kein Problem, jedenfalls dann nicht, wenn man an der Differenz Kind und Erwachsener festhalten will. Diese Unterscheidung mag viele Komplikationen beinhalten, etwa hinsichtlich der Grenzziehung dieser Differenz, dennoch wird damit eine wichtige Differenz zunächst markiert. Wir sind der Meinung, dass die aktuelle Entwicklung im Schulsystem, in der die Selbstkomposita die sprachliche Vorherrschaft übernehmen (Selbstwirksamkeit, Selbstlernen, Selbstlernzentrum) und die fortschreitende Individualisierung, die nun auch im Schulsystem z.T. rechtlich fixiert wird, auch ihre problematischen Seiten haben. Hannah Arendt (1906–1975) hat dies sehr pointiert ausgedrückt: „Man hat also die Kinder, als man sie von der Autorität der Erwachsenen emanzipierte, nicht befreit, sondern einer viel schrecklicheren und wirklich tyrannischen Autorität unterstellt, der Tyrannei durch die Majorität" (Arendt, 2015, S. 263).

Wir müssen vielleicht nicht so weit gehen, wie Arendt dies vornimmt, aber wir sollten doch die Entwicklungstatsache von Kindern im Auge behalten und damit auch deren Bedürfnis nach Schutz und Hilfe, wie dies z.b. Oevermann strukturtheoretisch herausgearbeitet hat (▶ Abschnitt 6.2.1). Es gibt also eine Hierarchie in unterschiedlichen Dimensionen, wie Wissen über das Fach, Wissen über Verfahren des sich Verständigens, aber auch Wissen der Stellung im Schulsystem selbst. Doch je nach Deutung dieser Hierarchie erfolgt daraus kein bloßes Anordnungsverhältnis, sondern eine moralische Verpflichtung für die Kinder und Jugendlichen. Die Anforderungen, die aus dieser abstrakten Verpflichtung entstehen, so meinen wir, müssen nun in Prozessen der Deliberation konkretisiert werden. Denn für die eigenen und vor allem aktuellen Bedürfnisse sind die Kinder und Jugendlichen Experten. Für künftige Bedürfnisse jedoch und diejenigen der Gesellschaft übernimmt die Lehrkraft die Stellvertretung, so dass wir hier eine klassische Situation für eine Deliberation vorfinden. In Schule ist es pädagogisch-didaktisch unmöglich, lediglich auf einen Interessenausgleich zu setzen, wie dies im liberalistischen Modell der Demokratie vorgeschlagen wird. Die Historie der Entwicklung eigener Interessen ist viel zu ungewiss, als dass hierauf basierend Verhandlungen stattfinden könnten. Es ist die Aufgabe von Lehrkräften, die Dynamik möglicher Interessen zu erhalten oder anzuregen und zugleich auf die Bedeutung des Anerkennens unterschiedlicher Interessen hinzuweisen. Im Unterricht und Schulleben müssen dann gemeinsam Argumente gefunden werden, weshalb welche Interessen zu welchem Zweck und zu wessen Wohl verfolgt werden. Diese Begründungspflicht lässt sich auch als Prinzip einer deliberativen Didaktik begreifen, die nicht nach einem Bildungsgehalt fragt, sondern danach, ob Inhalte zweckrational, ethisch angemessen und rechtlich passungsfähig sind und ob es Verfahren gibt, die dies gewährleisten können. Insofern setzt eine deliberative Didaktik eine Gemeinschaft voraus, die wechselseitig im Austausch hierüber steht (▶ Abschnitt 7.1.8).

An dieser Stelle soll die Idee der deliberativen Profession nur noch in Bezug auf das Schulsystem ausgeführt werden, nicht mehr auf das Handeln im Unterricht, was im Abschnitt 7.1.8 zur deliberativen Didaktik als eine Denkungsart bzw. Einstellung einer deliberativen Profession nachgeholt wird. Hier soll noch gezeigt werden, dass bekannte Sachverhalte unter einer Perspektive der Deliberation betrachtet werden können – wir beschränken uns hier auf drei Beispiele: Umgang mit politischen Entscheidungen im Schulsystem, Fragen der Professionalisierung und die Arbeit in multiprofessionellen Teams. Letztlich muss es aus dieser theoretischen Perspektive heraus möglich sein, sämtliche Praktiken auf ihr Vermögen zur Deliberation hin zu befragen. Schließlich lebt die Demokratie von umfassenden Deliberationsmöglichkeiten.

Bildungspolitische Entscheidungen dynamisch halten

Aus gesellschaftlichen Deliberationsprozessen entstehen Entscheidungen, die für das Schulsystem verbindlich werden. Diese müssen im Schulsystem (damit sie langfristig verbindlich wirken können; siehe Gutmann & Thompson, 2004, 3. Charakteristikum) rekontextualisiert und implementiert werden. Nun ist es aber so, dass politische Entscheidungen in der Regel immer abstrakter sind, als die Anforderungen an eine konkrete Umsetzung, so dass Verhandlungsspielräume bleiben. Diese auszuloten und zu thematisieren müsste durch Verfahren abgesichert sein, die mehr beinhalten als eine Verkündigung durch den Schulrat. Um Anschlüsse zu ermöglichen und die Dynamik aufrechtzuerhalten, die in der deliberativen Demokratie notwendig sind, braucht es Beteiligungsverfahren der Profession in Bezug auf getroffene, nicht nur zu treffende Entscheidungen. Die Hauptpersonalräte in den Ländern sind hierfür nicht zwingend das beste Gremium, können aber bereits in einem solchen Sinne verstanden werden.

Professionalisierung durch Deliberation

Deliberation, die auf das Finden von rationalen Problemlösungen ausgerichtet ist, kann auch als ein Prinzip der Professionalisierung verstanden werden. Hierbei geraten vor allem die Planung und die Reflexion über notwendige Fortbildungs- und Weiterbildungsformate in den Blick. Deliberativ können solche Prozesse der Professionalisierung dann genannt werden, wenn sie neben den eigenen Interessen immer auch die der Schülerinnen und Schüler, stellvertretend oder auch durch konkrete Einbeziehung, berücksichtigen.

Auch die Arbeit in Netzwerken (Berkemeyer et al., 2015a) kann in diesem Sinne als Versuch verstanden werden, unterrichtsrelevante Entscheidungen durch Deliberation herbeizuführen. Hier wird Deliberation genutzt, um eine breitere Entscheidungsgrundlage mit mehreren und vielleicht auch besseren Argumenten zu erhalten. So sind netzwerklegitimierte Entwicklungsstrategien sicher anders legitimiert als einzelschulische Strategien. Netzwerke bieten hier einen Aushandlungsraum für Ziele und Strategien der Schul- und Unterrichtsentwicklung. Insbesondere für die Implementierung an der jeweiligen Einzelschule muss die Vorstellung von Gründen eine besondere Bedeutung haben, da nur bei guten Gründen die Kollegien bereit sein werden, die neuen Strategien zu erproben. Wir gehen darum von der These aus, dass der Erfolg der Netzwerkarbeit auch von der Qualität der Deliberation abhängig ist.

Multiprofession und die Notwendigkeit zur Deliberation

Ähnliches lässt sich in Bezug auf die Herausforderung der Kooperation in multiprofessionellen Teams sagen. Hier wird vielleicht noch deutlicher, welche Anforderungen an die Kooperation gestellt werden, wenn verschiedene Professionen mit ihren Routinen, Zielen und Haltungen aufeinandertreffen. Hier lässt sich die Situation, die entsteht, wenn Parteien miteinander in eine Koalition eintreten, vielleicht noch besser verstehen. Allerdings wäre die Vorstellung, dass die Profession nur um einen „Deal" bemüht ist, um möglichst viele eigene Interessen durchsetzen zu können, verfehlt. Vielmehr muss es um den Austausch von Gründen gehen, etwas so oder so zu tun. Dabei kann es selbstredend zu Konflikten und Unstimmigkeiten kommen. Diese dürfen aber nicht zum Abbruch der Gespräche führen, sondern müssen im Sinne von Gutmann und Thompson (2004, S. 181) im Rahmen der „Ökonomie der Nichtübereinkunft" zu weiteren Gesprächen genutzt werden, die auch darum bemüht sind, nach geteilten Ansichten Ausschau zu halten. Alle an Erziehung beteiligten Professionen (im engeren und im weiteren Sinne) teilen sicher den Wunsch, Kinder und Jugendliche bei ihren Entwicklungsherausforderungen zu unterstützen. Alles Weitere lässt sich dann durch Gespräche konkretisieren.

Literatur zum Weiterlesen:

Combe, A. & Helsper, W. (Hrsg.). (1996). *Pädagogische Professionalität. Untersuchungen zum Typus pädagogischen Handelns.* Frankfurt am Main: Suhrkamp.

Dewe, B., Ferchhoff, W. & Radtke, F.-O. (Hrsg.). (1992). *Erziehen als Profession. Zur Logik professionellen Handelns in pädagogischen Feldern.* Wiesbaden: VS Verlag für Sozialwissenschaften.

Heinemann, M. (Hrsg.). (1977). *Der Lehrer und seine Organisation.* Stuttgart: Klett-Cotta.

Helsper, W. & Tippelt, R. (Hrsg.). (2011). Pädagogische Professionalität. *Zeitschrift für Pädagogik* (Beiheft 57).

B
Handlungsfelder –
eine Einführung in die
Kompetenzbereiche gemäß KMK

7. Kompetenzbereich Unterrichten[14]

Das Unterrichten gilt als „Kerngeschäft" der Lehrkräfte. In der Lehrkräftebildung ist daher auch häufig vom „guten Unterricht", dessen Wirkung sich in den Kompetenzen der Schülerinnen und Schüler zeige, die Rede. Doch bevor über Fragen des „guten Unterrichts" nachgedacht werden kann, ist zunächst zu bestimmen, was Unterricht überhaupt ist und zu welchen Zwecken er abgehalten wird.

Wer nach einer einheitlich anerkannten Definition von Unterricht sucht, wird diese in der pädagogischen Fachliteratur nicht finden. Der Grund dafür liegt v.a. darin, dass die Beschäftigung mit Unterricht je nach gesellschaftlicher und historischer Perspektive unterschiedliche Vorstellungen von Unterricht und dessen zentralen Aufgaben hervorgebracht hat und die Definitionen und dahinterstehenden Theorien entsprechend vielfältig sind (siehe z.b. Lüders, 2012, der in einer begriffsanalytischen Studie die Vielfältigkeit des Unterrichtsbegriffs in pädagogischen Nachschlagewerken zwischen den Jahren 1950 und 2007 untersucht). Einen umfassenden Systematisierungsversuch bestehender Unterrichtstheorien unternehmen z.b. Baumgart et al. (2005), die grob zwischen vier verschiedenen „Theoriefamilien" von Unterricht differenzieren. Diese unterscheiden sich zum einen in ihrer dominierenden Sichtweise auf Unterricht und der Beschreibung sowie Analyse seiner zentralen Aufgaben, zum anderen bezüglich der Erwartungen, die an das professionelle Handeln von Lehrkräften und die Rolle der Schülerinnen und Schüler gestellt werden (ebd.):

1. Ansätze, die *Unterricht als technologische Aufgabe der Lehrkräfte* beschreiben. Sie sind verbunden mit der Annahme, dass Unterricht eine Struktur- und Prozesslogik hat, die relativ unabhängig von den Akteuren, Inhalten und den jeweils verfolgten Zielen des Unterrichts besteht. Die Professionalität der Lehrpersonen besteht in der Kenntnis dieser Unterrichtslogik und in „Regelwissen" zur Planung und Gestaltung von Unterricht.
2. Ansätze, die *Unterricht als Vermittlung und Aneignung von Kultur* verstehen. Diese fragen v.a. nach der Auswahl und Legitimation von Unterrichtsinhalten.

---

14 Teile der Einleitung von Kapitel 7 sowie das Kapitel 7.2 stellen eine gekürzte und überarbeitete Fassung des folgenden Beitrags dar: Semper, I., Mende, L. & Berkemeyer, N. (2017). Schul- und Unterrichtsforschung. Thematische Einführung in die einzelnen Abschnitte. In T. Burger & N. Miceli (Hrsg.): *Empirische Forschung im Kontext Schule. Einführung in theoretische Aspekte und methodische Zugänge* (S. 31–48). Wiesbaden: VS Verlag für Sozialwissenschaften.

3. Ansätze, die *Unterricht als Arrangement für selbstständiges Lernen* betrachten. Sie beschreiben Unterricht weder von der Eigenlogik noch von den Inhalten her, sondern „vom Kinde aus".

4. Ansätze, die *Unterricht als Interaktion und Kommunikation* verstehen. Diese gehen davon aus, dass Unterricht als Interaktions- und Kommunikationsform jenseits inhaltlicher Intentionen und offizieller Lernziele von Schule erzieht bzw. sozialisiert. Bedingungen und Wirkungen des Unterrichts müssen Lehrpersonen bewusst sein, um Unterricht professionell gestalten und verbessern zu können.

Jenseits dieser unterschiedlichen Systematisierungen und Ansätze der Gegenstandsbestimmung von Unterricht existiert ein weitgehender Konsens darüber, was überhaupt unter Unterricht zu verstehen ist.

Definition: Unterricht
Von Unterricht wird in Situationen gesprochen, „in denen
1) mit *pädagogischer Absicht* und
2) in *planmäßiger Weise* sowie
3) innerhalb eines bestimmten *institutionellen Rahmens* und
4) in Form von *Berufstätigkeit*
eine Erweiterung des Wissens- und Fähigkeitsstandes einer Personengruppe angestrebt wird" (Terhart 2009b, S. 103, Hervorhebungen im Original).

Diese Minimaldefinition eignet sich, um Unterricht von anderen sozialen Situationen wie Erziehung oder Sozialisation abzugrenzen. Allerdings umreißt sie jegliche Form von Unterricht, der nicht notwendigerweise in Schulen stattfinden muss. Die Fahrschule ist hier ebenso inkludiert wie der Volkshochschulkurs oder die Klavierstunde. Spezifizieren wir diese Definition mit Jank und Meyer (2014) bezogen auf Schulunterricht, gelten folgende Merkmale als konstitutiv.

Konstitutive Merkmale von (Schul-)Unterricht (Jank & Meyer, 2014, S. 43):
- Unterricht ist ein Interaktionsprozess von Lehrkräften, Schülerinnen und Schülern.
- Unterricht ist institutionell eingebettet und auf Dauer angelegt.
- Unterricht verläuft zielorientiert und planmäßig.
- Unterricht hat eine curriculare und soziale Ordnung.
- Unterricht dient nicht nur der Unterrichtung, sondern auch der Erziehung und der Vermittlung von Sozial- und Sachkompetenz.
- Unterricht erfordert eine pädagogisch gestaltete Umgebung.
- Unterricht wird von wissenschaftlich qualifiziertem Personal durchgeführt.
- Unterricht steht unter Aufsicht des Staates.

Diese Merkmale verdeutlichen zugleich, dass es sich bei Unterricht um ein komplexes soziales Geschehen handelt, das zwar in einem geregelten Rahmen stattfindet, aber dennoch von vielen variablen Bedingungen und Merkmalen beeinflusst wird und aus diesem Grund auch nur begrenzt technologisierbar ist. Es lassen sich zwei differente Herangehensweisen identifizieren, die sich um die Aufklärung dieser Bedingungen und Merkmale bemühen und sich hinsichtlich verwendeter Bezugsdisziplinen, zugrundeliegender Erkenntnisziele und methodischer Zugangsweisen z.T. erheblich voneinander unterscheiden (Arnold et al., 2009; Lipowsky, 2015; Terhart, 2002a, 2009a):

1. *Theoretische Perspektive:* Vor allem die Allgemeine Didaktik als Teildisziplin der Erziehungswissenschaft bedient sich u.a. philosophischer, erfahrungsbasierter und hermeneutischer Zugangsweisen und versucht v.a. normativ zu klären, was Unterricht ist, was dieser leisten soll, wie er zu gestalten, zu organisieren und durchzuführen ist.

2. *Empirische Perspektive:* Die Unterrichtsforschung bzw. Lehr-Lern-Forschung[15] als derzeit dominierender Forschungsbereich der Pädagogischen Psychologie[16] bedient sich v.a. quantitativer (tlw. auch qualitativer) Zugangsweisen und versucht, empirisch Variablen guten bzw. effektiven Un-

---

15 Die schulbezogene Lehr-Lern-Forschung wird häufig auch als „Unterrichtsforschung" bezeichnet (Gräsel & Gniewosz, 2011, S. 18). Auch im folgenden Beitrag werden die beiden Begriffe synonym verwendet.

16 Neben der derzeit dominierenden quantitativen, pädagogisch-psychologischen Unterrichts- bzw. Lehr-Lern-Forschung existiert nunmehr auch eine ausgeprägte qualitative (ethnographisch-ethnomethodologische, system- oder auch diskurstheoretische) Unterrichts- und Lernkultur- oder Interaktionsforschung, die sich z.B. mit der Beschreibung und Rekonstruktion von Bildungspraktiken, Unterrichtsgeschehen und -interaktionen beschäftigen (Helsper & Klieme, 2013). Diese steht im vorliegenden Kapitel jedoch nicht im Fokus.

terrichts zu ermitteln. Im Fokus der Untersuchungen stehen die Qualität und Wirksamkeit von Unterricht.

Terhart (2002a, S. 80) fasst diesbezüglich zusammen:

> „So gesehen haben Allgemeine Didaktik und empirische Lehr-Lern-Forschung zwar einen gemeinsamen Gegenstandsbereich: Lehren und Lernen [= Unterricht; d.A.] in all seinen Erscheinungsformen und Bestandteilen. Allgemeine Didaktik ist demgegenüber jedoch *einerseits weiter* gefasst, da sie den Bereich der Normativität mit in ihren Fragehorizont aufnimmt. Damit ist die Frage berührt, an welchem Menschenbild, an welchem Persönlichkeitsideal, an welchen als gelungen erachteten Bildungsverläufen sollen sich konkrete Bildungsprozesse orientieren, und wie ist überhaupt das Lernen der nachwachsenden Generation auf gesellschaftliche Aufgaben- und Problemstellungen bezogen. Solche weitgespannten, normativ durchwirkten Rahmenhorizonte werden in der empirischen Lehr-Lern-Forschung nicht erörtert; sie ist demgegenüber enger angelegt […].“ (Hervorhebung im Original)

Es lässt sich konstatieren, dass die empirische Unterrichtsforschung in der vergangenen Dekade einen starken Aufschwung erfahren hat und deren Modelle und Erkenntnisse das Feld der Unterrichtsforschung gegenüber der Allgemeinen Didaktik dominieren. Normative Fragen des Unterrichtens treten in den Hintergrund, obgleich deren Relevanz unter den derzeitigen gesellschaftlichen Desintegrationstendenzen und zunehmender Demokratieverdrossenheit in Teilen der Bevölkerung weiter zunehmen wird (▶ Kapitel 8).

Von (angehenden) Lehrkräften wird erwartet, dass diese die beiden Perspektiven auf Unterricht kennen. Dass sie sowohl umfassende theoretische Kenntnisse im Bereich Planung und Organisation von Unterricht besitzen als auch die Ergebnisse empirischer Unterrichtsforschung kennen, verstehen und vor deren Hintergrund adäquate Schlussfolgerungen für das eigene unterrichtliche Handeln ableiten können (KMK, 2014, S. 7f.; ▶ Abbildung 15).

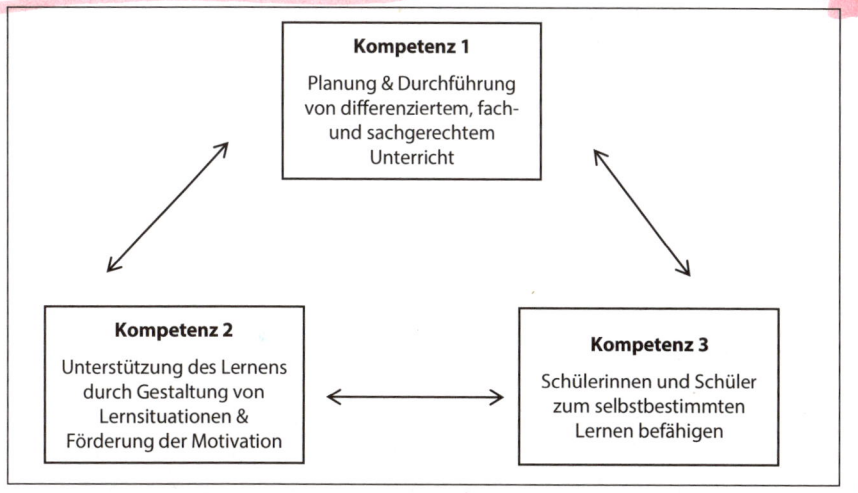

Abbildung 15: Kompetenzbereich „Unterrichten" (KMK, 2014, S. 7 f.; eigene Darstellung)

Zu den Standards der theoretischen Ausbildungsabschnitte der unterrichtlichen Kompetenz 1 zählen u.a. (anwendungsbezogene) Kenntnisse über einschlägige Erziehungs- und Bildungstheorien, allgemeine und fachbezogene Didaktiken, verschiedene Unterrichtsmethoden und Aufgabenformate und -formen, zudem Konzepte, Grenzen und Möglichkeiten der Medienpädagogik und -psychologie sowie Verfahren für die Beurteilung von Lehrleistung und Unterrichtsqualität (KMK, 2014, S. 7). Zu den Standards der theoretischen Ausbildungsabschnitte der Kompetenz 2 zählen u.a. (anwendungsbezogene) Kenntnisse über verschiedene Lerntheorien und -formen, Ergebnisse der empirischen Schul- und Unterrichtsforschung sowie Theorien der Lern- und Leistungsmotivation (ebd., S. 8). Und zu den Standards der Kompetenz 3 zählen v.a. (anwendungsbezogene) Kenntnisse über Methoden der Förderung selbstbestimmten, eigenverantwortlichen, kooperativen Lernens und Arbeitens (ebd.). In diesen drei Kompetenzen lassen sich unterschiedliche professionelle Bilder von einer Lehrkraft ausmachen: Bei Kompetenz 1 ist es die klassische Vorstellung von Unterrichten durch Lehrkräfte, die Inhalte lehren, bei den Kompetenzen 2 und 3 gestalten die Lehrkräfte als Lernbegleitende und als Lernberatende die Rahmenbedingungen des Lernens und der (Selbst-)Lernprozesse unterstützend und beratend.

In den nächsten Abschnitten dieses Kapitels wird nicht auf alle der hier angeführten Standards für die theoretischen Ausbildungsabschnitte näher eingegangen. So treten etwa vorwiegend pädagogisch-psychologische Themen wie Lerntheorien, Lern- und Leistungsmotivation bei unseren Ausführungen in den Hintergrund, aber auch Themen wie Medienpädagogik und -psychologie.

Die Thematik der Unterrichtsmethoden wird zudem nicht differenziert ausgeführt, sondern eher punktuell in den einzelnen Unterkapiteln als Hinweis oder Beispiel entfaltet. Zunächst werden die gegenwärtig bedeutsamsten didaktischen Modelle der Unterrichtsplanung und -durchführung (▶ Abschnitt 7.1) vorgestellt und im Anschluss daran wird mit einem schulpädagogischen Fokus auf die empirische (Schul- und) Unterrichtsforschung, deren Forschungsfelder und -kontexte, deren Modelle und zentrale Ergebnisse (▶ Abschnitt 7.2) eingegangen.

7.1 Unterricht aus theoretischer Perspektive

Lange bevor empirisch untersucht wurde, was „guten" bzw. effektiven Unterricht ausmacht und durch welche Qualitätsaspekte sich dieser auszeichnet, hat sich die Allgemeine Didaktik als Teildisziplin der Erziehungswissenschaft mit Fragen nach dem (guten) Unterricht, seinem individuellen und gesellschaftlichen Auftrag, seinen Zielen sowie mit dessen Planung und Durchführung beschäftigt. Die Allgemeine Didaktik versucht mit verschiedenen Theorien und Modellen stets die grundsätzlichen Fragen: „Wer, was, von wem, wann, mit wem, wo, wie, womit und wozu lernen soll" (Jank & Meyer, 2014, S. 16 ff.) zu klären und der Lehrkraft damit einen Orientierungsrahmen für ihr didaktisches Handeln zu verschaffen. Peterßen (1996) spricht in diesem Zusammenhang auch von „Denkbrillen" (ebd., S. 45), die den Lehrkräften durch die wissenschaftlichen Didaktiken bereitgestellt werden und diesen helfen sollen, das komplexe Feld Unterricht überhaupt zu erfassen und in diesem entsprechend professionell handeln zu können. Inzwischen existieren vielfältige sowie z.T. konkurrierende und differierende didaktische Theorien und entsprechende Modelle, die sich hinsichtlich ihrer wissenschaftstheoretischen Grundannahmen, zentralen Begriffe, Erkenntnisinteressen und angestrebten Zielperspektiven unterscheiden.

Im Unterschied zum Angebots-Nutzungs-Modell von Andreas Helmke (▶ Abschnitt 7.2; Abbildung 20), das als empirisches Forschungsmodell insbesondere versucht, das komplexe Unterrichtsgeschehen durch quantifizierbare Variablen zu operationalisieren und mittels empirisch-analytischer Verfahren Wirkzusammenhänge zu eruieren, dienen allgemeindidaktische Modelle nicht zur empirischen Überprüfung von Unterrichtsprozessen und -wirkungen, vielmehr bieten sie einen normativen Denk- und Orientierungsrahmen für das didaktische Handeln der Lehrkräfte. Die allgemeindidaktischen Modelle „helfen, interessante Fragestellungen für die Unterrichtsforschung und -entwicklung zu formulieren" (Jank & Meyer, 2014, S. 35). Sie sind also „richtungsweisend" (ebd.) und haben damit forschungsbezogen eher eine fragen- und hypothesengenerierende als eine fragen- und hypothesenprüfende Funktion. Beiden Modellarten wohnt damit zwar eine handlungsorientierende Funktion inne, die sich jedoch in den Handlungsebenen unterscheidet. Didaktische Modelle bieten beispielsweise den Lehrkräften insbesondere Handlungsorientierung für die Unterrichtsanalyse, -planung und -gestaltung, indem sie theoretisch begründete Planungsmomente und -schritte bereitstellen. Hingegen bieten empirische Forschungsmodelle der Lehrkraft v.a. für die Unterrichtsdurchführung und -bewertung eine evidenzbasierte Handlungsorientierung, indem sie Steuerungswissen z.b. über die Bedeutung einzelner Variablen für die Unterrichtsqualität und deren Wirkzusammenhänge bereitstellen. Weiterhin unterscheiden sich allgemeindidaktische Modelle und empirische Forschungsmodelle in Bezug auf das angestrebte Zielkriterium des („guten") Unterrichts. Während aus der Sicht der Allgemeinen Didaktik Unterricht zumeist dann gut ist, wenn dieser emanzipatorisch relevant ist und z.B. zur Mündigkeit und Selbstbestimmung der Schülerinnen und Schüler beiträgt (u.a. Klafki, 1985, 1996; Schulz, 1980, 1981), ist Unterricht aus Sicht der empirischen Forschung dann gut, wenn er wirkt und die gemessenen Lernoutputs oder Lernoutcomes der Schülerinnen und Schüler entsprechend hoch sind. Die wesentlichen Unterschiede zwischen didaktischen Modellen und dem Angebots-Nutzungs-Modell sind in der folgenden Tabelle 9 noch einmal übersichtlich dargestellt.

Tabelle 9: Unterschiede zwischen didaktischen Modellen und dem Angebots-Nutzungs-Modell (eigene Darstellung)

Unterscheidungs-kriterien	Didaktisches Modell	Angebots-Nutzungs-Modell
Fokus/Ziel	normative Auswahl, Begründung und Legitimation, Reflexion von Bildungsinhalten	analytische Modellierung von Unterrichtsmerkmalen (Variablen) und empirische Überprüfung
Bezugsdisziplin	Erziehungswissenschaft	Pädagogische Psychologie
Zugangs- und Vorgehensweisen	philosophisch, hermeneutisch, erfahrungswissenschaftlich, ideologiekritisch, analytisch-deskriptiv	empirisch-analytisch, quantitativ und qualitativ
Funktion für die Forschung	richtungsweisend, fragen- und hypothesengenerierend	fragen- und hypothesengenerierend sowie -überprüfend
Handlungsebene	v.a. Planung von Unterricht	v.a. Analyse von Unterricht
„guter" Unterricht	Unterricht ist gut, wenn er emanzipatorisch relevant ist	Unterricht ist gut, wenn er wirkt und die Lernoutputs oder Lernoutcomes der Schülerinnen und Schüler hoch sind

7.1.1 Merkmale und Funktionen einer Allgemeinen Didaktik

Eine verbreitete Definition allgemeindidaktischer Modelle haben Jank und Meyer (2014) vorgeschlagen und ist im Folgenden aufgeführt.

Definition: (allgemein-)didaktisches Modell (ebd., S. 35)
„1. Ein allgemeindidaktisches Modell ist ein erziehungswissenschaftliches Theoriegebäude zur Analyse und Modellierung didaktischen Handelns in schulischen und nichtschulischen Handlungszusammenhängen.
2. Ein allgemeindidaktisches Modell stellt den Anspruch, theoretisch umfassend und praktisch folgenreich die Voraussetzungen, Möglichkeiten, Folgen und Grenzen des Lehrens und Lernens aufzuklären.
3. Ein allgemeindidaktisches Modell wird in seinem Theoriekern in der Regel einer wissenschaftstheoretischen Position (manchmal auch mehreren) zugeordnet."

Allgemeindidaktische Modelle haben dabei stets mehrere Grundfunktionen.

Grundfunktionen von didaktischen Modellen (ebd.):
- Didaktische Modelle dienen der *Herstellung von Übersicht und Ordnung*, da sie z.B. Begriffe, Kategorien und Fragen liefern.
- Didaktische Modelle dienen der *Verringerung der Komplexität*, wodurch das didaktische Feld bearbeitbar wird.
- Didaktische Modelle haben eine *richtungsweisende* Funktion für die pädagogische Forschung, da sie interessante Fragestellungen z.B. für die Unterrichtsforschung und -entwicklung formulieren.
- Didaktische Modelle dienen der *Handlungsorientierung*, da sie den Praktikern bei der Analyse, Planung und Auswertung von Unterricht helfen.

Trotz aller Unterschiede sind den allgemeindidaktischen Modellen zumeist wesentliche Strukturmomente gemein. So thematisiert jede Didaktik – implizit oder explizit – das Verhältnis von Lehrkraft, Schülerin und Schüler, Inhalt oder Sache, Gegenstand und Methoden sowie Medien. Zur Visualisierung der unterschiedlichen Verhältnisse kann das didaktische Dreieck herangezogen werden (▶ Abbildung 16). Es reduziert alle unterrichtlichen Komponenten auf die drei grundlegenden Elemente: 1. Lehrerinnen/Lehrer, 2. Schülerinnen/Schüler, 3. Sache/Inhalt und zeigt deren Wechselwirkungszusammenhang auf (vgl. Tulodziecki et al., 2017, S. 19 ff.). Die verschiedenen didaktischen Ansätze lassen sich je nach thematischem Schwerpunkt den verschiedenen Ecken zuordnen, wodurch sogleich deren Spezifizität gegenüber den anderen Modellen deutlich wird. So lässt sich z.B. Klafkis Bildungstheoretische Didaktik (▶ Abschnitt 7.1.2) mit dem „Primat des Inhalts" zwischen den Ecken Lehrerinnen/Lehrer und Sache/Inhalt einordnen. Im Rahmen der didaktischen Analyse werden der Lehrkraft die Kriterien zur Auswahl bildungsrelevanter Inhalte für den Unterricht bereitgestellt, Schülerinnen und Schüler wirken an diesen Entscheidungen nicht mit. Im Gegensatz dazu lässt sich die Lehr-Lerntheoretische Didaktik von Heimann, Otto und Schulz (▶ Abschnitt 7.1.4 & 7.1.5) zwischen den Ecken Sache/Inhalt und Schülerinnen/Schüler einordnen. Im Gegensatz zu Klafkis stark lehrkraftzentrierter Didaktik beansprucht die Lehr-Lerntheoretische Didaktik, die Schülerinnen- und Schülervoraussetzungen zu berücksichtigen und diese vermehrt in den Prozess der Unterrichtsplanung, -gestaltung und -durchführung einzubeziehen (v.a. im Hamburger Modell). Die Systemisch-Konstruktivistische Didaktik Reichs (▶ Abschnitt 7.1.7) wiederum lässt sich als Beziehungsdidaktik zwischen den Ecken Lehrerinnen/Lehrer sowie Schülerinnen/Schüler verorten, da hier Lehrende und Lernende gleichermaßen als Didaktiker angesehen werden.

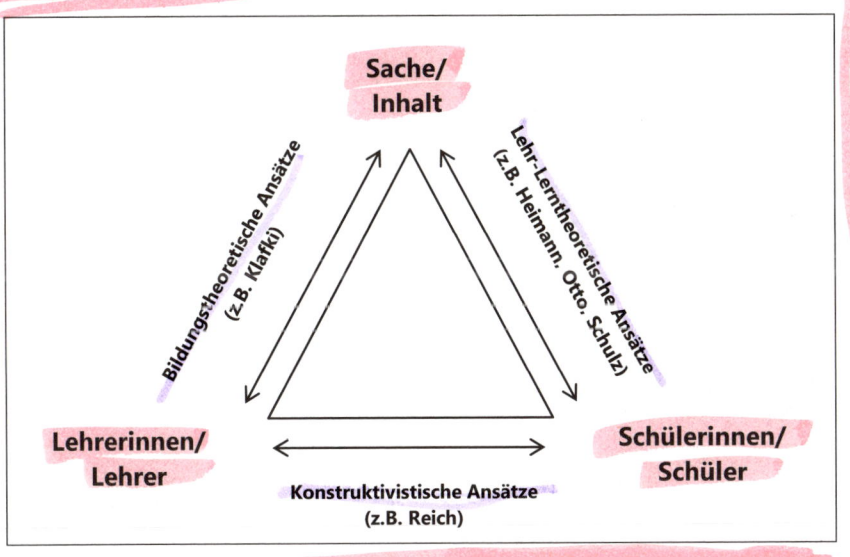

Abbildung 16: Didaktisches Dreieck, ergänzt um ausgewählte Modelle der Allgemeindidaktik (eigene Darstellung)

Im historischen Verlauf und aufgrund der schulischen Vielfalt ist zugleich auch eine Vielzahl unterschiedlicher allgemeindidaktischer Modelle entstanden. Einige von ihnen sind bis heute aktuell und auch wichtiger Bestandteil der Lehramtsausbildung, andere hingegen werden kaum noch vermittelt und rezipiert. Im Folgenden werden fünf der einflussreichsten und gegenwärtig für die Lehrkräfteausbildung wohl bedeutsamsten Modelle nach ihren „zentralen" bzw. „zentrierenden" Begriffen (Peterßen, 2001, S. 36 f.) geordnet zunächst überblicksartig dargestellt (▶ Tabelle 10) und anschließend näher erläutert (weiterführend bzw. vertiefend z.B. Jank & Meyer, 2014; Peterßen, 2001):

- Bildungstheoretische Didaktik
- Kritisch-Konstruktive Didaktik
- Lerntheoretische Didaktik mit dem Berliner Modell
- Lehrtheoretische Didaktik mit dem Hamburger Modell
- Systemisch-Konstruktivistische Didaktik

Tabelle 10: Entwicklung der Allgemeinen Didaktik von 1950 bis 1990 (adaptiert nach Peterßen, 2001, S. 146)

	zentraler bzw. zentrierender Begriff		
	Bildung	Lernen	Konstruktion
50er Jahre	Bildungstheoretische Didaktik		
60er Jahre		Lerntheoretische Didaktik „Berliner Modell"	
70er Jahre			
80er Jahre	Kritisch-Konstruktive Didaktik	Lehrtheoretische Didaktik „Hamburger Modell"	
90er Jahre			Konstruktivistische Didaktik

Die Idee der deliberativen Profession (▶ Abschnitt 6.6) aufgreifend unterbreiten wir weiter unten (▶ Abschnitt 7.1.8) einen Vorschlag für eine entsprechende deliberative Didaktik.

7.1.2 Bildungstheoretische Didaktik

Der Begriff „Bildung" selbst und dessen Inhalt und Idee gehört zu den schillerndsten Begriffen nicht nur der Erziehungswissenschaft, wo er wesentlich ist. Er drückt vielmehr, wie etwa auch „Heimat", eine deutsche Besonderheit ohne unmittelbare Entsprechung in anderen Sprachen aus und markiert seit ca. Mitte des 18. Jahrhunderts sowohl einen wesentlichen Prozess wie auch ein zentrales Ziel menschlichen Daseins (Benner & Brüggen, 2004). Nach Kant kann der Mensch nur Mensch werden durch Erziehung (▶ Kapitel 8), denn erst diese ebnet den Weg zur Bildung, die den Menschen wiederum zur Selbstbestimmung und zur Entfaltung seiner kreativen Kräfte befähigt (Lichtenstein, 1971). Alle auf den Menschen bezogenen und von ihm entworfenen Ideale im Gefolge der Aufklärung sind auf das Engste mit Bildungsaspekten in Verbindung zu bringen. Im klassischen Bildungsverständnis, das sich aus den Ideen Humboldts, Herders und Herbarts entwickelt, wird Bildung als Ich-Welt-Verhältnis vermittelt und durch Erfahrung und Sprache konzipiert (Koller, 2017). Modernere Formen wie z.B. bei Adorno betonen zudem die Möglichkeit, bei allem Pessimismus, den sie mit sich führen, Bildung als Emanzipationsbewegung (auch im Sinne einer kritischen Bildung, siehe Dörpinghaus et al., 2012, S. 116 ff.) zu begreifen und so Entfremdungsprozessen moderner, kapitalistischer Gesellschaften zu begegnen (ebd., S. 104 ff.; Klafki, 1996). Einen weiteren, sehr umfassenden Bildungsbegriff hat zuletzt Koller (2012) vorgelegt, der zahlreiche philosophische Strömungen wie die des Poststrukturalismus und der Phänomenologie, aber auch der Sprachphilosophie und Hermeneutik miteinander in einer „Theorie transformatorischer Bildungsprozesse" zu verbinden sucht. Es lohnt sich daher, Bildungstheorien vertieft zu studieren, vor allem, um zu prufen, ob und unter welchen Bedingungen Bildung in Schule überhaupt möglich ist und wie sie sich von anderen Konzepten wie Lernen, Sozialisation oder Erziehung unterscheidet. Jedenfalls sollten diese Konzepte nie einfach synonym verwendet werden! Wolfgang Klafkis bis heute sehr einflussreiche Bildungstheoretische Didaktik nimmt ihren Ausgang in der Analyse bildungstheoretischen Denkens seiner Zeit, auf dessen Basis er eine eigene Bildungstheorie (kategoriale Bildung) begründet.

Kategoriale Bildung

Ausgehend von einer Kritik an den traditionellen – materialen und formalen – Bildungstheorien (▶ Abbildung 17) entwirft Klafki das Konzept der *kategorialen Bildung*.

Materiale Bildungstheorien		Formale Bildungstheorien	
Bezugspunkt: **Objekt**		Bezugspunkt: **Subjekt**	
Bildungstheoretischer **Objektivismus**	Bildungstheorie des **„Klassischen"**	Theorie der **funktionalen Bildung**	Theorie der **methodischen Bildung**
Gebildet ist, wer möglichst viel Wissen enzyklopädisch angehäuft hat.	Gebildet ist, wer Goethe und Schiller gelesen hat und Beethovens Neunte gehört hat und an ihnen sittlich gereift ist.	Gebildet ist, wer die in ihm ruhenden körperlichen, geistigen und seelischen Kräfte tatsächlich entfaltet hat.	Gebildet ist, wer das Lernen gelernt hat, Methoden beherrscht und instrumentelle Fähigkeiten aufgebaut hat.

Abbildung 17: Materiale und formale Bildungstheorien (leicht verändert nach Jank & Meyer, 2014, S. 213)

Während der Bezugspunkt materialer Bildungstheorien v.a. die Objekte sind und der Begriff der Bildung von der Sache her entsprechend als das (Nicht-) Vorhandensein bestimmter Wissensinhalte definiert wird, ist der Bezugspunkt der formalen Bildungstheorien das Subjekt mit dessen individuellen Bedürfnissen, Fähig- und Fertigkeiten. Formale Bildungstheorien definieren als Ziele von Bildung nicht das Vorhandensein bestimmter Wissensinhalte, sondern das Vorhandensein und/oder die Beherrschung bestimmter Methoden und/oder Fähigkeiten zum selbstständigen Lernen bzw. zur Persönlichkeitsentfaltung.

Für Klafki hingegen ist Bildung

> *„kategoriale Bildung* in dem Doppelsinn, daß sich dem Menschen eine Wirklichkeit ‚kategorial' erschlossen hat und daß eben damit er selbst – dank der selbstvollzogenen ‚kategorialen' Einsichten, Erfahrungen, Erlebnisse – für diese Wirklichkeit erschlossen worden ist" (Klafki, 1971, S. 44, Hervorhebung im Original).

Kategoriale Bildung ist mehr als die Summe formaler und materialer Bildungstheorien, sie kann also nicht additiv verstanden werden. Vielmehr gewinnen beide Bildungsverständnisse erst durch ihre dialektische Verschränkung über den Begriff der Kategorien ihre Relevanz: Inhalte können nicht ohne Kategorien erschlossen werden, Kategorien erhalten erst über konkrete Inhalte Bedeutung.

Beispielhaft eignet sich der mit einem Oscar prämierte Film „Der Club der toten Dichter" (1989, Regie Peter Weir) trotz dessen soziodramatischer Dimension besonders gut zur Veranschaulichung der Idee der kategorialen Bildung Klafkis, weil er sie in Abgrenzung und direkter Opposition zu einem ins Extreme gesteigerten materialen und einem wenig ausgeprägten formalen Bildungsverständnis zeigt – und so deren dialektische Synthesemomente besonders greifbar werden (ausführlich ▶ Anhang 5.2).

Für Klafki (1971) schließt sich an die Begriffsbestimmung der (kategorialen) Bildung folgende Frage an: Welche Inhalte (und auch Methoden) ermöglichen eine so verstandende Bildung (ebd., S. 44)? Die Aufgabe der Lehrkraft besteht zunächst darin, die Bildungs*inhalte*, die in den vorgegebenen Inhalten der Lehrpläne enthalten sind, auf deren Bildungs*gehalt* (oder Bildungswert) hin zu prüfen (ebd., S. 133). Diese Freilegungsarbeit geschieht durch die didaktische Analyse als Kern der Unterrichtsvorbereitung (ebd.). Dabei sind stets die vorherrschende geistig-geschichtliche Situation der Schulklasse und das einzelne Kind mit seinen Voraussetzungen (z.B. Schulformen, Bildungsstufen usw.) zu berücksichtigen (ebd.). Eine solche Erschließung des Bildungsinhalts ist nach Klafki nur möglich, wenn dieser

> „als einzelner Inhalt immer stellvertretend für viele Kulturinhalte steht; immer soll ein Bildungsinhalt Grundprobleme, Grundverhältnisse, Grundmöglichkeiten, allgemeine Prinzipien, Gesetze, Werte, Methoden sichtbar machen. Jene Momente nun, die solche Erschließung des Allgemeinen im Besonderen oder am Besonderen bewirken, meint der Begriff des Bildungs*gehalts*. Jeder besondere Bildungs*inhalt* birgt in sich also einen allgemeinen Bildungs*gehalt*." (ebd., S. 134, Hervorhebungen im Original)

Klafki unterscheidet zur näheren Charakterisierung des Allgemeinen, das im Unterricht beispielhaft durch das Elementare vermittelt wird, insgesamt zwischen sieben verschiedenen Formen: 1. das Fundamentale, 2. das Exemplarische, 3. das Typische, 4. das Klassische, 5. das Repräsentative, 6. die einfache Zweckform und 7. die einfache ästhetische Form (Peterßen, 2001, S. 161). Diese unterscheiden sich v.a. bezüglich ihres Verhältnisses von Allgemeinem und Besonderem (Klafki, 1964, S. 441 ff.; ▶ Tabelle 11).

Tabelle 11: Formen des Elementaren nach Wolfgang Klafki (leicht verändert nach Peterßen, 1996, S. 98)

Form	Beschreibung	Beispiel
Fundamentales	– nur als Erlebnis existent und erfahrbar	– in einer Grenzsituation sich selbst erfahren
Exemplarisches	– Allgemeines wird *am* Besonderen erfahren	– an einem fallenden Stein die Schwerkraft
Typisches	– Allgemeines wird *im* Besonderen erfahrbar	– im Kölner Dom (beim Betrachten usw.) der gotische Baustil
Klassisches	– Allgemeines wird als Wert erfahren	– an der Geschichte vom barmherzigen Samariter die Nächstenliebe
Repräsentatives	– Allgemeines wird als Vergegenwärtigung erfahrbar	– an der Stadtmauer wird Vergangenheit lebendig
einfache Zweckform	– Allgemeines (Form) und Besonderes (Zweck) fallen zusammen	– durch Lesen das Lesen lernen (Lesefähigkeit)
einfache ästhetische Form	– Allgemeines und Besonderes fallen zusammen	– am Proportionsverhältnis des „Goldenen Schnitts"

Didaktische Analyse als Kern der Unterrichtsvorbereitung

Wie sieht nun die Freilegungsarbeit der Bildungsgehalte aus den Bildungsinhalten im Rahmen der didaktischen Analyse aus? Klafki hat hierfür fünf Grundfragen formuliert, durch die herausgefunden werden soll, ob ein bestimmter, durch den Lehrplan vorgegebener Inhalt in einer konkreten Situation für je unterschiedliche Kinder zum Bildungsinhalt nach „kategorialem" Verständnis werden kann. Die fünf Fragen stehen im Verhältnis wechselseitiger Abhängigkeit zueinander, weshalb die im Folgenden dargelegte Reihenfolge nach Klafki für die didaktische Analyse nicht zwingend eingehalten werden muss (Klafki 1971, S. 135 ff.; für ein konkretes Beispiel ▶ Anhang Tabelle 9):

- **Exemplarische Bedeutung:** Welchen allgemeinen Sachverhalt, welches allgemeine Problem erschließt der betreffende Inhalt?
- **Gegenwartsbedeutung:** Welche Bedeutung hat der betreffende Inhalt bereits im geistigen Leben der Kinder meiner Klasse? Welche Bedeutung sollte er – vom pädagogischen Gesichtspunkt aus betrachtet – darin haben?
- **Zukunftsbedeutung:** Worin liegt die Bedeutung des Themas für die Zukunft der Kinder?
- **Struktur des Inhalts:** Wie strukturiert sich der (durch die Fragen 1, 2 und 3 in die spezifisch pädagogische Sicht gerückte) Inhalt?

- Zugänglichkeit: Welches sind die besonderen Fälle, Phänomene, Situationen oder Versuche, in oder an denen die Struktur des jeweiligen Inhalts den Kindern dieser Bildungsstufe oder dieser Klasse interessant, fragwürdig, zugänglich, begreiflich oder „anschaulich" gemacht werden kann?

Rezeption

Nach Einführung von Klafkis Bildungstheoretischer Didaktik erfuhr diese einige Kritik, die sich zumeist auf die folgenden Aspekte seines Ansatzes bezieht (Jank & Meyer, 2014, S. 228 f.):

- Das Modell sei sehr konservativ und trage dazu bei, die herrschende Klassengesellschaft zu stabilisieren, da Lehrplaninhalte unreflektiert von der Lehrkraft bei der Unterrichtsplanung übernommen werden sollen.
- Das Modell sei ausschließlich auf hermeneutische Weise zustande gekommen und damit empirisch zu wenig abgesichert.
- Durch die Orientierung am Primat der Didaktik, den Inhalten, werde die Unterrichtsmethodik vernachlässigt und somit wirke das Konzept praxisfern.

Trotz oder gerade wegen dieser kritischen Anmerkungen hat die Bildungstheoretische Didaktik Klafkis – wie keine andere Didaktik – das (weitere) didaktische Denken und Handeln geprägt. So bildete Klafkis Didaktik den Ausgangspunkt bzw. den Anstoß für neue oder weiterentwickelte didaktische Theorien- und Modellbildungen (wie z.B. für die Lehr-Lerntheoretische Didaktik, aber auch für Klafki selbst mit dessen Weiterentwicklung zur Kritisch-Konstruktiven Didaktik).

7.1.3 Kritisch-Konstruktive Didaktik

Klafki reagierte bereits zeitnah auf wesentliche Kritikpunkte und entwickelte seine Bildungstheoretische Didaktik zu einer *Kritisch-Konstruktiven Didaktik* weiter. Klafki verweist in diesem Zusammenhang darauf, dass er immer noch eine Bildungstheoretische Didaktik vertrete, sich diese jedoch im Sinne eines umfassenderen Konzepts neben dem historisch-hermeneutischen Ansatz an einem erfahrungswissenschaftlichen (empirischen) und gesellschaftskritisch-ideologischen Ansatz orientiere (Klafki, 1996, S. 9). Zu den wesentlichen Neuerungen der Kritisch-Konstruktiven Didaktik zählt v.a. die Aufgabe des Primats der Didaktik bzw. des Inhalts, wie noch in der Bildungstheoretischen

Didaktik aufgestellt, zugunsten des Primats der Zielentscheidungen (Intentionen) (Klafki, 1985, S. 117 f.). Mit dem Terminus *kritisch* verweist Klafki jetzt darauf, dass das neue Ziel der Didaktik darin bestehe, Schülerinnen und Schüler zu wachsender *Selbstbestimmungs-, Mitbestimmungs- und Solidaritätsfähigkeit* zu führen und dass deren Umsetzung in der Institution Schule kontinuierlicher *gesellschaftlicher Demokratisierungsbemühungen* bedarf (Klafki, 1996, S. 89 f.). Unter dem Terminus *konstruktiv* verweist Klafki zudem auf den erforderlichen durchgehenden Praxisbezug und somit auf das Handlungs-, Gestaltungs- und Veränderungsinteresse (ebd., S. 90).

Auch der Bildungsbegriff bleibt in der Kritisch-Konstruktiven Didaktik wie in der Bildungstheoretischen Didaktik weiterhin die zentrale Kategorie (Klafki, 1980, S. 32). Jedoch wird dieser nach Klafki zeitgemäßer und zukunftsoffener definiert (ebd.). Man könnte ihn daher in Anlehnung an Habermas (1998, 1999) auch als deliberativen Bildungsbegriff bezeichnen, der die Teilhabe an der Ausgestaltung dessen und die Kommunikation darüber, was Bildung bewirken soll, betont. Hiermit ist ein demokratisches Verständnis von Bildung gemeint, das negative und positive Freiheitsrechte im Begriff der Bildung zu vereinen sucht. Bildung wird so durch Deliberation möglich und ermöglicht die Teilnahme am politischen und öffentlichen Diskurs.

Bildungsbegriff der Kritisch-Konstruktiven Didaktik von Wolfgang Klafki

„Bildung muß m.E. heute als selbsttätig erarbeiteter und personal verantworteter Zusammenhang dreier Grundfähigkeiten verstanden werden:

- als Fähigkeit zur Selbstbestimmung jedes einzelnen über seine individuellen Lebensbeziehungen und Sinndeutungen zwischenmenschlicher, beruflicher, ethischer und religiöser Art;
- als Mitbestimmungsfähigkeit, insofern *jeder* Anspruch, Möglichkeit und Verantwortung für die Gestaltung unserer gemeinsamen kulturellen, gesellschaftlichen und politischen Verhältnisse hat;
- als Solidaritätsfähigkeit, insofern der eigene Anspruch auf Selbst- und Mitbestimmung nur gerechtfertigt werden kann, wenn er nicht nur mit der Anerkennung, sondern mit dem Einsatz *für* diejenigen und dem Zusammenschluß *mit* ihnen verbunden ist, denen eben solche Selbst- und Mitbestimmungsmöglichkeiten aufgrund gesellschaftlicher Verhältnisse, Unterprivilegierung, politischer Einschränkungen oder Unterdrückungen vorenthalten oder begrenzt werden" (Klafki, 2007, S. 52, Hervorhebungen im Original).

„Dementsprechend ist Bildung als ‚Allgemeinbildung' in dreifachem Sinn zu bestimmen:

- Sie muß, wenn Bildung tatsächlich als demokratisches Bürgerrecht und als eine Bedingung der Selbstbestimmung anerkannt wird, *Bildung für alle* sein. – Dieses Bedeutungsmoment ist gegen die Festschreibung gesellschaftlich bedingter Ungleichheit der Chancen zur Entwicklung menschlicher Fähigkeiten gerichtet." (ebd., S. 53, Hervorhebung im Original)
- „Allgemeinbildung muß, sofern das Grundrecht auf die ‚freie Entfaltung der Persönlichkeit' gewährleistet werden soll, als *Bildung in allen Grunddimensionen menschlicher Interessen und Fähigkeiten* verstanden werden, also als Bildung
  - des lustvollen und verantwortlichen Umgangs mit dem eigenen Leib,
  - der kognitiven Möglichkeiten,
  - der handwerklich-technischen und der hauswirtschaftlichen Produktivität,
  - der Ausbildung zwischenmenschlicher Beziehungsmöglichkeiten, m.a.W.: der Sozialität des Menschen,
  - der ästhetischen Wahrnehmungs-, Gestaltungs- und Urteilsfähigkeit,
  - schließlich und nicht zuletzt der ethischen und politischen Entscheidungs- und Handlungsfähigkeit" (ebd., S. 54, Hervorhebung im Original).
- „Sie muß, sofern das Mitbestimmungs- und das Solidaritätsprinzip konkret eingelöst werden sollen, einen verbindlichen Kern des Gemeinsamen haben und insofern *Bildung im Medium des Allgemeinen* sein [...]. Anders formuliert: Allgemeinbildung muß verstanden werden als Aneignung der die Menschen gemeinsam angehenden Frage- und Problemstellungen ihrer geschichtlich gewordenen Gegenwart und der sich abzeichnenden Zukunft und als Auseinandersetzung mit diesen gemeinsamen Aufgaben, Problemen, Gefahren." (ebd., S. 53, Hervorhebung im Original)
- „Abkürzend kann man von der Konzentration auf *epochaltypische Schlüsselprobleme* unserer Gegenwart und der vermutlichen Zukunft sprechen" (ebd., S. 56, Hervorhebung im Original).

Epochaltypische Schlüsselprobleme sind z.B.: 1. die *Friedensfrage*, 2. die *Umweltfrage*, 3. die *gesellschaftlich produzierte Ungleichheit*, 4. die *Gefahren und Möglichkeiten der neuen technischen Steuerungs-, Informations- und Kommunikationsmedien*, 5. die *Subjektivität des Einzelnen und die Ich-Du-Beziehung* (Klafki, 1996, S. 56 ff.). Diese Schlüsselprobleme haben bis heute an Relevanz noch zugenommen, weitere Fragen kommen in der Gegenwart dazu und verschärfen sich, wie z.B. die weltweite Ungleichheit im Rahmen der Globalisierung, Migrationsbewegungen oder die Beziehung der Geschlechter zueinander. Ein Unterricht, der sich angemessen der Thematisierung von Schlüsselproblemen widmet, ist nach Klafki „*Problemunterricht*" (ausführlich dazu Klafki, 1996, S. 66). Dieser sollte als Epochalunterricht angelegt sein (ebd.). Um einen solchen Problemunterricht umzusetzen, bedarf es der Entwicklung eines flexiblen Modells, das dem offenen und problemorientierten Konzept Rechnung trägt (Klafki, 1985, S. 137). Klafki selbst entwickelt in diesem Zusammenhang ein (vorläufiges) Perspektivenschema zur Unterrichtsvorbereitung, das im Folgenden näher vorgestellt wird (▶ Abbildung 18).

Das (vorläufige) Perspektivenschema zur Unterrichtsplanung

Klafkis „(vorläufiges) Perspektivenschema zur Unterrichtsplanung" (▶ Abbildung 18) besteht aus sieben Problemfeldern bzw. Fragedimensionen (ausführlich z.B. Klafki, 2007, S. 270 ff.), wovon einige neu entwickelt wurden und andere bereits in der didaktischen Analyse der Bildungstheoretischen Didaktik Verwendung fanden (siehe Fragen 1, 2, 3, 4, 6).

> „Die drei Fragen des *ersten Komplexes* – nach *Gegenwartsbedeutung*, vermuteter *Zukunftsbedeutung* und nach der *exemplarischen Bedeutung* – richten sich primär auf die *Begründbarkeit*, d.h. dienen der Prüfung, *ob eine ins Auge gefasste Thematik* (einer Unterrichtseinheit, eines Projekts oder einer Lehrgangssequenz bzw. eines bestimmten Teillernelementes einer solchen Einheit, eines Projekts oder einer Sequenz) *und die sie konstituierenden allgemeinen Ziele didaktisch begründbar* sind. Der *zweite Komplex*, der die Hauptfragen 4 und 5 umfaßt, zielt – auf der Basis des Begründungszusammenhangs – darauf, notwendige oder mögliche *Strukturierungen und Teillernziele* (4. Frage) sowie Formen der *Erweisbarkeit* der im Lernprozeß angeeigneten Erkenntnisse und/oder Fähigkeiten (5. Frage) herauszuarbeiten. Die 6. Hauptfrage zielt auf *Zugänglichkeit und Darstellbarkeit* des zielorientierten Themas, die 7. Hauptfrage auf die *Übersetzung* der durch die vorangegangenen Fragen ermittelten Momente in einen *sukzessiven Lehr-Lernprozeß*." (Klafki, 2007, S. 270 f., Hervorhebungen im Original)

Klafki ist es in diesem Zusammenhang wichtig zu betonen, dass diese Fragenkomplexe nicht systematisch zu trennen sind und die tatsächliche Unterrichtsplanung nicht immer in der durchnummerierten Reihenfolge vorgenommen werden muss (ebd., S. 271). Das (vorläufige) Perspektivenschema zur Unterrichtsvorbereitung sei v.a. als ein „*Problematisierungsraster*" anzusehen, das Dimensionen und generelle Kriterien des Unterrichts bzw. der Unterrichts-

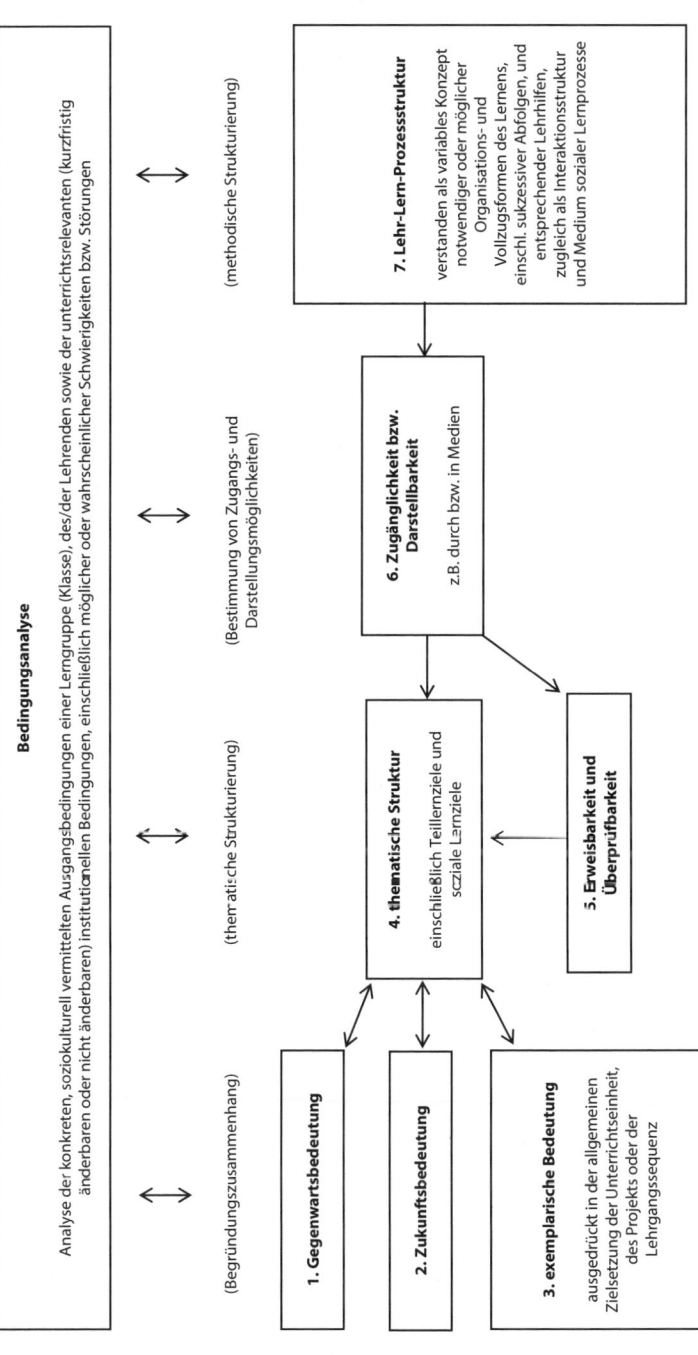

Abbildung 18: (Vorläufiges) Perspektivenschema zur Unterrichtsplanung (Klafki, 1996, S. 272)

planung benennt und freilegt, sowie zugleich auch Freiräume lässt, begründete, konkrete Entscheidungen in der jeweiligen praktischen Situation zu treffen bzw. anpassen zu können (ebd., S. 266).

Rezeption

Auch die Kritisch-Konstruktive Didaktik Klafkis erfuhr eine Reihe kritischer Anmerkungen. Problematisiert wurde u.a.:

- dass ein stimmiges, Problemunterricht und Unterrichtsplanung systematisch miteinander verknüpfendes Gesamtkonzept fehle (Jank & Meyer, 2014, S. 234);
- das weiterhin bestehende unterrichtsmethodische Defizit, mit dem die Verbindung zwischen den differenziert ausgearbeiteten Bildungszielen und der Umsetzung in der Unterrichtspraxis abstrakt bliebe (ebd., S. 237 f.);
- die z.T. willkürliche Anzahl und Auswahl der Schlüsselprobleme (Peterßen, 2001, S. 92 f.).

Zwar haben diese Kritiken wichtige Punkte benannt und sind insofern weitgehend zutreffend. Gleichwohl aber bleibt Klafkis Entwurf in seiner Ganzheitlichkeit und Zielsetzung einzigartig. Das Festhalten an einem in anthropologisch-demokratische Richtung weiterentwickelten Bildungsbegriff ist aus unserer Sicht eine Stärke, bei allen Unklarheiten, die hiermit verbunden sein mögen. Der sich darin zeigende normative Überschuss erscheint uns für schulische Bildung geradezu notwendig, will Schule sich nicht als mit Lerntechnologien verkürzte Anstalt verstanden wissen. In Klafkis Bildungsbegriff kommt der Anspruch herausragend zur Geltung, den das Grundgesetz an die Schule stellt: Mündige und demokratiefähige Bürgerinnen und Bürger zu bilden!

7.1.4 Lerntheoretische Didaktik – Berliner Modell

Ein weiteres, bis heute sehr einflussreiches und viel rezipiertes didaktisches Modell in der Lehrkräftebildung stammt von den Berliner Autoren Paul Heimann und seinen Schülern Gunter Otto und Wolfgang Schulz. Das *Berliner Modell* der *Lerntheoretischen Didaktik* etablierte sich in den 1960er Jahren im Zuge eines neu eingeführten Lehrkraftbildungsgesetzes (Heimann, 1972, S. 8 f.). Dieses implementierte eine verlängerte Praxisphase, das „Didaktikum", in das Lehramtsstudium (ebd.). Durch die Verknüpfung von Theorie- und Praxisphasen sollte es neues Ziel der Lehrkräftebildung sein, eine möglichst praxisnahe Lehramtsausbildung zu etablieren und alle fachlichen und pädagogischen Studiendisziplinen wie auch die schulpraktischen Lerngelegenheiten sinnvoll miteinander zu verschränken (ebd.). Mit dieser Grundintention ist die Lerntheoretische Didaktik nicht zuletzt als Gegenentwurf zur Bildungstheoretischen Didaktik Klafkis entwickelt worden. Vor allem Paul Heimann als einer der schärfsten Kritiker Klafkis vertritt die Hypothese, „daß der ‚Bildungsbegriff' vielleicht grundsätzlich ungeeignet ist, auf ihm eine praktikable Didaktik aufzubauen", da dieser zu stratosphärenhaft, zu ideologisch aufgeladen sei (Heimann, 1976, S. 146). Heimann hingegen betonte als Zentralkategorie der Didaktik den Begriff des „Lernens" und hielt diesen für sinnvoller, da er weiter gefasst sei und den gesamten Unterricht mit allen Prozessen zu erfassen vermag (ebd., S. 147). Entsprechend wird der Begriff der Didaktik von Heimann (1972) gefasst, als die

> „Theorie des Unterrichts [...], der Unterricht als Ort, wo die ungelösten Fragen der didaktischen Gesamtsituation als konkret zu lösende Lehr- und Lernprobleme auftreten. Einer solchen Theorie kommt es zu, alle im Unterricht auftretenden Erscheinungen unter wissenschaftliche Kontrolle zu bringen. Dabei ist grundsätzlich die Totalerfassung aller im Unterrichtsgeschehen wirksamen Faktoren angestrebt. In der konkreten Analyse und Planung kann dieses theoretische Modell immer nur approximiert werden. Die Begriffsbildung orientiert sich weniger an einer bildungstheoretischen als an einer schlichten lerntheoretischen Auffassung von Unterricht." (ebd., S. 9, Hervorhebung im Original)

Heimann charakterisiert die Besonderheiten des Lerntheoretischen Ansatzes weiter wie folgt (ebd., S. 9 f.):

- Es handelt sich um eine Theorie, die kollektiv von einer Gruppe (u.a. Erziehungswissenschaftlerinnen und -wissenschaftler, Schulpädagoginnen und -pädagogen, Fachdidaktikerinnen und -didaktiker) und nicht einem Einzelnen ausgearbeitet wurde.
- Unterricht wird als Prozess und Vorgang größtmöglicher „Faktorenkomplexion" angesehen, wobei das adäquate theoretische Verhalten in der vieldimensionalen Reflexion über alle Phasen des tatsächlichen Unterrichtsverlaufs besteht.
- Der Lerntheoretische Ansatz ist als offenes, nicht aber als normatives, programmatisch und inhaltlich festgelegtes System mit konkreter Anweisungsfunktion konzipiert, wodurch wertfreie theoretische Betrachtungen von Unterricht auf kategorial-analytischer Grundlage ermöglicht werden.
- Unterricht wird als ein strukturiertes (Inter-)Aktionsfeld angesehen, in dem eindeutig zu benennende Entscheidungen (als Akt der Freiheit) zu fällen sind, z.B. für bestimmte Unterrichtsziele, Inhalte, Verfahren und Medien. Sache der Theorie ist es zu klären, welche Bedingungen von Unterrichtsentscheidungen vorliegen und die an ihnen beteiligten Real- und Idealfaktoren

zu ermitteln und ggf. (kollektive oder Einzel-)Entscheidungen zu modifizieren oder auch zu korrigieren.

- Unterrichtliche Entscheidungen sind soweit wie möglich an *Fakten, Realsituationen* und *wissenschaftlichen Erkenntnissen* zu kontrollieren.
- Die Lerntheoretische Didaktik trägt zur Schärfung eines wachen *Struktur-, Methoden* und *Problembewusstseins* bei.
- Durch die beständige Konfrontation mit gesellschaftlichen *Normen*, anthropologischen und sozialkulturellen *Fakten*, fachwissenschaftlichen *Inhalten* und bereitstehenden didaktischen Formen werden der Wille zur *Normenkritik*, die Fähigkeit zur *Faktenbeurteilung* und die Anbahnung eines didaktischen *Formenverständnisses* ausgebildet.

Die Beanspruchung der Theorie ergibt sich nach Heimann aus konkreten praktischen Ausbildungsanlässen, wenn z.B. Studierende oder Lehrkräfte in die Situation geraten bzw. die Aufgabe erhalten, Unterricht zu analysieren und selbst zu planen (Heimann, 1976, S. 151). Diese beiden Situationen, die des Analysierens und die des Planens, beziehen sich auf den gleichen Gegenstand, den Unterricht, und haben die gleiche kategoriale Basis, unterscheiden sich aber hinsichtlich ihrer Reflexionsarten (ebd.):

- Unterrichtsanalyse: Das Verhalten ist distanziert, emotional neutralisiert, erkennend, Zusammenhänge aufsuchend, zergliedernd, objektivierend.
- Unterrichtsplanung: Das Verhalten ist konstruktiv, kombinatorisch, erfinderisch, entscheidungsbedacht, engagiert.

Wie sich diese Unterschiede konkret zeigen, wird im Folgenden näher beschrieben.

Unterrichtsanalyse

Bei der Analyse von Unterricht unterscheiden die Autoren zunächst zwischen zwei Analyseschritten (Schulz, 1972, S. 23 ff.; ▶ Abbildung 19):

1. Strukturanalyse: Ziel ist zunächst die wertfreie Beschreibung allgemeiner Strukturen und Elemente, die den Unterricht betreffen, um etwa Schwerpunkte und Leerstellen zu identifizieren. Auf dieser Grundlage werden dann unter Berücksichtigung spezifischer Bedingungen Entscheidungen über Inhalte, Methoden, Medien und Intentionen getroffen.

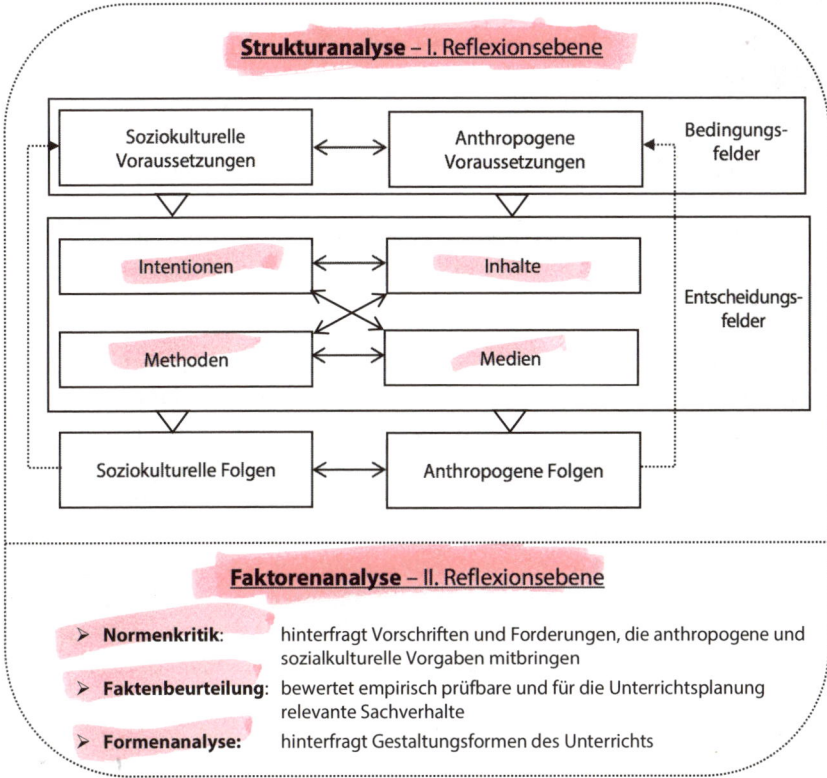

Abbildung 19: Struktur- und Faktorenanalyse des Unterrichts der Lerntheoretischen Didaktik (Riedl, 2010, S. 105)

2. Faktorenanalyse: Ziel ist die Untersuchung, Überprüfung von Bedingungen (z.B. gesellschaftlicher, politischer, individueller Art) der verschiedenen Entscheidungen, die die Lehrkräfte im ersten Analyseschritt, der Strukturanalyse, getroffen haben.

Strukturanalyse – I. Reflexionsebene

Unterricht als ein sehr komplexes Feld zeigt sich in vielfältigen Ausformungen und Darstellungsvarianten. Heimann und Mitarbeiter gehen nichtsdestotrotz davon aus, dass jeder Unterricht aus bestimmten konstanten Grundstrukturen besteht, die phänomenologisch ermittelt werden können (Heimann, 1976, S. 153). Sie selbst haben auf diese Weise kategoriale Grundelemente festgestellt, die systematisch sowie vollständig die Komplexität von Unterricht erfassen und erklären sollen:

„Mindestens *sechs Momente* konstituieren in ihrem Zusammenwirken Unterricht als absichtsvoll pädagogisches Geschehen: Die pädagogischen *Intentionen* (Absichten), die *Themen des Unterrichts* (Inhalte, Gegenstände), mit denen die Absichten verfolgt werden, die *Methoden* (Verfahren), die zur Bewältigung von Intentionen und Themen dienen sollen, schließlich die *Medien* (Mittel) der Verständigung zwischen den am Unterricht Beteiligten über Absichten, Gegenstände und Verfahren sind Strukturmomente, über deren Auswahl der Unterrichtende oder dessen Vorgesetzte *entscheiden* müssen." (Schulz, 1972, S. 23, Hervorhebungen im Original).

Hinzu kommen noch die anthropogenen Voraussetzungen (z.B. Informations-, Meinungs- und Entwicklungsstand) und die sozialkulturellen Voraussetzungen (z.B. räumliche, klassenspezifische Gegebenheiten) der Schülerinnen und Schüler, die es bei der Strukturanalyse zu beachten gilt (ebd.). Die ersten vier Strukturelemente: Intentionalität, Thematik, Methodik und Medien haben nach Heimann (1976) immer etwas mit *Entscheidungen* zu tun: Welche Absichten sollen mit welchen Inhalten unter Verwendung welcher Methoden und Medien verwirklicht werden (Planung) oder verwirklicht worden sein (Analyse)? (ebd., S. 154). Aus diesem Grund werden diese Strukturelemente auch als *unterrichtliche Entscheidungsfelder* bezeichnet (ebd.). Die Strukturelemente der anthropogenen und sozialkulturellen Voraussetzungen hingegen beschreiben *Bedingungen* unterrichtlichen Handelns, die feststehen und die bei unterrichtlichen Entscheidungen zu beachten sind, weshalb diese auch *Bedingungsfelder* heißen (ebd.). Alle diese sechs elementaren Strukturen bleiben stets *formal konstant*, können aber *inhaltlich variieren*, womit auch die unterschiedlichen „Erscheinungsformen" und Darstellungsvarianten von Unterricht zu erklären sind (ebd., S. 153). Wichtig ist zudem, dass alle sechs Strukturmomente in einem durchgehenden *Interdependenzzusammenhang* stehen, das heißt sich gegenseitig bedingen (ebd., S. 157). Die beschriebenen Strukturen stellen so etwas wie eine Matrix für unterrichtliche Handlungsmöglichkeiten dar (ebd., S. 161) und beschreiben zugleich mögliche Probleme und Leerstellen (Schulz, 1972, S. 23).

Faktorenanalyse – II. Reflexionsebene

In der zweiten Reflexionsstufe, der Faktorenanalyse, geht es nicht mehr darum, wertfrei bestimmte Strukturen und Elemente zu explizieren und Entscheidungen zu treffen (wie in der Strukturanalyse), sondern es geht (im Unterschied zu Klafkis Bildungstheoretischer Didaktik!) um das Hinterfragen der auf der ersten Ebene getroffenen Entscheidungen: Welche Bedingungen haben dazu geführt, dass die Lehrkraft diese oder jene Entscheidung getroffen hat? Welchen Einfluss darauf hatten z.B. politische und/oder institutionelle Vorgaben und/oder persönliche Einstellungen? Ziel der Faktorenanalyse ist es, dass der

> „in der Ausbildung stehende Student [...] mit der Existenz von Normen, Fakten und didaktischen Formen konfrontiert [wird], in der Absicht, ihn für *Normenkritik, Faktenbeurteilung* und *Formverständnis* aufzuschließen und auszurüsten; das bedeutet die Eröffnung von Argumentations-Horizonten, ohne die das Unterrichtsgeschäft blind betrieben werden müßte" (Heimann, 1976, S. 163, Hervorhebungen im Original).

Was genau unter den Begriffen Normenkritik, Faktenbewertung und Formverständnis zu verstehen ist, wird im Folgenden noch einmal näher ausgeführt:

- **Normenkritik:** Hinterfragt Vorschriften und Forderungen (z.B. Schulgesetze, Richtlinien, Verwaltungsordnungen), die anthropogene und sozialkulturelle Vorgaben beinhalten bzw. implizieren. Ziel ist eine distanzierte Analyse mittels permanenter Ideologiekritik (Heimann, 1976, S. 163 f.).
- **Faktenbeurteilung:** Untersucht empirisch auf Grundlage wissenschaftlicher, objektiver Aussagen einschlägiger Disziplinen (z.B. Soziologie, Lernforschung usw.) die für die Unterrichtsplanung konditionierenden (Sach-)Faktoren (ebd., S. 164).
- **Formverständnis:** Analysiert Gestaltungsformen des Unterrichts hinsichtlich historischer Wurzeln und Gebundenheit an ursprüngliche Voraussetzungen sowie hinsichtlich ihrer praktischen Bewährung (Schulz, 1972, S. 41 f.).

Unterrichtsplanung

Für die Unterrichtsplanung schlagen Heimann, Otto und Schulz die Verwendung der gleichen Begriffe vor wie für die Unterrichtsanalyse (Schulz, 1972, S. 43). Ebenso gelten bei jeder Unterrichtsplanung stets die drei folgenden übergeordneten Prinzipien (Heimann, 1972, S. 11):

1. **Interdependenz:** Alle den Unterricht konstruierende Momente werden im Verhältnis wechselseitig stehender Abhängigkeit betrachtet.
2. **Variabilität:** Aufgrund prinzipieller Unvorhersagbarkeit von Schülerinnen- und Schülerreaktionen in der Planung sind mehrere Verlaufsmöglichkeiten vorzusehen.
3. **Kontrollierbarkeit:** Der Unterrichtsplan ist so zu gestalten, dass das Maß seiner Erfüllung eruiert werden kann.

Weiterhin wird bei der Unterrichtsplanung unterschieden (Schulz, 1972, S. 46) in:

- **Strukturplanung:** Planung von 1. ganzen Unterrichtseinheiten über einzelne Zeiteinheiten hinweg sowie 2. einzelner Stunden mit Präzisierung von Bedingungen und Voraussetzung dieser Einzelstunden und deren Einordnung in den thematischen Gesamtzusammenhang.

- **Verlaufsplanung:** Planung und Beschreibung des konkret erwarteten Unterrichtsverlaufs mit dem intendierten Lehrkraftverhalten, entsprechend erwartetem Schülerverhalten und den didaktischen Kommentaren zur möglichen Umsetzung (z.B.: Mit welchen Methoden oder Medien können bzw. sollten die erwarteten Schülerinnen- und Schülerverhaltensweisen herbeigeführt bzw. unterstützt werden?). Bei der Verlaufsplanung sollte die Lehrkraft stets mit dem erwarteten Schülerinnen- und Schülerverhalten beginnen.

Zur Systematisierung der eben beschriebenen unterschiedlichen Unterrichtsplanungsaspekte dient die folgende Tabelle 12.

Tabelle 12: Planung von Unterricht nach dem Berliner Modell (leicht verändert nach Riedl, 2010, S. 108)

Grundprinzipien der Unterrichtsplanung	
➢ Interdependenz:	widerspruchsfreie Wechselwirkung der Planungsmomente
➢ Variabilität:	Alternativen bereitstellen, Zulassen von Variationen und Korrekturen von Unterrichtszielen und -prozessen
➢ Kontrollierbarkeit:	Vergleich der Unterrichtsplanung und -realisierung durch schriftliche Fixierung

Strukturplanung des Unterrichts	
Planung einer Unterrichtseinheit:	**Planung einer einzelnen Stunde:**
1. anthropogene Voraussetzungen (Informations-, Meinungs- und Entwicklungsstand der Schülerinnen und Schüler)	a) unmittelbare Voraussetzung der Stunde
	b) Intention
	c) Thema
2. sozialkulturelle Voraussetzungen	d) methodischer Schwerpunkt
3. Intention	e) bevorzugte Medien
4. Themenfolge	f) beabsichtigte Weiterführung des Unterrichts
5. methodischer Schwerpunkt	
6. bevorzugte Medien	

Verlaufsplanung		
erwartetes Schülerverhalten	geplantes Lehrerverhalten	didaktischer Kommentar

Hinweis: Bei der Verlaufsplanung sollte mit dem erwarteten Schülerinnen- und Schülerverhalten begonnen werden, da die Schülerinnen und Schüler im Zentrum einer Unterrichtsstunde stehen.

Rezeption

Auch die Lerntheoretische Didaktik erfuhr – wie bereits die Bildungstheoretische Didaktik und die Kritisch-Konstruktive Didaktik Klafkis – kritische Anmerkungen. Kritisiert wurde v.a.:

- dass die Interdependenz zwischen den einzelnen unterrichtsstrukturellen Momenten zu ungenau beschrieben und dargelegt sei (von Martial, 1996, S. 153);
- dass eine permanente Ideologiekritik nicht möglich sei, da die Lehrkräfte selbst Teil des Systems seien und von diesem bewusst, aber auch unbewusst beeinflusst würden (Blankertz, 1974, S. 110 ff.);
- dass der Lerntheoretischen Didaktik eine zugrundeliegende Lerntheorie fehle (Jank & Meyer, 2014, S. 272 f.);
- dass es eine Asymmetrie von Analyse und Planung gäbe, das heißt, es nicht ganz klar sei, wie man von der Analyse des Unterrichts zur Planung neuen Unterrichts gelangt (ebd., S. 275);
- dass die Lerntheoretische Didaktik eine sehr lehrkraftzentrierte Didaktik sei, was v.a. durch die weitgehende Beschränkung des Blicks auf die Entscheidungs- und Reflexionsebene der Lehrkraft bedingt sei (ebd.);
- dass die kognitive Lerndimension dominiere und weniger nach den Grundbedingungen des Lernens und ihrer Begründung gefragt, vielmehr jedoch ein technologisches Verfahren der Unterrichtsführung entwickelt würde (Reich, 1981, S. 64);
- dass das Modell keine Handlungsimpulse und Entscheidungsmaßstäbe vorgäbe (Riedl, 2010, S. 109).

Trotz dieser kritischen Anmerkungen gab es auch viel positives Feedback (Jank & Meyer, 2014, S. 276), wie z.B.:

- das Modell liefere ein halbwegs vollständiges Raster zur Erfassung von Unterricht;
- das Modell sei leicht verständlich;
- das Modell sei wertfrei und parteipolitisch neutral;
- das Modell sei fachunabhängig bzw. fachübergreifend.

7.1.5 Lehrtheoretische Didaktik – Hamburger Modell

Bereits Mitte der 1960er Jahre entwickelte Wolfgang Schulz, ein Schüler von Paul Heimann, die Lerntheoretische Didaktik zur Lehrtheoretischen Didaktik weiter. Diese Neukonzeption präsentierte er in den 1980er Jahren in Hamburg, daher auch *Hamburger Modell* genannt. Es greift auf Aspekte der Lerntheoretischen Didaktik zurück, wie z.b. auf Strukturmomente von Unterricht, die von Schulz jedoch nun als *Handlungsmomente* bezeichnet werden (Schulz, 1980, S. 85). Auch wird, wie schon bei der Lerntheoretischen Didaktik, ein Implikationszusammenhang zwischen den einzelnen unterrichtlichen Elementen angenommen (ebd.). Im Gegensatz zum Berliner Modell wird jedoch die Aufgabe der Lehrkraft nicht mehr darin gesehen, möglichst wertfreie Entscheidungen bei der Analyse und Planung von Unterricht zu treffen, sondern im Gegenteil *„emanzipatorisch relevanten"* Unterricht zu planen und umzusetzen (Schulz, 1981, S. 23).

> „Emanzipation steht in diesem Zusammenhang für die Befreiung von unkontrollierter Herrschaft von Menschen über Menschen; konkret auf Schule bezogen: Ablösung der Abhängigkeit von dieser ökonomisch-po-litisch-kulturellen Sozialisationsagentur zu kompetenter, selbstbestimm-ter, solidarischer Lebensführung" (ebd.).

Zentrale Zielkategorien eines solchen Unterrichts sind dementsprechend für Schulz *Kompetenz, Autonomie* und *Solidarität* (ebd., S. 35 ff.). Zudem soll durch das Hamburger Modell die starke Lehrkraftzentriertheit des Berliner Modells hin zu einer stärker auf die Schülerinnen und Schüler bezogenen Perspektive durch deren aktiven Einbezug bereits bei der Planung von Unterricht aufgehoben werden und damit die Lehrer-Schüler-Relation verbessert werden (ebd., S. 183). Schulz betont jedoch auch, dass er mit seinem neuen Modell kein Planungsrezept, das heißt konkrete Verhaltensvorschriften, vorlegt und keine Theorie voll entfalten will (ebd., S. 4). Vielmehr sei „die Darstellung eines allgemeindidaktischen Modells der Unterrichtsplanung, das alle Planungsebenen umfaßt", das intendierte Ziel (ebd.). Im Hamburger Modell rückt damit die Planungsarbeit in den Vordergrund (ebd., S. 183). Schulz selbst versteht damit sein Hamburger Modell in Abgrenzung zum Berliner Entscheidungsmo-dell als *Handlungsmodell* (ebd., S. VIII).

> „Dieses Modell soll helfen, Schulunterricht als ein soziales Handlungs-feld so zu begreifen, daß es den Handelnden in diesem Feld erleichtert wird, sich über die Planungselemente ihres Handelns zu verständigen, die Effektivität der Planung zu prüfen und die Bedingungen, unter de-nen die Übereinkünfte und ihre erfolgreiche Umsetzung angemessen erscheinen, zu hinterfragen" (ebd., S. 9).

Insgesamt führt Wolfgang Schulz vier verschiedene Planungsebenen auf, die sich entsprechend ihrer zeitlichen Abfolge und dem Grad ihrer Konkretisie-rung unterscheiden (in der nachfolgenden Aufzählung vom langfristig Allge-meinen zum kurzfristig Konkreten):

1. Perspektivplanung (z.B. Planung über ein Semester, ein Jahr, eine Schulstufe);
2. Umrissplanung (z.B. Planung von Unterrichtsreihen);
3. Prozessplanung (z.B. Planung konkreter, zeitlicher Unterrichtsschritte sowie Kommunikations- und Arbeitsformen einzelner Unterrichtsstunden);
4. Planungskorrektur (d.h. Änderungen und Korrekturen der Planung während der Realisierung im Unterricht) (ebd., S. 3).

Rezeption

In der heutigen Lehrkräftebildung spielt das Hamburger Modell kaum noch eine explizite Rolle. Gründe dafür werden v.a. darin gesehen:

- dass es zu aufwendig und damit impraktikabel für den Unterrichtsalltag sei (Peterßen, 2001, S. 68);
- dass zu schwierige, teils unverständliche Terminologien verwendet würden (ebd.);
- dass es zu alltagsfern und utopisch sei, da es von idealistischen Rahmenbedingungen und Schülerschaften ausginge (Jank & Meyer, 2014, S. 284);
- dass methodologisch ungeklärt sei, wie zentrale Begriffe wie Emanzipation oder Solidarität u.a.m. hergeleitet und konkret benannt werden (Reich, 1981, S. 67).

7.1.6 Weitere Ansätze in der Tradition der Lehr-Lerntheoretischen Didaktik

Im Bereich der Lehr Lerntheoretischen Didaktik hat es einige Weiterentwicklungen und relevante Ausdifferenzierungen gegeben. Hier sollen entlang der Darstellung von Straka und Macke (2002) wenigstens kurz die Ansätze von Aebli („Psychologische Didaktik"), Ausubel („Bedeutungsvolles verbales Lernen") und Bruner („Entdeckungslernen") vorgestellt werden.

Psychologische Didaktik

Hans Aebli beschreibt in seinem Werk „Didactique psychologique" (Aebli, 1951) eine auf psychologischen Theorien basierende Methodik für gelingenden Unterricht, angelehnt an den geistigen Entwicklungsstand und altersabhängige psychologische Prozesse von Heranwachsenden (Straka & Macke, 2002, S. 69). In den folgenden Darstellungen „Grundlagen des Lehrens" (Aebli, 1987a) und insbesondere in „Zwölf Grundformen des Lehrens" (Aebli, 1983, 1987b) geht er detailliert auf eine dreidimensionale Struktur der Grundformen des Lehrens ein, die sich in vielfältige weitere Dimensionen unterteilt: 1. das Medium, mit dem gelehrt und gelernt wird (Erzählen, Vorzeigen, Anschauen, Lesen, Texte verfassen); 2. der Lerninhalt, die Struktur, der/die erlernt werden soll (Erarbeitung eines Handlungsablaufs bzw. eines Handlungsschemas, Aufbau einer Operation, Bilden von Begriffen) sowie 3. der Lernprozess, der zum Lernergebnis führen soll (Problemlösen, Durcharbeiten, Üben und Wiederholen sowie Anwenden) (zur Übersicht siehe auch Straka & Macke, 2002, S. 70 ff.).

Bedeutungsvolles verbales Lernen

David Paul Ausubel hat eine kognitive Theorie schulischen Lernens konzipiert, die im Gegensatz zu den traditionellen psychologischen Lerntheorien *unmittelbar* auf die in Schule oder ähnlichen Lernumgebungen stattfindenden Lernprozesse und deren Umgebungsbedingungen abzielt (Straka & Macke, 2002, S. 89). Ausgehend von den beiden Prämissen (1) „Schulisches Lernen ist überwiegend *sprachlich vermitteltes Lernen*" und (2) „Schule hat die Aufgabe, dem Lernenden die *Aufnahme kulturell bereitgestellten Wissens zu ermöglichen und zu erleichtern*" (Straka & Macke, 2002, S. 89), entwickelt Ausubel die Theorie des „bedeutungsvollen verbalen Lernens" (Ausubel, 1961, 1963, 1966) als einen idiosynkratischen Akt[17] (Straka & Macke, 2002, S. 91). Das Ziel ist die Klärung der Frage, „*wie der Prozess der Aufnahme von Bedeutungen, die mit Hilfe sprachlichen Materials dargeboten werden, beschrieben und erklärt werden kann*" (ebd.). Damit liegt eine auf Übungsphasen des sprachlichen Lernens fokussierte Theorie vor, die zwar kognitive Fähigkeiten erwähnt, aber nicht weiter einbezieht, was u.a. auch Gegenstand der Kritik ist (ebd., S. 103).

Entdeckungslernen

Jerome Bruner (1915–2016) entwickelte, angeregt durch seine Beteiligung an der Entwicklung staatlicher Curricula in den USA und die damit verbundenen Unterrichtshospitationen (Straka & Macke, 2002, S. 107), die Theorie des *Entdeckungslernens* („discovery learning") (Bruner, 1960, 1965). Zentrale Kernpunkte sind das selbstständige, aktive Denken und das Problemlösen der jungen Lernenden. Lernaufgaben dienen der Vermittlung *kognitiver* Lernziele und spezifischer *Einstellungen*, wobei „weniger die inhaltliche (wissensmäßige) Dimension der Lernaufgaben" (Straka & Macke, 2002, S. 107) im Mittelpunkt steht, als die Ingangsetzung selbstständiger Informationsverarbeitungs- und

---

17 „Der Terminus ‚idiosynkratisch' dient in diesem Zusammenhang der Kennzeichnung der Zerbrechlichkeit (Empfindlichkeit) und des je individuellen Charakters der entsprechenden Prozesse (Akte) und ihrer Produkte." (Straka & Macke, 2002, S. 91).

Problemlöseprozesse von Schülerinnen und Schülern (ebd.). Den Lehrenden kommt in dieser Konzeption die Rolle als Identifikationsfigur und Vorbild zu, die die Lernenden bei Problemlösestrategien und auftretenden Schwierigkeiten unterstützen mit dem Ziel, dass sie intrinsische Motivation entwickeln und ihre eigenen Fähigkeiten und Kompetenzen einzuschätzen lernen (ebd., S. 118).

7.1.7 Konstruktivistische Didaktik

Während zwischen den 1950er und den späten 1970er Jahren eine „Hochphase" der (allgemein-)didaktischen Theorie- und Modellbildungen zu verzeichnen war, ebbte diese Entwicklung in den 1980er Jahren zunächst ab (Peterßen, 2001, S. 131). Erst Mitte der 1990er Jahre rief die Konstruktivistische Didaktik wieder eine „heilsame Unruhe [in den] gegenwärtigen Schlafzustand didaktischer Theoriebildung" hervor (ebd.). Die konstruktivistischen Theorieansätze haben zu sehr substanziellen und nachhaltigen Veränderungen in Bezug auf das Verständnis didaktischen Handelns in Schule und Unterricht sowie des Lernens insgesamt und auf das Rollenverständnis und die Rollenverteilung aller Agierenden geführt (vgl. Reich, 2004). Welche dies genau sind, wird zum Ende dieses Abschnitts näher erläutert (▶ Tabelle 13).

Ausgangspunkt und Grundannahme des Konstruktivismus und aller konstruktivistischen Ansätze ist zunächst, dass *alles Wissen relativ* ist (Reich, 2005b, S. IX). Es ist stets abhängig von der Position der Beobachtenden, deren Wahrnehmungen und Wirklichkeitsbehauptungen, wodurch jeder Mensch eine eigene Wirklichkeit und eigenes Wissen konstruiert (ebd.). Wie genau das Verhältnis von Mensch und Wirklichkeit bestimmt ist und auf welche Weise, unter welchen Bedingungen Weltsicht und Wissen konstruiert werden, darin unterscheiden sich die konstruktivistischen Ansätze (siehe ausführlich hierzu z.B. Pörksen, 2015; Siebert, 2008). So fokussiert etwa der Ansatz des radikalen Konstruktivismus vor allem auf subjektivistische Vorgänge, wohingegen die sozialen und kulturalistischen Konstruktivismen stets „das Verhältnis der Subjekte zu ihrer Umwelt, zur Natur und Gesellschaft [im] historischen, sozial-kulturellen Kontext" in den Fokus stellen (Reich, 2001, S. 368).

Ausgehend von den unterschiedlichen konstruktivistischen Hintergrundtheorien wurden entsprechend viele, z.T. sehr unterschiedliche Didaktiken entwickelt, die zumeist unterschiedliche Fokusse bei der Ausgestaltung und den Aufgaben einer Konstruktivistischen Didaktik legen. Im Folgenden sind einige Konstruktivistische Didaktiken aufgeführt (zur Übersicht vgl. auch Jank & Meyer 2014, S. 297 ff.):

- Kersten Reich: Systemisch-konstruktivistische Pädagogik;
- Rolf Huschke-Rhein: Systematische Pädagogik;
- Horst Siebert: Lernen als Konstruktion von Lebenswelten;
- Edmund Kösel: Subjektive Didaktik.

Trotz aller Differenzen teilen alle konstruktivistischen Ansätze und Didaktiken auch wesentliche, gemeinsame Grundannahmen, die im folgenden Infokasten aufgeführt sind.

Konstitutive Merkmale des Konstruktivismus (Jank & Meyer, 2014, S. 289 ff.):
1. Lebewesen sind informationell *geschlossene Systeme*, das heißt, das Gehirn deutet und bewertet neuronale Signale von außen stets nach eigenentwickelten Kriterien und übernimmt diese nicht einfach;
2. Wissen und Erkenntnisse sind aufgebaut durch eigenes *Handeln*;
3. kognitive Strukturen sind *selbstorganisiert* und *selbstreferentiell*;
4. Selbstorganisation ist durch *innere Struktur* determiniert;
5. Ausformung der Selbstorganisation geschieht nach *Funktionalität*;
6. eigens aufgebaute Wirklichkeitskonstruktionen sind *strukturdeterminiert, variabel* und folgen dem Prinzip der *Soziabilität*;
7. alles Wissen ist stets *vorläufig* unter dem Vorbehalt, dass mit zunehmendem und/oder anderem Wissen auch andere Wirklichkeitskonstruktionen viabler (d.h. brauchbarer, geeigneter) sind.

Im folgenden Abschnitt wird exemplarisch die Systemisch-Konstruktivistische Didaktik von Kersten Reich in ihren Kerngedanken ausgeführt und aufgezeigt, welche didaktisch-methodischen Folgerungen sich vor dem Hintergrund eines solchen didaktischen Ansatzes auf das Lehren und Lernen in Schule und Unterricht ableiten lassen.

Systemisch-Konstruktivistische Didaktik nach Kersten Reich

Reich selbst versteht seinen Ansatz als „interaktionistischen Konstruktivismus", nennt

> „die Orientierung aber systemisch-konstruktivistisch, weil diese Begrifflichkeit zur Zeit vielen vertrauter ist. Der Begriff systemisch ist aber nicht als systemtheoretisch – wie bei Luhmann – zu verstehen, sondern bezieht sich auf das Konzepte zur systemischen Beratung [...]. Im Gegensatz zu anderen pädagogischen Ansätzen will eine systemisch-konstruktivistische Pädagogik kein Wissen abbilden, keine möglichst voll-

ständigen Lehrpläne erzeugen, kein wertfreies Modell darstellen, auch keine Aufklärungspädagogik proklamieren, die schon *vor* Beteiligung ihrer Teilnehmer weiß, was für diese gut sein wird." (Reich, 2005b, S. X, Hervorhebung im Original)

Reich möchte im Unterschied zu den „klassischen" Allgemeindidaktiken (wie z.b. Klafkis Entwürfe) insbesondere darauf hinweisen,

> „dass aus konstruktivistischer Sicht die Didaktik nicht mehr eine Beschreibungstheorie und nicht mehr ein normatives Konstrukt mit methodischen Tipps und Regeln für Lehrende ist, sondern den Lerner als so zentral ansieht, dass dieser auch als eigener Didaktiker erscheint. Diese These [...] besagt, dass es im Lernen für jeden Lerner erforderlich ist, sich in seinen Lernprozessen zugleich eine Didaktik zu erfinden oder entdecken zu können, die auf die Lernsituation passt." (Reich, 2005a, S. 187)

Reich nimmt damit Abstand von den traditionellen stark lehrkraft- und inhaltszentrierten didaktischen Ansätzen und postuliert eine *„Beziehungsdidaktik"* (Reich, 2008, S. 22), in der v.a. der „Lerner", mithin die Lernenden im Fokus stehen. Sowohl Lehrende als auch Lernende werden in Reichs Ansatz als Didaktikerinnen und Didaktiker verstanden, wobei auf *Selbstständigkeit, Selbstverantwortung* und *Selbstbestimmung* der Lernenden besonders viel Wert gelegt wird (ebd., S. 29).

Folgende drei Elemente sind nach Reich (2008) mit einer solchen Didaktik zu berücksichtigen: das Symbolische, das Imaginäre und das Reale.

- *Das Symbolische*: Bei jedem Kommunikationsprozess sowie Informationsaustausch erscheinen Zeichen „als signifikante Gesten, Buchstaben, Worte, Begriffe oder Sätze, die mit Bedeutung versehen sind" (Reich, 2005b, S. 75). „Ein Gesamt von Bedeutungen [ist] symbolisch, insofern damit bestimmte permanente Dinge, Objekte, Gegenstände oder Sachverhalte bezeichnet sind, die der Mensch in Übereinstimmung mit anderen Menschen – innerhalb einer bestimmten Zeit und eines bestimmten Geltungs- und Verständigungsraumes – konstruiert" (ebd., S. 75). Damit bezeichnen symbolische Leistungen etwas, „was ‚hinter' den Zeichen, Worten, Begriffen, bloßen Sätzen, die wir sprechen, steht, was neben dem Gesprochenen oder Geschriebenen auch zugleich eine Intention, einen Sinn ausdrückt" (Reich, 2008, S. 104).
- *Das Imaginäre*: Das Imaginäre ist im Gegensatz zum Symbolischen viel offener (Reich, 2008, S. 108). Es erscheint dem Menschen als „inneres Verhalten, zu dem wir zwar keinen direkten Zugang haben, über das uns jedoch

durch Körpersprache und Aktionen Vermutungen entstehen und über die wir intuitiv urteilen; hier vermuten wir ein Begehren, Begierden, Bedürfnisse, insgesamt Vorstellungen und Gefühle, die in dem symbolischen Umgang meist verdeckt oder verborgen bleiben" (Reich, 2005b, S. 74).

- *Das Reale*: Meint nicht „einfache Widerspiegelungen oder Abbildungen einer äußeren Realität in eine innere Ordnung" (Reich, 2008, S. 114). Die „Dinge da draußen" sind nicht die Realität, „denn in alle Auffassungen über solche äußere Realität dringt immer das individuelle Vorverständnis – aus soziokulturellen Setzungen, wertenden Annahmen, bisherigen Theorienbildungen usw. – mit ein" (ebd.). Es ist dem Menschen „nicht möglich, perspektivenfrei auf eine Realität zu schauen und diese neutral (in ihrer vermeintlichen Tatsächlichkeit) wiederzugeben. Insofern sprechen Konstruktivisten davon, dass wir unsere Realität [selbst] konstruieren." (ebd.)

Nach Reich (2005b, S. 75) sind alle Perspektiven zirkulär miteinander verbunden. So ist das

„Reale der Grund, auf den das Symbolische und das Imaginäre sich beziehen; das Symbolische ermöglicht das Denken und die Verständigung mit anderen über das Reale; das Imaginäre schließt uns den Zugang zu anderen Menschen überhaupt erst auf, indem es Aspekte der Beziehungen zugänglich macht, die in der symbolischen Kommunikation verborgen oder verdeckt bleiben" (Jank & Meyer 2014, S. 295).

Zur Umsetzung einer Systemisch-Konstruktivistischen Didaktik in Schule und Unterricht sind nach Reich die drei Bereiche: 1. „die symbolische Realität", 2. „die imaginäre Realität", 3. „die Grenzen der Realitätskonstruktionen" zu entfalten (Reich, 2005b, S. 115 ff.). Diese „Entfaltungsaufgaben" wiederum sind mittels dreier grundlegender didaktischer Beobachtungsperspektiven bzw. Denk- und Handlungsweisen im Unterricht umzusetzen (Reich, 2005b, S. 119): der Konstruktion, der Rekonstruktion, der Dekonstruktion.

- *Konstruktion*: „Konstruktionen sind Handlungen, in denen Lernende etwas selbst erfahren, ausprobieren, erfinden, experimentieren, in eigene materielle oder ideelle Konstruktionen überführen, die für sie viabel (mit Interessen, Motiven, Gefühlen, Assoziationen verbunden und auf Handlungen wirksam bezogen) sind" (Reich, 2004, S. 106). Das Grundmotto lautet: *„Wir sind Erfinder unserer Wirklichkeit!"* (Reich, 2005b, S. 119, Hervorhebung im Original)
- *Rekonstruktion*: „Rekonstruktionen sind [...] jene Entdeckungen, die vermittelt über den konstruktiven Anteil, an das bisherige kulturelle Wissen, an Praktiken, Routinen und Institutionen anschließen, um sich in einer Kul-

tur zu orientieren und verständigen zu können" (Reich, 2004, S. 106). Das Grundmotto lautet: *„Wir sind Entdecker unserer Wirklichkeit!"* (Reich, 2005b, S. 119, Hervorhebung im Original)

- *Dekonstruktion*: „Dekonstruktionen zeigen Ergänzungen, Modifikationen, Kritikmöglichkeiten an bisher gängigen Erklärungen, Bedeutungen, Verständigungen. Sie ermöglichen Verstörungen, um zu neuen Lösungen zu gelangen oder bekannte Lösungen in Frage zu stellen." (Reich, 2004, S. 106) Das Grundmotto lautet: *„Es könnte auch anders sein! Wir sind die Enttarner unserer Wirklichkeit!"* (Reich, 2005b, S. 119, Hervorhebung im Original)

Diese drei Grundperspektiven und die zuvor beschriebenen Erläuterungen haben, wie bereits eingangs erwähnt, bedeutsame Auswirkungen auf das Verständnis von Lernen im Unterricht und dessen Durchführung, Planung sowie die Rollenverteilung der Akteure, aber auch auf die im Unterricht einzusetzenden Methoden und Medien (Reich, 2004, S. 107; ▶ Tabelle 13).

Wie in Tabelle 13 sichtbar, rücken v.a. die Selbstständigkeit und die Selbstbestimmung der Schülerinnen und Schüler in den Mittelpunkt der Didaktik. Lernende sollen selbstverantwortlich re- und dekonstruktiv im Unterricht tätig werden und sowohl bei dessen Planung als auch bei dessen Evaluation aktiv beteiligt sein. Anders als in den klassischen Didaktiken, wie z.B. in der Bildungstheoretischen Didaktik Klafkis, die stark lehrkraftzentriert ist, werden in der Systemisch-Konstruktivistischen Didaktik Reichs die Lehrkräfte nicht als Auslösende von Schülerinnen- und Schülerlernen gesehen, sondern eher als Lernberatende, Coaches und/oder Moderierende, die den Lernenden helfen und sie unterstützen und/oder anregen, selbstständig und selbstverantwortlich zu lernen. Terhart (2009b) stellt fest, dass die Konstruktivistische Didaktik damit die Verbindung zwischen Lehren und Lernen „entkoppelt" (ebd., S. 146). „Das bedeutet: Unterricht (Lehren) kann Lernen nur wahrscheinlicher machen, nicht aber erzeugen. Lernen selbst wird zur konstruierenden Tätigkeit der Lernenden selbst" (ebd.). Dieses Vorgehen erfordert nach Reich zum einen eine große methodische Offenheit und zum anderen ein verändertes Lern-und Rollenverständnis aller Akteure im Unterricht, da eben nicht nur die Lehrkräfte als Didaktikerinnen und Didaktiker gesehen werden, sondern eben auch die Lernenden (Reich, 2004, S. 107).

Kersten Reich formuliert auf der Grundlage dieser konstruktivistischen Lernprinzipien selbst einige Hinweise, wie Unterricht aus Perspektive der Systemisch-Konstruktivistischen Didaktik geplant werden kann. Diese sind jedoch nicht als starre Handlungsanweisung zu verstehen, sondern vielmehr als Orientierungsraster. Nach Reich ist Unterrichtsplanung stets *Handlungsplanung*, die aus drei Perspektiven betrachtet und entwickelt werden kann (in der nachfolgenden Aufzählung vom langfristig Allgemeinen zum kurzfristig Konkre-

Tabelle 13: Ausgewählte Grundanliegen Konstruktivistischer Didaktik nach Kersten Reich (leicht verändert nach Reich, 2004, S. 107)

	Beobachtungsrelevante Unterscheidungen in didaktischen Prozessen		
	Konstruktion	Rekonstruktion	Dekonstruktion
Interaktiver Ansatz	Zirkularität von Inhalten und Beziehungen beachten Symbolisches – Imaginäres – Reales als Beobachter-, Teilnehmer- und/oder Handlungsperspektive		
Lernen	*Learning by Doing:* so viel wie möglich	Reproduktion von Wissen: so viel wie nötig	Halbwertzeit des erlernten Wissens beachten
Lernbedingungen	selbstorganisiertes Lernen mit möglichst hoher Eigenständigkeit	„erfolgreiches" Lernen rekonstruieren	eigenes Lernen und Lernbedingungen kritisieren
Rolle der Lehrenden	Moderatorin/Moderator und Visionärin/Visionär, die oder der sich als Lernerin/Lerner versteht	Mehrwisserin/-wisser, aber kein(e) Besserwisserin/-wisser	Macht der Manipulation erkennen
Rolle der Lernenden	freie(r) Konstrukteurin/Konstrukteur, Didaktikerin/Didaktiker und Visionärin/Visionär	Einsicht in Notwendigkeiten	Widerstand und Ablehnung sind möglich
Planung und Methoden/Medien	Unterricht gemeinsam planen	Notwendigkeiten gemeinsam erörtern und begründen	Planung kritisch gemeinsam evaluieren und Konsequenzen daraus ziehen
Partizipatives Lehren und Lernen	Sinn und Regeln gemeinsam erfinden	Sinn und Regeln aus Einsicht übernehmen	Sinn und Regeln hinterfragen und kritisieren
Konstruktives Lehren und Lernen	Selbstbestimmung möglichst weit ermöglichen	Selbsttätigkeit als Mindestbasis für reproduktives Lernen	methodische Armut im Unterricht erkennen und beseitigen
Systemische Benotung	qualitatives Feedback konstruktiv entwickeln	Zielvereinbarungen treffen und systemisch benoten	Grenzen des Notensystems reflektieren und bewusst machen
Evaluation	eigene Lerngruppenentwicklung und z.B. Schulentwicklung (Schule neu erfinden) unter Beachtung anderer Systeme (z.B. Familie oder Gesellschaft)		

ten): Elementare Planung, Ganzheitliche Planung, Situative Planungsreflexion (Reich, 2008, S. 238 ff.).

Rezeption

Trotz vieler Würdigungen finden sich auch zu Reichs Didaktik kritische Anmerkungen, die sich auf die folgenden Aspekte beziehen:

- Das Modell sei z.T. sehr anspruchsvoll (aber auch entlastend zugleich), da vieles unsicher für die Lehrkraft sei und die Lernprozesse der Lernenden von den Lehrkräften nur begrenzt planbar seien. Diese könnten nur geeignete Lernumgebungen bzw. Anregungen für Schülerinnen und Schüler schaffen, die Selbstverantwortung für das Lernen hingegen läge bei den Schülerinnen und Schülern selbst (Reich, 2011, S. 62).
- Es existiere z.T. eine Widersprüchlichkeit bereits im Ansatz. So würden auf der einen Seite alle konstruktivistischen Grundsätze anerkannt und auf der anderen Seite Praxisanregungen (für z.B. Unterrichtsplanung) gegeben (Peterßen, 2001, S. 121).
- Es handle sich nicht um eine „homogene neue Theorie der Allgemeinen Didaktik" (Terhart, 1999, S. 644), sondern vielmehr um „eine aller Inhaltlichkeit weitgehend entkernte Prozessdidaktik" (ebd., S. 645).
- Im Kontext eines (radikal-)konstruktivistischen Denkens, in dem die Wirklichkeit immer individuell konstruiert wird und jede Konstruktion Berechtigung hat, sei schulische Leistungsbeurteilung nicht möglich (ebd., S. 644).
- Fehlende „nähere Auseinandersetzung mit dem Wissensbegriff, d.h. damit, was es zu lernen gilt. Menschen erwerben aber nicht nur Wissen im kognitiven Sinne. Sie sind aufgrund ihrer anthropologischen Grundausstattung darauf angelegt, neben solchem Wissen auch Wertvorstellungen, Normen, Moral zu erwerben, um leben zu können." (Peterßen, 2001, S. 129)
- Die „konstruktivistische Didaktik [hat] keine wirklich radikal neuen Formen für die Praxis des Unterrichtens anzubieten [...], sondern sich an solchen (bekannten) methodischen (!) Formen orientiert, die selbständiges Lernen, entdeckendes Lernen, praktisches Lernen, kooperatives Lernen in Gruppen sowie erfahrungs- und handlungsorientiertes Lernen fördern wollen" (Terhart, 1999, S. 645).
- „Konstruktivismus ist eher eine Form des Wissens, aber nicht eine Form des Unterrichtens. Unterricht kann auf instruktionale Elemente nicht verzichten [...]. Natürlich werden auch allgemein notwendige Wissensbausteine im Unterricht individuell variiert gelernt, aber ihre sachliche Substanz bleibt erhalten (Satz des Pythagoras, die Buchstaben und Zahlen, Vokabeln); anders gesagt: Man muss etwas wissen, um eigenständig Erkenntnisse zu konstruieren." (Gudjons, 2012, S. 254)

7.1.8 Überlegungen zu einer deliberativen Didaktik

In Abschnitt 6.6 haben wir einen Vorschlag unterbreitet, die Profession der Lehrkräfte auch unter dem Gesichtspunkt der Deliberation als des Austauschs von Gründen zu verstehen. Was dies für das Unterrichten bedeuten kann, wird in diesem Abschnitt näher beschrieben. Zunächst lässt sich ganz allgemein sagen, dass wir den Modus des Gründe-Gebens und des Gründe-Nehmens für den zentralen Kommunikationsmodus halten. In der Schule gilt dies in besonderer Weise, weil gerade Schülerinnen und Schüler in eine solche (demokratische) Sprachpraxis des Austauschs von Gründen eingeführt werden müssen und diese, einmal verstanden, immer wieder trainiert werden muss. Dies bedeutet, dass die normale Kommunikation im Schulalltag jene Erfordernisse aufgreifen soll (von denen Kant schon wusste, indem er forderte, dass Handlungen der Lehrkraft transparent und aus Gründen zu erfolgen haben), aber auch die spezifischen Planungen des Unterrichts darauf zu achten haben, dass es Möglichkeiten gibt, Deliberation einzuüben. Man denke nur daran, dass beispielsweise „Argumentieren" im Mathematikunterricht bereits ausdrücklich als Kompetenz zu erwerben ist und auch im Deutschunterricht neben der „Argumentation" als Textsorte auch der gesamte Bereich „Sprache untersuchen" darauf abzielt, durch Ausprobieren gute Argumente für eine grammatikalische Regel zu finden. Es lassen sich sicherlich noch weitere Beispiele finden. Es ist also keineswegs so, dass Deliberation als „neues" Element in den Unterricht aufgenommen werden soll, es geht wohl eher darum, sich der Bedeutung dieser Unterrichtssequenzen bewusst zu werden. Ein deliberativer Unterricht kann als moralische Unterrichtskommunikation rekonstruiert werden (Habermas, 1999). Darum ist ein deliberativer Unterricht, ganz gleich in welchem Fach, ein Beitrag zur Demokratieerziehung, die wesentlich durch Sprache stattfindet und in sprachlichen Ausdrücken sichtbar wird. Je deutlicher das Abwägen und Bewerten von Gründen sich in den sprachlichen Ausdrücken zeigt, desto wahrscheinlicher ist ein deliberativer Unterrichtsstil, so unsere These.

Deliberative Didaktik soll nun eine solche Didaktik genannt werden, die es der Lehrkraft erlaubt, den Unterricht gegenüber sich selbst und Dritten zu legitimieren. Wir gehen davon aus, dass Legitimation durch Nennung guter Gründe möglich ist. Alles läuft somit darauf hinaus, die Entscheidungen, die den Unterricht konstituieren, gut begründen zu können. Dies war und ist im Übrigen schon immer die Aufgabe von Didaktik gewesen, ohne dass aber dieser Rechtfertigungsaspekt auch explizit benannt worden ist. Um die Begründungsdimensionen deutlicher zu sehen, soll im Rahmen der deliberativen Didaktik das „didaktische Dreieck" (▶ Abbildung 16) angepasst und für die Herausforderung, Unterricht als demokratische Aushandlung zu begreifen, umgewandelt werden.

Das didaktische Dreieck verweist in diesem Sinne nicht mehr auf einen Vermittlungs-, sondern auf einen Kommunikationsprozess. Dieser Prozess muss nun aber den Bedingungen der Deliberation genügen (siehe die vier Merkmale bei Gutmann & Thompson, 2004 ▶ Abschnitt 6.6.1). Zunächst muss es eine Begründung geben, weshalb Schülerinnen und Schüler etwas lernen sollen, was jedoch vielen Lehrkräften schwerfällt. Außer der Begründung, dass etwas im Lehrbuch oder Lehrplan steht, ist das Begründen von Inhalten offensichtlich nicht so einfach. Wenn eine Kommunikationspartnerin oder ein Kommunikationspartner nicht von der Bedeutung einer Sache überzeugt werden kann, dann geht beispielsweise in der Schule Autorität verloren und somit auch die Legitimation, die es erlaubt, dass Schülerinnen und Schüler folgen. Dies mag bedauerlich sein, ändert aber die Situation nicht. Eingedenk eigener Lernerfahrungen sollte diese Überlegung nachvollziehbar sein. Erst wenn den Lehrkräften, den Dozierenden geglaubt wird, dass sie oder er es gut meint, und somit erkannt wird, dass zu erlernende Sachverhalte bedeutsam sind, wird einer solchen begründenden (deliberativen) Lehrkraft auch hin und wieder ohne zusätzliche Begründung gefolgt. In der professionstheoretischen Perspektive von Oevermann und Helsper wurde dies unter dem Stichwort der „Arbeitsgemeinschaft" in einem ähnlichen Sinne formuliert (▶ Abschnitt 6.2.1). Begründungen sind dann nachvollziehbar, wenn sie verstanden werden können. Dies wird nur dann möglich sein, wenn Lehrkräfte schulsystemisch-administrative Gründe in lebensweltliche Zusammenhänge übersetzen. Insofern stellt sich eine deliberative Professionstheorie immer den Herausforderungen, Transformation von Notwendigkeiten (gesellschaftliche und schulsystemische Vorgaben) in lebensweltliche Gründe zu beschreiben und zu erklären. Eine deliberative Didaktik hilft bei dieser Übersetzung, indem sie über Gründe aufklärt und darauf achtet, dass im Unterricht Möglichkeiten zur Deliberation eröffnet werden.

7.2 Unterricht aus empirischer Perspektive

Schule und Unterricht existieren nicht für sich allein. (Schul-)Unterricht findet stets im Zusammenspiel von Lehrkräften und Schülerinnen und Schülern in Schulen statt (Mikroebene) und wird daher sowohl durch Rahmenbedingungen und Merkmale des Systems (Makroebene) als auch durch Merkmale der Einzelorganisation Schule (Mesoebene) beeinflusst. Dadurch wird eine klare Trennung von Schul- und Unterrichtsforschung häufig erschwert. Aus diesem Grund werden diese Forschungsbereiche und -ergebnisse im Folgenden teilweise zusammen dargestellt.

7.2.1 Kontexte der Unterrichtsforschung

Nach Helsper und Klieme (2013) lassen sich rund um das Forschungsfeld Unterricht zwei große Forschungslinien sondieren: (1) die *qualitative* Unterrichts- und Lernkulturforschung oder Interaktionsforschung und (2) die *quantitative* Unterrichts- bzw. Lehr-Lern-Forschung.

Die qualitative Unterrichtsforschung befasst sich v.a. mit der Beschreibung und Rekonstruktion (nachfolgende Zusammenstellung stammt von Reh & Rabenstein, 2013, S. 293 ff.):

- von Prozessen der Ko-Konstruktion bzw. der Generierung von Sinn- und Bedeutungsstrukturen *eines auf eine Sache bezogenen Unterrichtsgeschehens durch mehrere Beteiligte* (z.B. Gruschka, 2011a; Proske, 2011);
- von *pädagogischem und didaktischem Handeln bzw. entsprechender Praktiken der Lehrkräfte* (z.B. Combe & Helsper, 1996; Hericks, 2006);
- des Aufbaus von sich ändernden Sinn- und Bedeutungsstrukturen oder -gehalten, um *Lern- oder Bildungsprozesse in Bildungspraktiken einzelner Schülerinnen und Schüler* identifizieren zu können, wie sie sich im Unterricht selbst zeigen (z.B. Koller, 2008; Trautmann, 2004);
- eines komplexen Gesamtgeschehens *sozialer oder pädagogischer Ordnungen in verschiedenen Unterrichtsarrangements* sowie der Prozesse, in denen diese hergestellt werden (z.B. Breidenstein, 2006; Lüders, 2003; Reh et al., 2015; Wulf et al., 2011).

Mit diesen Zugängen kommen die Perspektiven der Schülerinnen und Schüler sowie der Lehrkräfte und weiterer schulischer Akteure ebenso in den Blick der Forschung wie die Mikroprozesse der Interaktionen und des Lernens in konkreten Unterrichtssituationen.

Der zweite große Strang der Unterrichtsforschung befasst sich mit der Qualität und Wirksamkeit von Unterricht, wobei, wie Helsper und Klieme (2013) pointiert zusammenfassen, nach den „Wechselwirkungen zwischen individuellen Dispositionen und Lernaktivitäten der Schülerinnen und Schüler, professionellen Kompetenzen und aktuellen Handlungen von Lehrpersonen, sozialen Kontextbedingungen und Interaktionsprozessen" (ebd., S. 284) gesucht wird.

Die Forschung zur Qualität und Wirksamkeit von Unterricht – die in diesem Kapitel im Fokus steht – ist stets auch Forschung zur Lehrperson und zu deren Einfluss auf den Lernerfolg der Schülerinnen und Schüler. Traditionell widmet sich diese zunächst Fragen nach der „guten Lehrerin" und dem „guten Lehrer", ihren/seinen Persönlichkeitsmerkmalen und Führungsstilen, ab den 1970er Jahren dann auch vermehrt der Betrachtung spezifischer Handlungs- und Verhaltensweisen und deren Einfluss auf das Lernen der Schülerinnen und Schüler. Darauf aufbauend konnten zahlreiche Aspekte lern- und leistungsrelevanter Unterrichtsmerkmale eingekreist werden, so dass heute schließlich mehrere populäre Übersichten mit Merkmalen „guten" bzw. „wirksamen" Unterrichts vorliegen (Hattie, 2013; Helmke & Weinert, 1997; Helmke, 2003, 2010; Lipowsky, 2007; Meyer, 2004; Wild & Möller, 2015). Aktuell beschäftigt sich die Unterrichtsqualitätsforschung beispielsweise für den Mathematikunterricht in verschiedenen groß angelegten nationalen (COACTIV) und internationalen Studien (TEDS-M, TEDS-FU) zudem mit der Erfassung berufsspezifischer Kompetenzen von Lehrkräften, deren Genese und deren Auswirkungen auf das Schülerinnen- und Schülerlernen.

7.2.2 Bezugstheorien und Modelle der Unterrichtsforschung

Theoretische Modelle der quantitativen (Schul- und) Unterrichtsforschung reduzieren notwendig die Komplexität schul- und unterrichtlicher Realität. Dies geschieht zunächst durch Versuche, relevante Einflussgrößen und Merkmale auf Unterricht zu extrahieren, später durch zunehmend komplexere Versuche, Wirkzusammenhänge zu modellieren. Die folgenden Ausführungen skizzieren einen kurzen Überblick über wichtige Etappen und Richtungen der Unterrichtsforschung und zwei zentrale Modelle zur Unterrichtsanalyse werden vorgestellt.

Üblicherweise wird in der Unterrichtsqualitätsforschung, die häufig auch als Forschung zur Lehrperson durchgeführt worden ist und wird, zwischen mindestens drei, zeitlich aufeinanderfolgenden Paradigmen unterschieden: 1. dem Persönlichkeitsparadigma, 2. dem Prozess-Produkt-Paradigma und 3. dem Expertenparadigma (Bromme, 1997; Krauss & Bruckmaier, 2014).

Persönlichkeitsparadigma

Die empirische Unterrichtsforschung der 1950er und 1960er Jahre ist gekennzeichnet durch die Suche nach positiven Persönlichkeitsmerkmalen von Lehrkräften, die deren erzieherische Wirkung erklären sollten, ohne zumeist dafür jedoch Unterricht zu beobachten (Bromme, 1997, S. 183). Ab den 1970er Jahren wurde vermehrt versucht, mittels systematischer Unterrichtsbeobachtungen unterrichtliche Effekte einzelner Persönlichkeitsmerkmale von Lehrkräften, z.B. Lehrstile, nachzuweisen (ebd.).

Prozess-Produkt-Paradigma

Beeinflusst durch den Behaviorismus erfährt die empirische Unterrichtsforschung in den 1970er Jahren einen bedeutsamen Wandel. Nicht mehr die Persönlichkeit, sondern die Handlungs- und Verhaltensweisen der Lehrerinnen und Lehrer stehen nunmehr im Fokus, etwa die Anzahl von Fragen, Klarheit der Sprache oder Strukturierung des Unterrichtsgesprächs. Die anfängliche Vermutung einer direkten Wirkung dieser Merkmale auf die Schülerinnen und Schüler weicht unter dem Einfluss der Forschungsergebnisse einer indirekten Wirkung über die kognitiven Prozesse der Schülerinnen und Schüler bzw. Wechselwirkungen zwischen Unterrichtsmethoden und Schülerinnen- sowie Schülerfähigkeiten (Bromme, 1997). Zentrale Annahme des erweiterten Prozess-Produkt-Paradigmas ist nun der Einfluss der Lehrerinnen- und Lehrerhandlungen auf die Schülerinnen- und Schülerleistungen in Abhängigkeit von deren Aktivitäten, Deutungen und Interaktionen, sowohl untereinander als auch in Abhängigkeit vom Unterrichtsfach und dem Zeitpunkt der Handlung (ebd., S. 184).

Das behavioristische „Modell schulischen Lernens" von Caroll (1963) wird in diesem Zusammenhang häufig als Ausgangspunkt für Modellbildungen in der Unterrichts(-qualitäts-)forschung angesehen (Einsiedler, 2000; Gröhlich, 2012). Carroll stellt die benötigte und tatsächliche genutzte Lernzeit in den Fokus seines Modells. Die benötigte Lernzeit wird durch Merkmale der Schülerinnen und Schüler sowie des Unterrichts beeinflusst, die tatsächlich genutzte Lernzeit durch Merkmale der Schülerinnen und Schüler, z.B. Ausdauer (Lernmotivation), aber auch durch die zugestandene Lernzeit und die gegebenen Lerngelegenheiten. Zusammen bestimmen sie das Verhältnis benötigter und tatsächlich genutzter Lernzeit und damit den Lernerfolg.

Dieses Modell bietet für zahlreiche weitere Modelle der Unterrichtsqualitätsforschung Anknüpfungspunkte (Bloom, 1976; Slavin, 1994; Walberg, 1984). Besonders der Einbezug individueller Schülerinnen- und Schülermerkmale sowie deren Zusammenhang mit Merkmalen der Unterrichtsqualität wurden in der Folge häufig adaptiert und weiterentwickelt. So differenziert etwa Walberg (1984) im „Produktivitätsmodell schulischen Lernens" zwischen drei großen, sich gegenseitig bedingenden Merkmalsgruppen, die Einfluss auf das Lernen der Schülerinnen und Schüler haben: Neben allgemeinen Personenmerkmalen (z.B. Fähigkeiten, Entwicklung, Motivation) und Merkmalen des Unterrichts (Quantität und Qualität) kommen nun Umweltmerkmale (z.B. häusliche Umwelt, Klassenzimmer, Gleichaltrigengruppe, Massenmedien) hinzu.

Im Laufe der Zeit wurden weitere Betrachtungsebenen eingeführt und um Variablen ergänzt. Der Unterricht wird nicht mehr isoliert betrachtet, sondern als Teil von Schule und Gesellschaft, der in verschiedene soziale Kontexte und Rahmenbedingungen eingebettet ist und deren Wirkzusammenhänge vielfältig sind.

Expertenparadigma

Durch den Einfluss der kognitionspsychologischen Expertiseforschung rückt
ab Mitte der 1980er Jahre wieder vermehrt die Lehrperson in den Mittelpunkt
der Forschung (Krauss & Bruckmaier, 2014). Nun liegt der Fokus auf dem be-
rufsspezifischen, professionellen Wissen und Können, auf fachlicher und fach-
didaktischer Expertise sowie auf subjektiven und intuitiven Theorien zum Lehren und Lernen (Helmke, 2010, S. 47). Das Expertenparadigma wird in der
gegenwärtigen Forschung als (wechselseitige) Ergänzung zum Prozess-Produkt-Paradigma verstanden (ebd.).

Integratives Modell gegenwärtiger Schul- und Unterrichtsforschung

Aktuell bedeutsame Modelle der Schul- und Unterrichtsforschung zeichnen
sich v.a. dadurch aus, dass sie verschiedene theoretische Ansätze und empirisch bestätigte Annahmen integrieren und so versuchen, Schul- und Unterrichtsqualität in einer der Komplexität der Gegenstände angemesseneren Art
und Weise zu modellieren. Den in Bezug auf Unterricht aktuellen „‚state of
the art' in Forschung und Lehre" (Kohler & Wacker, 2013, S. 242) stellt das
„Angebots-Nutzungs-Modell unterrichtlicher Wirkungen" von Andreas Helmke (u.a. 2010) dar, das unter Einbeziehung der Überlegungen Weinerts (1999)
und Fends (1981) entstand (▶ Abbildung 20). Helmke (2010) integriert „Faktoren der Unterrichtsqualität in einem umfassenden Modell der Wirkungsweise und Zielkriterien des Unterrichts", wie er es selbst beschreibt (S. 70), in
die drei großen Felder „Unterricht/Angebot", „Lernaktivitäten/Nutzung" und
„Wirkungen/Ertrag". Auf Basis eines um Mediationsprozesse ergänzten Pro-
zess-Produkt-Modells beinhaltet es Kontextmerkmale auf verschiedenen Ebe-
nen des Bildungssystems und Merkmale professioneller Lehrkräfte aus dem
Expertenparadigma.

Dem Modell liegt zunächst die Annahme zugrunde, dass Unterricht und
die darin verhandelten Wissensinhalte als sozialer Prozess eine Ko-Produkti-
on beteiligter Akteure darstellt (Klieme, 2006, S. 765). Damit ist gemeint, dass
Lehrkräfte keine „Verursachende(n)" von Schülerinnen- und Schülerlernen
sind, sondern als Gestaltende von Lernumgebungen und Lerngelegenheiten die
Lernprozesse von Schülerinnen und Schülern anregen, fördern und begleiten
können (ebd.). Schulische Lernumgebungen werden grundsätzlich von allen
Beteiligten gemeinsam gestaltet und im Sinne eines (Unterrichts-)Angebots individuell genutzt. Dieses führt entsprechend zu individuellen Lernerträgen von
Schülerinnen und Schülern. Damit besteht *kein* stringent linearer Zusammenhang zwischen Angebot, Nutzung und Wirkung, sondern eher eine Wechsel-
wirkungsbeziehung. Das heißt auch, dass nicht nur Lehrkräfte unterrichtliche

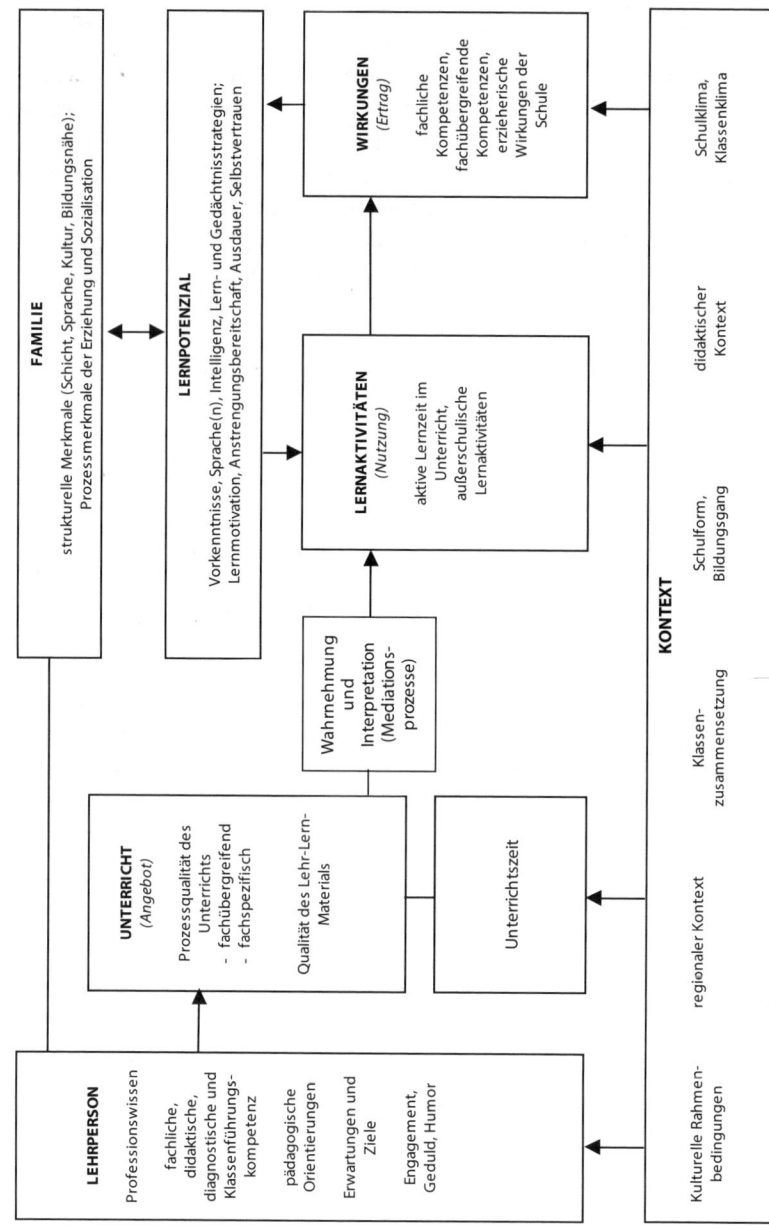

LEHRPERSON

Professionswissen

fachliche, didaktische, diagnostische und Klassenführungskompetenz

pädagogische Orientierungen

Erwartungen und Ziele

Engagement, Geduld, Humor

UNTERRICHT
(Angebot)

Prozessqualität des Unterrichts
- fachübergreifend
- fachspezifisch

Qualität des Lehr-Lern-Materials

Unterrichtszeit

Wahrnehmung und Interpretation (Mediationsprozesse)

FAMILIE

strukturelle Merkmale (Schicht, Sprache, Kultur, Bildungsnähe); Prozessmerkmale der Erziehung und Sozialisation

LERNPOTENZIAL

Vorkenntnisse, Sprache(n), Intelligenz, Lern- und Gedächtnisstrategien; Lernmotivation, Anstrengungsbereitschaft, Ausdauer, Selbstvertrauen

LERNAKTIVITÄTEN
(Nutzung)

aktive Lernzeit im Unterricht, außerschulische Lernaktivitäten

WIRKUNGEN
(Ertrag)

fachliche Kompetenzen, fachübergreifende Kompetenzen, erzieherische Wirkungen der Schule

KONTEXT

Kulturelle Rahmenbedingungen

regionaler Kontext

Klassenzusammensetzung

Schulform, Bildungsgang

didaktischer Kontext

Schulklima, Klassenklima

Abbildung 20: Angebots-Nutzungs-Modell der Wirkungsweise von Unterricht (Helmke, 2015, S. 71)

Angebote an die Schülerinnen und Schüler machen, sondern auch andersherum, die Schülerinnen und Schüler den Lehrkräften Angebote unterbreiten. Die Wirksamkeit derartiger Angebote wird von einer ganzen Reihe an Verarbeitungsprozessen auf Schülerinnen- und Schülerseite beeinflusst. Zum einen ist die Nutzung eines Angebots im Wesentlichen davon abhängig, wie Schülerinnen und Schüler das (Lern-)Angebot der Lehrkraft wahrnehmen und interpretieren (Mediationsprozesse). Diese Mediationsprozesse finden bei Schülerinnen und Schülern stets individuell statt und können dementsprechend zu unterschiedlichen Wahrnehmungen und Interpretationen des Lernangebots führen. Zudem beeinflussen verschiedene motivationale, emotionale und volitionale (auf den Willen bezogene) Prozesse seitens der Schülerinnen und Schüler zugleich deren Lernaktivität. So werden solche Schülerinnen und Schüler, die das Lernangebot z.b. als langweilig und uninteressant empfinden, dieses nicht in der gleichen Weise zum Lernen nutzen, wie jene, für die es spannend und informativ erscheint. Zudem hängt die Art und Weise, wie die Lernangebote genutzt werden (können), von individuellen Eingangsbedingungen und Kontextfaktoren ab. Die Lernaktivität etwa wird beeinflusst durch das individuelle Lernpotenzial (z.b. Vorkenntnisse, allgemeine Intelligenz, Anstrengungsbereitschaft usw.), aber auch durch institutionelle und rechtliche Rahmenbedingungen (z.b. Schulform, Bildungsgang). Vom Ausgang all dieser Prozesse entscheidet sich nach Helmke (2009) dann, ob und welche Wirkungen/Lernerträge aus dem Unterrichtsangebot auf Schülerinnen- und Schülerseite resultieren. Als Wirkungen/Lernerträge sind im Modell v.a. operationalisierbare fachliche und fachübergreifende Kompetenzen sowie erzieherische Wirkungen formuliert, deren Erreichen mittels empirischer Methoden überprüft werden kann.

7.2.3 Kennzeichen „guten" bzw. effektiven Unterrichts

Was nun „guter" bzw. effektiver (Schul-)Unterricht ist, lässt sich nach Helmke (2007) anhand zweier unterschiedlicher Qualitätsperspektiven bestimmen (ebd., S. 3):

1. Prozessebene: Unterrichtsqualität bemisst sich daran, ob diese konkreten sachlichen Kriterien (z.b. Qualitätsmerkmale von Unterricht) genügt.

2. Produktebene: Unterrichtsqualität bemisst sich daran, wie gut oder schlecht nachweisliche Wirkungen erzielt wurden (z.b. das Erreichen bestimmter Bildungsstandards).

Eine Zusammenschau verschiedener empirisch ermittelter Prozessqualitäts-
merkmale von Unterricht mit kurzen Merkmalserläuterungen wird im Folgenden dargestellt.

Zehn Merkmale guten Unterrichts nach Andreas Helmke:

1. Effiziente Klassenführung:
„Notwendige Voraussetzung für erfolgreiches und anspruchsvolles Unterrichten; Etablierung und Einhaltung verhaltenswirksamer Regeln; Prävention von Störungen durch Strategien der Aufmerksamkeitslenkung; im Falle von Störungen: diskret-undramatische, Zeit sparende Behebung" (zitiert
nach Willems, 2016, S. 314).

2. Lernförderliches Unterrichtsklima:
„So viele nicht mit Leistungsbewertungen verbundene Lernsituationen wie
möglich, so viele Leistungssituationen wie nötig; freundlicher Umgangs-
ton und wechselseitiger Respekt; Herzlichkeit und Wärme; entspannte At-
mosphäre, es wird auch mal gelacht; Humor; Toleranz gegenüber Langsam-
keit; angemessene Wartezeit auf Schülerantworten; konstruktiver Umgang
mit Fehlern" (ebd.).

3. Motivierung:
„Thematisierung unterschiedlicher lernrelevanter Motive (intrinsische Lernmotivation: Sach- und Tätigkeitsinteresse; extrinsische Lernmotivation:
Akzentuierung der Wichtigkeit und Nützlichkeit des Lernstoffs und An-
knüpfung an die Lebenswelt der Schüler); Anregung des Neugier- und Leis-
tungsmotivs; Motivierung durch Lernen am Modell: Engagement, Freude
am Fach und am Unterrichten der Lehrkraft" (ebd.).

4. Strukturiertheit und Klarheit:
„Verständlichkeit: Angemessenheit der Sprache (Wortschatz, Fachsprache);
Lernerleichterung durch strukturierende Hinweise (Vorschau, Zusammen-
fassung, ‚advance organizer'); fachlich-inhaltliche Korrektheit; sprachliche
Prägnanz: klare Diktion, angemessene Rhetorik, korrekte Grammatik, über-
schaubare Sätze; akustische Verstehbarkeit: angemessene Artikulation und
Modulation, Lautstärke, Dialekt" (ebd.).

5. Kompetenzorientierung:

„Fokus auf dem Erwerb fachlicher, überfachlicher und nichtfachlicher Kompetenzen als primäres Bildungsziel; empirische Orientierung: Fokus auf nachweisliche und nachhaltige Wirkungen (künftig: Orientierung an den Bildungsstandards); Nutzung aller diagnostischen Möglichkeiten für regelmäßige Standortbestimmung" (ebd., S. 315).

6. Schülerinnen- und Schülerorientierung:

„Lehrkräfte als fachliche und persönliche Ansprechpartner; die ‚Kundschaft' wird ernst genommen: Sie kann in angemessenem Rahmen mitbestimmen, wird zum Unterricht befragt (*Schülerfeedback*)" (ebd.).

7. Aktivierung:

„*Guter Unterricht ist ein Unterricht, in dem mehr gelernt als gelehrt wird.*' (Franz E. Weinert); unterrichtliche Angebote für selbstständiges, eigenverantwortliches Lernen; vielfältige Sprech- und Lerngelegenheiten für möglichst alle Schüler einer Klasse; Spielräume statt Engführung, authentische statt Pseudofragen" (ebd., S. 314).

8. Angebotsvariation:

„Schüler-, fach- und lernzielangemessene Variation von Unterrichtsmethoden und Sozialformen; sowohl zu geringe (‚Monokultur') als auch zu starke Variation sind problematisch" (ebd., S. 315).

9. Konsolidierung und Sicherung:

„Vielfalt an Aufgaben, die nicht bloß mechanisch, sondern ‚intelligent' geübt werden; Bereitstellung unterschiedlicher Transfermöglichkeiten; aber auch: Beherrschung von ‚*basic skills*', automatisierten Fertigkeiten (Grundwortschatz, Grundrechenarten) als gedächtnispsychologische Voraussetzung für die Beschäftigung mit anspruchsvollen Aufgabenstellungen" (ebd., S. 314).

10. Umgang mit Heterogenität:

„Variation der fachlichen und überfachlichen Inhalte, Anpassung der Schwierigkeit und des Tempos an die jeweilige Lernsituation und die Lernvoraussetzungen der Schüler(-gruppen); sensibler Umgang mit heterogenen Lernvoraussetzungen, besonders im Hinblick auf die Unterschiede im sozialen, sprachlichen und kulturellen Hintergrund sowie im Leistungsniveau" (ebd., S. 315).

Nach Helmke (2015) bietet solch ein „Katalog" von Unterrichtsqualitätsmerk-malen einerseits den Vorteil einer (Stärken- und Schwächen-)Diagnose von Unterricht, auf deren Grundlage z.b. begründete Maßnahmen zur Verbesserung des Unterrichts angestoßen werden können, andererseits birgt dieser aber auch die Gefahr von Fehlinterpretationen. Um dies zu vermeiden, gibt Helmke selbst einige Hinweise, was ein solcher Katalog leisten kann und was nicht (ebd., S. 169 f.):

- Kataloge von Unterrichtsqualitätsmerkmalen sind *individuelle Konstruktionen*, das heißt, Anzahl und Bezeichnung der Kategorien sind bis zu einem bestimmten Grad willkürlich und beliebig;
- Berücksichtigung *ausschließlich fachübergreifender Merkmale* und Vernach-lässigung fachspezifischer Aspekte, die ebenfalls einen wesentlichen Teil der Unterrichtsqualität ausmachen;
- es gibt keine einheitliche Theorie, aus der sich Qualitätsmerkmale direkt ab-leiten lassen, die Zusammenstellung solcher Qualitätsbereiche ist daher *eklektisch*;
- einzelne Merkmale sind selbst *keine homogenen Konstrukte*, sondern Be-zeichnungen für Bereiche („Schubladen"), die inhaltlich verwandte, aber auch durchaus heterogene Facetten und Forschungstraditionen (z.B. Lern-, Motivations-, Sozial- und Kognitionspsychologie) enthalten;
- Qualitätsmerkmale sind *keine Unterrichtsrezepte*, sondern sie bieten Steue-rungswissen, das der Lehrkraft bei der Planung und Reflexion von Unter-richt hilfreich sein kann;
- einige Merkmale sind empirisch gut fundiert (z.B. Klassenführung), andere hingegen bislang kaum (z.B. Kompetenzorientierung);
- „guter Unterricht" ist nicht identisch mit einer optimalen oder maximalen Ausprägung aller Merkmale. Sie können z.T. sogar miteinander konkurrie-ren. Defizite in einem Qualitätsbereich lassen sich zudem bis zu einem be-stimmten Grad durch Stärken in anderen Bereichen kompensieren;
- katalogartige Darstellungen ermöglichen v.a. einen *analytischen Blick* auf (guten) Unterricht. Zu diesem muss aber auch ein synthetischer Blick auf den gesamten (guten) Unterricht folgen, da sonst die Gefahr von Fehlinter-pretationen und Kurzschlüssen besteht.

Wirkungen und Ergebnisse von Unterricht sind für Lehrkräfte, aber auch für Forschende meist nur kurz- und mittelfristig bestimmbar, maximal aber solan-ge, wie sich Schülerinnen und Schüler im Schulsystem befinden. Langfristige Erträge, wie etwa der berufliche Status, können nur mithilfe von aufwendigen und teuren Längsschnittstudien, sogenannter Panel-Studien, erfasst werden (z.B. German National Educational Panel Study – NEPS). Auf Klassenebene werden Wirkungen über Tests, Klassenarbeiten, mündliche Leistungserhebungen oder diagnostische Tests erfasst, auf Schulebene sind z.B. Parallelarbeiten denkbar. Auf der Ebene der Bundesländer werden flächendeckend die an den Bildungsstandards orientierten Vergleichsarbeiten in den Klassenstufen 3 und 8 geschrieben und so der erreichte Lernstand an allen allgemeinbildenden Schulen erhoben und den Lehrkräften rückgemeldet. Auf Bundesebene werden in mehrjährigen Abständen und im Wechsel der Bereiche die Erreichung der Bildungsstandards in Deutsch, Mathematik, erster Fremdsprache und Naturwissenschaften mittels Kompetenztests überprüft („IQB-Bildungstrend"), während Deutschland zugleich auch weiterhin an internationalen Leistungstests wie PISA, TIMSS und IGLU teilnimmt (▶ Teilkapitel 5.3.1). An diesen Testformaten nehmen, im Gegensatz zu VERA, nicht alle Schulen, sondern nur eine repräsentative Stichprobe der allgemeinbildenden Schulen teil.

7.3 Ziele von Unterricht: Bildungsstandards, Lehrpläne und Kompetenzen

Im Jahr 1997 beschloss die KMK im sogenannten „Konstanzer Beschluss" die regelmäßige Teilnahme der Bundesrepublik Deutschland an internationalen und nationalen Leistungsvergleichsuntersuchungen. Wie schon in den vorherigen Kapiteln (z.B. ▶ Kapitel 5) z.T. ausführlich dargelegt, haben bereits die ersten Ergebnisse der PISA-Studie aus dem Jahr 2000 in Deutschland eine Vielzahl an Schwachstellen im deutschen Schulsystem sichtbar gemacht, wie z.B. unterdurchschnittliche und bundesweit stark differente Leistungen der Schülerinnen und Schüler, eine hohe Zahl an sogenannten Risikoschülerinnen und -schülern auf niedrigster Kompetenzstufe sowie eine im Vergleich sehr geringe Durchlässigkeit des deutschen Schulsystems (KMK, 2004; Klieme et al., 2003). Als Reaktion auf diese Ergebnisse und auf den davon ausgelösten „Schock" kam die KMK (2004) zu dem Schluss,

> „dass die in Deutschland vorrangige Inputsteuerung allein nicht zu den erwünschten Ergebnissen im Bildungssystem führt. Die Festlegung und Überprüfung der erwarteten Leistungen müssen hinzu kommen. Außerdem zeigen die Ergebnisse skandinavischer und einiger angloamerikanischer Staaten, dass Staaten, in denen eine systematische Rechenschaftslegung über die Ergebnisse erfolgt – sei es durch regelmäßige Schulleistungsstudien, sei es durch zentrale Prüfungen oder durch ein dichtes Netz von Schulevaluationen –, insgesamt höhere Leistungen erreichen. Die Entwicklung und die Sicherung von Qualität, externe und interne Evaluation bedürfen klarer Maßstäbe." (ebd., S. 5)

Aus diesem Grund hat die KMK im Jahr 2003 damit begonnen, die Entwicklung nationaler, jahrgangs- bzw. abschlussbezogener Bildungsstandards für zentrale Unterrichtsfächer in Auftrag zu geben und einzuführen (für ausführliche Erläuterungen zum Thema „nationale Bildungsstandards" siehe z.B. Stanat et al., 2012). Für welche Fächer Bildungsstandards gegenwärtig bereits vorliegen oder in Arbeit sind, zeigt die nachfolgende Tabelle 14.

Tabelle 14: Übersicht über gegenwärtig vorliegende Bildungsstandards der KMK (Stand 2018; vgl. ThILLM, 2008, S. 6)[18]

	Primarbereich Jahrgangsstufe 4 (seit 10/2003)	Hauptschulabschluss Jahrgangsstufe 9 (seit 10/2003)	Mittlerer Schulabschluss Jahrgangsstufe 10 (seit 12/2003 bzw. 2004)	Allgemeine Hochschulreife (seit 10/2012)
Deutsch	X	X	X	X
Mathematik	X	X	X	X
Erste Fremdsprache		X	X	
Fortgeführte Fremdsprache				X
Biologie			X	wohl 2020
Chemie			X	wohl 2020
Physik			X	wohl 2020

Die KMK (2004) gibt Auskunft darüber, auf welche Weise die Entwicklung der Bildungsstandards umgesetzt und worauf dabei Bezug genommen wurde:

> „Mit der konkreten Erarbeitung der KMK-Bildungsstandards sind Arbeitsgruppen betraut worden, die aus Fachdidaktikern und Schulpraktikern aus den Ländern in der Bundesrepublik Deutschland bestehen. Die Arbeiten der Fachkommissionen wurden durch eine Steuerungsgruppe unter wissenschaftlicher Beteiligung aus den Bereichen der Unterrichtsforschung und Fachdidaktik koordiniert. Wichtige Grundlagen für die Arbeitsgruppen waren die Standards der amerikanischen Mathematikdidaktikervereinigung (NCTM), der Gemeinsame europäische Referenzrahmen für Sprachen, im Rahmen von Large-Scale-Untersu-

---

18 Bislang ist unklar, ob neben den Bildungsstandards für die Fächer Deutsch, Mathematik, erste und fortgeführte Fremdsprache, Biologie, Chemie und Physik weitere Bildungsstandards für andere Unterrichtsfächer entwickelt werden (siehe KMK, 2004, S. 13 f.).

chungen wie PISA erarbeitete Kompetenzstufen sowie die von der Bundesregierung in Auftrag gegebene Klieme-Expertise (‚Zur Entwicklung nationaler Bildungsstandards‘).“ (ebd., S. 15)

Im Unterschied zu den *klassischen* Lehrplänen, die als Rechtsgrundlage für das Unterrichts- und Erziehungshandeln von Lehrkräften bundesland- und schulartspezifisch ziemlich genau festlegen, in welchen Klassenstufen die Schülerinnen und Schüler welche Lernziele an welchen Inhalten eines Unterrichtsfachs auf welche Weise erreichen sollen, zeichnen sich die von der KMK (2004) in Auftrag gegebenen Bildungsstandards dadurch aus, dass diese bundesländerübergreifend (ebd., S. 6):

- die Grundprinzipien des jeweiligen Unterrichtsfaches aufgreifen;
- die fachbezogenen Kompetenzen einschließlich zugrundeliegender Wissensbestände beschreiben, die Schülerinnen und Schüler bis zu einem bestimmten Zeitpunkt ihres Bildungsganges erreicht haben sollen;
- auf systematisches und vernetztes Lernen zielen und so dem Prinzip des kumulativen Kompetenzerwerbs folgen;
- erwartete Leistungen im Rahmen von Anforderungsbereichen beschreiben;
- sich auf den Kernbereich des jeweiligen Faches beziehen und den Schulen Gestaltungsräume für ihre pädagogische Arbeit geben;
- ein mittleres Anforderungsniveau (Regelstandards) ausweisen;
- durch Aufgabenbeispiele veranschaulicht werden.

Bildungsstandards ersetzen damit keineswegs Lehrpläne, sondern sie sind, wie Zeitler et al. (2012) zusammenfassen, zusätzlich zu den vorhandenen Lehrplänen entwickelt worden als

„ein *Instrument outputorientierter Steuerung des Bildungssystems* […]. Statt inhaltlicher Vorgaben (Input), wie sie in traditionellen Lehrplänen festgehalten sind, definieren Bildungsstandards das erwartete Ergebnis eines Bildungsganges (Output) in Form von Kompetenzbeschreibungen (Klieme et al., 2003). Die Überprüfung der Leistung des Bildungssystems erfolgt über die Messung des Outputs und ist in eine Gesamtstrategie zum Bildungsmonitoring in Deutschland eingebunden (KMK/IQB 2006). Bildungsstandards sollen ein Instrument zur Verbesserung der Schul- und Unterrichtsqualität darstellen.“ (ebd., S. 11 f., Hervorhebung im Original)

Zudem dienen die Bildungsstandards (KMK, 2004, S. 11):
- den Lehrkräften als Orientierungsrahmen für die Analyse, Planung und Überprüfung ihrer Unterrichtsarbeit in Kernbereichen ihres Faches;

- den Schülerinnen und Schülern als Orientierung und Sicherung der Transparenz hinsichtlich der Leistungserwartungen im Fach;
- der Schulaufsicht als Instrument zur Überprüfung der Effektivität des Schulsystems und bieten zudem eine Grundlage für die Beratung der Schulen.

Die zentralen Unterschiede zwischen *klassischen* Lehrplänen und Bildungsstandards werden in der folgenden Tabelle 15 noch einmal übersichtlich dargestellt (detailliert z.b. auch Scholl, 2009).

Tabelle 15: Vergleich wesentlicher Unterschiede klassischer Lehrpläne und Bildungsstandards (eigene Darstellung)

klassische Lehrpläne	Bildungsstandards
listen detailliert einzelne Lernziele und -inhalte eines Unterrichtsfachs auf und ordnen diese zeitlich an	beschreiben allgemeine Kompetenzen, die Schülerinnen und Schüler bis zu einer bestimmten Jahrgangsstufe bzw. bis zu einem bestimmten Abschluss erreicht haben sollen
dienen v.a. der Legitimation sowie der pädagogischen und administrativen Orientierung des Lehrkräftehandelns; Rechtsgrundlage für Erziehungs- und Unterrichtshandeln von Lehrkräften	sollen einerseits dem Bildungsmonitoring und der internen und externen Schulevaluation als messbare Variablen der Effektivität und Qualität von Schule bzw. Unterricht dienen, andererseits den Lehrkräften als Referenzsystem und Orientierungsrahmen für das eigene Handeln
inputorientierte Prozesssteuerung	outputorientierte Prozesssteuerung
bundeslandspezifisch	bundeslandübergreifend
schulartbezogen (z.B. Regelschule, Gymnasium usw.), jahrgangsbezogen (z.B. Klasse 6, 7, 8 usw.)	schulstufenbezogen (z.B. Primarstufe, Jahrgangsstufe 4, Sek. I, Jahrgangsstufe 9 oder 10 usw.), abschlussbezogen (z.B. Mittlerer Schulabschluss, Allgemeine Hochschulreife usw.)
enthalten methodisch-didaktische Hinweise zur Unterrichtsgestaltung	enthalten keine methodisch-didaktischen Hinweise zur Unterrichtsgestaltung, aber illustrierende Lernaufgaben zu ausgewählten Lernbereichen sowie Prüfungsaufgaben mit entsprechenden Lösungsskizzen
Umsetzung der Lerninhalte im Unterricht und Überprüfung der Lernziele durch die Lehrkräfte	Überprüfung der Bildungsstandards durch das IQB (regelmäßige nationale Erhebung „Bildungstrend") und im Rahmen der länderweiten Vergleichsarbeiten, jahrgangsbezogen in Klasse 3 und 8 mit individueller Rückmeldung

Da alle Bundesländer mit Einführung der Bildungsstandards verpflichtet wurden, diese in der Lehrplanarbeit, Schulentwicklung sowie Lehrkräfteausbildung und -fortbildung umzusetzen (KMK, 2004, S. 19), liegt die *klassische* Form von Lehrplänen kaum noch vor (für eine sehr differenzierte Übersicht siehe z.b. Zeitler et al., 2012). Lersch und Schreder (2013) sprechen in diesem Zusammenhang von einer „neuen Generation" (ebd., S. 14) an standard- bzw. kompetenzorientierten Lehrplänen, die seit dem Jahr 2004 in allen Bundesländern sukzessiv entwickelt werden. Diese zeichnen sich v.a. dadurch aus, dass mit ihnen versucht wird,

> „die in den Standards formulierten Ziele in Verbindung zu bringen mit jahrgangsstufenbezogenen inhaltlichen Orientierungen. Dies geschieht von Bundesland zu Bundesland nicht nur unter verschiedenen Bezeichnungen [z.B. in Thüringen: Lehrpläne, in Rheinland-Pfalz: Bildungspläne, in Nordrhein-Westfalen: Kernlehrpläne, in Niedersachsen und Hessen Kerncurricula; d.A.], sondern auch in unterschiedlichen Formaten – insbesondere was den Grad der Konkretisierung dieser inhaltlichen Orientierungen anbetrifft." (ebd.)

So berichtet die KMK über die Implementation der Bildungsstandards für die Allgemeine Hochschulreife über die unterschiedlichen Umsetzungsstrategien der Länder, dass

> „in Nordrhein-Westfalen z.B. die neuen Kernlehrpläne parallel zu den Bildungsstandards entwickelt [wurden], so dass diese hier unmittelbar berücksichtigt werden konnten. Einige Länder verzichteten bei einem geringfügigen Überarbeitungsbedarf auf eine Neufassung ihrer Vorgaben und teilten den Schulen die Änderungen schriftlich mit, z.T. in Zusammenhang mit Vorabhinweisen für die schriftliche Abiturprüfung. Häufiger werden neue Aufgabenformate im Fach Deutsch (materialgestütztes Schreiben) und in den Fremdsprachen (kombinierte Aufgabe) als Überarbeitungskomponente genannt." (KMK, 2015, S. 3)

Die auf den Websites des Thüringer Schulportals[19] zur Verfügung gestellten Thüringer Lehrpläne zeigen, dass diese seit Beginn der 2000er Jahre sukzessiv v.a. im Sinne der Kompetenzorientierung weiterentwickelt wurden. Deren Ziele beschreibt das Thüringer Institut für Lehrerfortbildung, Lehrplanentwicklung und Medien wie folgt (ThILLM, 2010, S. 15):

> „Mit der Kompetenzorientierung der Thüringer Lehrpläne ist eine wesentliche Voraussetzung für die Standardorientierung sowie die Operationalisierung und Überprüfung von Bildungszielen gegeben. Die Stan-

19 Vgl.: http://www.schulportal-thueringen.de/lehrplaene [23.06.2018].

dardorientierung der weiterentwickelten Lehrpläne wird deutlich in den Lehrplanzielen und zeigt sich in deren Ergebnis- und Kompetenzorientierung. Das heißt, die weiterentwickelten Thüringer Lehrpläne

– beschreiben die zentralen fachspezifischen und ggf. aufgabenfeldspezifischen (z.b. naturwissenschaftlichen) Kompetenzen eines Unterrichtsfaches, einschließlich zentraler Wissensbestände sowie Lernkompetenzen, die Schüler bis zu einem bestimmten Zeitpunkt ihres Bildungsgangs erworben haben,

– definieren wesentliche, abrechenbare Ziele als verbindliche, auf den einzelnen Lerner bezogene Kompetenzerwartungen für einen definierten Lernzeitraum (in der Regel am Ende von Doppelklassenstufen),

– bilden zentrale Inhalte ab und verknüpfen die Inhalts- mit der Kompetenzdimension,

– zielen auf systematisches und vernetztes Lernen und folgen dem Prinzip des kumulativen Kompetenzerwerbs.

Die weiterentwickelten Lehrpläne greifen die Nationalen Bildungsstandards konsequent auf, folgen der Orientierung durch die Einheitlichen Prüfungsanforderungen für die Abiturprüfung und leiten aus den für bestimmte Bildungsgänge formulierten nationalen Vorgaben ergebnis- und kompetenzbezogene Zielforderungen für davor liegende Entwicklungsstufen ab. Damit nehmen sie fachspezifische Kompetenzstufenmodelle dezidiert auf und orientieren daran die Ziele im Bereich der Sachkompetenz. Für Unterrichtsfächer, für die o.g. nationale Steuerungsinstrumente und empirisch abgesicherte sowie normierte Kompetenzstufenmodelle noch nicht vorliegen, muss der Anspruch an eine standardorientierte Zielbeschreibung relativiert werden. Die Zielformulierungen werden den aktuellen fachwissenschaftlichen und fachdidaktischen Stand der Diskussion abbilden, aber nicht auf empirisch bestimmten Kompetenzdimensionen und -niveaus und entsprechenden Leistungsverteilungen vorgenommen werden können. Hier fehlen derzeit entsprechende Vorleistungen aus der Bildungsforschung."

In dieser exemplarischen Selbstbeschreibung zeigt sich anschaulich, wie die inhaltsbezogene Dimension der klassischen Lehrpläne mit der ergebnisorientierten Dimension der Bildungsstandards in kompetenzorientierten Lehrplänen verschränkt wird. Wie genau der Implementations- und Umsetzungsprozess der Bildungsstandards in die Lehrpläne, Kernlehrpläne, Kerncurricula usw. idealtypisch modelliert werden kann, zeigt Abbildung 21.

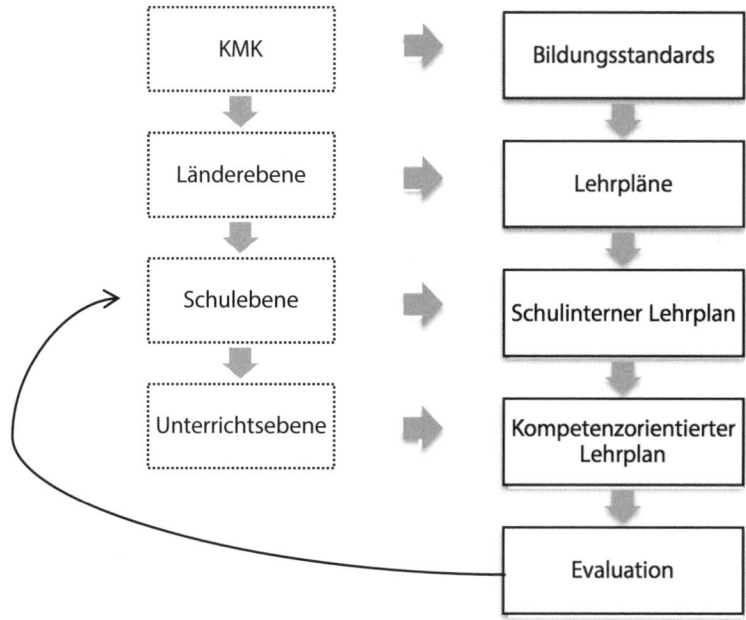

Abbildung 21: Implementationsprozess von Bildungsstandards (adaptiert nach Lersch &
Schreder, 2013, S. 21)

Für die konkrete Arbeit mit den neuen kompetenz- und bildungsstandard-
orientierten Lehrplänen in der Schule liegen gegenwärtig bereits eine Reihe
an Handreichungen für Lehrkräfte und Schulen vor, wie „Kompetenzorientierte Unterrichtsplanung" (Hiebl & Heißler, 2016) und „Bildungsstandards in
der Praxis" (Ziener, 2013) oder in Thüringen das 2008 erschienene Impulsheft
Nummer 50 des ThILLM für die Fächer Deutsch und Mathematik der Grundschule.

7.4 Perspektiven der Didaktik- und Unterrichtsforschung

Keine der hier vorgestellten Didaktischen Theorien und Modelle kann und will
für sich allein den Anspruch erheben, allumfassend jeden Aspekt von Unterricht zu erfassen (außer vielleicht die Lerntheoretische Didaktik) und allum-
fassende Anleitungen zur Planung und Durchführung dessen zu geben. Jede
Didaktik hat in der wissenschaftlichen Diskussion ihre Berechtigung und war
oder ist z.T. noch immer jeweiliger Meilenstein in der historischen Entwicklung der Didaktik. Sie alle haben einen wichtigen Beitrag zum Verständnis

von Unterricht, Lehren und Lernen geleistet. Nicht zuletzt sind gerade auf der Grundlage von „Leerstellen", offenen didaktischen Konzepten und Fragen neue oder weiterentwickelte Didaktiken entstanden und damit immer neue Fragen und Probleme in den Bearbeitungshorizont der Didaktiker geraten. So sind etwa erst durch Klafkis didaktische Entwürfe Fragen in das Blickfeld der didaktischen Theoriebildung gerückt, die zuvor noch nicht präsent waren, wie z.b. die Frage, „ob eine Wissenschaft normierende oder wertende Sätze enthalten dürfte oder ob sie auf analytische Aufgaben zu beschränken sei" (Blankertz, 2000, S. 35), aber z.b. auch Fragen nach der Rolle der Schülerinnen und Schüler bei der Unterrichtsplanung und -gestaltung.

Trotz aller bisher dargelegten Leistungen der Allgemeinen Didaktik für das Lehrkräftehandeln wird deren gegenwärtige Lage von vielen Didaktikern als durchaus prekär bezeichnet (u.a. Rothland, 2013b; Terhart, 2005). So ist die Allgemeine Didaktik zwar wie bisher fester Bestandteil der Lehramtsausbildung, gerät jedoch zunehmend unter Legitimationsdruck: „Was hat sie geleistet? Was kann sie heute leisten? Wo liegen ihre Grenzen? Wo hat sie versagt? Was tritt an ihre Stelle? Oder gibt es diese ‚Stelle' gar nicht mehr?" (Terhart, 2009a, S. 14). Als eine „Erbschaftsanwärterin" wird u.a. vermehrt die empirische Lehr-Lern-Forschung gehandelt (Kiel & Zierer, 2012; Terhart, 2005). Dies wird v.a. daran sichtbar, dass

> „typische allgemeindidaktische Fragen der 1970er Jahre wie Mündigkeit/Autonomie der Person, Demokratisierung der Schule, Auswahl und Legitimation von Zielen und Inhalten des Unterrichts oder Allgemeinbildung […] seit den späten 1990er Jahren gegenüber anderen Themen, etwa Schulentwicklung, Qualitätssicherungskonzepte, Leistungsvergleichsstudien in den Hintergrund getreten [sind]" (Bohl, 2004, S. 417).

Einige Pädagoginnen und Pädagogen, Forscherinnen und Forscher wie auch Studierende meinen, die Allgemeine Didaktik sei:
- „• *überflüssig*: Sie steht in der Konkurrenz zur auch international anschlussfähigen Lehr-Lern-Forschung als Teilbereich der Pädagogischen Psychologie sowie zu den Fach- bzw. Stufendidaktiken; in vielen anderen Ländern ist sie als Fachgebiet nicht existent.
- *unwissenschaftlich*: Vorgeworfen wird ihr ein räsonierender Zugang ohne ausreichende Anbindung an empirische Forschung.
- *anmaßend*: Konstatiert wird, dass ihr Monopolanspruch auf Lehren und Lernen angesichts ihrer faktischen Beschränkung auf Schule und Unterricht informelle und nonformale Lernprozesse weitgehend außen vorlässt.
- *theoretisch unklar*: Trotz zahlreicher Bestimmungsversuche changiert ihr Ort zwischen Allgemeiner Erziehungswissenschaft, Schulpädagogik und Berufspraxis.

- *unnütz*: Obwohl von Didaktikern immer wieder als Berufswissenschaft von (angehenden) Lehrpersonen in ihrer praktischen Bedeutsamkeit hervorgehoben, erweist sie sich doch im Urteil eben dieser Praktiker als wenig rezipiert, allenfalls als stark kritisiert und wenig hilfreich.
- *dogmatisch*: In ihren Modellen und Diskussionen zeichnen sich Stagnation und Theoriestillstand ab; letztlich würden die immer gleichen Positionen aus den 1960er und 1970er Jahren in der Lehrerausbildung aufgewärmt." (Trautmann, 2016a, S. 37 f., Hervorhebungen im Original)

Gruschka (2011b) sieht ein weiteres großes Problem in der fortlaufenden „Didaktisierung" der Didaktik (ebd., S. 66), die seiner Meinung nach zu deren „Entwissenschaftlichung" (ebd., S. 67) führt. So hält er z.b. das reine Auswendiglernen von stark verkürzten und rezeptartigen Darstellungen und Schemata – wie in derzeit vielen didaktischen Ratgebern, Leitfäden und Unterrichtsrezepten dargeboten – für problematisch, wenn dafür die Bearbeitung von komplexen didaktischen Problemen in den Hintergrund tritt (ebd.).

Ausgehend von dieser teils massiven Kritik haben einige Forscherinnen und Forscher eine Reihe empirischer Studien durchgeführt, die sich mit der Frage nach der Bedeutsamkeit allgemeindidaktischer Modelle für das Planungshandeln (angehender) Lehrkräfte beschäftigen. Ziel war es, v.a. auf Grundlage evidenzbasierter Ergebnisse – und nicht wie zumeist nur auf alltagstheoretischen Annahmen und Meinungen basierend – Aussagen über die Praktikabilität und Nützlichkeit allgemeindidaktischer Modelle zu treffen. Die empirischen Ergebnisse zeigen ein differentes Bild: Während einige Studien Diskrepanzen zwischen normativen Planungsmodellen und dem tatsächlichen Unterrichtsplanungshandeln erfahrener Lehrkräfte eruieren (z.B. Bromme, 1981; Haas, 1998), zeigen neuere Studien ein positiveres Bild, etwa:

- dass sich erfahrene Lehrpersonen bei der alltäglichen Unterrichtsplanung durchaus implizit auf didaktische Modelle beziehen (Koch-Priewe, 2000, S. 155);
- dass Kategorien des Modells von Klafki implizit bei der unterrichtsplanerischen Aufgabenwahl im Fach Mathematik genutzt werden (Blömeke et al., 2006, S. 337);
- dass ausgewählte Planungsaspekte hierarchisch berücksichtigt werden (Haag & Streber, 2010);
- dass fast alle didaktischen Modelle von Lehrkräften positiv auf deren Praktikabilität eingeschätzt werden (Wernke et al., 2015, S. 447).

Neben dieser empirisch nachgewiesenen Nutzung und Bedeutsamkeit von allgemeindidaktischen Modellen für die Unterrichtsplanung finden sich zudem eine Reihe an weiteren, normativen Argumenten für deren Legitimation in der gegenwärtigen Lehramtsausbildung, wie z.B.:

- „Ziel- und Inhaltsfragen von Schule und Unterricht sowie pädagogische Empfehlungen benötigen immer auch begrifflich-theoretische Auseinandersetzungen sowie normative Überlegungen: Wozu soll die Schule da sein? Welche Ziele sollen Erziehung und Unterricht haben?" (Trautmann, 2016a, S. 43) – also zentrale Aufgaben der Allgemeinen Didaktik.

- Die „Analyse der Strukturen und Bedingungen der schulpädagogischen Grundsituation, Fragen der komplexen Bedingungen und Konsequenzen institutionalisierten, organisierten, verordneten Lernens und eben auch der Bezug auf jeweilige gesellschaftliche sowie schulische und unterrichtliche Veränderungen und Herausforderungen" (Wegner, 2016, S. 14) gehören ebenfalls zu den zentralen Aufgabenfeldern der Allgemeinen Didaktik.

- Komplexe gesellschaftlich relevante Fragestellungen werden von der Allgemeinen Didaktik bearbeitet, wie etwa: Fragen des gesellschaftlichen Status quo, seines Wandels und Einflusses auf den schulischen Lehr-Lernprozess, Fragen der demokratischen Gesellschaft, Partizipation an dieser sowie auch der Erziehung zur Mündigkeit (vgl. ebd.).

- Für das Vermeiden einer „Beliebigkeit (und wohl auch der Unwirksamkeit) beim Aufbau einer beruflichen Wissens- und Handlungsbasis […] bedarf [es] auch künftig eines normativ verankerten, fachübergreifenden schulpädagogischen und didaktischen Referenzrahmens zur Reflexion und Deutung der pädagogischen Handlungsaufgaben und des strukturellen Rahmens von Bildung sowie der Ziele und der inhalts- und prozessbezogenen Gütekriterien von Wissen und Können" (Reusser, 2009, S. 223).

- Allein die Allgemeine Didaktik verfügt vermutlich über „jenes Potenzial, das erforderlich ist, um die Lehrperson zum (teil-)autonomen Experten für eine durchgängig wissenschaftsbasierte Unterrichtsvorbereitung und für eine offene, an den Unterrichtshandlungen der Lernenden orientierte Gestaltung des Unterrichtsprozesses zu machen. So lange, wie die derzeit zentralen Zukunftsfragen unserer Weltgemeinschaft nicht hinreichend gelöst sind, muss Unterricht auf die Vorwegnahme einer besseren Zukunft gerichtet sein und damit ein Gegenentwurf von dem sein, was […] im Rahmen der Standardorientierung wiederkehren kann." (Arnold & Koch-Priewe, 2009, S. 95)

Dass die Allgemeine Didaktik keineswegs zu den „Totgesagten" gezählt werden sollte (Rothland, 2013b), zeigt sich zudem anhand vieler neuer Publikationen rund ums Thema, z.B. „Kritische und konstruktive Anschlüsse an das Werk Wolfgang Klafkis" (Köker & Störtländer, 2017) oder „Erziehungswissenschaftliche Reflexion und pädagogisch-politisches Engagement. Wolfgang Klafki weiterdenken" (Braun et al., 2018).

Jedoch erfährt nicht nur die Allgemeine Didaktik Kritik, sondern auch der Mehrwert der empirischen Lehr-Lern-Forschung wird zunehmend kritisch hinterfragt. So macht z.b. Arnold (2007) darauf aufmerksam, dass die empirische Lehr-Lern-Forschung

> „weder die notwendigen Inhaltsentscheidungen für Unterricht liefern, noch [...] die Verknüpfung von erzieherischen, allgemeinbildenden und fachlich qualifizierenden Prozessen in einem übergreifenden Modell abbilden [kann]" (ebd., S. 28).

An dieser exemplarischen Kritik Arnolds zeigt sich bereits sehr deutlich, dass an der empirischen Lehr-Lern-Forschung der Aspekt kritisiert werden kann, der den allgemeindidaktischen Modellen als besonderer Mehrwert zugeschrieben wird: die (begründete) Auswahl und Legitimation von Zielen und Inhalten des Unterrichts sowie die Verknüpfung mit erzieherischen Aufgaben.

Welche Konsequenzen ergeben sich nun aus den Kritiken und jeweiligen „Leerstellen" beider Zugänge zum Thema Unterricht für die Zukunft? Während lange Zeit das Verhältnis zwischen Allgemeiner Didaktik und der (empirischen, pädagogisch-psychologischen) Unterrichts- bzw. Lehr-Lern-Forschung v.a. durch die fehlende Kenntnisnahme und ausbleibende gegenseitige Bezugnahme geprägt war (Terhart, 2002a, S. 77), existiert inzwischen eine Reihe an Vorschlägen, wie das Verhältnis beider gegenwärtig und künftig ausgestaltet werden könnte. Diese reichen von Integrations- und additiven Konzepten, in denen Teile oder einzelne Aspekte in bestehende Theorien und Modelle aufgenommen werden, über Hybrid- bzw. Mischkonzepte, in denen die Allgemeine Didaktik und die Unterrichtsforschung gleichwertig miteinander verschränkt werden und Differenzkonzepte, in denen jede Disziplin versucht, sich stärker von der anderen abzugrenzen und den eigenen Mehrwert durch eine eigenständige Profilbildung herauszustellen (ausführlich hierzu z.B. Arnold et al., 2009; Trautmann, 2016b).

Wie die Zukunft der Lehr-Lern-Forschung und der Allgemeinen Didaktik schlussendlich aussehen wird, bleibt damit zunächst offen. Beide Perspektiven betrachten unterschiedliche, aber jeweils unverzichtbare Aspekte für die Lehrkräfteausbildung: die Allgemeine Didaktik, die sich v.a. normativen Bildungs- und Erziehungsfragen widmet und diese im gesellschaftlichen Zusammenhang betrachtet, und andererseits die empirische Lehr-Lern-Forschung, die evidenzbasiert unterrichtsübergreifende Faktoren freilegt, die als Bedingungen und Voraussetzungen für die Qualität und Wirksamkeit von Unterricht gelten können. Im Sinne einer professionsgemäßen Lehramtsausbildung wäre es wünschenswert, dass Ausbildungskonzepte entwickelt werden, die die Perspektiven soweit miteinander verschränken, dass eine beide Argumente enthaltende Bestimmung von Professionalität möglich wird.

Literatur zum Weiterlesen

Helmke, A. (2015). *Unterrichtsqualität und Lehrerprofessionalität. Diagnose, Evaluation und Verbesserung des Unterrichts: Franz Emanuel Weinert gewidmet* (Schule weiterentwickeln, Unterricht verbessern. Orientierungsband, 6. Aufl.). Seelze: Klett Kallmeyer.

Klafki, W. (1985). *Neue Studien zur Bildungstheorie und Didaktik. Zeitgemäße Allgemeinbildung und kritisch-konstruktive Didaktik.* Weinheim: Beltz.

Peterßen, W. H. (2001). *Lehrbuch Allgemeine Didaktik* (EGS-Texte, 6. Aufl.). München: Oldenbourg.

Terhart, E. (2009b). *Didaktik. Eine Einführung.* Stuttgart: Reclam.

8. Kompetenzbereich Erziehen

Der Kompetenzbereich „Erziehen" der bildungswissenschaftlichen KMK-Standards für den Lehrberuf wird durch drei Kompetenzen beschrieben. Abbildung 22 systematisiert diese und zeigt, dass Erziehungskompetenz als Zusammenspiel von Kenntnissen über gesellschaftliche Bedingungen des Aufwachsens von Kindern und Jugendlichen, deren Sozialisationsprozesse und Lebenswelten, der Ethik pädagogischen Handelns und spezifischen Techniken der Intervention, Mediation und Moderation, die allesamt auf Kommunikation gründen, begriffen werden kann. Abstrakt formuliert, kann die Kompetenz Erziehen auch als Kenntnisgewebe von Gesellschaft und Demokratie, Sozialisation und Moralentwicklung, Profession, Ethik sowie Techniken der Erziehung betrachtet werden.

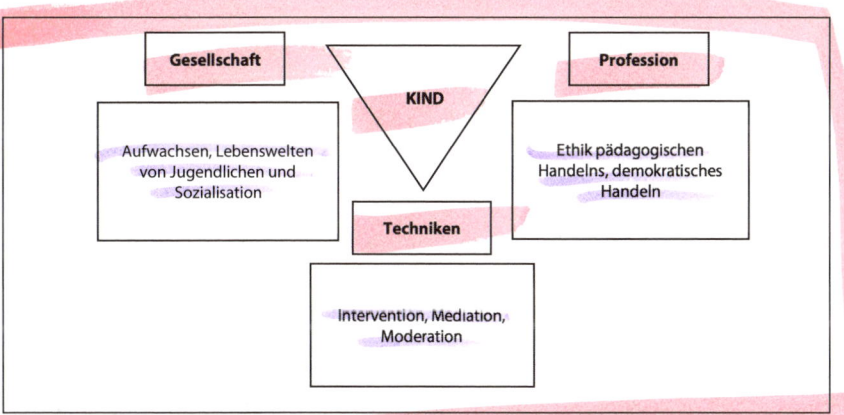

Abbildung 22: Kompetenzbereich „Erziehen" (vgl. KMK, 2014, S. 9 f.; eigene Darstellung)

Damit wird an die großen Linien der Erziehungsphilosophie angeschlossen. Diese werden aber durch sozialtheoretisches Wissen aus der Sozialisations- sowie Kindheits- und Jugendforschung ergänzt. Konkrete Vorschläge für Techniken hat es immer schon gegeben. Im Unterschied zu früheren, vergleichsweise starren Regelwerken, die aber von den Rezipienten der Klassiker meist noch rigider interpretiert wurden als von ihren Begründern angedacht, gründen sie aktuell vor allem auf kommunikationsbasierten Interaktionen und Interventionen. Entsprechend lautet ein Bestimmungsversuch von Erziehung wie folgt:

> **Definition: Erziehung**
> „Objekt der Erziehung ist nicht ‚der' Mensch oder ‚das' Kind, sondern immer ein begrenztes Problem. Erziehung ist daher nicht Ursache oder Kraft, sondern fortgesetzte Problembearbeitung unter der Voraussetzung begrenzter Bedürftigkeit. [...]
> Von ‚Erziehung' kann berechtigterweise dann die Rede sein, wenn
> - ein *begründetes Defizit* vorliegt,
> - Möglichkeiten der Beseitigung des Defizits vorhanden sind, diese Möglichkeiten *durch Dritte* angeboten werden,
> - eine *Pauschalisierung* des Defizits vermieden wird,
> - *frühere Irrtümer* im Erziehungsangebot erkannt und bearbeitet werden konnten,
> - die Defizitbearbeitung *zeitlich befristet* erfolgt und
> - *Resultatkontrollen* möglich sind." (Oelkers, 2001, S. 265 ff., Hervorhebungen im Original)

Diese Definition von Oelkers (2001) mag überraschen, ist aber als Minimalverständnis von Erziehung geeignet, um Ansprüche an die Reichweiten erzieherischen Handelns einzuhegen. Der Erziehungsoptimismus, der zwischen den Jahren 1750 bis 1850 vorlag, ist oftmals einem Skeptizismus oder aber Realismus gewichen. Wir glauben, dass es gut ist, realistische Erziehungspositionen zu finden, zugleich aber eine Emphase für Erziehung im Sinne einer moralischen Kommunikation (Oelkers, 1992; ▶ Abschnitt 8.3) aufrecht zu halten. In diesem Sinne wäre die obige Definition von Oelkers bereits als zu eng zu verstehen, gleichwohl sie besonders geeignet ist, sinnvolle Erwartungen an erzieherisches Handeln zu formulieren. Ein umfassenderes Verständnis öffentlicher Erziehung bietet Prange (2010). Er spricht ganz unumwunden von Führung, ohne dabei aber den Erziehungsprozess zu trivialisieren und Kinder und Jugendliche zu verdinglichen. Auch hier gilt es, sich selbstständig ein Bild zu machen, zu dem das vorliegende Kapitel seinen Beitrag leisten möchte.

8.1 Kindheit und Jugendalter: Theorien und empirische Befunde

Im KMK-Kompetenzbereich „Erziehen" lautet die erste benannte Kompetenz

> „Lehrerinnen und Lehrer kennen die sozialen und kulturellen Lebensbedingungen von Schülerinnen und Schülern, etwaige Benachteiligungen, Beeinträchtigungen und Barrieren von und für Schülerinnen und Schüler(n) und nehmen im Rahmen der Schule Einfluss auf deren individuelle Entwicklung." (KMK, 2014, S. 9)

Die Standards für den Bereich lauten (ebd.):

„Die Absolventinnen und Absolventen [...]

- kennen pädagogische, soziologische und psychologische Theorien der Entwicklung und der Sozialisation von Kindern und Jugendlichen.
- kennen etwaige Benachteiligungen von Schülerinnen und Schülern beim Lernprozess und Möglichkeiten der pädagogischen Hilfen und Präventivmaßnahmen.
- kennen interkulturelle Dimensionen bei der Gestaltung von Bildungs- und Erziehungsprozessen.
- kennen die Bedeutung geschlechtsspezifischer Einflüsse auf Bildungs- und Erziehungsprozesse."

Nachfolgend werden die Standards aufgegriffen und wesentliche Aspekte der Forschung für den jeweiligen Standard erläutert. Dabei ist klar, dass es sich hierbei immer nur um ausgewählte Aspekte des Themas handeln kann, die dann zum selbstständigen Weiterstudium anregen sollen.

8.1.1 Sozialisation – zur Entwicklung von Kindern und Jugendlichen

Eine Forschungsrichtung, in der interdisziplinär über die Entwicklung von Kindern und Jugendlichen nachgedacht wird, ist die Sozialisationstheorie. Im Zentrum von Sozialisationstheorien steht „die Kernkonzeption der aktiv-produktiven Auseinandersetzung eines Menschen mit seiner inneren Realität von Körper und Psyche und seiner äußeren Realität von sozialer und dinglicher Umwelt" (Hurrelmann et al., 2015, S. 10). Man könnte auch formulieren, dass es um den Zusammenhang von Persönlichkeitsstruktur und Sozialstruktur geht. Damit ist dann auch klar, dass Sozialisation und Erziehung getrennte Begriffe sind (Vogel, 1996). Sozialisation kann immer beobachtet werden, sie ist gewissermaßen allgegenwärtig, Erziehung hingegen findet mehr oder weniger systematisch, häufig institutionalisiert und intendiert, also gewollt, statt und reagiert u.a. auf die diversen gesellschaftlichen Sozialisationseffekte (verstanden als Selbst- und Fremdsozialisation) bei Kindern und Jugendlichen. Doch auch erwachsene Personen unterliegen noch Sozialisationsprozessen, so dass beispielsweise auch von einer Berufssozialisation (Huisinga, 2015) oder Hochschulsozialisation (ebd.; ▶ Kapitel 2) gesprochen werden kann. Die häufig viel gelobten Praxisphasen in der Lehrerbildung (Gröschner & Hascher, im Ersch.; Gröschner, 2015) dürften beispielsweise eigene Sozialisationsräume darstellen, in denen sich vieles angeeignet wird, wovon ganz sicher nicht alles den intendierten Lernzielen entspricht. Wenngleich also Sozialisationsprozesse über die Lebensspanne zu beobachten sind, so werden doch „Zwischenstationen" beschrieben, die es aus Sicht spezifischer Entwicklungsabschnitte zu erreichen gilt. Für das Jugendalter werden beispielsweise im Rahmen des Konzepts der Entwicklungsaufgaben (Quenzel, 2015) konkrete Herausforderungen benannt, die es zu bewältigen gilt und bei denen Erziehung unterstützend wirken kann. Harring (2015, S. 852) benennt vier solcher Entwicklungsaufgaben:

„1. Entwicklung einer intellektuellen und sozialen Kompetenz,
2. Entwicklung des inneren Bildes der Geschlechterzugehörigkeit,
3. Entwicklung selbstständiger Handlungsmuster zur Nutzung des Konsumwarenmarktes,
4. Entwicklung eines Werte- und Normsystems und eines ethischen und politischen Bewusstseins."

Wir sehen also, dass sich die Entwicklungsaufgaben des Jugendalters nicht sehr von den Erziehungszielen unterscheiden. Wir könnten daher auch sagen, dass Erziehung erfolgreich ist, wenn sie die Entwicklungsaufgaben des Jugendalters produktiv unterstützt. Damit ist Erziehung aber immer auch (nicht nur) aus der Perspektive dieser Entwicklungsaufgaben und der sich im Jugendlichen kristallisierenden spezifischen Herausforderungen zu denken. Dies macht Erziehung zu einem individuellen Prozess. Im erzieherischen Akt der moralischen Kommunikation (Oelkers, 1992) geht es demnach darum, Kindern und Jugendlichen bei ihren Entwicklungsaufgaben kommunikativ zur Seite zu stehen und dabei zugleich die Anforderungen der Gesellschaft an die nachwachsende Generation (Schleiermacher, 2000) zu verdeutlichen.

Erziehung als Kommunikation über Perspektiven der Entwicklung und die dazugehörigen Entscheidungen eines jungen Menschen muss daher immer beiden Ansprüchen, denen des Jugendlichen sowie denen der Gesellschaft, vor allem den kodifizierten Ansprüchen der Gesellschaft in Form von Recht, genügen. Nie kann Erziehung darum reine Staatserziehung, noch reine Erziehung vom Kinde aus sein. Gelungene Erziehungskommunikation vermittelt dieses Spannungsverhältnis in der Interaktion mit Kindern und macht es so für die beteiligten Akteure verfüg- und bearbeitbar. Lob, Tadel, Konfliktlösungen etc. sind dabei nur Subepisoden erzieherischer Intention, deren Wert sich an der Intention wie an der Wirkung zugleich bemessen lassen muss. Dies kann als moralisch-pragmatische Position der Erziehung bezeichnet werden.

Eine der populärsten Sozialisationstheorien stammt von Hurrelmann (1995). Das Modell des „produktiv realitätsverarbeitenden Subjekts" wurde erstmalig 1983 von Hurrelmann vorgestellt und seitdem immer wieder weiterentwickelt (zuletzt Hurrelmann & Bauer, 2015). Hurrelmann und Bauer (2015) formulieren zehn Thesen zur Sozialisation des Menschen, die nachfolgend wiedergegeben werden:

„Erste These zum Verständnis von innerer und äußerer Realität
Sozialisation bezeichnet den das ganze Leben lang anhaltenden [aktiven und dynamischen; d. A.] Prozess der Persönlichkeitsentwicklung. Persönlichkeitsentwicklung wird verstanden als produktive Verarbeitung der inneren Realität von körperlichen und psychischen Dispositionen und der äußeren Realität aus sozialer und physisch-räumlicher Umwelt. […]" (ebd., S. 99)

„Zweite These zur Produktion der eigenen Persönlichkeit
Menschen sind Produzenten ihrer eigenen Entwicklung, weil sie von der frühesten Entwicklung als Säugling und Kleinkind, über das Jugendalter und das Erwachsenenalter hinweg, bis ins hohe Alter hinein eine Verarbeitung der inneren und äußeren Realität vornehmen, die ihren individuellen Merkmalen, Fähigkeiten und verfügbaren Ressourcen entspricht. Ihre Persönlichkeit formt sich dabei in der Interaktion zwischen verfügbaren und erworbenen individuellen Merkmalen sowie der materiellen, sozialen und symbolischen Ausstattung der Umwelt ständig weiter. […]" (ebd., S. 102)

„Dritte These zur Bewältigung der Entwicklungsaufgaben im Lebenslauf
In jedem Lebensabschnitt gibt es sich aus der körperlichen und psychischen Entwicklung und aus der sozialen Umwelt stammende Erwartungen an die Verarbeitung der Realität. Es wird von einem Menschen verlangt, die weitgehend biologisch programmierten körperlichen Veränderungen zu akzeptieren und das eigene Verhalten hierauf auszurichten. […] Diese Erwartungen können als ‚Entwicklungsaufgaben' bezeichnet werden. Sie beschreiben die für ein Kind, einen Jugendlichen, einen Erwachsenen oder einen Senior als angemessen erachteten Verhaltensweisen. […]" (ebd., S. 107)

„Vierte These zur Bildung der Ich-Identität
Gelingt die Bewältigung der Entwicklungsaufgaben und der damit verbundene Ausgleich der Spannungen zwischen persönlicher Individuation und sozialer Integration, kommt es zum Aufbau einer Ich-Identität. […] Eine Ich-Identität ist die Voraussetzung für die autonome Handlungsfähigkeit, die psychische Gesundheit und die gelingende Lebensbewältigung eines Menschen. […]" (ebd., S. 111)

„Fünfte These zur Persönlichkeitsentwicklung im Lebenslauf
Die Persönlichkeit entwickelt sich während des gesamten Lebenslaufs. Der Lebenslauf untergliedert sich in aufeinanderfolgende Lebensphasen, die jeweils spezifische Entwicklungsaufgaben mit sich bringen. Durch die sich verändernden ökonomischen, politischen, sozialen und kulturellen Bedingungen stehen Menschen in den jeweiligen Lebensphasen vor der Herausforderung, ihren biografischen und gesellschaftlichen Standort immer wieder neu zu definieren [...]." (ebd., S. 118)

„Sechste These zur Bedeutung der Familie für die Sozialisation
Sozialisation findet immer in einem sozialen Kontext statt. Die Persönlichkeitsentwicklung setzt eine dauerhafte Unterstützung bei der Verarbeitung der inneren und äußeren Realität voraus. Unterstützende Institutionen und Settings können als Sozialisationsinstanzen oder -kontexte bezeichnet werden. Als primärer und wichtigster Sozialisationskontext fungieren in unserem Kulturkreis die Familien. [...]" (ebd., S. 145)

„Siebte These zur Bedeutung der Bildungsinstitutionen für die Sozialisation
Von immer größerer Bedeutung werden sekundäre Sozialisationsinstanzen und -kontexte, darunter öffentliche Erziehungs- und Bildungsinstitutionen wie Kindertagesstätten, Horte, Schulen, Ausbildungseinrichtungen, Hochschulen, sozialpädagogische Institutionen sowie Einrichtungen der beruflichen Aus- und Weiterbildung, die eigens zu diesem Zweck etabliert wurden. Während in der Sozialisationsinstanz Familie Mütter und Väter als ‚Laienerzieher' tätig sind, arbeiten [im] Bildungssystem Pädagoginnen und Pädagogen, die sich professionell der Erziehung und Bildung widmen. Da es sich bei den Einrichtungen des Bildungssystems um ‚sekundäre' Sozialisationsinstanzen handelt, sind die Pädagoginnen und Pädagogen auf die Vorarbeit der Elternhäuser als ‚primäre' Instanzen angewiesen. Viele der Grundstrukturen der Persönlichkeit der Kinder sind bereits geprägt, sodass sie hieran anknüpfen und hierauf aufbauen müssen." (ebd., S. 165)

„Achte These zur Bedeutung der alltäglichen Lebenswelt für die Sozialisation
Neben den primären und sekundären Sozialisationsinstanzen existiert ein breites Spektrum von sozialen Systemen, deren wesentliche gesellschaftliche Funktion nicht in Sozialisation, Erziehung, Bildung und Qualifizierung besteht, sondern in der Erfüllung anderer gesellschaftlicher Aufgaben. Dazu gehören die Institutionen und Organisationen für Arbeit und Beruf, Religionsausübung und Wertorientierung, Politik, Medien, Unterhaltung, Freizeit und Regeneration, Konsum, Sozialkon-

takt und Kommunikation. Diesen sozialen Systemen ist eigen, dass sie Menschen über einen langen Zeitraum an sich binden und ihre Strukturen einbeziehen. Deshalb üben sie einen erheblichen Einfluss auf die Persönlichkeitsentwicklung ihrer Mitglieder oder Nutzerinnen und Nutzer aus [...]. Diese Kontexte, Institutionen und Settings können als ‚tertiäre' Sozialisationsinstanzen und -kontexte bezeichnet werden." (ebd., S. 181)

„Neunte These zur Ungleichheit von Sozialisationsprozessen
Hoch entwickelte Gesellschaften sind durch ein großes Ausmaß an ökonomischer, sozialer und kultureller Differenzierung gekennzeichnet. Dadurch kommt es zu Unterschieden in den Sozialisationsprozessen der Bevölkerungsgruppen mit einem hohen und einem niedrigen sozioökonomischen Status. Menschen, die in privilegierenden Kontexten leben, steht in ihrer alltäglichen Lebenswelt von Geburt an ein reichhaltigeres Ausmaß an personalen und sozialen Ressourcen zur Verfügung als Menschen, die in einem benachteiligten Kontext leben. Auf diese Weise kommt es zu einer lebenslang andauernden ungleichen Verteilung der Lebenschancen. ‚Ungleichheiten' sind das Ergebnis kontextueller und kompositorischer Differenzierung und können schwer zu behebende Nachteile für die Lebensführung von Menschen haben. Umgekehrt können Ungleichheiten auch durch soziale Sozialisationsprozesse produziert und reproduziert werden." (ebd., S. 188)

„Zehnte These zur geschlechtlichen Diversität in der Realitätsverarbeitung
Gesellschaften ordnen ihre Mitglieder nach bestimmten Merkmalen unterschiedlichen Gruppen zu. Eine besonders nachhaltige Zuordnung ist die nach Geschlecht, wobei binär nach Männern und Frauen unterschieden wird. Die Annahme feststehender Merkmale von Menschen, die einer solchen definierten Gruppe angehören, unterliegt einer sozialen Konstruktion. Diese legt einen Bereich von erwarteten Verhaltensweisen und Mustern für die Bewältigung der Entwicklungsaufgaben fest. [...]" (ebd., S. 198)

Das hier in zehn Thesen beschriebene Modell zeichnet den Menschen als „Produzenten" (These 2) der eigenen lebenslangen Entwicklung der Persönlichkeit. Darum ist Veränderung eine Konstante im Leben von Menschen. Zugleich weist es aber auch darauf hin, dass die Fähigkeit, wie Nida-Rümelin (2013, S. 246) formuliert, „Autor" oder Autorin für das eigene Leben zu sein, durch frühe Sozialisationsereignisse in der Familie mitbestimmt wird. Damit erklärt dieses Modell auch Unterschiede in der Fähigkeit, sich selbstständig zur Welt zu verhalten und auch eigenständig zu lernen. Dies ist für angehende Lehrkräfte eine wichtige Einsicht, da es zu verstehen gilt, dass Lernbereitschaft, Leistungsfähigkeit und allgemein Erfolg in der Schule nicht allein vom Kind oder Jugendlichen abhängen, sondern von gegenwärtigen, vergangenen und zu erwartenden Sozialisationsbedingungen teildeterminiert sind. Ja, auch zukünftige, erwartete Lebensverhältnisse können als Sozialisationsbedingungen verstanden werden, da sie erwartete Erwartungshaltungen des Subjekts sowie der Gesellschaft widerspiegeln. So lässt sich erklären, dass bestimmte Jugendliche keinen „Bock" mehr auf Schule haben, denn sie haben für sich „verstanden", dass für sie künftig in der Gesellschaft „nichts zu holen ist" (vgl. hierzu die eindrucksvolle Studie „Die Zurückgelassenen" von Solga & Wagner, 2016).

Zwei weitere Modelle sollen hier wenigstens noch erwähnt werden. Es handelt sich zum einen um die Sozialökologie von Bronfenbrenner (1993), der vor allem auf die Wechselwirkung der verschiedenen Systeme, an denen Menschen direkt oder indirekt beteiligt sind, und deren Interaktion hingewiesen hat. Zum anderen sei das Modell von Grundmann (2017) angeführt, das sehr detailliert Bildungserwerbsprozesse unter spezifischer Berücksichtigung sozialisatorischer Effekte erklärt.

8.1.2 Gesellschaft und Kindheit im Wandel

Über die sich wandelnden Umwelten während der Sozialisation liegen zahlreiche Publikationen vor. Wenngleich schon etwas älter, so doch immer noch lesenswert, sind die Beiträge von Rolff und Zimmermann (2001, zuerst 1985) zu „Kindheit im Wandel" sowie der Klassiker von Neil Postman (1986, zuerst 1982) zum „Verschwinden der Kindheit". Postman führt in die Geschichte der Kindheit ein (wobei er zeigt, dass Kindheit selbst ein Konstrukt der Moderne ist und es sie keineswegs schon immer gegeben hat) und zeigt am Medium des Fernsehens (!), wie die Kindheit durch die „totale Enthüllung" durch das Fernsehen und die Behandlung der Kinder als Erwachsene vom Verschwinden bedroht ist. Wenngleich manches Schreckensszenario der Kindheitsforscherinnen und -forscher nicht eingetreten ist, so ist die Veränderung der Kindheit für alle Pädagoginnen und Pädagogen ein bedeutsames Thema. Nicht nur um Risiken der Sozialisationsbedingungen zu kennen, sondern auch um einen Zugang zur Lebenswelt der Kinder zu wahren. Man ist doch überrascht, wie schnell man sich von dieser entfernen kann. Doch die Umwelt ändert sich nicht nur für die Kinder, sondern auch für die erwachsenen (auch nie „fertigen") Menschen. Geradezu klassisch ist diesbezüglich die kapitalismuskritische Fallstudie „Der flexible Mensch" von Richard Sennett (2000), die die Auswirkungen des westlichen Kapitalismus auf die Lebens- und Arbeitsweisen von Menschen untersucht. Eine der Kernbotschaften lautet, dass der moderne Kapitalismus aufgrund demontierter institutioneller Strukturen dem Subjekt keinen Halt mehr bieten kann und die sozialisierende Umwelt, auf die das Individuum aber weiterhin Vertrauen setzt, somit feindlich geworden ist. In einer theoretisch anderen Sprechweise kann man das Buch auch als Entfremdungsanalyse lesen. Dies hat jüngst auch Hartmut Rosa (2016) in „Resonanz. Eine Soziologie der Weltbeziehungen" vorgelegt. Rosa versucht der von ihm selbst konstatierten Beschleunigung von Gesellschaft und jeglicher menschlichen Aktivität (Rosa, 2005) resonierende Beziehungsqualitäten auf allen Feldern des menschlichen Lebens entgegenzusetzen. Solche Analysen, gleich wie man am Ende die jeweiligen Aussagen und Thesen bewerten mag, verweisen darauf, dass Gesellschaft und Mensch in irgendeiner produktiven, eben nicht entfremdeten oder repulsiven Beziehung zueinander stehen sollten. Damit dies gelingt, ist Erziehung vermutlich als ein Baustein erforderlich. Sie kann vor allem die Art und Weise, wie Kinder und Jugendliche der Welt begegnen, beeinflussen. Die großen Umwelten hierfür (also von der Einzelschule und dem Klassenzimmer einmal abgesehen) werden allerdings ganz woanders gestaltet. Wie sich Wohlstand entfaltet, Güter verteilt werden, sich Städte entwickeln etc., hängt nur sehr bedingt von Erziehungsprozessen ab (Ditton, 2016b). Doch gerade darum ist es notwendig, dass professionelle Lehrkräfte insgesamt Bedingungen des Aufwachsens und deren Konsequenzen kennen, um ihren Anteil zur Bewältigung der Entwicklungsaufgaben zu leisten.

8.1.3 Ergebnisse der Kindheits- und Jugendforschung

Neben solchen Modellen liegen natürlich auch eine Reihe von Forschungsbefunden zur Kindheit und Jugend vor. Eine der populärsten, wenngleich nicht immer ganz unumstritten, ist die Shell Jugendstudie, die unter anderem von Klaus Hurrelmann verantwortet wird. Inzwischen liegt die 17. Shell Jugendstudie vor (Shell, 2015) die im Abstand von etwa 4 Jahren erscheint. Sie bietet eine umfassende Orientierung zu Aspekten des Großwerdens in Deutschland und zeigt wesentliche Einstellungen und Haltungen von Jugendlichen auf. Zentrale Themen sind dabei: Werte und Jugend, Familie und Beruf, Jugend und Politik, Freizeit und Internet sowie eine neue Weltagenda.

Resümierend können die Ergebnisse der 17. Shell Jugendstudie wie folgt zusammengefasst werden: Nach wie vor ist für Jugendliche in Deutschland eine „pragmatische Haltung gegenüber den Herausforderungen [...], die Alltag, Beruf und Gesellschaft mit sich bringen" (ebd., S. 13), kennzeichnend. Allen voran steht das Bedürfnis nach Sicherheit und Stabilität, zum einen als Erwartung an die eigene Berufstätigkeit und zum anderen bezüglich sozialer Beziehungen im persönlichen Nahbereich. Der angestrebte Beruf soll neben der genannten Eigenschaft ebenso von Nutzen (hohes Einkommen, Aufstiegsmöglichkeiten) wie erfüllend sein. Neue Befunde der 17. Shell Jugendstudie zeigen zudem, dass ein steigendes Interesse an gesellschaftlichen und politischen Themen gepaart mit einem ungebrochenen optimistischen Blick in die eigene Zukunft und die Zukunft der Gesellschaft vorherrschend sind. Damit einher geht eine stärkere politische Positionierung der Jugendlichen und ein wachsendes Bedürfnis, an politischen Gestaltungsprozessen mitzuwirken. „Mehr als zuvor kann die Jugend von 2015 als eine ‚Generation im Aufbruch' bezeichnet werden" (ebd.).

Neben solchen Befunden lassen sich für das Kindes- und Jugendalter weitere zentrale Kennzeichnungen festhalten:

- Das Kindes- und Jugendalter findet in Deutschland *zunehmend in institutionalisierten Bildungseinrichtungen* statt. Immer häufiger findet dies vom 1. bis zum ca. 25. Lebensjahr, also dem Ende des Studiums statt. Dabei ist aber nicht nur die Kette der Bildungsinstitutionen verlängert, sondern auch die Zeit, die in ihnen verbracht wird. Dies gilt insbesondere für die Kindertagestätten (Schmerse & Tietze, 2015) und die Schulen – Stichwort Ganztagsbetreuung (Horstkemper & Tillmann, 2015).
- Die Jugend wird für alle zu einem Erfahrungs- und Erprobungsraum, allerdings mit deutlichen Interventionsanstrengungen des Staates (Krüger, 2010).
- Der Bildungserfolg hängt stark vom Umfeld der Kinder ab. Dies gilt für die *Region*, das *Milieu* und den damit verbundenen *sozioökonomischen Status* der Eltern (Berkemeyer et al., 2014; Hopf, 2015; Reutlinger, 2015).
- Die Bedeutung *nonformaler Bildung*, also solcher Bildungsprozesse, die außerhalb institutionalisierter Bildung stattfinden, nimmt zu (siehe z.B. Regionalverband Ruhr, 2012, hier Modul 5: Bildungspotenziale jenseits formaler Bildung).
- Veränderungen in familialen Lebenswelten erzeugen *differente Sozialisationserfahrungen*. Die klassische Familie bleibt vorerst der Regelfall. Dennoch nehmen Scheidung, alternative Familienmodelle und Patch-Work-Familien (Lebenspartnerinnen und -partner bringen Kinder aus vorangegangen Beziehungen in die neue Beziehung ein, die dann die Patch-Work-Familie bilden) zu und sind juristisch nunmehr auch dem klassisch-bürgerlichen Modell der Familie gleichgestellt (Sachße, 2018). Prekär sind dabei vor allem Lebenslagen der (zumeist weiblichen) Alleinerziehenden, da sie und ihre Kinder in besonderem Maße von Armut bedroht sind. Armut bedroht nicht nur Chancen auf schulischen Erfolg, sondern auch Wohlbefinden, Gesundheit und Glück. Darum ist die Bekämpfung von Armut nicht nur das wichtigste sozialpolitische, sondern auch bildungspolitische Projekt der Zukunft (BMAS, 2017; Nave-Herz, 2015; Walper et al., 2015).

- *Neue Medien* bieten zahlreiche Möglichkeiten der Sozialisation und auch der Entgrenzung der räumlichen Bindungen. Zugleich stellen sie aber auch Gefährdungen dar, die von Aspekten trivialisierter Interaktion über Mobbing bis hin zu Suchtgefährdungen reichen. Dabei korreliert das Risiko, durch neue Medien Nachteile zu erfahren, mit der sozioökonomischen Lage (Lange, 2015).
- Die *Peergroup* wird zunehmend als bedeutsamer Sozialisationsraum anerkannt (Reinders, 2015). Selbstwert, Selbstwirksamkeit und Selbstvertrauen können durch Freundschaftsbeziehungen mit Gleichaltrigen gefestigt und weiterentwickelt werden. Zudem zeigt sich, dass sich beispielsweise interethnische Freundschaftsbeziehungen positiv auf die Vermeidung der Entstehung von Vorurteilen gegenüber Fremden auswirken (vgl. hierzu z.B. auch den Thüringen-Monitor von Best et al., 2017).

8.1.4 Moralentwicklung

Insbesondere für Fragen der Erziehung stellt die moralische Entwicklung von Kindern und Jugendlichen einen Bereich besonderer Relevanz dar, weil es plausibel ist, moralisch handelnde Kinder und Jugendliche auch als demokratisch agierende Akteure zu verstehen (Lind, 2009; Osterwalder, 2011). Klassische Arbeiten im Bereich moralischer Entwicklung stammen von Jean Piaget (1896–1980) und Lawrence Kohlberg (1927–1987). Beide Autoren haben Stufen der Moralentwicklung unterschieden und so Moral nicht als Charakterfrage des Kindes, sondern als entwicklungstheoretisches Konzept konzipiert. Moral, so die Annahme, entwickelt sich im Verlauf der Ontogenese (Seinswerdung des Subjekts). Einmal erreichte Moralstufen können dann als gesichert angenommen werden. Nur die wenigsten Menschen erreichen allerdings die allerhöchste Moralstufe (▶ Tabelle 16).

Es gibt unterdessen eine Reihe von Forschungen zur moralischen Entwicklung von Kindern und Jugendlichen, die zeigen, dass die Kohlberg'sche Entwicklungssystematik in dieser Form eher nicht zutreffend ist (Keller, 2007). Nunner-Winkler (2007) zeigt zudem auf, dass die Frage, *wie* zur Moralentwicklung geforscht wird, erheblichen Einfluss auf die Befunde hat. Inzwischen ist bekannt, dass Kinder bereits sehr früh (mit ca. 1,5 Jahren) erste Anzeichen von Regelbewusstsein und damit moralischem Verhalten zeigen. Zunächst orientiert sich dies an Autoritäten (Eltern, Erzieherinnen und Erzieher). Später kommt insbesondere durch den diskursiven Umgang eine Eigenständigkeit in das Begründungsverhalten bei moralischen Fragen. Im Kontext der Forschung werden zunehmend kognitive Aspekte wie Wissen über Moral und Begründung moralischen Verhaltens von emotionalen Aspekten unterschieden (Mal-

Tabelle 16: Moralische Urteilsstufen adaptiert nach Lawrence Kohlberg (Lickona, zitiert nach Oser, 2001, S. 74)

Urteilsstufe	Beschreibung	
Stufe 0: Egozentrisches Urteilen (etwa 4 Jahre)	Was richtig ist:	Ich soll meinen Willen bekommen.
	Grund zum Gutsein:	Belohnung erhalten, Strafe vermeiden.
Stufe 1: Blinder Gehorsam (etwa Vorschulalter)	Was richtig ist:	Ich sollte tun, was mir gesagt wird.
	Grund zum Gutsein:	Sich aus Schwierigkeiten raushalten.
Stufe 2: Fairness als direkter Austausch: „Was ist da für mich drin?"	Was richtig ist:	Ich soll an meinen eigenen Nutzen denken, aber zu denen fair sein, die fair zu mir sind.
	Grund zum Gutsein:	Eigeninteresse: Was ist für mich drin?
Stufe 3: Zwischenmenschliche Konformität (mittlere Kindheit bis Jugendalter)	Was richtig ist:	Ich sollte ein netter Mensch sein und den Erwartungen derjenigen entsprechen, die ich kenne und an denen mir was liegt.
	Grund zum Gutsein:	Ich möchte, dass die anderen gut von mir denken (soziale Anerkennung) und ich damit auch eine gute Meinung von mir selbst haben kann (Selbsteinschätzung).
Stufe 4: Verantwortlichkeit gegenüber dem System (mittleres o. spätes Jugendalter)	Was richtig ist:	Ich soll meine Verpflichtung gegenüber dem sozialen System oder Wertesystem, dem ich mich zugehörig fühle, erfüllen.
	Grund zum Gutsein:	Ich möchte dazu beitragen, dass das System nicht auseinander bricht, und ich möchte Selbstachtung als jemand erhalten, der Verpflichtungen nachkommt.
Stufe 5: Prinzipiengeleitetes Gewissen (frühes Erwachsenenalter)	Was richtig ist:	Ich soll die größtmögliche Achtung vor den Rechten und der Würde jedes einzelnen Menschen zeigen, und ich soll ein System unterstützen, das die Menschenrechte unterstützt.
	Grund zum Gutsein:	Die Gewissenspflicht, gemäß dem Prinzip der Achtung gegenüber allen menschlichen Lebewesen zu handeln.

ti, 2010). Systematisch gilt es also zu unterscheiden zwischen dem Wissen über moralisch richtiges Verhalten, der Fähigkeit, Situationen moralisch zu beurteilen und moralische Urteile zu begründen und schließlich den moralischen Emotionen (Scham, Empörung) sowie der Fähigkeit, moralisch zu handeln. Betrachtet man dieses komplexe Gesamtgefüge, wird klar, dass ein einfaches Stufenschema die Zusammenhänge allein nicht aufzuklären vermag. Daher bleibt die Erforschung der moralischen Entwicklung auch künftig ein wichtiges Aufgabenfeld (Edelstein et al., 1993, 2001; Horster, 2007; Oser & Althof, 2001; Standop, 2005).

8.1.5 Sozialisation und Bildung in Berichtssystemen

Repräsentative Befunde zur Situation der Kinder und Jugendlichen in Deutschland finden sich zudem in diversen Berichtssystemen, die für alle Lehrkräfte zur Standardinformation gehören sollten. Sie ermöglichen einen Überblick über zentrale Kennziffern, die Lebenslagen, Bildungswege und Bildungsabschlüsse von Kindern und Jugendlichen (▶ Tabelle 17).

Berichtssysteme zur Lage von Kindern und Jugendlichen in Deutschland
Der *Kinder- und Jugendbericht* ist ein von der Bundesregierung in Auftrag gegebenes Berichtssystem, das einmal je Legislaturperiode eine indikatorenbasierte Rückmeldung bezüglich der Lebenslagen und des Handelns von Kindern, Jugendlichen und jungen Erwachsenen liefert. Je nach Auftrag unterliegen die Berichte verschiedenen Themenschwerpunkten. So nahm etwa die Gesundheit von Kindern und Jugendlichen im 13. Bericht eine zentrale Rolle ein (BMFSFJ, 2009). Der aktuelle 15. Bericht trägt den Titel „Zwischen Freiräumen, Familie, Ganztagsschule und virtuellen Welten – Persönlichkeitsentwicklung und Bildungsanspruch im Jugendalter" (BMFSFJ, 2017, III). Jeder dritte Bericht bietet einen Gesamtüberblick über die Lage der Kinder und Jugendlichen in Deutschland. Die Berichte stehen durch das Bundesministerium für Familie, Senioren, Frauen und Jugend online unter https://www.bmfsfj.de zur Verfügung.
Der *Nationale Bildungsbericht* ist eine von der KMK und dem Bundesministerium für Bildung und Forschung (BMBF) in Auftrag gegebene empirische Bestandsaufnahme des deutschen Bildungswesens von frühkindlicher Bildung, Betreuung und Erziehung bis zur Weiterbildung im Erwachsenenalter. In einem zweijährigen Zyklus werden anhand von Bildungsbeteiligung, Abschlüssen, Kompetenzen die Zieldimensionen von Bildung

(„individuelle Regulationsfähigkeit, gesellschaftliche Teilhabe und Chancengleichheit sowie Humanressourcen"; Autorengruppe Bildungsberichterstattung, 2016, S. 1) erfasst und vom Deutschen Institut für Internationale Pädagogische Forschung (DIPF) online https://www.bildungsbericht.de/de/nationaler-bildungsbericht zugänglich gemacht.

In der Mitte jeder Legislaturperiode erscheint der von der Bundesregierung in Auftrag gegebene indikatorenbasierte *Armuts- und Reichtumsbericht*. Er liefert eine aktuelle Bestandsaufnahme der sozialen Lage in Deutschland und im Zuge dessen eine Beschreibung von sozialen Teilhabe- und Verwirklichungschancen, Armutsrisiko, sozialer Ausgrenzung und bildet die Verteilung von Einkommen ab (BAMS, 2017). Vom BMAS werden die Inhalte online unter http://www.armuts-und-reichtumsbericht.de veröffentlicht.

Von der Bundesregierung wird innerhalb jeder zweiten Legislaturperiode das BMFSJF beauftragt, eine Bestandsaufnahme aktueller Lebenslagen von Familien in der Bundesrepublik durchzuführen. Der *Familienbericht* unterliegt verschiedenen Schwerpunktsetzungen. Neben dem im Jahr 2012 erschienenen Familienbericht, der die Familienzeitpolitik im Fokus hatte, wurden zuvor im 6. Bericht z.B. Lebenslagen von Familien ausländischer Herkunft thematisiert (BMFSFJ, 2000, 2006, 2012). Ein Gesamtüberblick wird von jedem dritten Bericht angestrebt, wobei alle Veröffentlichungen online unter https://www.bmfsfj.de/bmfsfj zugänglich sind.

Tabelle 17: Berichtssysteme zur Lage von Kindern und Jugendlichen in Deutschland (eigene Darstellung)

	Kinder- und Jugendbericht	Nationaler Bildungsbericht	Armuts- und Reichtumsbericht	Familienbericht
Initiator	Bundesregierung	KMK	Bundesregierung	Bundesregierung
zuständiges Amt	BMFSFJ	BMBF	BMAS	BMFSFJ
Autorinnen/ Autoren	unabhängige Sachverständigenkommission	Autorengruppe Bildungsberichterstattung	unabhängige Sachverständigenkommission	unabhängige Sachverständigenkommission
zentrale Inhalte	Lebenslagen von Kindern, Jugendlichen und jungen Erwachsenen in Deutschland	deutsches Bildungswesen: von frühkindlicher Bildung, Betreuung und Erziehung bis zur Weiterbildung im Erwachsenenalter	soziale Lage in Deutschland, explizit soziale Teilhabe- und Verwirklichungschancen, Armutsrisiko, soziale Ausgrenzung, Verteilung von Einkommen	Lebenslagen von Familien in Deutschland
Schwerpunktsetzung vs. Gesamtüberblick	Schwerpunktsetzung vorhanden, jeder 3. Bericht liefert Gesamtüberblick	Gesamtüberblick	Gesamtüberblick	Schwerpunktsetzung vorhanden, jeder 3. Bericht liefert Gesamtüberblick
Bsp. Schwerpunkte	12. Bericht: Gesundheit; 13. Bericht: Jugend/junge Erwachsene	–	–	6. Bericht: Lebenslagen von Familien ausländischer Herkunft; 8. Bericht: Familienzeitpolitik
Erscheinungszyklus	1 x je Legislaturperiode	2-jähriger Zyklus	1 x je Legislaturperiode	innerhalb jeder 2. Legislaturperiode
Verfügbarkeit (Online)	https://www.bmfsfj.de/bmfsfj	https://www.bildungsbericht.de/de/nationaler-bildungsbericht	http://www.armuts-und-reichtumsbericht.de	https://www.bmfsfj.de/bmfsfj

8.2 Werteerziehung für eine demokratische Gesellschaft

Die zweite im Bereich „Erziehen" benannte Kompetenz lautet:

> „Lehrerinnen und Lehrer vermitteln Werte und Normen, eine Haltung
> der Wertschätzung und Anerkennung von Diversität und unterstützen
> selbstbestimmtes Urteilen und Handeln von Schülerinnen und Schü-
> lern" (KMK, 2014, S. 10).

Die Standards für den Bereich lauten (ebd.):

> „Die Absolventinnen und Absolventen [...]
>
> – kennen und reflektieren demokratische Werte und Normen sowie
>   ihre Vermittlung.
> – wissen, wie wesentlich Anerkennung von Diversität für das Gelin-
>   gen von Lernprozessen ist.
> – wissen, wie man wertbewusste Haltungen und selbstbestimmtes Ur-
>   teilen und Handeln von Schülerinnen und Schülern fördert.
> – wissen, wie Schülerinnen und Schüler im Umgang mit persönlichen
>   Krisen- und Entscheidungssituationen unterstützt werden."

Dieser Kompetenzbereich ist ein überaus komplexer, führt er doch zum einen
in das weite Feld der „Werteerziehung" (Hügli, 2004) sowie mit den vermeintlich einfachen Begriffen *Norm* und *Wert* in Grundlagen der philosophischen
Ethik ein. Die Formulierungen der einzelnen Standards selbst sind dabei bereits zu hinterfragen. Was soll es bedeuten, zu wissen, wie man wertbewuss-
te Haltungen erzeugt? Welche Werte sind würdig, erzeugt zu werden? Kann
man Werte überhaupt erzeugen? Und in welchem Verhältnis steht die demokratische Gesellschaft hierzu? An dieser Stelle können aufgrund der grundsätzlichen Fragestellungen, die dieser Kompetenzbereich aufwirft, nur einige Ori-
entierungspunkte gesetzt werden, die das Selbststudium und das eigene Urteil
jedoch nicht ersetzen können und auch nicht ersetzen wollen. Wir meinen,
dass in diesem Kompetenzbereich der eigentliche Kern des Lehrberufs liegt, da
hier das Verhältnis zur Gesellschaft und zum Menschen ganz allgemein zu bestimmen versucht wird. Dies ist aber nicht unbedingt die Position der KMK,
die Erziehung vermutlich weniger philosophisch, sondern eher funktional-psy-
chologisch verstanden wissen wollen würde (zur Differenz von philosophischen und sozialwissenschaftlich-psychologischen Ansätzen vgl. Langewand,
2004). Dies zeigt sich auch in den gewählten Formulierungen, die darauf hindeuten, man könne dies alles „vermitteln". Es geht in diesem Kompetenzbereich um nicht weniger als die Frage, ob Moral lehrbar ist (Lind, 2009) und

ob Erzieherinnen und Erzieher über Moral verfügen (müssen). Wir erinnern uns an Kants Einsicht, dass nur moralische Erzieherinnen und Erzieher auch eine Moralerziehung bewerkstelligen können. Wir können auch fragen, ob die Schule und damit eine Lehrkraft wissen *muss*, was richtig und was falsch ist? Ob sie dieses direktionistisch an die Schülerinnen und Schüler zu vermitteln hat? Oder ob sie die moralische Entwicklung der Kinder und Jugendlichen begleiten muss und dabei gerade möglichst amoralisch (nicht unmoralisch!) verfahren muss (was vielleicht dann doch eine moralische Position ist). Wir könnten zudem fragen, ob wir das offenkundig problematische und im Ausgang ungewisse Geschäft der Moralerziehung nicht doch allein den Eltern überlassen sollten, um uns dem vermeintlich wichtigeren Geschäft der Fachvermittlung widmen zu können. Wir haben jedoch bereits gesehen, dass dies allein aus rechtlicher Perspektive keine Option ist. Und gerade aus dem Eigensinn der Pädagogik heraus können wir nicht auf eine Moralerziehung verzichten. Andersherum formuliert: Die reflexive Begleitung bei der moralischen Entwicklung der Kinder und Jugendlichen ist konstitutiver Bestandteil pädagogischen Handelns! Allerdings müssen wir herausfinden, welche Moral bzw. wie eine Erziehung hin zu moralischem Verhalten bei Schülerinnen und Schülern möglich sein kann. Um eine erste Orientierung zur Erörterung dieser Fragen zu ermöglichen, werden nachfolgend zentrale Begrifflichkeiten vorgestellt.

8.2.1 Werte

Der Wertbegriff entstammt nationalökonomischen Denkweisen und kann als begriffsgeschichtlicher Nachfolger des antiken Begriffs des „Guten" verstanden werden (Schmitt & Schönberger, 2011). Somit hat er den Begriff der Tugenden im modernen Sprachgebrauch ersetzt. Dies ist insoweit problematisch, als wir allem und jedem einen Wert beimessen können, es für Tugenden aber immerhin seit Aristoteles (384–322 v.u.Z.) einen vergleichbar fest umrissenen Katalog gibt. Es zeigt sich darum aktuell, dass der Begriff und vor allem die Themen der Tugendlehre der Antike wieder mehr Beachtung finden (Birnbacher, 2013; Nida-Rümelin, 2013, S. 163 ff.). Werte werden zudem meist von einer Gruppe von Menschen artikuliert und führen darum häufig zu Dissens (Joas, 2017). Werte sind darum im Hinblick auf Demokratieerziehung keine eigentliche Zielgröße, auf die hin zu erziehen ist. Vielmehr gilt es, Werte reflexiv zu erfassen und auf deren praktische Auswirkungen hin zu befragen. Demokratieerziehung ist somit also auch Aufklärungstätigkeit hinsichtlich der Werte und eben keine Werteerziehung im instruktiven Sinne. Werte sind historische Artefakte von Wertschätzungspraktiken und darum veränderlich. In diesem Sinne eignen sie sich nicht für universale Zielformulierungen der Erziehung. Schnädelbach (2012) bringt dies unter Rückgriff auf Straub wie folgt zum Ausdruck:

> „Eberhard Straub hat mit seinem Buch *Zur Tyrannei der Werte* (2010) das Stichwort Carl Schmitts aufgenommen. Er besteht mit großem Nachdruck darauf, dass unserer freiheitlichen Rechtsordnung das Prinzip der Menschenwürde zugrunde liegt und sie darum nicht als Werteordnung misszuverstehen ist. Als Werteordnung wäre der Staat eine Wertegemeinschaft, die allen eine bestimmte Lebensordnung vorschreibt und Abweichler rechtlos macht; die Menschenwürde hingegen als oberstes normatives Prinzip begründet die individuellen Freiheitsrechte unabhängig von bestimmten Wertüberzeugungen, die in der modernen Welt stets wandelbar und umstritten bleiben." (ebd., S. 175, Hervorhebung im Original)

Werte sind deshalb als Bezugsgröße problematisch, weil sie partikular sind und je nach Gemeinschaft differieren können. Man sieht dies bereits an den unterschiedlichen Pädagogiken, die auf unterschiedlichen Werten basieren. Werte sind aber auch nicht einfach zu negieren, da wir als menschliche Wesen gewohnt sind, evaluativ in unseren täglichen Praktiken zu verfahren, also im Grunde beständig Dingen einen Wert zu- oder absprechen. Woher aber kann eine Verbindlichkeit kommen, um Verhalten angemessen in Bezug auf dessen moralische Güte zu beurteilen?

8.2.2 Normen

Normen lassen sich in zwei Gruppen aufteilen: *soziale Normen* und *Rechtsnormen*. In beiden Fällen geht es um Regeln, die wir besser befolgen sollten, wenn wir sozialen oder rechtlichen Sanktionen (Strafen) aus dem Weg gehen wollen. Damit ist klar, dass Normen gesellschaftlich, mitunter global, also weltgesellschaftlich verankert sind. Die Genfer Konventionen beinhalten solche Normen und auch die Verabschiedung der UN-Menschenrechtskonvention ist so zu verstehen. Rechtsnormen sind die zentrale Errungenschaft moderner Staaten. Demokratisch verfasste Staaten werden entsprechend als „Rechtsstaat" qualifiziert, was so viel heißt wie: Jede Bürgerin und jeder Bürger des Staates ist gleich vor dem Gesetz und hat gleiche Rechte, ungeachtet der Herkunft, des Vermögens, des Geschlechts etc. Rechtsstaatlichkeit schützt dabei vor allem auch die individuellen Freiheiten, die vom gesellschaftlichen Mainstream nicht geteilt werden. Aktuell zeigt sich dies beispielsweise an der Haltung des Bundesverfassungsgerichts gegenüber Parteiverboten. Die freie Meinungsäußerung gilt eben auch für solche Meinungen, die wir nicht teilen. Dies begründet den für Demokratien lebensnotwendigen Dissens und den daraus (hoffentlich) immer wieder neu erwachsenden Dialog. In diesem Sinne beginnt Demokratie mit Streit und Auseinandersetzung und nicht mit Konsens.

Gegen soziale Normen kann man verstoßen, ohne unbedingt rechtlich belangt zu werden (dies ist bei Rechtsnormen anders). Allerdings können die Folgen eines Verstoßes gegen gesellschaftliche Verhaltensnormen mitunter tragischer sein, als die Rechtssanktionen (bedeutende Romane wie Fontanes „Effi Briest" oder Tolstojs „Anna Karenina" erzählen hiervon). Für Lehrkräfte ist es daher wichtig zu erkunden, welche Normen jenseits der Rechtsnormen in ihrer Schule Bedeutsamkeit haben. Sind es Regeln des Verbots? Regeln der Erkundung? Welches Schülerinnen- und Schülerbild, welches Lehrkräftebild, welches Elternbild ergibt sich aus den sozialen Normen einer Schule?

Wie verhalten sich nun Normen und Werte zueinander? Ganz eindeutig kann dies nicht festgelegt werden, aber es ist durchaus sinnvoll, einen korrelativen Bezug anzunehmen. Was sich als soziale Norm und später als Rechtsnorm durchsetzt, fußt nicht selten auf umfänglich geteilten Werten.

> „Die Vermutung liegt nahe, dass sich die Normensetzung stets nach den herrschenden Wertüberzeugungen richtet, dass somit allgemein das als das Rechte gilt, was für gut für die Menschen gehalten wird. Umgekehrt scheinen Normen auch wertvoll zu sein, und darum wird der Rechtsstaat als ein Gut angesehen und verteidigt." (Schnädelbach, 2012, S. 173; siehe auch Böckenförde, 1999, S. 208 ff.)

8.2.3 Ethik und Moral

Dieses Begriffspaar hat zu vielerlei Debatten und Auseinandersetzungen geführt. Eine genaue Bestimmung ist bis heute unklar, insbesondere die Verhältnisbestimmung (Ott, 2005). Moralvorstellungen beinhalten Leitsätze, die angeben, wie ich richtig handeln soll. Diese Vorstellungen werden durch gesellschaftliche Institutionen, soziale und rechtliche Normen evoziert. In diesem Sinne ist Moral ein deskriptiver Begriff und er ist vor allem im Plural erst sinnvoll zu verwenden. Wir müssen davon ausgehen, dass es vielfältige Moralen gibt und eben nicht nur *die eine* Moral. Solche Annahmen konnte man noch unter der Vorherrschaft christlicher Moralvorstellungen durchhalten, in einer säkularisierten und globalisierten Welt, die uns tagtäglich differente Vorstellungen von Moral vergegenwärtigt, ist die Vorstellung von der einen Moral jedenfalls zunächst in weite Ferne gerückt. Und damit verbunden ist dann wiederum die Frage, ob es denn überhaupt eine richtige Moral geben kann oder gibt. Mit solchen und ähnlichen Fragen beschäftigt sich die Ethik als Teildisziplin der Philosophie. Sie unterscheidet dabei eine deskriptive Ethik, die moralische Überzeugungssysteme analysiert und zu verstehen sucht und normative Ethiken, die uns anzuleiten versuchen, „indem sie systematische Antworten auf die Frage geben: Was soll ich tun?" (Rüther, 2015, S. 23). Eine dritte Form der Ethik wird als Metaethik bezeichnet (Rüther, 2015; Stahl, 2013), die sich um die Bedingungen der Möglichkeit, ethische Aussagen zu treffen, kümmert. Anders formuliert: Metaethische Arbeiten versuchen zu klären, was es eigentlich mit ethischen Aussagen auf sich hat. Was bedeuten sie? Können sie in einem sprachphilosophischen und wahrheitstheoretischen Sinne wahr sein? Existieren moralische Tatsachen als objektive Tatsachen?

Das mag recht abstrakt klingen, aber es rührt doch an ganz konkrete Lebenssituationen: Darf ich meinen Partner verlassen, wenn dieser schwer erkrankt ist? Muss ich bei Großkatastrophen spenden? Muss ich einem Schüler Nachhilfe geben, wenn er schlecht in meinem Fach ist? Sind dies eigentlich moralische Fragen? Und wenn ja, wie wären sie aus der Perspektive verschiedener Ethiken zu beantworten? Berühmte Ethiken sind Kants Lehre vom praktischem Vernunftgebrauch und dem kategorischen Imperativ, Hegels Sittlichkeitslehre, in der sich die Vernunft in den Gesetzen des Staates zeigt und sich diese unter den Verhältnissen andauernder Konflikte weiterentwickeln (Sklavenbefreiung, Gleichberechtigung, Rücknahme von Diskriminierungen etc.; vgl. Honneth, 1992), die verschiedenen Spielarten einer utilitaristischen Moral (vgl. die Darstellung bei Ott, 2005; sowie Höffe, 2013) die Verantwortungsethik von Hans Jonas (1903–1993) sowie die Diskursethik von Jürgen Habermas (*1929) und Karl-Otto Apel (1922–2017) (zur Übersicht über diese Ansätze siehe v. a. Birnbacher, 2013). Ethische Fragen betreffen aber nicht nur die Frage, wie persönliche Handlungen moralisch gerechtfertigt werden können, sondern auch, wie wir ein gerechtes Miteinander in Staat und Gesellschaft organisieren können. Diese Frage führt in den großen Bereich der Gerechtigkeitstheorien (Berkemeyer et al., in Vorb.; Heidenreich, 2011; Krebs, 2000; Ladwig, 2011). Gerechtigkeitstheorien sind insbesondere für Lehrkräfte von besonderer Bedeutung, da speziell die Schule verpflichtet ist, eine faire Institution mit fairen Praktiken zu sein (Berkemeyer et al., 2017). So gewährt Schule als Scharnierstelle zwischen Jugendalter und Berufseintritt, vermittelt über Zertifikate, ökonomische Teilhabemöglichkeiten am Arbeitsmarkt, die fair entstehen sollten. Schule sollte aber auch ein Ort der Sicherheit sein, an dem die Menschenrechte (Fritzsche, 2016) und die Grundrechte gewahrt sind. In diesem Sinne ist es begrüßenswert, dass auch die Kinderrechte künftig in das Grundgesetz aufgenommen werden, um zu verdeutlichen, dass die Erziehung von Kindern nicht nur einen Wert hat, sondern, dass Kinder im Kontext dieser staatlichen Erziehung über Rechte verfügen und entsprechend als Rechtssubjekte zu begreifen sind (Berkemeyer, im Ersch.b). Dass Schule diese Anforderungen an eine gerechte Institution nicht immer zu erfüllen vermag und mitunter auch gar nicht erfüllen kann, haben wir bereits in Kapitel 5 gesehen. Werte und Normen bilden ein orientierendes Geflecht, das sich nicht zuletzt in den Gesetzen des Bundes und der Länder niederschlägt, mit diesen aber nicht gleichgesetzt werden darf. Die reine Orientierung am Recht kann darum auch eine ethisch-reflektierte Haltung von Lehrkräften nicht ersetzen. Diese zeichnet sich durch eine Reflexion der eigenen Handlungen und der je eigenen schulischen Praxis genauso aus, ebenso durch eine kritische und gerechtigkeitstheoretische Reflexion der Institution Schule wie ihrer institutionellen Praktiken. In der ethischen Reflexion verschränkt sich die Pädagogik mit der Politik. Denn ist eine Praktik als ungerecht erkannt, entsteht das Interesse zur Veränderung, zur bildungspolitischen Reform.

8.2.4 Streit über Werte oder Mut zur Erziehung

Es gibt immer wieder Bewegungen in der Geschichte der Erziehung, die entweder das Ende der Erziehung sehen, da vermeintlich durch Sozialisation ersetzt (Giesecke, 1996), oder aber Disziplin einfordern, wie Bernhard Bueb (2010) mit seiner Darstellung „Lob der Disziplin". Eine der berühmtesten Formeln, die solche wertkonservativen Bewegungen begleiten, ist der Slogan „Mut zur Erziehung" (WELT, 2004), der mit neun Thesen untersetzt worden ist:

> „1. Wir wenden uns gegen den Irrtum, die Mündigkeit, zu der die Schule erziehen soll, läge im Ideal einer Zukunftsgesellschaft vollkommener Befreiung aus allen herkunftsbedingten Lebensverhältnissen. In Wahrheit ist die Mündigkeit, die die Schule [...] fördern kann, die Mündigkeit derer, die der Autorität des Lehrers schließlich entwachsen sind. Denn wenn die Schule die Mündigkeit einer Zukunftsmenschheit zum pädagogischen Ideal erhöbe, erklärte sie uns zu Unmündigen.
>
> 2. Wir wenden uns gegen den Irrtum, die Schule könne Kinder lehren, glücklich zu werden [...] In Wahrheit hintertreibt die Schule damit das Glück der Kinder und neurotisiert sie. Denn Glück folgt nicht aus der Befriedigung von Ansprüchen, sondern stellt im Tun des Rechten sich ein.
>
> 3. Wir wenden uns gegen den Irrtum, die Tugenden des Fleißes, der Disziplin und der Ordnung seien pädagogisch obsolet geworden, weil sie sich als politisch missbrauchbar erwiesen haben. In Wahrheit sind diese Tugenden unter allen politischen Umständen nötig [...].

4. Wir wenden uns gegen den Irrtum, die Schule könne Kinder ‚kritikfähig' machen [...] In Wahrheit treibt die Schule damit die Kinder in die Arme derer, die als ideologische Besserwisser absolute Ansprüche erheben [...].

5. Wir wenden uns gegen den Irrtum, die Schule hätte die Kinder anzuleiten, ‚ihre Interessen wahrzunehmen'. In Wahrheit gibt die Schule damit die Kinder in die Hand derer, die diese Interessen nach ihren eigenen politischen Interessen auszulegen wissen.

6. Wir wenden uns gegen den Irrtum, mit der Gleichheit der Bildungschancen fördere man die Gleichheit derer, die sich in Wahrnehmung dieser Chancen bilden wollen. In Wahrheit setzt Chancengleichheit stets ungleich verteilte Möglichkeiten ihrer Nutzung frei, und diese Ungleichheit, die sich als Folge realisierter Chancengleichheit erst herstellt, bedarf politischer und moralischer Anerkennung.

7. Wir wenden uns gegen den Irrtum, man könne über die Schule Reformen einleiten, die die Gesellschaft über ihre politischen Institutionen nicht selber einleiten will. In Wahrheit isoliert man damit die Schule und ihre Schüler gegenüber der Gesellschaft. Denn keine Gesellschaft kann eine Schule als ihre eigene Schule anerkennen, die ihre Schüler eine ganz andere Gesellschaft als ihre eigene anzusehen lehrt.

8. Wir wenden uns gegen den Irrtum, die Verwissenschaftlichung des Unterrichts sei die erzieherische Antwort auf die Herausforderung unserer wissenschaftlichen Zivilisation. In Wahrheit erschwert man auf diese Weise die Erziehung zur Fähigkeit, sich in der wissenschaftlichen Zivilisation an Gegebenheiten und Maßstäben zu orientieren, die eigener Erfahrung zugänglich sind [...].

9. Wir wenden uns gegen den Irrtum, optimale Erziehung sei maximal professionalisierte und institutionalisierte Erziehung. In Wahrheit ist Erziehung in keiner Kultur primär ein Vorgang aus Berufstätigkeit. Denn unsere Schulen können ihren besonderen Beitrag zur Erziehung unserer Kinder nur leisten, sofern auch in ihnen dieselben kulturellen Selbstverständlichkeiten gelten, in deren Anerkennung wir alle vor und außerhalb der Schule stets schon erzogen sind."

Formuliert wurden sie auf einem Kongress mit dem Titel „Mut zur Erziehung" 1978 in Bonn von einer Gruppe „konservativer" Philosophen, Historiker, Politikwissenschaftler, Soziologen Erziehungswissenschaftler und einer Psychagogin. Die Thesen wurden zudem vom baden-württembergischen Kultusministerium an alle Lehrkräfte verschickt. Im Hintergrund der Debatte stand natürlich noch die 1968er-Bewegung und die damit verbundenen Bestrebungen der Aufklärung der NS-Verbrechen sowie der Durchsetzung von „mehr Demokratie", die nicht nur Willy Brandt seinerzeit wagen wollte. Verkürzt, aber vielleicht hier ausreichend, ging es um die Frage, ob ein wertkonservatives Bürgertum oder sozialistisch-sozialdemokratische Werte Leitbild für die Erziehung sein sollten. Wir müssen diese Debatte hier nicht skizzieren. Es reicht zu wissen, dass wir uns zu solchen und ähnlichen Debatten als professionelle Lehrkräfte positionieren müssen, auch weil die Gretchenfrage der Pädagogik, „Sag, wie hältst du es mit der Erziehung", immer wieder neu gestellt wird, wie die immer wieder neu geführten Diskussionen zeigen.[20] Nötig ist eine solche Positionierung auch, weil wir uns der Frage der Erziehung bewusst zuwenden müssen. Ein Kommentar, der eine mögliche Position zu diesen neun Thesen darstellt und den wir für zentral halten, ist die Stellungnahme von Ernst Tugendhat (*1930), einem der bedeutendsten Ethikphilosophen der Nachkriegszeit.

„Während die Idee einer demokratischen Schule darauf zielt, den Selbstentfaltungsprozess und das heißt das Glück des Kindes zu fördern, ist es die Aufgaben der totalitären Schule, diesen Prozess zu unterbinden beziehungsweise ihn so umzukanalisieren, dass das Kind ‚lernt', seine Einordnung ins System für seine Selbstverwirklichung zu halten oder – mit den Worten der Autoren – sein Glück im ‚Tun des Rechten' zu finden. […] Die von den Autoren unterstellte Übereinstimmungsideologie [Regeln der Institution Schule und Regeln des Verhaltens des Individuums; d.A.] ist die Position de[s] Totalitarismus. […] Ist es denn möglich, dass die Autoren nicht bemerkt haben, dass sie damit den Typus Adolf Eichmann zur Zielnorm der Erziehung gemacht haben? […] Man soll jetzt wieder wie in alten Zeiten Mut haben können zu einer Erziehung, die keinen Mut erfordert, keine Phantasie, keine Sympathie und keine Verantwortung für den einzelnen Menschen – zu einer Erziehung, die auf Kosten der Kinder geht und auf Kosten der Demokratie." (Tugendhat, 2015, S. 21 ff.)

8.2.5 Schule, Gesellschaft und Erziehung

Für Immanuel Kant (1724–1804) stand fest: „Der Mensch kann nur Mensch werden durch Erziehung" (Kant, 1960, S. 9). Er ist „das einzige Geschöpf, welches erzogen werden muß" (ebd., S. 7). Das Ziel der Erziehung ist somit die Menschwerdung selbst. Mensch werden heißt bei Kant, sich durch Nut-

---

20 Vgl. exemplarisch mit Bezug zum 1978er-Kongress Wolfgang Brezinka; verfügbar unter: http://library.fes.de/gmh/main/pdf-files/gmh/1993/1993-11-a-711.pdf [04.11.2017].

zung seiner praktischen Vernunft unter das Sittengesetz zu stellen. Dies ist aber nicht als Fremdherrschaft oder Unterwerfung gedacht, sondern als Befolgen des durch die praktische Vernunft sich selbst aufgegebenen kategorischen Imperativs. Die Befolgung des moralischen Gesetzes ist für Kant die höchste Form der Freiheit. Um diese zu erlangen, bedarf es der Erziehung und zwar, wie wir weiter oben bereits gesehen haben, auch der Erziehung der Erzieherinnen und der Erzieher. Dies wird heute modernisiert als Professionalisierung diskutiert. Inhaltlich meint es aber im Grunde dasselbe. Mit dieser Bestimmung stellt sich Kant auf die Seite des Subjekts, allerdings in einer moralisch beschränkenden Weise. Genau genommen ist Kant Anwalt der Menschengattung, da er sieht, dass die Vervollkommnung des Einzelnen wohl kaum gelingen kann, aber dass *wir* als Gattung, also wir als Menschheit, uns weit(er) entwickeln können. Kant nimmt hier sehr früh eine kosmopolitische Perspektive auf Erziehung ein. Ziel der Erziehung ist es dann, einen Beitrag hierzu zu leisten (vgl. das einleitende Zitat von Schiller in der vorliegenden Einführung). Schule wird somit als Ort zur Erziehung einer kosmopolitischen Bürgerin und eines kosmopolitischen Bürgers und die Gesellschaft so zur Weltgesellschaft. Die praktische Vernunft bei Kant duldet keine Grenzen und interessiert sich auch wenig für nationale Differenzen. Menschsein und die Menschenwürde sind das verbindende Band aller (z.B. Knoepffler, 2009).

Der französische Soziologe und Erziehungsphilosoph Émile Durkheim (1858–1917) sieht hingegen in der Erziehung die Aufgabe, den Menschen systematisch sozialisierend auf die Gesellschaft vorzubereiten (Durkheim, 1984), also die Vergesellschaftung des Menschen zu begünstigen und diese so den individuellen Eigenheiten überzuordnen (Diederich & Tenorth, 1997). Die Eingewöhnung in die Regeln und Sitten der Gesellschaft (zu Durkheims Zeit bestand wohl noch mehr Einigkeit darüber, welche dies seien) wird zum Hauptzweck schulischer Erziehung. Eher an Kant anschließend lässt sich noch eine liberale, in Deutschland kaum zur Kenntnis genommene Stimme eines der bedeutendsten Philosophen und Gelehrten des 20. Jahrhunderts anführen. Sir Bertrand A. W. Russel (1872–1970) hat vehement für die Förderung der Individualität plädiert und so das Individuum über die Gesellschaft gestellt (Russell, 1993; für eine kurze Zusammenfassung von Russels Werk „Education and the Social Order" siehe Brinkmann, 2011). Der Streit darüber, in welchem Verhältnis Subjekt und Gesellschaft zu denken sind und wie sich Erziehung und Schule dazu verhalten sollen, ist also ein fortwährender und sich immer wieder aktualisierender Streit, der im großen Rahmen unter die Debatte Liberalismus vs. Kommunitarismus (Joas, 2017) gestellt werden kann. Liberale sehen sich als Verteidiger der Freiheit des Subjekts, Kommunitaristen betonen die Aspekte des gemeinschaftlichen Zusammenlebens und räumen insofern der Gesellschaft und ihrer Ordnung einen hohen Stellenwert ein.

Für beide Positionen werden starke Argumente ins Feld geführt (Honneth, 1993) und es bleibt eine Herausforderung, diese Zusammenhänge zu bedenken und eine eigene Position zu finden. Einfach sind diese Zusammenhänge auch deswegen nicht zu durchschauen, weil sie auch die Frage danach implizieren, ob die Erziehung des Menschen unter Bedingungen eines staatlichen Schulwesens überhaupt möglich ist. Wilhelm von Humboldt (1767–1835) wollte das staatliche Schulwesen nach und nach abgeschafft wissen (siehe z.b. Benner, 1990), Johann Friedrich Herbart (1776–1841), einer der Gründungsväter moderner Erziehungswissenschaft, war ebenfalls äußerst kritisch (siehe z.b. Benner, 1993) und der Marquis de Condorcet (1743–1794) formulierte noch ganz beseelt vom aufklärerischen Denken:

> „Es wird ohne Zweifel eine Zeit kommen, in der die durch Autorität eingesetzten gelehrten Gesellschaften überflüssig und folglich gefährlich sein werden; in der sogar jede öffentliche Unterrichtsanstalt nutzlos sein wird; das wird jene Zeit sein, wo kein allgemeiner Irrtum mehr zu fürchten ist, wo alle Ursachen, die das Interesse, die Leidenschaften zugunsten von Vorurteilen beeinflussen, ihre Wirkung eingebüßt haben; wo sich die Aufklärung gleichmäßig auf alle Orte desselben Gebietes wie auf alle Klassen derselben Gesellschaft ausgebreitet hat; wo alle Wissenschaften und ihre Anwendungsgebiete vom Joch allen Aberglaubens wie vom Gift falscher Doktrinen befreit sind; wo jeder Mensch endlich seinem eigenen Wissen und in der Redlichkeit seines Geistes ausreichend Waffen findet, alle Listen der Scharlatane zurückzuweisen: aber diese Zeit ist noch fern; unsere Aufgabe muss es sein, sie vorzubereiten und den Beginn dieser Epoche schneller herbeizuführen; und wenn wir daran arbeiten, diese neuen Einrichtungen zu schaffen, sind wir gezwungen, uns unaufhörlich damit zu beschäftigen, jenen glücklichen Augenblick schneller herbeizuführen, in dem sie alle überflüssig werden." (Condorcet, zitiert nach Gerstner & Wetz, 2008, S. 142)

Und heute noch gibt es eine Reihe von Fortschrittsoptimistinnen und -optimisten, die in der Wissenschaft (hier allerdings in institutionalisierter Form) den Lösungsweg gesellschaftlicher Probleme sehen, die durch alte Glaubensüberzeugungen entstanden sind und entstehen. Küppers (2010) steht hierfür mit seinem provokanten Buch mit dem Titel „Wissen statt Moral". Leider, oder doch vielmehr zum Glück, ist es aber so, dass die Bestimmung dessen, was Wissen und vor allem für die Zukunft gerechtfertigtes Wissen ist, keineswegs trivial ist (Clar et al., 1997; Schützeichel, 2007). Und so bleibt die gesellschaftliche Auseinandersetzung über das Verhältnis von Schule, Gesellschaft und Erziehung eine Auseinandersetzung, die möglichst breit geführt werden sollte und die sich immer wieder lohnt, damit wir besser verstehen, welche Erwartungen existieren, wo Gemeinsamkeiten und wo Unterschiede liegen. Das Wissen darum, dies sollte Konsens sein, ist jedenfalls eine wichtige Voraussetzung für eine gelingende schulische Praxis.

8.2.6 Ansätze der Werte- und Moralerziehung

Fritz Oser, einer der bekanntesten deutschsprachigen Forscher im Bereich der Moralerziehung, unterscheidet acht Grundmodelle der Werte- und Moralerziehung (Oser, 2001):

- *Erstes Modell: Ablehnung von Moralerziehung als Prinzip moralischer Erziehung.* Hierbei erfolgt die Moralerziehung verborgen, da Lehrkräfte sich nie wertfrei verhalten können. Alle unsere Handlungen lassen sich unter der Frage, wie ihr Wert zu beurteilen ist, analysieren. Die Behauptung, wertfrei zu unterrichten, hat insofern eher eine Schutzfunktion, da wir uns so vor einer dezidierten Offenlegung unserer Werte drücken können. „Das ist fatal" (ebd., S. 65).
- *Zweites Modell: Öffentliches Werteklima.* Hierbei geht es darum, dass in der Schulgemeinde Werte öffentlich gelebt und eingefordert werden. Ein solches Klima ist voll von Sollensanforderungen, allerdings weniger geprägt durch kritische Rückfragen. Welche Werte verdienen es, öffentlich eingefordert zu werden? Im Grunde ist natürlich jede Schule, jede Organisation grundsätzlich mit einem solchen Klima ausgestattet, sei es bewusst gestaltet oder implizit gelebt. Es sollte aber weniger als „erzieherisch" angenommen werden. Vielmehr sollte es kritisch befragt werden und zur regelmäßigen Reflexion Anlass geben.
- *Drittes Modell: Der Ansatz der Wertklärung.* Dieser Ansatz geht nicht von allgemeinen Werten aus, sondern von subjektiven Werten, die dem Subjekt vom Grundsatz her auch zugestanden werden. Allerdings soll es Gründe für seine Wertungen angeben können. Subjektive Freiheit wird hier also über gemeinschaftliche Werte gesetzt. Man könnte sagen, es handelt sich hierbei um ein liberalistisches Konzept. Problematisch ist allerdings der in diesem Ansatz angelegte Wertrelativismus, der weder gut begründbar noch zwingend wünschenswert ist.
- *Viertes Modell: Der Ansatz der Wertevermittlung.* Dieser Ansatz steht im Grunde in einer behavioristischen Tradition und begreift Wertevermittlung so, wie auch die Vermittlung anderer Sachverhalte. Dieses Modell dürfte den allermeisten alltäglichen Vorstellungen von Werteerziehung entsprechen. Die Lehrkraft sagt, was richtig ist, erläutert dies an Beispielen und Vorbildern und abweichendes Verhalten wird sanktioniert. Dieser Ansatz führt vermutlich zu nicht mehr als mehr oder weniger stark erzwungenem Kon-

formismus. Dieser ist keineswegs nur problematisch, aber eben auch nicht hinreichend für ein moralisches Subjekt.

- *Fünftes Modell: Der Ansatz der Wertanalyse.* Dieser Ansatz versucht, Aspekte der Wertklärung und der Wertevermittlung zu verbinden. Sein stark kognitiv-analytischer Ansatz rückt ihn in die Nähe einer Metaethik. Also einer Position, von der aus unterschiedliche Werte und Urteilsmuster vergleichend analysiert werden können, ohne dabei schon moralisch erziehen zu wollen. Insbesondere im Ethikunterricht ist dies eine wichtige und notwendige Perspektive.
- *Sechstes Modell: Der progressive Ansatz* geht davon aus, dass Kinder und Jugendliche in ihrer moralischen Entwicklung – analog der Theorie Kohlbergs – voranschreiten (können). Ausgehend von den jeweiligen moralischen Entwicklungsständen (▶ Tabelle 16) soll mit Hilfe von moralischen Problemen, Dilemmata-Diskussionen oder der Konfrontation mit Lösungsmöglichkeiten, die aus der Sicht der nächst höheren moralischen Stufe naheliegend wären, die Moralentwicklung stimuliert werden.
- *Siebtes Modell: Ansatz des Lernens am „außergewöhnlichen Modell".* Dieser Ansatz rückt die Begegnung von Kindern und Jugendlichen mit Menschen in den Vordergrund, die in besonderer Weise moralisch gehandelt haben. Entweder weil sie Menschen in Not geholfen haben, gegen behördliches Unrecht angegangen sind oder sonst moralisch in Erscheinung getreten sind. Ob durch die Begegnung mit moralischen „Helden" Moral entwickelt werden kann, ist indes noch unklar. Sicherlich kann es (kurzzeitig) motivierend wirken, aber bloße Bewunderung oder Nachahmung ist noch keine moralische Entwicklung.
- *Achtes Modell: Der realistische Diskurs.* Ein Basismodell für Just-Community-Schulen. Dieses Modell ist eine pädagogische Anwendung der Kohlberg'schen Moraltheorie sowie der Diskursethik von Habermas und Apel (siehe hierzu z.B. Birnbacher, 2013). In diesem Ansatz steht die konkrete, durch Diskurs zu erzielende Problemlösung im Vordergrund. Zudem wird die Form des Diskurses als Grundprinzip auch für die Gestaltung des Schullebens genutzt. So könn(t)en „gerechte Gemeinschaften" entstehen (ausführlicher hierzu z.B. Oser & Althof, 2001).

Jutta Standop hat dies unter Rückgriff auf Oser (2001) zu drei Richtungen der Werteerziehung verdichtet: Die romantische Erziehungsphilosophie/der Wertklärungsansatz (Modell 2), der technologische Erziehungsansatz/Wertvermittlung als Normkonformität (Modelle 3–5) und der progressive Ansatz nach Kohlberg (Modelle 6–8).

Als ein neuntes, ebenfalls Kohlberg verpflichtetes Modell sollte hier noch der Ansatz von Lind (2009) aufgeführt werden. Lind hat die moralische Dilemmadiskussion weiterentwickelt und vor allem empirisch untersucht und so die Wirksamkeit seines Ansatzes belegen können.

8.2.7 Demokratie lernen und Moralerziehung

Moralerziehung in demokratisch verfassten Gesellschaften ist im Grunde immer auch eine Einführung in das demokratische Zusammenwirken. Moralische Probleme entstehen immer dann, wenn Interessen oder Wertüberzeugungen miteinander kollidieren. Demokratien sind bestimmten Rechtsnormen verpflichtet und haben sehr klare Vorstellungen darüber, wie Konflikte nicht gelöst werden können. Vor allem solche moralischen Probleme, die jenseits individueller Entscheidungen liegen (etwa ob man seine Freundin oder Freund betrügen darf, wenn man einen anderen Menschen liebt), wie beispielsweise Umwelt- oder Friedensfragen (z.B. ob es moralisch vertretbar war, den Kurden im Nordirak Waffen zu liefern oder grundsätzlicher, lassen sich Waffenlieferungen überhaupt moralisch rechtfertigen?), berühren schnell Fragen des demokratischen Zusammenlebens, weil hier grundsätzliche Fragen nach Gerechtigkeit diskutiert werden. Gerechtigkeitsfragen sind häufig wie bei Rawls (1979, 2006) Fragen der Verteilungsgerechtigkeit, also Fragen, die zu klären versuchen, wem welche Güter innerhalb einer Gesellschaft legitimerweise zustehen. Demokratische Bildung (Schmid & Watermann, 2010), politische Bildung (May, 2007) sowie Moralerziehung (Benner et al., 2015) sollten insofern miteinander verschränkt gedacht und realisiert werden. Der Just-Community-Ansatz versucht dieses zu realisieren, aber auch die Initiative „Demokratisch Handeln" (Beutel, 2015) sieht sich einer solchen Verschränkung verpflichtet. Insbesondere die Nennung und Analyse von Gründen zeigt sich dabei als wesentliche Gemeinsamkeit demokratischer und moralischer Deliberation (Nida-Rümelin, 2006).

8.3 Methoden und Techniken der Erziehung

Kompetenz sechs des KMK-Kompetenzbereichs „Erziehen" lautet: „Lehrerinnen und Lehrer finden Lösungsansätze für Schwierigkeiten und Konflikte in Schule und Unterricht" (KMK, 2014, S. 10). Weiter heißt es hierzu (ebd.):

„Die Absolventinnen und Absolventen [...]"

– verfügen über Kenntnisse zu Kommunikation und Interaktion (unter besonderer Berücksichtigung der Lehrer-Schüler-Interaktion).

- kennen Regeln der Gesprächsführung sowie Grundsätze des Umgangs miteinander, die in Unterricht, Schule und Elternarbeit bedeutsam sind.
- kennen Risiken und Gefährdungen des Kindes- und Jugendalters sowie Präventions- und Interventionsmöglichkeiten.
- analysieren Konflikte und kennen Methoden der konstruktiven Konfliktbearbeitung und des Umgangs mit Gewalt."

Die nachfolgenden Ausführungen sind knapp gehalten, da einige Überschneidungen mit dem Kompetenzbereich „Beraten" (▶ Kapitel 9.3) vorliegen. An dieser Stelle erfolgen vielmehr allgemeine Bemerkungen zu Kommunikationstheorien sowie Bemerkungen zur Interaktion zwischen Lehrerinnen und Lehrern und Schülerinnen und Schülern. Abschließend wird ein weit verbreiteter Ansatz der Konfliktlösung in Schulen vorgestellt.

8.3.1 Theorien der Kommunikation

Was ist eigentlich Kommunikation? Wir praktizieren diese im Grunde ständig, denn wie Watzlawick so treffend formuliert hat: „Man kann nicht nicht kommunizieren" (z.B. Watzlawick et al., 1993). Insbesondere für die klassischen Professionen, die auf die Kommunikation mit Klienten (▶ Abschnitt 6.2) angewiesen sind, ist nicht nur die Beherrschung von Kommunikationstechniken bedeutsam, sondern vor allem auch ein Verständnis für das, was wir Kommunikation nennen. Insbesondere vereinfachte Kommunikationsvorstellungen, die davon ausgehen, dass das, was wir sagen, auch verstanden wird, gilt es zu dekonstruieren. Der Bielefelder Soziologe Niklas Luhmann (1927–1998) hat diesbezüglich pointiert formuliert, dass Kommunikation unwahrscheinlich ist. Er meinte damit, dass aufgrund der sehr großen Anzahl an fließenden Informationen eine passgenaue Selektion und Anschlussverarbeitung zwischen zwei sozialen oder psychischen Systemen unwahrscheinlich ist. Diese kommunikationsskeptische Perspektive ist gerade für Lehrkräfte hilfreich, um Missverständnisse im Unterricht, aber auch Lernprozesse oder Fehler, die beim Lernen entstehen, sowie Störungen im Unterricht zu verstehen.

Beispiel: Ein jedes Wort, das ich hier gerade aufschreibe, hätte auch ein anderes sein können. Ich hätte dies nicht so, sondern auch anders sagen können. Zudem verbinde ich mit jedem Wort bestimmte, aber auch unbestimmte, aber immer noch vage Zusammenhänge, die Rezipienten vielleicht gar nicht kennen. Sie erwarten hingegen vielleicht einen ganz anderen Zusammenhang oder einen anderen Folgesatz.

Luhmann hat wie kein zweiter deutlich gemacht, dass wir kommunikativ für-einander nicht verfügbar sind, weil wir nicht wissen können, was der andere denkt. Ein Gegenüber bleibt für mich eine Black Box und umgekehrt. Insofern ist es unwahrscheinlich, dass Kommunikation gelingt. Insbesondere bei Er-klärungen im Unterrichtskontext sollten wir an diese Kommunikationsrisiken denken. Der typische Satz „Habe ich dir doch gerade erklärt!" verliert dann sehr schnell an Überzeugungskraft.

Jürgen Habermas (1984) hat Kommunikation als soziales Handeln, also Kommunikation als Handlungsmodell entworfen und damit eine Gegenposi-tion zu Luhmann formuliert. Soziales Handeln ist dabei immer ein auf Ver-ständigung ausgerichtetes Handeln, ohne damit schon zu behaupten, dass ein Einverständnis immer möglich sei. Es lassen sich vereinfacht zwei typische Handlungssituationen unterscheiden, die in der Schule eine zentrale Rolle spie-len: das Handeln mittels Kommunikationsmedien und das kommunikative Handeln.

In der ersten Handlungsform erfolgt die Kommunikation zentral über so-genannte Kommunikationsmedien. In Schulen sind beispielsweise Noten sol-che Kommunikationsmedien, da sie hoch verdichtete Informationen in Be-zug auf spezifische Verhaltensweisen von Schülerinnen und Schülern in einem Fach transportieren. Sie haben den Vorteil, dass sie eine Vereinfachung der Kommunikationssituation erlauben, da sie sehr schnell Rangreihenbildun-gen ermöglichen und so (vergleichende) Aussagen über Leistungsfähigkeit und entsprechend mögliche Anschlüsse erlauben (z.B. Übergang Grundschu-le in Sekundarstufe I). Zugleich haben sie aber den Nachteil, dass sie nicht auf Verständigung hin ausgerichtet sind. Eine Note spricht für sich selbst. Eine Zwei ist eben eine Zwei, so wie ein 20-Euro-Schein eben ein 20-Euro-Schein ist. Diese Kommunikationsvariante ist somit pragmatisch, allerdings vorrangig zweckorientiert und nicht auf die soziale und kommunikativ gestaltete Begeg-nung von Menschen ausgerichtet. So kann beispielsweise die Erzeugung von Ruhe im Klassenzimmer als ein Kommunikationsakt genau nur dem Zweck folgen, die Inhalte der Stunde zu präsentieren. Umgekehrt kann ein ruhiges Verhalten von Schülerinnen und Schülern dazu dienen, gute Noten zu errei-chen, ohne dabei aber eine tiefergehende Verständigung zu beabsichtigen. Es gibt also funktionale Situationen innerhalb schulischer Arbeitssituationen, die aber noch nicht im Sinne kommunikativen Handelns verstanden werden kön-nen, sondern einseitig funktional in Bezug auf spezifische Zwecke aufzufassen sind.

Das kommunikative Handeln hingegen basiert im Unterschied zur ersten Handlungsform auf einer hinreichend abgestimmten Situationsdeutung. Es werden Rollen, Regeln und Zwecksetzungen, die mit einer Situation verbunden sind, gemeinsam dialogisch geklärt. Klassenregeln und Klassenrat sind Beispiele, die hier herangezogen werden können. Die Formulierung von solch gemeinsamen Situationsverständigungen soll dabei so gestaltet sein, dass alle Teilnehmenden diese mit Gründen befürworten oder kritisieren können. Gründe, und dies ist für die Schule hoch bedeutsam, sind hierbei nicht solche, die juristisch gegeben sind (Recht wäre auch ein Kommunikationsmedium), sondern die den Kommunikationsteilnehmenden vernünftig erscheinen und ausgehandelt werden. Letztlich geht es somit um die Ausgestaltung eines Arbeitsbündnisses (▶ Abschnitt 6.2.1), das durchaus nicht unproblematisch sein muss, da die Lebenswelt der an Schule Beteiligten mitunter sehr unterschiedlich ist, wodurch die verschiedensten Gründe als unterschiedlich wertvoll anerkannt werden können. Zur Lösung dieses Problems fordert Habermas (1984) vier Prinzipien, die für jede Sprechhandlung gelten sollen: (1) Die Sprecherin oder der Sprecher soll von der propositionalen Wahrheit (bestehende Referenz zwischen Ausdruck und Welt) der Aussage überzeugt sein, (2) die mit der Aussage verbundene Absicht soll in einem moralischen Sinne richtig oder legitim sein, (3) die Aussage ist so gemeint wie sie getätigt wird (Wahrhaftigkeit, es wird nicht gelogen, getäuscht etc.) und (4) die Aussage ist phonetisch und grammatikalisch verständlich. Ob diese Anforderungen allerdings tatsächlich als universale Kriterien der Verständigung oder als ideale aufzufassen sind, ist häufig diskutiert worden (Lüders, 2003; Rommerskirchen, 2017; Frindte, 2001; Schützeichel, 2004).

Diese durch die vier Prinzipien zu konstituierende ideale Sprechsituation wird auch von Robert Brandom kritisch gesehen. Er möchte vielmehr zeigen,

> „welche Art des Verstehens und der Erklärungskraft aus der Art und Weise, wie wir reden zu gewinnen ist, anstatt zu argumentieren, dass man in irgendeinem Sinne rational *verpflichtet* (obliged) sei, in dieser Art und Weise zu reden" (Brandom, 2000, S. 12, Hervorhebung im Original).

Damit wendet sich Brandom gegen das rationale Sprachparadigma bei Habermas und schließt an die Spätphilosophie Ludwig Wittgensteins (1889–1951) an, in der die Verwendung eines Begriffs konstitutiv für dessen Bedeutung ist (Gebrauchstheorie der Sprache; Newen & Schrenk, 2013, S. 161 ff.). Für die Nutzung im schulischen Kontext ist nun folgender Gedankengang sehr wesentlich: Begriffe repräsentieren nicht einfach Sachverhalte der Welt im Sinne eines Abbilds (Abbildtheorie der Sprache). Dieser Repräsentationalismus ist aber in gewisser Weise typisch für viele schulische Situationen und für eine bestimmte bildungstheoretische Tradition, die wir im Kapitel Unterrichten (▶ Abschnitt 7.1.2) als materiale Bildungstheorie kennengelernt haben. Hier wird Bildung durch die Sachen (Sachverhalte) evoziert. Die Sachverhalte finden ihren Ausdruck in spezifischen, repräsentierenden Begriffen. Diese Vorstellung trifft sich wohl auch am besten mit unseren Alltagsvorstellungen, allerdings kann dieser Ansatz nicht gut erklären, warum wir so unterschiedliche Bedeutungen mit ein und demselben Begriff verbinden. Brandoms Antwort hierauf ist, dass ein Begriff eine Bedeutung hat,

> „weil er für die Sprecher einer Gemeinschaft in einer *Relation* zu anderen Begriffen steht. Daher kann ein Begriff dadurch erklärt werden, dass er in verschiedenen Schlussfolgerungen, also Inferenzen, sowohl die Position einer Prämisse als auch die Position einer Konklusion einnehmen kann. Die Bedeutung von Begriffen ergibt sich aus ihrem inferentiellen Gebrauch bzw. den inferentiellen Beziehungen, die dem Begriff als Träger des propositionalen Gehalts vom Sprecher zugewiesen werden." (zitiert nach Rommerskirchen, 2017, S. 305, Hervorhebung im Original)

Durch diese Wendung wird die Frage, ob etwas (eine Behauptung, eine Aussage, eine Bezeichnung eines Gegenstandes) als richtig oder falsch anzusehen ist, zu einem Austausch von Gründen, die insbesondere zeigen müssen, dass die Schlussfolgerungen des Sprechers in einem sinnvollen Zusammenhang zur Gemeinschaft stehen. „Brandom charakterisiert seine Theorie als Inferentialismus oder inferentielle Semantik. Der Inferentialismus sieht Folgebeziehungen und nicht Wahrheit oder Referenz als fundamentale bedeutungskonstituierende Einheiten an" (Newen & Schrenk, 2013, S. 162). Dort, wo willkürliche Bezeichnungen verwendet werden, gibt es keinen gemeinsamen Bezugspunkt der Interpretation, dies ist die Lehre aus der babylonischen Sprachverwirrung. Doch auch gemeinsam verwendete Begriffe können aufgrund ihrer spezifischen Verwendungsweise zu unterschiedlichen Schlussfolgerungen führen. Dies ist nun für Schule und Lernprozesse im Unterricht von besonderer Bedeutung, denn hieraus folgt: Ich muss nicht nur sicherstellen, dass wir die gleichen Begriffe nutzen (Vokabeln, Fachsprache), sondern auch die Möglichkeiten haben, die jeweiligen Schlussfolgerungen nachzuvollziehen. Dies ist aber gerade in Schule nur dann wahrscheinlich, wenn die „überlegene Sprecherin" oder der „überlegene Sprecher", also die Lehrkraft, den Überschuss an Relationen eines Begriffes in der Sprachgemeinschaft (also Wissen über die möglichen Bedeutungen) nicht verheimlicht oder als Prämisse stillschweigend voraussetzt, sondern die Genese der Bedeutungsentwicklung des Begriffs transparent zu halten versucht. Dies wäre ein professioneller Umgang mit Sprache im Unterricht. Die Lehrkraft präsentiert Gründe und prüft die Gründe der Schülerinnen und

Schüler. Das Einverständnis über die Sachverhalte der Welt wird hier weder durch die Annahme einer richtigen Bezeichnung sui generis, noch aus normativen Kriterien eines idealen Diskurses gewonnen, sondern aus der Abwägung von Gründen, die ich immer schon angebe (zumeist unbewusst), wenn ich eine Aussage treffe. Schule kann dann zu einem, kommunikativ besehen, wertvollem Lernort werden, wenn es gelingt, reflexive Kommunikation, und dies ist eine Kommunikation, die die Gründe für die getroffenen Schlussfolgerungen offenlegt, für das Lernen zu nutzen. Wahrheitsansprüche können so eben nicht als von irgendwoher gesetzte Ansprüche kommuniziert werden (nach dem Motto, so ist es eben oder so steht es halt im Lehrbuch), sondern müssen immer als zu verhandelnde Ansprüche im Rahmen einer Sprechergemeinschaft gedeutet werden. Man kann dann natürlich zeigen, warum es sinnvoll ist, viele Schlussfolgerungen zu teilen (Bezeichnungen, Symbolsysteme etc.), aber eben nicht, weil diese für sich wahr sind, sondern für eine Sprechergemeinschaft aktuell Geltung besitzen. Im Grunde findet sich diese Einsicht auch in sozialkonstruktivistischen Ansätzen innerhalb der Didaktik und Fachdidaktik wieder. Gewissheit über Wissen ist hier nicht mehr ein Kanon der Bildungstradition, sondern eine Aushandlung einer Sprechergemeinschaft.

Beispiel: Das Gedicht und die Gründe
Viele von uns haben die Erfahrung gemacht, dass wir ein Gedicht nicht verstehen. Klassische Interpretationen für dieses Nichtverstehen sind unsere Intelligenz, unzureichendes Vorwissen, mangelnder Transfer von Analysetechniken, fehlende sprachliche Begabung u.a.m. Wenn wir uns ein Gedicht aber nun als Sprachhandlung einer Autorin oder eines Autors vorstellen, so liefert sie oder er uns durch ihren oder seinen spezifischen Gebrauch von Wörtern Bedeutungszusammenhänge, für die sie oder er spezifische Begründungen sieht. Diese sind aber gerade in der Lyrik nicht typischer Teil einer Sprechergemeinschaft von Nichtlyrikern. In gewisser Weise zeichnet sich die Lyrik durch den Verstoß gegen typische Sprachkonventionen und Verwendungsweisen aus. Insofern ist die Lyrikanalyse sprachtheoretisch die Suche nach Regeln des Verstoßes. Wenn ich diese entdecke, kann ich vielleicht die Relationierungen des Begriffs, des Satzes neu vornehmen. Zudem kann mir die Erkundung von Verwendungsweisen im Kontext des Werkes einer Autorin oder eines Autors behilflich sein. Ich schaue mir also die Verwendung von Begriffen derselben Autorin oder desselben Autors in unterschiedlichen Kontexten an. So erweitere ich die Sprachgemeinschaft, in dem ich versuche, ein Teil dieser zu werden. Wir können dies auch mit dem fachdidaktischen Prinzip „Sprache untersuchen" zusammenfassen. Die Bedeutung von Aussagen, Sätzen etc. zu erfassen, ist also nicht die Suche nach der einen richtigen Bedeutung, sondern nach

möglichen Bedeutungen, für die wir in einer Sprechergemeinschaft geteilte Gründe finden.

Diese ersten Überlegungen sollen hier genügen, um zu zeigen, dass kommunikationstheoretische Überlegungen wesentliche Einsichten in die Konstitution der Praxis von Schule und Unterricht erlauben (z.B. Lüders, 2003). Allerdings liegen nur wenige empirische Studien vor, die die theoretischen Potenziale aufgreifen und konkrete Beschreibungen und Analysen anbieten.

8.3.2 Interaktionsansätze

Der Bereich der Lehrer-Schüler-Interaktion wird sowohl dem Bereich Erziehen wie dem Bereich des Unterrichts zugeordnet (Gröschner et al., 2018; Ramseger, 1991; Steins et al., 2014). Diese doppelte Zugehörigkeit erklärt sich nicht zuletzt aus der Tatsache, dass Unterrichten und Erziehen unter praktischen Aspekten betrachtet bereits schon immer zusammen stattfinden, insofern die Rede vom erziehenden Unterricht verständlich ist (Böhnisch, 1996). Gerade weil der Unterricht hochgradig regelorientiert verläuft (dies gilt für den offenen Unterricht noch stärker als für den traditionellen Frontalunterricht), erzieht er und setzt Erziehung voraus. Erziehung im Unterricht ist so betrachtet vor allem eine Überwachung der Regelkonformität.

Da in der Darstellung des Kompetenzbereichs „Unterrichten" (▶ Kapitel 7) schon etwas zum Thema Lehrer-Schüler-Interaktion ausgeführt wurde, wird sich in diesem Abschnitt auf einen ausgewählten Aspekt, die Erziehungsstilforschung (vgl. Lüders, 2014), eine Forschungsrichtung, die dem Persönlichkeitsparadigma innerhalb der Lehrkräfteforschung zugeordnet wird (▶ Abschnitt 7.2.2), beschränkt.

> „Ryan zufolge gibt es 1. distanziertes, reserviertes, egozentrisches vs. freundliches, verstehendes, teilnehmendes Lehrerverhalten; 2. der Verantwortung ausweichendes, planloses, nachlässiges vs. verantwortliches, systematisches, gewissenhaftes Lehrerverhalten; 3. langweiliges, routinemäßiges vs. anregendes, phantasievolles bzw. originelles Lehrerverhalten" (Lüders & Rauin, 2008, S. 723).

Eine andere bekannte Typisierung von Erziehungsstilen lautet: autoritärer oder autokratischer Erziehungsstil, demokratischer oder sozialintegrativer Erziehungsstil und der Laissez-faire-Erziehungsstil (Werner, 2002). Angesichts der Allgemeinheit solcher Befunde, ist es nicht verwunderlich, dass die Erziehungsstilforschung häufig kritisiert worden ist und heute kaum noch eine Rolle spielt und dies, obwohl einige Zusammenhänge zwischen Erziehungsstil oder Merkmalen der Lehrperson wie Freundlichkeit und Zugewandtheit positiv mit günstigen Entwicklungen bei Schülerinnen und Schülern korrelieren. Richtig an der Kritik war und ist jedoch die fehlende Berücksichtigung situativer Varianz, also der impliziten Annahme, dass Erziehungsverhalten relativ stabil und konstant ist und kaum von situativen Bedingungen (Fach, Klasse, eigenes Wohlbefinden etc.) abhängt. Als Desiderat der Forschung kann vor allem eine sprachtheoretische Erziehungsstilforschung ausgemacht werden (Lüders, 2003). Insbesondere wenn Erziehung als moralische Kommunikation verstanden wird, müssen sprachliche Interaktionen deutlich intensiver in den Fokus der Forschung rücken.

8.3.3 Gewaltprävention und das Beispiel Streitschlichtung

Gewaltprävention ist (leider) zu einem wichtigen Thema an Schulen weltweit geworden. Auch in Deutschland finden sich entsprechend zahlreiche Programme, die der Gewaltprävention dienen. Gewalttaten sollten dabei im schulischen Kontext systemisch betrachtet und nicht auf den Charakter einer Person zurückgeführt werden (Böhm, 2016). Die Ansätze zur Gewaltprävention gehen hierauf idealerweise ein (▶ Tabelle 18; ▶ Abbildung 23).

Tabelle 18: Schulische Präventionsmaßnahmen unter Bezug auf Klassenstufen (Böhm, 2016, S. 459)

Klassenstufen	Ziele (Auswahl)	Gewaltpräventive Maßnahmen (Auswahl)
Kita, Vorschule und Grundschule	– Stärkung der Selbstwirksamkeitserfahrungen – Erarbeitung der Konzepte „Täter", „Opfer", „Schützer"	– Soziale Kompetenztrainings – Streitschlichtungsprogramme – Stopp-Regeln auf dem Schulhof – Elterntrainings zur Unterstützung der Sozialkompetenz von Kindern
Klassenstufe 5/6	– Stärkung der Gruppenkohärenz durch Erarbeitung gemeinsamer Klassenregeln – Kennenlernen gruppenbezogener Konfliktbearbeitungskompetenzen – Kennenlernen von Opfervermeidungsstrategien	– Klassenregeln – Soziale Trainingsprogramme – Etagenparlamente – Anti-Mobbing-Programme
Klassenstufe 7/8	– Kennenlernen rechtlicher und fachlicher Grundlagen zu lebensweltrelevanten Themen – Einüben gruppenbezogener und individueller Konfliktbearbeitungskompetenzen – Sekundärpräventive Arbeit mit leicht auffälligen Jugendlichen	– Projekttage/-wochen zu Straftaten (Raub, Körperverletzung), sexueller Gewalt, Rechtsextremismus – Präventionsunterricht durch Polizeibeamte in Schulen – Curriculare Unterrichtsprogramme und Zivilcouragetrainings – Coolnesstrainings in der Gruppe oder Einzeltrainings in Kooperation mit der Jugendhilfe
Klassenstufe 9/10	– Verantwortungsübernahme in schulischen und außerschulischen Bereichen – Kompetenzerwerb in den Bereichen Mediation und Gruppenbetreuung	– Programme zur Übernahme von Verantwortung für das soziale Miteinander an der Schule (Streitschlichtung, Patenschaften und jahrgangsübergreifende Konzepte, Service Learning)
Alle Klassenstufen	– Regelmäßige Klärung von Konflikten mit klaren Regeln – Hilfe für Opfer – Ächtung von Gewalt	– Klassenrat – Opferschutzmaßnahmen – Klassen- und Schulregeln gemeinsam entwickeln

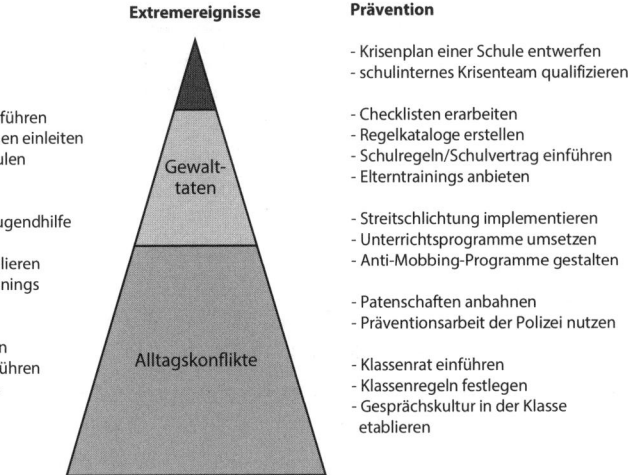

Intervention	Extremereignisse	Prävention

- 110, 112 wählen

- Einzelhilfe initiieren
- Fallkonferenzen durchführen
- Opferschutzmaßnahmen einleiten
- Anzeigepflicht an Schulen
  einführen (Polizei)

- Kooperation mit der Jugendhilfe
  verankern
- Handlungsketten etablieren
- Soziale Kompetenztrainings
  umsetzen

- Pausenhelfer einführen
- Gespräche mit Eltern führen
- Klasseninterventionen
- Projekttage anbieten

Gewalt-taten

Alltagskonflikte

- Krisenplan einer Schule entwerfen
- schulinternes Krisenteam qualifizieren

- Checklisten erarbeiten
- Regelkataloge erstellen
- Schulregeln/Schulvertrag einführen
- Elterntrainings anbieten

- Streitschlichtung implementieren
- Unterrichtsprogramme umsetzen
- Anti-Mobbing-Programme gestalten

- Patenschaften anbahnen
- Präventionsarbeit der Polizei nutzen

- Klassenrat einführen
- Klassenregeln festlegen
- Gesprächskultur in der Klasse
  etablieren

Umsetzung und Verankerung der Konzepte über Fortbildungsangebote und
mithilfe einer schulischen Steuergruppe (ggf. mit externer Moderation)

Abbildung 23: Systematischer Ansatz der Gewaltprävention (Dreieck) (Böhm, 2016, S. 462)

Besonders vielversprechend sind Ansätze, die umfassend in die sozialen Systeme intervenieren. Dies können Programme zur Entwicklung sozialer Kompetenzen sein (Mikrosystem), Elterntrainings (Mesosystem) oder schulbezogene Maßnahmen, die neben individuellen Ansätzen auch „strukturelle Maßnahmen im Klassen- und Schulkontext beinhalten" (Böhm, 2016, S. 461). Das weit verbreitete Programm der „Peer-Mediation" (z.B. Durach et al., 2006) lässt sich zu solch einer umfassenden schulbezogenen Maßnahme zählen und soll nachfolgend vorgestellt werden. Dieser Ansatz liegt in verschiedenen, im Kern aber sehr ähnlichen Varianten vor. Grundprinzip ist die Bearbeitung von Konflikten durch die Schülerinnen und Schüler selbst (vgl. exemplarisch Jefferys-Duden, 1999). Hierzu werden Streitschlichterinnen und -schlichter oder Streitlotsen ausgebildet, die durch diese Ausbildung in die Lage versetzt werden sollen, kleinere Konflikte unter Schülerinnen und Schülern zu lösen. Bei der Lösung der Konflikte geht es nicht um die Ermittlung der oder des Schuldigen, sondern um die kommunikative Klärung der Situation, die einen Perspektivenwechsel miteinschließt und dann vor allem um die Aushandlung eines „Versöhnungsvertrags", in dem festgehalten wird, was sich die Konfliktpartnerinnen und -partner voneinander wünschen, auch z.B. zur Wiedergutmachung. Die Einhaltung des Vertrags wird dann einige Zeit später von den Streitschlichterinnen und -schlichtern überprüft. Wenngleich das Konzept weitverbreitet ist, liegt bislang vergleichsweise wenig Forschung zu diesem Ansatz vor. Relativ sicher ist, dass die Ausbildung zur Streitschlichterin oder zum Streitschlichter positive Wirkungen auf Selbstkonzept und Selbstwirksamkeitserwartungen der ausgebildeten Schülerinnen und Schüler hat. Die intendierte Absicht, soziale Kompetenzen zu erhöhen, um die schwierige Aufgabe der Schlichtung realisieren zu können, wirkt. Darüber hinaus sind es vor allem Erfahrungsberichte, die die Umsetzung von Streitschlichtungsprojekten empfehlen. Im Sinne einer partizipatorischen Schulkultur ist dies auch theoretisch durchaus gut nachvollziehbar.

Gleichwohl ist es bedeutsam, dass die Kinder und Jugendlichen mit der Aufgabe nicht allein gelassen werden. Eine volle Verantwortungsübernahme kann keineswegs bei allen Konflikten gelingen. Darum ist eine Supervision mit den Streitschlichterinnen oder -schlichtern hoch bedeutsam und aus Fürsorgegründen auch geboten. Relevant ist auch eine Akzeptanz bei allen Lehrkräften. Wird für Schülerinnen und Schüler ersichtlich, dass nur wenige Lehrkräfte das Konzept stützen, hat es auch wenig Aussichten auf eine erfolgreiche Implementation (Berkemeyer, 2001).

8.4 Demokratieerziehung

Sollte alle Erziehung als Demokratieerziehung oder als Erziehung zur Demokratie verstanden werden oder ist sie als Sonderfall von Erziehung als eine spezielle Erziehung zu verstehen? Demokratien, so unsere vorläufige Antwort, sind in besonderer Weise moralischen Prinzipien verpflichtet, die in Grundgesetzen sowie Ratifizierungen internationaler Abkommen (z.B. Genfer Konventionen, Kinder- und Menschenrechte) ihren Ausdruck finden. Die Achtung der menschlichen Würde, der eigenen in Form des Rechts auf Selbstbestimmung sowie die der Anderen in Form der Anerkennung und Achtung und die damit verbundene Anerkennung des Anderen (Honneth, 1992; Hügli, 1999; Tugendhat, 1993), ist hinreichendes Grundprinzip jeglicher Erziehung und notwendiges Fundament demokratischen Zusammenlebens. In dieser ethischen Dimension ist Erziehung – richtig verstanden – immer auch Demokratieerziehung. Davon zu unterscheiden sind Maßnahmen der politischen Bildung und der Einübung von demokratischen Verfahren. Diese lassen sich eher unter dem Stichwort ‚Demokratie lernen' subsumieren. Demokratie lernen und demokratisch erzogen zu werden, sind somit die beiden wesentlichen Ziele des Schulsystems, denn sie allein lassen sich unmittelbar aus dem Grundgesetz ableiten, im Unterschied zu vielen anderen Lernbereichen, die gesellschaftlich verhandelbar sind. So verstanden hängen Demokratieerziehung und Moralerziehung auf das Engste zusammen (Oser, 2001). In einem solchen Sinne versteht sich auch der unterdessen klassische Ansatz von Gutmann (zuerst 1987, hier zitierte Ausgabe 1999). Mit Blick auf Demokratieerziehung formuliert sie:

> „To further reciprocity among all people, schools should convey respect for all people regardless of their nationality, ethnicity, gender, color, class, or religion. This civic aim of democratic education is not minimal. Neither is it optional from a moral perspective." (ebd., S. 316)

Gutmann versteht Demokratie als eine Form des Zusammenlebens, die wesentlich auf individueller Freiheit und Gleichheit basiert. Daraus ergibt sich, dass Demokratie auf Deliberation basiert, und dies beinhaltet Konflikte und die sich daran anschließenden Aushandlungsprozesse. Wir haben dieses Verständnis auch bei Nida-Rümelin kennengelernt und haben zudem versucht, es vor dem Hintergrund der Philosophie Brandoms auf die Profession zu übertragen (▶ Abschnitt 6.6).

Blicken wir nochmals auf die kommunikationstheoretischen Ansätze zurück, wird nunmehr der Zusammenhang zwischen Subjekt, Sprache, Welt und dem Anspruch einer demokratischen Institution, die demokratisch erziehen muss, deutlich. In diesem Sinne sind alle Verständigungsakte in der Schule Erziehung zur Demokratie, sei es durch Informierung im Sinne von Aufklärung oder Reflexion im Sinne der (moralischen) Selbstaufklärung. Damit ist keineswegs eine Überforderung der Schule beschrieben. Die These ist vielmehr, dass dies so oder so in Schule geschieht. Wir können es bewusst und darum vielleicht etwas besser tun oder unbewusst und vermutlich etwas schlechter. Im BMBF-Projekt ProfJL2 der FSU Jena (Projektlaufzeit: 2019–2023), gefördert im Rahmen der Qualitätsoffensive Lehrerbildung, wird aus Forderungen einer an Demokratieerziehung ausgerichteten deliberativen Profession ein echtes Experimentierfeld für Demokratieerziehung und Demokratiebildung in der Lehrkräftebildung. In dem Projekt „Lehrkräfte als Agenten der Demokratie" (LADI) wird davon ausgegangen, dass das Schulsystem mit der Leitidee der Herstellung einer gebildeten Öffentlichkeit (Habermas, 1990; Gutmann, 1999, S. 297) eine wesentliche Institution des demokratischen Staates ist. Daran anknüpfend sollen angehenden Lehrkräften aller Fachrichtungen bessere und qualitativ hochwertig gestaltete Lerngelegenheiten angeboten werden, die die Bedeutung von Demokratie verdeutlichen, deren Analyse ermöglichen sowie Möglichkeiten bereitstellen, die differenten demokratischen Praktiken und Strategien im (hoch-)schulischen und unterrichtlichen Kontext zu studieren und einzuüben. Dabei geht es im Rahmen des Projekts stets darum, Demokratie im Spiegel der Aufgaben von Schule und der dort tätigen Professionen zu denken, zu beschreiben und die Herausforderungen des sozialen Wandels und globaler Anforderungen hierauf zu beziehen (▶ Kapitel 6.4).

Kompetenzen, die es dann bei Schülerinnen und Schülern zu entwickeln gilt, werden von Zeit zu Zeit in der „International Civic and Citizenship Education Study" (ICCS) gemessen. Leider nimmt Deutschland nicht flächendeckend an dieser wichtigen internationalen Studie teil, was nicht hinreichend bekannt und darum wohl auch kaum auf öffentliche Kritik gestoßen ist. Bei allen Schwierigkeiten, die die Messung von Kompetenzen mit sich bringen, ist es dennoch notwendig, solche Informationen zu erheben, um etwas über den Bildungsstand hinsichtlich wesentlicher Demokratiekompetenzen zu erfahren. Der folgende Infokasten bietet eine Zusammenfassung wesentlicher Ergebnisse der Studie aus dem Jahr 2016, die in Nordrhein-Westfalen als einzigem teilnehmenden Bundesland durchgeführt wurde.

Demokratiekompetenzen bei Schülerinnen und Schülern: Ergebnisse der ICCS (2016)
Ein Staat funktioniert nicht ohne seine Bürger – diese einfache Aussage scheint zunächst so einleuchtend wie unspektakulär. Doch ihre Tragweite und vor allem ihre Bedeutung für Schule und Bildung kann in Zeiten einer immer stärker um sich greifenden „Die da oben und wir hier unten"-Mentalität nicht hoch genug eingeschätzt werden. Ein demokratischer Staat ist auf seine Bürgerinnen und Bürger und deren aktive Partizipation am alltäglichen, demokratischen Geschehen angewiesen, um sein Fortbestehen und seine Funktionsfähigkeit zu sichern. Gerade der jungen Generation als heranwachsende Bürgerinnen und Bürger der Zukunft kommt in diesem Gefüge eine bedeutsame Rolle zu. Die ICCS untersuchte im Jahr 2016 die Einstellungen zu Politik und Gemeinwesen sowie die Handlungsdispositionen hinsichtlich demokratischer Bürgerschaft von Jugendlichen im Alter von 14 Jahren.
Durchgeführt von der International Association for the Evaluation of Educational Achievement (IEA) blickt die ICCS 2016 auf drei Vorgängerstudien zurück, die in den Jahren 1971, 1999 und 2009 jeweils mit variierenden Schwerpunkten durchgeführt wurden. In der ICCS 2016 wurden in 24 Bildungssystemen Daten erhoben, so dass eine breite internationale Vergleichsbasis geschaffen wurde. In der BRD schließt die ICCS eine Lücke im Bildungsmonitoring, das bislang kaum Daten zu Themen der politischen und zivilgesellschaftlichen Bildung abbildet. Durchgeführt wurde die ICCS 2016 an freiwillig teilnehmenden Schulen in NRW, befragt wurden Schülerinnen und Schüler der Klassenstufe 8 in gymnasialen und nichtgymnasialen Schulformen.

Die Studie verfolgt die leitende Fragestellung, „inwieweit Schülerinnen auf ihre Rolle als Bürgerinnen einer Demokratie vorbereitet sind" (Abs & Hahn-Laudenberg, 2017, S. 9). Diese Frage wurde in vier inhaltliche Schwerpunkte – Zivilgesellschaft und ihre Systeme, gesellschaftliche Werte, Partizipation und Identitäten – untergliedert, die ihrerseits wiederum einzelne Teilbereiche umfassen. Nachfolgend sind zentrale Ergebnisse der Studie zusammengefasst.

Die Schülerinnen und Schüler aus NRW zeigen im internationalen Vergleich ein solides politisches Wissen: 70 Prozent erreichen die zweithöchste Kompetenzstufe und können zielführende Aspekte von Bürgerhandeln sicher identifizieren. Jedoch erreichte nur ein geringer Teil der befragten Lernenden die höchste Kompetenzstufe. Darüber hinaus wurde deutlich, dass die individuellen Kompetenzen im Bereich politisches Wissen und Argumentieren stark vom familiären Hintergrund beeinflusst werden. Und auch zwischen den Schülerinnen und Schülern des gymnasialen und denen des nichtgymnasialen Bildungsweges traten deutliche Unterschiede zu Tage. Das politische Wissen entpuppte sich als wichtiger Parameter, der auch mit anderen Items, wie der politischen Wirksamkeitseinschätzung aber auch gruppenbezogenen Einstellungen im Zusammenhang steht. Im europäischen Vergleich zeigt sich, dass sich die Lernenden in NRW am geringsten mit ihrem Testland, der BRD sowie auch mit Europa am vergleichsweise geringsten identifizierten. Bei den Schülerinnen und Schülern mit Migrationshintergrund stellte sich jedoch die religiöse, regionale und nationale Identifikation als wichtiger heraus, als bei den Lernenden ohne Migrationshintergrund.

Hohe Zustimmungswerte erreichte die Aussage zur Gleichberechtigung von Frauen und Männern bei allen befragten Schülerinnen und Schülern in Europa. Diesen ohnehin schon hohen Gesamtmittelwert übertraf die Zustimmung der Schülerinnen und Schüler in NRW nochmals, wobei Lernende, die über mehr politisches Wissen verfügen, der Gleichberechtigung auch stärker zustimmen. Ein ähnlicher Effekt zeigt sich bei der Zustimmung zur Gleichstellung von Menschen unterschiedlicher Herkunft und Migrantinnen und Migranten. Wiederum fiel die Zustimmung der Schülerinnen und Schüler aus NRW höher aus, als die der Lernenden im europäischen Mittelwert.

Nach ihrer Einstellung zu politischen Institutionen befragt, zeigten die Jugendlichen ein hohes Vertrauen in die staatlichen Institutionen, wobei sie der Exekutive und der Judikative das meiste Vertrauen entgegenbringen.

Ein kritischeres Bild zeigt sich bei der Partizipation. Im europäischen Vergleich wird deutlich, dass die Schülerinnen und Schüler aus NRW nur über eine geringe Partizipationsbereitschaft verfügen. Zwar ist die Mehrzahl von ihnen bereit, an Wahlen teilzunehmen und dies auch informiert zu tun, aktive Partizipationsformen und Beteiligung über soziale Medien beispielsweise scheinen für die Schülerinnen und Schüler jedoch eher unattraktiv zu sein. Besonders gering ist die Partizipationsbereitschaft dabei unter den Jugendlichen mit Migrationshintergrund.

Trotz dieser geringen Bereitschaft zur Aktivität zeigen die befragten Jugendlichen ein hohes Bewusstsein für Probleme und auch für solche, die sie nicht direkt zu betreffen scheinen. Als größte Bedrohung nehmen sie den Klimawandel und die Ressourcenknappheit wahr. Ökonomische Bedrohungsszenarien rangieren hingegen am unteren Ende der Bedrohungsskala. Mit dieser Einschätzung geht eine durchaus optimistische Sicht der Jugendlichen auf ihre (ökonomische) Zukunft einher.

Generell hat die ICCS 2016 die bestehenden Kompetenzunterschiede zwischen den Lernenden am Gymnasium und denen an nichtgymnasialen Schulformen offengelegt. Dies weist deutlich auf zukünftige Handlungsbedarfe und weiteres Entwicklungspotenzial im Bereich der politischen und zivilgesellschaftlichen Bildung in NRW, aber sicher auch in der BRD hin.

Literatur zum Weiterlesen

Horster, D. (Hrsg.). (2007). *Moralentwicklung von Kindern und Jugendlichen*. Wiesbaden: VS Verlag für Sozialwissenschaften.
Kant, I. (1960). *Über Pädagogik*. Hrsg. von T. Dietrich. Bad Heilbrunn: Verlag Julius Klinkhardt.
Nida-Rümelin, J. (2016). *Humanistische Reflexionen*. Berlin: Suhrkamp.
Oelkers, J. (2001). *Einführung in die Theorie der Erziehung*. Weinheim: Beltz.

9. Kompetenzbereich Beurteilen

Das Beurteilen von Schülerinnen- und Schülerleistungen gehört seit jeher zu den Hauptaufgaben des Lehrkräftehandelns im Berufsalltag. Für das professionelle Beurteilen bedarf es Kompetenzen, insbesondere der diagnostischen Expertise, sowie weiterführender Tätigkeiten, wie z.B. der schulischen Beratung. Diese Dimensionen sind nicht unabhängig voneinander zu betrachten (▶ Abbildung 24): Diagnostische Informationen über Lernprozesse und Lernergebnisse der Schülerinnen und Schüler bilden die Grundlage sowohl für Lernberatung als auch für Leistungsbeurteilungen – beides hat Einfluss auf das weitere Lernen, das wiederum selbst Gegenstand pädagogischer Diagnose wird. So bilden Diagnose und Beurteilung den Ausgangspunkt für die schulische Beratung zum individuellen Lern- und Leistungsstand von Schülerinnen und Schülern sowie zur Leistungsentwicklung und/oder zum Umgang mit Lernschwierigkeiten.

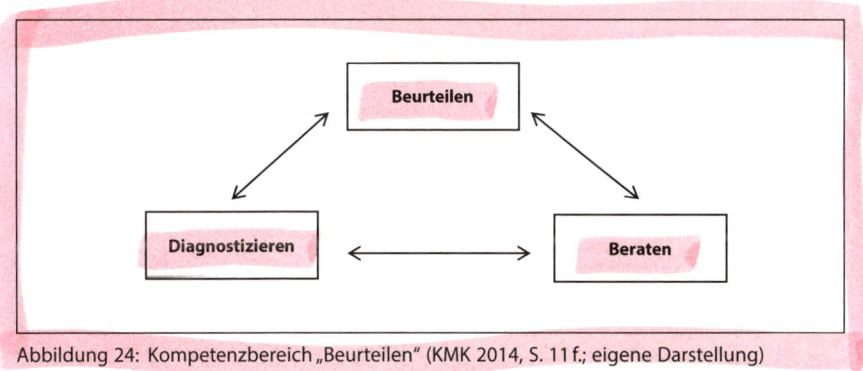

Abbildung 24: Kompetenzbereich „Beurteilen" (KMK 2014, S. 11 f.; eigene Darstellung)

Diese drei Aspekte sind seit ihrer Implementation in die „Standards für die Lehrerbildung: Bildungswissenschaften" im Kompetenzbereich „Beurteilen" fester Bestandteil der Lehrerbildung. Konkret lauten die Kompetenzen zu diesem Bereich (KMK, 2014, S. 11 f.):

> „Kompetenz 7: Lehrerinnen und Lehrer diagnostizieren Lernvoraussetzungen und Lernprozesse von Schülerinnen und Schülern; sie fördern Schülerinnen und Schüler gezielt und beraten Lernende und deren Eltern. […]

Kompetenz 8: Lehrerinnen und Lehrer erfassen die Leistungsentwicklung von Schülerinnen und Schülern und beurteilen Lernen und Leistungen auf der Grundlage transparenter Beurteilungsmaßstäbe."

Die folgenden Abschnitte geben Schritt für Schritt zunächst einen theoretischen sowie anwendungsbezogenen Einblick sowohl in Fragen der pädagogischen Diagnostik allgemein (▶ Abschnitt 9.1) als auch in konkrete Fragen der Leistungsmessung, -bewertung und -beurteilung (▶ Abschnitt 9.2). Abschließend werden grundlegende Aspekte des pädagogischen Beratens dargelegt (▶ Abschnitt 9.3).

9.1 Pädagogische Diagnostik

Das Thema der schulischen Diagnostik ist vor allem in Folge des unterdurchschnittlichen Abschneidens deutscher Schülerinnen und Schüler bei internationalen Leistungsvergleichsuntersuchungen zu Beginn des 21. Jahrhunderts, wie PISA und IGLU, verstärkt in den Fokus des öffentlichen und bildungspolitischen Interesses gerückt. Die Studienergebnisse deckten u.a. deutliche Diskrepanzen zwischen den Einschätzungen von Lehrkräften bezüglich der Schülerinnen- und Schülerleistungen und deren erbrachten Testleistungen auf. Diese Ergebnisse warfen die Frage auf, wie adäquat Lehrkräfte Schülerinnen- und Schülerleistungen tatsächlich diagnostizieren können. Aber auch durch neue pädagogische Herausforderungen, wie z.B. inklusiver Unterricht oder das Unterrichten (leistungs-)heterogener Gruppen, nimmt das Thema für die Lehrkräfte weiter an Relevanz zu.

Doch was genau kann unter dem Begriff Diagnostik im schulischen Rahmen verstanden werden? Welche Diagnoseaufgaben fallen in Schulen überhaupt an (▶ Abschnitt 9.1.1)? Gibt es verschiedene Arten und Instrumentarien, die man einsetzen kann (▶ Abschnitt 9.1.2 & 9.1.4)? Und vielleicht die wichtigste Frage: Wie kann professionelles Diagnostizieren erlernt und verbessert werden (▶ Abschnitt 9.1.6)? Auf diese und weitere Fragen wollen die folgenden Abschnitte Antworten geben.

Der Begriff der Diagnostik ist in den verschiedensten Bereichen allgegenwärtig, z.B. in der Technik, Informatik, Medizin, Psychologie und Pädagogik, wobei je nach Disziplin unterschiedliche Prämissen, Ziele und methodische Zugangsweisen zugrunde gelegt werden (zur Übersicht z.B. Eckerth, 2013; Jäger & Petermann, 1995; Kleber, 1992).

In dieser Darstellung liegt der Fokus auf der *pädagogischen Diagnostik*, wobei sich auch hier verschiedene Bestimmungsversuche und Konstrukte finden lassen, die im Laufe der Zeit, je nach historisch-gesellschaftlicher Perspektive, unterschiedliche Aufgaben und Ziele in den Fokus stellen (zur Übersicht Ingenkamp & Lissmann, 2008). Der Begriff der pädagogisch-psychologischen Diagnostik wird heute üblicherweise synonym zu pädagogischer Diagnostik verwendet (u.a. Hesse & Latzko, 2011; Leutner, 2010). Ein gegenwärtig verbreiteter Definitionsvorschlag von pädagogischer Diagnostik stammt von Ingenkamp und Lissmann (2008).

Definition: Pädagogische Diagnostik

„Pädagogische Diagnostik umfasst alle diagnostischen Tätigkeiten, durch die bei einzelnen Lernenden und den in einer Gruppe Lernenden Voraussetzungen und Bedingungen planmäßiger Lehr-Lernprozesse ermittelt, Lernprozesse analysiert und Lernergebnisse festgestellt werden, um individuelles Lernen zu optimieren. Zur Pädagogischen Diagnostik gehören ferner die diagnostischen Tätigkeiten, die die Zuweisung zu Lerngruppen oder zu individuellen Förderprogrammen ermöglichen sowie die mehr gesellschaftlich verankerten Aufgaben der Steuerung des Bildungsnachwuchses oder der Erteilung von Qualifikationen zum Ziel haben." (ebd., S. 13)

Definition: Diagnostische Tätigkeit

„Unter diagnostischer Tätigkeit wird dabei ein Vorgehen verstanden, in dem (mit oder ohne diagnostische Instrumente) unter Beachtung wissenschaftlicher Gütekriterien beobachtet und befragt wird, die Beobachtungs- und Befragungsergebnisse interpretiert und mitgeteilt werden, um ein Verhalten zu beschreiben und/oder die Gründe für dieses Verhalten zu erläutern und/ oder künftiges Verhalten vorherzusagen." (ebd.)

Damit kann sie als die quasi-technologische, da auf klaren Verfahren beruhende, Seite einer deliberativen Profession betrachtet werden (▶ Kapitel 6.6).

Schrader (2014) sieht das Hauptziel einer jeden pädagogischen Diagnostik in der „Informationsbeschaffung und -verarbeitung zum Zwecke pädagogischer Entscheidungen" (ebd., S. 865). Die pädagogischen Entscheidungen können sich dabei auf viele verschiedene schulische Aspekte und Dimensionen beziehen, wie z.B. auf einzelne Schülerinnen und Schüler, Schülerinnen- und Schülergruppen, Klassen, aber auch auf die Unterrichtsvorbereitung, -durchführung und -auswertung (u.a. Helmke, 2010; Ingenkamp & Lissmann, 2008).

Die Gesamtheit der zur Bewältigung dieser Diagnoseaufgaben erforderlichen Fähigkeiten beschreibt Schrader (2014) als diagnostische Kompetenz, die eine fächerübergreifende, grundlegende Kompetenz für erfolgreichen Unterricht darstellt (Brunner et al., 2011; Weinert, 2000).

> **Definition: Diagnostische Kompetenz**
>
> Bei der diagnostischen Kompetenz „handelt es sich um ein Bündel an Fähigkeiten, um den Kenntnisstand, die Lernfortschritte und die Leistungsprobleme einzelner Schüler sowie Schwierigkeiten verschiedener Lernaufgaben im Unterricht fortlaufend beurteilen zu können, sodass das didaktische Handeln auf diagnostische Einsichten aufgebaut werden kann." (Weinert, 2000, S. 14)

9.1.1 Informelle vs. formale Diagnostik

Im schulischen Alltag fallen für die Lehrkräfte eine Vielzahl an diagnostischen Tätigkeiten und Beurteilungsaufgaben an, wie z.B. (Schrader, 2014, S. 865):

* Zeugnisbeurteilungen verfassen,
* Schullaufbahnempfehlungen aussprechen,
* schriftliche und mündliche Leistungen überprüfen,
* Lernschwierigkeiten abklären,
* Förderbedarfe feststellen, sowie
* Unterricht planen und gestalten.

Viele dieser Diagnoseleistungen von Lehrkräften basieren dabei häufig auf eher informellen, intuitiven Beurteilungen, die nach Schrader (2014) im Vergleich zu exakten Messungen sehr defizitär sein können (ebd., S. 876). Beurteilungsdifferenzen kommen v.a. dadurch zustande, dass es bei informellen, intuitiven Beurteilungen zu einer Vielzahl an subjektiven Beurteilungsfehlern und Verzerrungseffekten seitens der Lehrkraft kommen kann. Formale Diagnostik zeichnet sich hingegen v.a. dadurch aus, verschiedene wissenschaftliche Kriterien und Maßstäbe zu berücksichtigen (Helmke, 2010; Hesse & Latzko, 2011) und dadurch den Einfluss subjektiver Erwartungen und Einstellungen von Lehrkräften, die zu Verzerrungseffekten und Urteilsfehlern führen können, zu vermeiden oder zumindest abzumildern. Um die in Schule und Unterricht anfallenden diagnostischen Tätigkeiten professionell und möglichst frei von subjektiven Urteilstendenzen ausführen zu können, benötigen die Lehrkräfte ein umfangreiches Wissens- und Methodenrepertoire. Dazu gehören v.a. (Helmke, 2010, S. 122f.; Hesse & Latzko, 2011, S. 60):

* Kenntnisse über wissenschaftliche Gütekriterien, Maßstäbe und Bezugsnormen sowie deren situationsadäquate Anwendung (▶ Abschnitt 9.1.3),
* Kenntnisse über häufig auftretende Beurteilungsfehler und Verzerrungseffekte sowie Methoden zur Vermeidung oder zumindest Abschwächung (▶ Abschnitt 9.2.2),

- Kenntnisse über (schulische) Diagnoseinstrumente, deren Entwicklung, Einsatzmöglichkeiten und Auswertung (▶ Tabelle 20).

Es wird bereits deutlich, dass eine professionelle pädagogische Diagnostik im Schulalltag eine anspruchsvolle Aufgabe für die Lehrkräfte darstellt und eine Reihe an methodischen, didaktischen und testtheoretischen Kenntnissen und Fertigkeiten voraussetzt. Die folgenden Abschnitte geben daher eine Einführung in diese diagnostischen Grundlagen.

9.1.2 Arten von Diagnostik

Es lassen sich verschiedene Arten pädagogischer Diagnostik konstatieren, die sich nach ihren *Funktionen* und intendierten pädagogischen *Zielen* unterscheiden (Horstkemper, 2006, S. 5). Häufig wird mindestens zwischen den beiden folgenden Formen unterschieden (ebd.):

- Selektions- bzw. Auslesediagnostik: Auswahl von Personen (Klassifikation, Platzierung) oder Bedingungen (Schulform, Aufenthaltsort),
- Modifikations- bzw. Förderdiagnostik: Vorschlag von Maßnahmen zur Lern-, Verhaltensänderung und/oder zur Variation von Umweltbedingungen.

Horstkemper (2006) merkt an, dass diese beiden Formen prototypische Ausprägungen darstellen, in der Realität jedoch nicht überschneidungsfrei sind. So sind z.B. Selektionsentscheidungen häufig auch mit Modifikations- und Förderstrategien verbunden und andersherum (ebd., S. 5). Ein gutes Beispiel für die Verbindung von Selektionsentscheidungen und Förderstrategien findet sich im Schulgestz für das Land Nordrhein-Westfalen in Paragraph 50, Absatz 3. Dort heißt es:

> „Die Schule hat ihren Unterricht so zu gestalten und die Schülerinnen und Schüler so zu fördern, dass die Versetzung der Regelfall ist. Schülerinnen und Schülern der Grundschule und der Sekundarstufe I, deren Versetzung gefährdet ist, wird zum Ende des Schulhalbjahres eine individuelle Lern- und Förderempfehlung gegeben. Sie sollen zudem die Möglichkeit der Teilnahme an schulischen Förderangeboten erhalten mit dem Ziel, unter Einbeziehung der Eltern erkannte Lern- und Leistungsdefizite bis zur Versetzungsentscheidung zu beheben. Eine Lern- und Förderempfehlung erhalten Schülerinnen und Schüler der Grundschule und der Sekundarstufe I auch im Falle der Nichtversetzung zum Ende des Schuljahres." (ebd.)

Weiterhin unterscheidet sich nach Horstkemper (2006) die anzuwendende diagnostische *Strategie* je nachdem dadurch, welches primäre *Ziel* die Lehrkraft mit der Diagnostik verfolgt und umgekehrt (ebd., S. 5) (▶ Tabelle 19).

Tabelle 19: Diagnostische Strategien und deren Ziele (Horstkemper, 2006, S. 5; eigene Darstellung)

Strategie	Ziel
Statusdiagnostik: richtet sich auf die Erfassung des *Zustands* einer Person (Annahme einer relativen Stabilität)	Schullaufbahnempfehlung, Schulwechsel, Individuelle Förderung, Hochbegabtenförderung
Prozessdiagnostik: richtet sich auf die Erfassung der Aspekte, die einen *Veränderungs*prozess ermöglichen (Annahme kurz-, mittel- und langfristiger Entwicklungsmöglichkeiten)	bedient sich u.a. Motivations-, Verhaltens, Stärken-Schwächen- und Lernentwicklungsanalysen zur Empfehlung von Trainings- und Unterstützungsprogrammen

Eine etwas differenziertere Systematisierung nehmen z.B. von Aufschnaiter et al. (2015) vor, indem sie zwischen Gegenstand, Ziel und methodischem Zugang der pädagogischen Diagnostik unterscheiden (▶ Tabelle 20).

Tabelle 20: Diagnosearten und deren Gegenstand, methodischer Zugang und Ziel(e) (vgl. von Aufschnaiter et al., 2015, S. 744ff.; erweitert um diagnostische Instrumente nach Hesse & Latzko, 2011, S. 91ff.; eigene Darstellung)

Diagnostikart	Gegenstand der Diagnostik	Ziel(e) der Diagnostik	methodischer Zugang und beispielhafte (nicht-) standardisierte Instrumente
Statusdiagnostik	Erfassen (der Ausprägung) e(i)ner zu einem bestimmten Zeitpunkt vorliegenden Kompetenz (bzw. eines vorliegenden Merkmals)	sind nicht festgelegt; werden u.a. im Sinne des Erfassens von Lernausgangslagen begriffen, wodurch sich Fördermaßnahmen oder auch binnendifferenzierende Maßnahmen ergreifen lassen; wird häufig aber auch für Selektions- bzw. Ausleseentscheidungen genutzt	i.d.R. Bündel von schriftlich oder mündlich zu beantwortenden Aufgaben oder Fragen nichtstandardisiert: – schriftliche Tests, Klassenarbeiten und mündliche Leistungskontrollen standardisiert: – Vergleichsarbeiten bzw. Kompetenztests – Schulleistungstests für den Bereich Lesen: „Salzburger-Lese-Screening" [SLS], oder für den Bereich Mathematik: „Deutscher Mathematiktest für erste Klassen" (DEMAT 1+) – Tests zur Erfassung der Lernemotionen, z.B. „Skalen zur Erfassung des schulischen Selbstkonzepts" (SESSKO)
Prozessdiagnostik	Erfassen, wie Schülerinnen und Schüler zu den Lösungen einzelner Aufgaben gelangt sind	Entwicklung spezifischer, abgestimmter Fördermaßnahmen	z.B. Video- und/oder Audioaufzeichnungen oder Verfahren des lauten Denkens, evtl. auch Verfahren der Verschriftlichung von Denkprozessen nichtstandardisiert: – Lerntagebuch – Portfolio standardisiert: – Bereich Lesen: „Lernfortschrittsdiagnostik Lesen" (LDL) oder „Verlaufsdiagnostik sinnerfassenden Lesens" (VSL)
Veränderungsdiagnostik	Erfassen, wie sich eine Kompetenz von einem Messzeitpunkt zu einem anderen verändert (mindestens 2 Diagnosen, um Aussagen über Zuwachs, Stagnation oder Abnahme treffen zu können)	Einschätzung der Wirkung einer Fördermaßnahme	
Verlaufsdiagnostik	Erfassen, wie sich eine Veränderung vollzogen hat; ist auf die Prozesse zwischen den Messzeitpunkten orientiert (Unterschied zur Veränderungsdiagnostik)	Ableitung von Aussagen über die Dynamik des Lernens; ist wesentliche Voraussetzung für die Ableitung von Fördermaßnahmen	

9.1.3 Gütekriterien diagnostischer Urteile

In Anlehnung an die klassische Testtheorie kann zunächst zwischen drei Hauptgütekriterien unterschieden werden: *Objektivität*, *Reliabilität* und *Validität*. Nach Sedlmeier und Renkewitz (2013) bauen diese aufeinander auf:

> „Eine hohe Reliabilität kann nicht erreicht werden, wenn der Test nicht objektiv ist. Reliabilität ist wiederum die Voraussetzung für Validität. Ein Test kann also durchaus reliabel sein und dennoch das Kriterium der Validität nicht oder nur schlecht erfüllen. Der umgekehrte Fall ist hingegen ausgeschlossen: Ein hoch valider Test ist stets auch reliabel [und objektiv; d.A.]." (ebd., S. 69 f.)

Definition: Objektivität
„Eine Messung ist dann objektiv, wenn intersubjektive Einflüsse der Untersucher möglichst ausgeschaltet werden können" (Ingenkamp & Lissmann, 2008, S. 52).

Es lässt sich zwischen drei Aspekten der Objektivität eines Tests differenzieren (Sedlmeier & Renkewitz, 2013, S. 70 f.):

- Durchführungsobjektivität: Testergebnisse sind von den Verhaltens- und Verfahrensvariationen des Untersuchers während der Testdurchführung unabhängig.
- Auswertungsobjektivität: Verschiedene Anwenderinnen und Anwender kommen aufgrund der Antworten eines Probanden zu demselben Testergebnis.
- Interpretationsobjektivität: Verschiedene Anwenderinnen und Anwender leiten aus dem Testergebnis die gleichen Schlussfolgerungen ab.

Definition: Reliabilität
„Unter Zuverlässigkeit oder Reliabilität einer Messung versteht man den Grad der Sicherheit oder Genauigkeit, mit dem ein bestimmtes Merkmal gemessen werden kann" (Ingenkamp & Lissmann, 2008, S. 54).

Für die Reliabilitätsermittlung existieren verschiedene Verfahren (Sedlmeier & Renkewitz, 2013, S. 71 ff.):

- Retest-Methode: Derselbe Test wird denselben Probanden nach einem Zeitabstand ein zweites Mal vorgelegt und dann der Korrelationskoeffizient zwischen den Ergebnissen der beiden Messungen ermittelt.

- Paralleltest-Methode: Derselbe Test wird denselben Probanden nach einem Zeitabstand ein zweites Mal vorgelegt und dann der Korrelationskoeffizient zwischen den Ergebnissen der beiden Messungen ermittelt. Jedoch werden bei den beiden Messungen nicht genau dieselben Items eingesetzt, sondern parallele oder äquivalente Formen eines Tests verwendet. Diese parallelen Formen bestehen aus unterschiedlichen Items, die aber exakt dasselbe Merkmal in exakt derselben Weise zu messen versuchen.

- Testhalbierungsmethode: Die Probanden in der Untersuchungsstichprobe bearbeiten einmalig den Test. Die Items dieses Tests werden dabei in zwei Hälften aufgeteilt. Auf Basis dieser Testhälften werden für alle Teilnehmenden zwei Messwerte bestimmt und korreliert.

Definition: Validität
„Die Gültigkeit oder Validität eines Verfahrens sagt aus, ob tatsächlich das gemessen wird, was man messen will, und nicht irgendetwas anderes" (Ingenkamp & Lissmann, 2008, S. 57).

Auch für die Validität kann zwischen drei Aspekten unterschieden werden (Sedlmeier & Renkewitz, 2013):

- Inhaltsvalidität: Ein Test ist inhaltsvalide, wenn dessen „Items eine repräsentative Auswahl aller Items darstellen, die geeignet sind, das fragliche Merkmal zu erfassen" (ebd., S. 80).

- Kriteriumsvalidität: Ist „gegeben, wenn die Testergebnisse mit anderen Indikatoren des zu messendes Merkmals übereinstimmen" (ebd.).

- Konstruktvalidität: Besteht, „wenn zahlreiche (gesicherte) theoretische Aussagen über die latente Variable, die gemessen werden soll, mithilfe des Tests bestätigt werden können" (ebd.).

Exkurs: Gelten psychometrische Gütekriterien auch für schulische Leistungskontrollen?

Mit der Frage, ob es realistisch und angemessen sei, für Urteilsleistungen von Lehrkräften im Schulalltag den gleichen Maßstab anzulegen wie bei psychometrischen Testverfahren, beschäftigen sich u.a. Helmke (2010) sowie Weinert und Schrader (1986). Die Frage scheint durchaus klärungsbedürftig, findet man doch einerseits die fortwährende Forderung, dass Lehrkräfte Schülerinnen- und Schülerleistungen objektiv und zuverlässig bewerten sollen, anderseits Studienergebnisse immer wieder erhebliche Defizite hinsichtlich Objektivität, Reliabilität und Validität aufzeigen (▶ Abschnitt 9.1.5 & 9.2.3).

„Angemessene Verfahrensweisen zur Feststellung und Bewertung der Leistung und des Leistungspotenzials" sind nach Roth (zitiert nach Brunotte, 2015, S. 3):

> „eine der wichtigsten Voraussetzungen für den Erfolg jedes Schulsystems. Alle Bemühungen zur Verbesserung des didaktischen Vorgehens, der Schulorganisation, der sozialen Chancengleichheit und der individuellen Begabungsförderung werden in Frage gestellt, sofern es nicht gelingt, die Erfolge dieser Bemühungen objektiv, gültig und zuverlässig festzustellen, in einem vergleichbaren Maßstab mitzuteilen und pädagogisch zu bewerten."

Hingegen meinen Weinert und Schrader (1986, S. 18), dass

> „Lehrerdiagnosen während des Unterrichts [...] im Gegensatz zu landläufigen Überzeugungen keineswegs besonders genau sein [müssen], wenn sich der Diagnostiker der Ungenauigkeit, Vorläufigkeit und Revisionsbedürftigkeit seiner Urteile bewusst ist."

Viel entscheidender sind nach Helmke (2010, S. 129) folgende Parameter:

- eine *ungefähre Diagnose* der Lehrkraft und deren *permanente Überprüfung,*
- Aufmerksamkeit gegenüber *Verhaltens-, Wissens- und Motivationsänderungen* von Schülerinnen und Schülern sowie darauf einwirkender unterrichtlicher Maßnahmen,
- die Berücksichtigung verschiedener *Maßstäbe* (sozial- oder normorientiert, kriterien- oder lernzielorientiert, individuumzentriert),
- eine *pädagogisch günstige Voreingenommenheit,* das heißt, Leistungsunterschiede zwischen Schülerinnen und Schülern einer Klasse mäßig unterschätzen, hingegen die Leistungsfähigkeit einzelner Schülerinnen und Schülern leicht überschätzen und deren Erfolge durch eine subjektive Begabung sowie deren Misserfolge durch mangelnde Anstrengung oder ineffektiven

Unterricht erklären, da nur so die Lehrkraft sich immer neue *pädagogische Handlungsanreize* schaffen kann.

Was bedeuten diese Empfehlungen für die schulische Lern- und Leistungsbeurteilung? Sollen Lehrkräfte nun doch nicht möglichst objektiv, reliabel und valide beurteilen? Doch! Lehrkräfte sollen sich bei ihren Diagnose- und Beurteilungsaufgaben an den Gütekriterien orientieren, sich aber zugleich der Grenzen dieser Orientierung bewusst sein. Zudem bedarf es auch pädagogischer Achtsamkeit und Zuwendung gegenüber den Schülerinnen und Schülern. Das bedeutet auch, dass sich Lehrkräfte immer wieder selbstkritisch hinterfragen müssen, inwieweit eventuell subjektive Empfindungen, Vorurteile usw. ihre Beurteilungs- und Diagnosetätigkeit beeinflussen und ob sie geeignete Instrumente und Methoden einsetzen, mögliche Beurteilungsfehler zu vermeiden oder zu mindern. Zudem liegen zahlreiche Instrumente vor, die Lehrkräfte diesbezüglich wenigstens in Ansätzen unterstützen (z.B. ▶ Tabelle 20).

Welche Instrumentarien und Verfahren Lehrkräften überhaupt für die pädagogische Diagnostik zur Verfügung stehen, wird im folgenden Abschnitt beschrieben.

9.1.4 Methoden pädagogischer Diagnostik

Nach Esslinger-Hinz und Sliwka (2011) kann man zur Gewinnung entscheidungsrelevanter Informationen eine Vielzahl unterschiedlicher Instrumente (standardisierte, halbstandardisierte, nichtstandardisierte) und Verfahren (quantitative und qualitative) verwenden. Einen Systematisierungsvorschlag für das vielfältige Methodenrepertoire der pädagogischen Diagnostik geben z.B. Hesse und Latzko (2011), indem sie die verschiedenen Methoden in drei Grobkategorien zusammenfassen (ebd., S. 81 ff.):

- Diagnostischer Test: Wissenschaftliches Prozedere zur Untersuchung empirisch abgrenzbarer Merkmale mit dem Ziel, möglichst quantitative Aussagen über den relativen Grad der individuellen Merkmalsausprägung treffen zu können. Fokussiert das zu messende Merkmal direkt auf schulrelevante Inhalte, kann von *Schultests* gesprochen werden.

- **Diagnostisches Gespräch:** Konglomerat unterschiedlicher Gesprächsformen, die sich hinsichtlich ihres Strukturierungsgrades unterscheiden: die *Anamnese* (die Vorgeschichte eines Problems wird erfragt bzw. bewusstgemacht), die *Exploration* (ein nichtstandardisiertes Erkundungsgespräch mit dem Ziel, ein umfassenderes Bild von involvierten Personen und Kontextbedingungen zu erhalten) sowie die *Interviewbefragung* (das Gewinnen systematischer Erkenntnisse zur Überprüfung von Hypothesen).

- **Diagnostische Beobachtung:** Sie ist abzugrenzen von einer Alltagsbeobachtung und es erfolgt eine genaue Planung im Vorfeld, die Beobachtungsstichprobe wird zielgerichtet ausgewählt, das beobachtete Verhalten systematisch aufgezeichnet bzw. kodiert und die Genauigkeit wird schließlich geprüft.

Inzwischen existiert eine Vielzahl standardisierter diagnostischer Tests für die Schule, aber auch Ratgeber zum Führen von (nicht-)standardisierten diagnostischen Gesprächen und/oder Beobachtungen liegen genügend vor. Diese stehen häufig online, teilweise sogar als Print-Out-Dokumente bereit. In der „Testzentrale" des Hogrefe Verlags Göttingen finden sich z.B. vielfältige standardisierte Tests zur Beurteilung kognitiver Leistungen, aber auch Tests zum Sozialverhalten und zur sozialen und emotionalen Entwicklung im Kindes- und Jugendalter sowie für Lernverlaufsdiagnosen (für Beispiele ▶ Tabelle 20; zur Übersicht siehe auch Hesse & Latzko, 2011). Die Vorteile solch standardisierter Diagnosetests liegen v.a. darin, dass diese häufig den psychometrischen Testgütekriterien entsprechen und somit das Risiko subjektiver Beurteilungsfehler mindern. Durch vorgegebene Auswertungsmanuale können Lehrkräfte zudem ziemlich schnell Stärken-Schwächen-Diagnosen von Schülerinnen- und Schülerleistungen in bestimmten Lernbereichen durchführen. Nachteile können sich v.a. aus den Aufgabenarten ergeben. So wird z.B. meist nur deklaratives Faktenwissen abgefragt und/oder es werden nur sehr bereichs- und situationsspezifische Fähigkeiten der Schülerinnen und Schüler getestet. Weitere wichtige Informationen, ob und wie die Schülerinnen und Schüler Wissensinhalte anwenden und/oder kritisch bewerten können oder wie sie zur Lösung der Aufgaben gelangt sind und ob sich Lern- und Verstehensdefizite gerade in diesem Bereich befinden, werden mit derlei Testarten zumeist nur unzureichend ermittelt. Hierfür bedarf es anderer, prozessbegleitender und/oder längsschnittlich angelegter diagnostischer Instrumentarien und vor allem offener Testformate. Zudem existiert diese Art standardisierter Tests auch nicht für alle Schulfächer und Schulstufen, wodurch sich eine weitere Einschränkung für deren Nutzbarkeit ergibt.

Welche Schlussfolgerungen können aus dem bisher Dargelegten gezogen werden? Eignen sich standardisierte Leistungstest für die pädagogische Diagnostik in der Schule oder nicht?

Auch hier gilt: Standardisierte Leistungstest per se sind weder besonders gut noch besonders schlecht geeignet, vielmehr kommt es darauf an, dass sich die Lehrkraft der Potenziale und Grenzen jedes diagnostischen Instruments bewusst ist sowie weiß, wann, wie und wozu die diagnostischen Instrumente einzusetzen sind, und was durch deren Verwendung überhaupt ermittelt werden kann bzw. was eben nicht.

9.1.5 Forschungsstand zur diagnostischen Kompetenz von Lehrkräften

Wie gut sind Lehrkräfte in der Lage, Schülerinnen- und Schülerleistungen, aber auch nichtkognitive Fähig- und Fertigkeiten sowie emotional-motivationale Aspekte zu diagnostizieren? Welche Schwierigkeiten können dabei auftreten? Wie kann die diagnostische Kompetenz (angehender) Lehrkräfte verbessert werden? Diese zentralen Fragestellungen werden im Folgenden anhand einer Auswahl von Studienergebnissen exemplarisch beantwortet.

Studienergebnisse zur individuellen diagnostischen Kompetenz von Lehrkräften

Jüngere Studien bestimmen die diagnostische Kompetenz von Lehrkräften zumeist mittels eines Akkuratheitswerts, das heißt, tatsächliche (objektiv gemessene) Schülerinnen- und Schülerleistungen und/oder einzelne nichtkognitive Schülerinnen- und Schülermerkmale werden mit der Einschätzung der Lehrkraft verglichen (z.B. Karing & Artelt, 2014; Karing, 2009; Spinath, 2005). Während einige Studienergebnisse zeigen, dass Lehrkräfte Schülerinnen- und Schülerleistungen ausreichend adäquat diagnostizieren können (z.B. Südkamp et al., 2012), belegen andere Studienergebnisse genau das Gegenteil (z.B. Hosenfeld et al., 2002; Spinath, 2005). Karing und Artelt (2014) weisen in ihrer Studie zudem nach, dass es Lehrkräften (für die Fächer Deutsch und Mathematik) prinzipiell leichter fällt, Leistungen oder Leistungsniveaus der Schülerinnen und Schüler einzuschätzen als deren emotional-motivationale Merkmale (ebd., S. 114). Auffällig ist in vielen dieser Studien die große Varianz der Urteilsgenauigkeit zwischen den einzelnen Lehrkräften. So zeigen z.B. einzelne Studienergebnisse, dass es Mathematiklehrkräften im Schnitt besser gelingt, die Leistungen ihrer Schülerinnen und Schüler einzuschätzen, als Deutschlehrkräften (ebd.). In einer Vertiefungsstudie zur TEDS-Follow-up-Studie eruiert Hoth (2015) zudem, dass es zwei unterschiedliche Diagnosetypen von Mathematiklehrkräften zu geben scheint, den fachnahen-bewertenden Diagnosetyp (materialorientiert ▶ Kapitel 7.1.2) und den schülernahen-handlungsbezogenen Diagnosetyp (formalorientiert ▶ Kapitel 7.1.2). Weiter ermittelt Karing (2009) in einer Studie, dass Grundschullehrkräfte im Vergleich zu Gymnasiallehrkräften die Schülerinnen- und Schülerleistungen und z.T. auch die nichtkognitiven Schülerinnen- und Schülermerkmale deutlich akkurater einschätzen.

Wie vertraut Lehrkräfte überhaupt mit verschiedenen diagnostischen Instrumentarien und Methoden sind, untersuchen z.B. Jäger-Flor und Jäger (2008, S. 39). Die Studienergebnisse zeigen, dass sich nur wenige der befragten Lehrpersonen als sehr vertraut mit Verfahren der Diagnostik einschätzen. Diejenigen Lehrkräfte, die diagnostische Verfahren zum Diagnostizieren von Förderbedarfen einsetzen, geben an, v.a. standardisierte Testverfahren (29,5 %), Beobachtungsverfahren (24,8 %) und selbst entwickelte Testverfahren (22,0 %) zu nutzen (ebd., S. 40).

Studienergebnisse zum Zusammenhang von diagnostischer Kompetenz von Lehrkräften und Lernerfolg von Schülerinnen und Schülern und Unterrichtsqualität

Studien, die den direkten Zusammenhang zwischen der diagnostischen Kompetenz von Lehrkräften und z.B. dem Lernerfolg der Schülerinnen und Schüler bzw. der Unterrichtsqualität messen, liegen bislang nur vereinzelt vor. So untersuchen z.B. Anders et al. (2010a) im Rahmen der COACTIV-Studie, welche Auswirkungen die diagnostische Fähigkeit von Mathematiklehrkräften auf die Unterrichtsqualität und die Leistungen der Schülerinnen und Schüler hat. Die Ergebnisse zeigen, dass es – unter Kontrolle der Schülerinnen- und Schülereingangsvoraussetzungen – einen signifikanten Zusammenhang zwischen der diagnostischen Kompetenz der Lehrkraft und den Schülerinnen- und Schülerleistungen gibt (ebd., S. 175). So ging beispielsweise eine höhere Fähigkeit der Lehrkräfte, das Schwierigkeitsniveau einzelner Aufgaben einzuschätzen, mit einem höheren kognitiven Aktivierungspotenzial der Aufgaben einher (ebd.). Auch Brunner et al. (2011) weisen in ihrer Studie einen signifikanten Zusammenhang zwischen der diagnostischen Fähigkeit der Lehrkräfte und den Schülerinnen- und Schülerleistungen im Fach Mathematik nach:

> „Je kleiner der aufgabenbezogene Urteilsfehler einer Mathematiklehrkraft war, desto besser waren die Mathematikleistungen der Schülerinnen und Schüler der 10. Klasse […]. Ebenso zeigte sich, dass eine höhere diagnostische Sensitivität mit besseren Mathematikleistungen in der 10. Klasse einherging […]. Bei gleichen Eingangsvoraussetzungen der Schülerinnen und Schüler sowie gleichen Kontextbedingungen auf Klassenebene wiesen […] die Klassen eine höhere Mathematikleistung

in der 10. Klasse auf, deren Lehrkräfte akkurater (1) die aufgabenbezogene Schwierigkeit und (2) die Leistungsrangreihe der Schülerinnen und Schüler in ihren Klassen beurteilen konnten." (ebd., S. 229 f.)

Ob es einen Zusammenhang zwischen der Diagnosegenauigkeit der Lehrkräfte und der Binnendifferenzierung im Unterricht gibt, prüfen Westphal et al. (2016) in einer Studie. Die Ergebnisse zeigen u.a., „dass die Mathematiklehrkräfte aus Sicht der Schüler/innen umso stärker differenzierend unterrichten, je besser sie die Leistungsstände der Schüler/innen einschätzen können" (ebd., S. 131). Für das Fach Deutsch zeigen sich hingegen keine Zusammenhänge (ebd.).

Zusammenfassung

Als Resümee zur Forschungslage kann festgehalten werden, dass sich gegenwärtig zwar eine Reihe an Studien mit der Frage nach der diagnostischen Kompetenz von Lehrkräften beschäftigen, es jedoch weiterführender Forschung in diesem Bereich bedarf. Dies betrifft v.a. Studien, die den direkten Zusammenhang zwischen der diagnostischen Kompetenz und dem Lernerfolg der Schülerinnen und Schüler und/oder der Unterrichtsqualität ausloten. Zudem messen die meisten Studien v.a. die Akkuratheit der Urteile von Mathematik- und Deutschlehrkräften. In diesem Zusammenhang wären auch Studien in anderen Fächern wünschenswert, um zu sehen, ob sich diese Fachlehrkräfte in der Akkuratheit der Einschätzungen von den Mathematik- und Deutschlehrkräften unterscheiden.

9.1.6 Entwicklungsperspektiven schulischer Diagnostik

Die empirischen Ergebnisse zeigen, dass durchaus weiterer Bedarf besteht, die diagnostische Kompetenz von Lehrkräften zu fördern bzw. zu verbessern. Jedoch, wie ist dies möglich? Während es lange Zeit an evidenzbasierten Vorschlägen zur Förderung der diagnostischen Kompetenz mangelte (Schrader, 2014, S. 876), wurde inzwischen damit begonnen, z.B. Trainingsprogramme zu entwickeln und zu evaluieren, die versuchen, die diagnostische Kompetenz bzw. Unterrichtswahrnehmung von Lehrkräften mittels Videovignetten zu fördern (z.B. Barthel & Roth, 2015; Seidel et al., 2010).

Zusätzlich zu diesen videobasierten Trainingsprogrammen anhand von Fallbeispielen findet man in der pädagogischen Fachliteratur eine Reihe weiterer Vorschläge zur Förderung der diagnostischen Kompetenz von Lehrkräften, wie z.B.:

- die Nutzung von Vergleichsarbeiten (Helmke et al., 2004) und/oder Parallelarbeiten zur Verbesserung der diagnostischen Kompetenz (durch Abgleich von Selbst- und Fremdeinschätzung und zur Weiterentwicklung des eigenen Unterrichts),
- die Sensibilisierung der Lehrkräfte für spezifische und valide Indikatoren der Leistungsfähigkeit von Schülerinnen und Schülern sowie Kenntnisse über effektive diagnostische Methoden (Helmke et al., 2004) und deren Anwendung, wie z.b. Checklisten, Beobachtungsprotokolle, Fragen zur Selbstbeantwortung, Unterrichtstagebücher (z.b. Schrader, 2014; ▶ Anhang 5.3).

Hinweise für weiterführendes Material:
Auf der Internetseite des Projekts „Aus- und Fortbildung der Lehrkräfte in Hinblick auf Verbesserung der Diagnosefähigkeit, Umgang mit Heterogenität, individuelle Förderung – UDiKom" finden sich Materialien zur Individual- und Unterrichtsdiagnostik, die zur Nutzung bereitstehen.[21]

9.2 Beurteilen

Wie bereits erwähnt, ist die Beurteilung von (nicht-)kognitiven und emotional-motivationalen Schülerinnen- und Schülermerkmalen wesentlicher Bestandteil der pädagogischen Diagnostik und zählt damit zu den Hauptaufgaben von Lehrkräften (KMK, 2014). Bundesweit finden sich mit unterschiedlichen Nuancierungen in den Schulgesetzen und Schulordnungen verbindliche Regelungen zur schulischen Beurteilung, wie z.b. Informationen zu den Grundsätzen der Leistungsbeurteilung in der Schule, zu den verfügbaren Notenstufen sowie Richtlinien zum Anfertigen von Zeugnissen und Schullaufbahnempfehlungen. Auch für die einzelnen Phasen der Lehrerbildung ist die Thematik des Beurteilens in konkreten Kompetenzbeschreibungen der KMK (2014) festgeschrieben.

Damit ist die schulische Beurteilung als eine Hauptaufgabe von Lehrkräften sowie als ein wichtiges Ausbildungselement in der Lehrkräftebildung rechtlich verankert. Doch warum muss eine Lehrkraft überhaupt Schülerinnen- und Schülerleistungen beurteilen? Welche Funktionen haben Leistungsbewertungen in der Schule?

Leistungsbewertungen und -beurteilungen in der Schule werden eine Reihe von gesellschaftlichen, aber auch pädagogischen Funktionen zugeschrieben

---

21 Verfügbar unter: https://www.bildungsserver.de/innovationsportal/UDiKom.-Aus-und-Fortbildung-der-Lehrkraefte-im-Hinblick-auf-Diagnosefaehigkeit-als-Voraussetzung-fuer-den-Umgang-mit-Heterogenitaet-und-individuelle-Foerderung-7855-de.html [10.08.2017].

(u.a. Paradies et al., 2014, S. 30), die sich z.T. ähneln, aber auch deutlich voneinander unterscheiden (▶ Tabelle 21; zur Übersicht auch Jürgens & Sacher, 2008).

Tabelle 21: Gesellschaftliche und pädagogische Funktionen schulischer Leistungsbewertung im Vergleich (vgl. Paradies et al., 2014, S. 30 ff.)

Gesellschaftliche Funktionen der Leistungsbewertung in der Schule	Pädagogische Funktionen der Leistungsbewertung in der Schule
– Qualifikationsfunktion – Selektionsfunktion – Legitimationsfunktion – Informationsfunktion – Sozialisationsfunktion	– Qualifikationsfunktion – Berichtsfunktion – Motivations- und Förderfunktion

Während die gesellschaftlichen Funktionen der Leistungsbewertung in der Schule v.a. darauf zielen, Schülerinnen und Schüler auf die Übernahme verschiedener gesellschaftlicher Aufgaben vorzubereiten und entsprechend für den Zugang zu bestimmten gesellschaftlichen Positionen zu berechtigen oder eben auch nicht (zur Berechtigungsfunktion von Schule ▶ Kapitel 3), zielen die pädagogischen Funktionen v.a. auf die Rückmeldung, Entfaltung und Förderung der Schülerinnen- und Schülerleistungen, ihre individuellen Interessen und Begabungen sowie auf ihre Persönlichkeitsbildung und Selbstbestimmung. Die Lehrkraft agiert in diesem Spannungsfeld zwischen gesellschaftlichen und pädagogischen Ansprüchen und nimmt eine Art „Vermittlerrolle" bei der Leistungsbeurteilung ein. Einerseits sollen Lehrkräfte Ausleseentscheidungen herbeiführen, indem sie die Schülerinnen und Schüler gemäß ihres Leistungs- und Qualifikationsniveaus auf Schulformen und -stufen verteilen und damit für entsprechende Berufsfelder Zugange ermoglichen oder eben auch verwehren. Andererseits sollen sie Schülerinnen und Schülern v.a. Rückmeldungen über den individuellen Lern- und Leistungsstand, -fortschritte und -schwierigkeiten geben, um darauf aufbauend z.B. Lernberatungen durchzuführen sowie individuelle Strategien zur Lernförderung, -optimierung und -motivierung initiieren und bereitstellen zu können. Um diese „Vermittlerrolle" professionell ausführen zu können, benötigen Lehrkräfte umfangreiche Kenntnisse über Leistungsbeurteilung und -bewertung in der Schule sowie ein reichhaltiges Methodenrepertoire, das sie individuell, situationsadäquat und flexibel im Schulalltag anwenden können. In den folgenden Abschnitten werden zunächst die Grundlagen für die schulische Leistungsbeurteilung und -bewertung gegeben (▶ Abschnitt 9.2.1), auf typische Fehlerquellen und Verzerrungseffekte bei der Beurteilung und Bewertung von Schülerinnen- und Schülerleistungen eingegangen (▶ Abschnitt 9.2.2), ein Abriss über den Forschungsstand zur Leistungsbeurteilung und -bewertung im Rahmen von Schule gegeben (▶ Abschnitt 9.2.3)

sowie abschließend einige Möglichkeiten zur Verbesserung der Beurteilungstätigkeit von Lehrkräften in der Schule dargelegt (▶ Abschnitt 9.2.4).
Nach Jürgens und Sacher (2008) ist zunächst die

> „Unterscheidung zwischen [...] Leistungsmessung und Leistungsbewertung im [...] Beurteilungsprozess für die Qualität des Ergebnisses der Beurteilung von zentraler Bedeutung" (ebd., S. 84).

Erst wenn in einem ersten Schritt die Schülerinnen- und Schülerleistung in einem wertfreien Vorgang ermittelt wurde (Leistungsmessung), kann und sollte im Anschluss daran die Leistung der Schülerin und des Schülers anhand eines transparenten Beurteilungsmaßstabs bewertet werden (ebd.). Geschieht dies nicht, besteht die erhöhte Gefahr, dass der Lehrkraft Beurteilungsfehler unterlaufen (▶ Abschnitt 9.2.2). Ähnliche Definitionen und Auffassungen – mit z.T. etwas anderen Begrifflichkeiten – finden sich z.b. auch bei Klauer (2002) und Jachmann (2003). Auch wenn zur Begriffsunterscheidung z.T. unterschiedliche Formulierungen und Nuancierungen verwendet werden, sind sich die meisten Autoren darüber einig, dass es für die Bewertung und Beurteilung von Schülerinnen- und Schülerleistungen zunächst eines klar beschriebenen Leistungsbegriffs und festgelegter Maßstäbe bedarf.

9.2.1 Leistung im schulischen Kontext

Der Begriff „Leistung" wird hier für die Institution Schule als *pädagogischer bzw. schulischer Leistungsbegriff* definiert. Wie bereits für den Begriff der Diagnostik lassen sich auch für den pädagogischen bzw. schulischen Leistungsbegriff eine Vielzahl unterschiedlicher Definitionsversuche finden (vgl. zur Übersicht z.B. Ziegenspeck, 1999). Im Folgenden werden einige Definitionsvorschläge angeführt.

Definition: Schulleistung
Der Leistungsbegriff, der in der Schule Anwendung findet, kann verstanden werden „als schulische Forderung an den Schüler, Leistung als Tätigkeit des Schülers, Leistung als Ergebnis der Tätigkeit des Einzelnen [...] und Leistung als besonderer Beitrag der Schule für Gesellschaft, Staat, Wirtschaft und Wissenschaft" (Furck, 1964, S. 118).

Merkmale von Leistung im pädagogischen Sinne (Jürgens, 2005)
Pädagogische Leistung ist stets:
- norm- und zweckbezogen,
- anlage- und umweltbedingt,
- produkt- und prozessorientiert,
- individuelles und soziales Lernen,
- problemmotiviertes und vielfältiges Lernen.

Ingenkamp und Lissmann (2008) ergänzen in ihrer Definition den Begriff Schulleistung um den Aspekt der Bezugsnormen (▶ Abbildung 25), die ihrer Meinung nach erst den Bewertungsmaßstab für die Schülerinnen- und Schülerleistungen und das leistungsrelevante Verhalten liefern (ebd., S. 131). Als Voraussetzung für die Bestimmung eines schulischen Leistungsbegriffs bedarf es nach Ingenkamp & Lissmann (2008) zudem einer *„curricularen Einigung"* darüber, *„welche* kognitiven, sozialen und emotionalen Lernerfolge für welche Qualifikationen erforderlich sind"* (ebd., S. 132, Hervorhebung im Original). Solche „curricularen Einigungen" liegen beispielsweise in Form von Schulgesetzen und Schulordnungen vor. So finden sich z.B. in diesen auch detaillierte Beschreibungen, welche Voraussetzungen Schülerinnen und Schüler erfüllen müssen, um etwa bestimmte Schularten besuchen zu können, versetzt zu werden, und/oder welche verschiedenen Schulabschlüsse sie erwerben können.

Auch wenn sich die vorgestellten Definitionen zum schulischen Leistungsbegriff teilweise voneinander unterscheiden, lassen sich in den einzelnen Bestimmungsversuchen jedoch häufig wiederkehrende Aspekte identifizieren, die konstitutiv für den schulischen Leistungsbegriff zu sein scheinen. So wird in vielen Definitionen als wesentliches Merkmal einerseits die statistische Struktur und Produktorientierung (Leistung als Ergebnis) und andererseits die dynamische Struktur und Prozessorientierung (Leistung als Tätigkeit) beschrieben (u.a. Ziegenspeck, 1999). Zudem wird deutlich, dass der pädagogische Leistungsbegriff stets in seinem gesellschaftlichen und normativen Rahmen zu betrachten ist. In diesem Sinne ist schulische Leistung nie Einzelleistung, sondern Kollektivleistung.

Leistungsmessung

Um Schulleistungen überhaupt beurteilen und bewerten zu können, müssen sich die gewünschten Daten zunächst „in beobachtbarem Verhalten (sprachlichen Äußerungen, Aufgabenbearbeitungen) [von Schülerinnen und Schülern; d. A.] manifestieren" (Heller & Hany, 2002, S. 90), sie müssen sich weiterhin überhaupt ermitteln und nach ihrer Quantität und/oder Qualität näher aufschlüsseln lassen (Jürgens, 2005, S. 45). Auf diesen Grundannahmen basierend definiert Jürgens (2005) den Begriff der Leistungsmessung (in der Schule) in Übereinstimmung mit Köck und Ott (1994) wie folgt:

Definition: Leistungsmessung
Leistungsmessung ist „die Überprüfung und Kontrolle von durchgenommenen Stoffen und (durch ein Curriculum) festgelegten Lernzielen" (ebd., S. 45).

Ingenkamp und Lissmann (2008) sowie Jachmann (2003) merken an, dass der Begriff Leistungsmessung für den Schulalltag nur bedingt geeignet ist, da in der alltäglichen Bewertungspraxis nur die wenigsten Instrumente und Verfahrensweisen den psychometrischen Gütekriterien (▶ Abschnitt 9.1.3) genügen. Einzig bei standardisierten Schulleistungstests (▶ Abschnitt 5.3) kann nach Ingenkamp (1989), Heller und Hany (2002) sowie Jachmann (2003) begründet von Leistungsmessung gesprochen werden, da diese den Gütekriterien entsprechen. Daher wird vereinzelt als Alternative zum Begriff der schulischen – zumeist nichtstandardisierten – Leistungsmessung die Verwendung der Begriffe Leistungsermittlung (Jachmann, 2003) oder Leistungsfeststellung (Klauer, 2002) vorgeschlagen.

Auch wenn sich die Autoren z.T. uneins sind, ob und wann im Zusammenhang mit Schule eher von Leistungsmessung oder doch lieber von Leistungsermittlung oder -feststellung gesprochen werden sollte, besteht unter den Autoren Konsens darüber, dass die Messung (oder Ermittlung oder Feststellung) von Schülerinnen- und Schülerleistungen stets notwendige Voraussetzung für die (anschließende) Leistungsbewertung und -beurteilung sein sollte und daher getrennt von dieser zu betrachten und durchzuführen ist (Jürgens, 2005; Klauer, 2002; Rheinberg, 2002; Ziegenspeck, 1999).

Leistungsbewertung

Da eine gemessene Leistung selbst noch nichts über deren inhaltliche Bedeutung aussagt, bedarf es konkreter Maßstäbe, Kriterien und Bezugsnormen (Jürgens, 2005, S. 46). Erst durch das Heranziehen spezifischer Vergleichsmaßstäbe können erzielte Leistungswerte systematisch bewertet werden (ebd.).

In der pädagogischen Fachliteratur findet sich zumeist die Unterscheidung der folgenden drei Maßstäbe, die bei schulischen Leistungsbewertungen zugrunde gelegt werden können (für ausführliche Beschreibungen zu Vor- und Nachteilen der verschiedenen Bezugsnormen siehe auch Rheinberg, 2002; ▶ Abbildung 25):

- soziale Bezugsnorm: Individuelle Leistungen werden mit denen der Mitglieder einer Gruppe verglichen.
- individuelle Bezugsnorm: Individuelle Leistungsfortschritte werden für und innerhalb eines bestimmten Zeitraums erfasst und miteinander verglichen.
- kriteriale/sachliche Bezugsnorm: Das Leistungsergebnis wird mit den vorgegebenen Lernzielen verglichen.

Unabhängig davon, welche Bezugsnorm(en) die Lehrkraft im schulischen Alltag anwendet, werden die ermittelten Leistungsdaten von Schülerinnen und Schülern (z.B. in mündlichen Prüfungen und/oder schriftlichen Leistungskontrollen) zumeist durch Noten operationalisiert. Die in Deutschland zulässige sechsstufige Notenskala: „sehr gut" (Note 1), „gut" (Note 2), „befriedigend" (Note 3), „ausreichend" (Note 4), „mangelhaft" (Note 5) und „ungenügend" (Note 6) wurde bereits Anfang der 1960er Jahre von der Kultusministerkonferenz im „Hamburger Abkommen" geregelt (KMK, 1964).

Neben diesen bundesweit einheitlich geregelten Notenstufen existieren noch eine Reihe ergänzender bundeslandspezifischer Gesetze, welche die Leistungsmessung und -bewertung näher und z.T. unterschiedlich bestimmen (siehe z.B. für Reinland-Pfalz Ziegenspeck, 1999, S. 84 ff.). Diese werden im Folgenden exemplarisch am Beispiel des Bundeslandes Thüringen dargestellt.

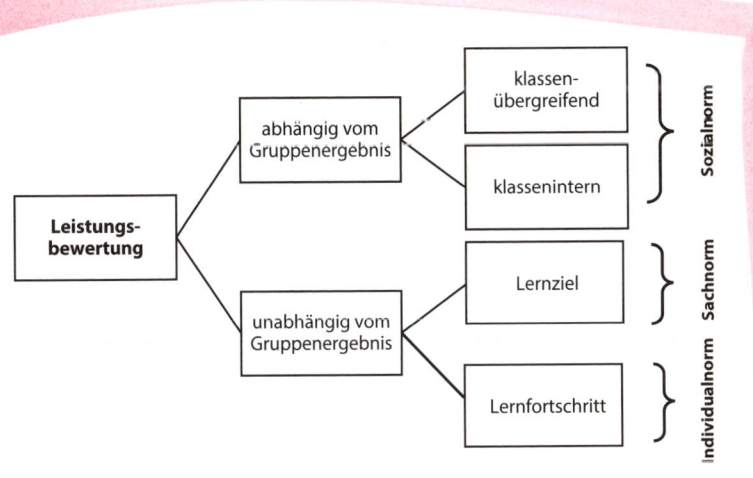

Abbildung 25: Bezugssysteme der Leistungsbewertung (leicht verändert nach Topsch, 2011, S. 142)

Die Grundlage der schulischen Leistungsmessung und -bewertung in Thüringen bildet ganz allgemein das Thüringer Schulgesetz (v.a. §§ 48, 49, 50) und die Thüringer Schulordnung (ThürSchulO) (v.a. §§ 58, 59, 60, 61). In diesen Paragraphen finden sich spezifische Ausführungen u.a. zu den Themenbereichen schriftliche und mündliche (Abitur-)Prüfungen, Noten und Zeugnisse sowie Regelungen zur (Nicht-)Versetzung von Schülerinnen und Schülern.

Zudem werden in den „Leitgedanken zu den Thüringer Lehrplänen für den Erwerb der allgemein bildenden Schulabschlüsse" weiterführende Hinweise für die Leistungsmessung und -beurteilung gegeben (TMBWK, 2011a, S. 13 f.), wie z.B.:

- dass die Leistungseinschätzung ganzheitlich erfolgen soll und alle Kompetenzen der Schülerinnen und Schüler einzubeziehen sind,
- dass jede anforderungsbezogene Leistungseinschätzung im Unterricht mit Bezug auf die individuelle oder die kriteriale Bezugsnorm erfolgen sollte,
- dass die Leistungseinschätzung stets auf der Basis transparenter Kriterien erfolgen sollte,
- dass für die Leistungsbewertung durch Noten die Leistung des Einzelnen in Bezug zu Lehrplanzielen und nationalen Bildungsstandards (kriteriale Bezugsnorm) bestimmend sein sollte,
- dass entsprechende Bewertungskriterien aus den Zielbeschreibungen der Lehrpläne hergeleitet werden und sich auf die Qualität des zu erwartenden Produkts und des Lernprozesses sowie auf die Präsentation des Arbeitsergebnisses beziehen sollten,
- dass produktbezogene Kriterien, wie z.B. Aufgabenadäquatheit, Korrektheit, Vollständigkeit, formale Gestaltung oder Originalität einzubeziehen sind,
- dass prozessbezogene Kriterien zu berücksichtigen sind, wie z.B. Qualität der Planung, Effizienz des methodischen Vorgehens, Reflexion und Dokumentation des methodischen Vorgehens oder Leistung des Einzelnen in der Gruppe,
- dass präsentationsbezogene Kriterien einzubeziehen sind, wie z.B. eine dem Inhalt und der Zielgruppe angemessene Vortragsweise, Visualisierung und Darstellung, inhaltliche Qualität der Darstellung,
- dass komplexitätsbezogene Kriterien (Nationale Bildungsstandards und EPAs[22]) in den Anforderungsbereichen I (Reproduktion), II (analoge Rekonstruktion) und III (Konstruktion) zu beachten sind.

Anhand dieser Empfehlungen wird deutlich, dass Lehrkräfte nicht nur kognitive Schülerinnen- und Schülerfähigkeiten sowie -fertigkeiten zu einem bestimmten Zeitpunkt bewerten sollen, wie es z.B. bei schriftlichen und münd-

---

22 Einheitliche Prüfungsanforderungen in den Abiturprüfungen.

lichen Leistungskontrollen häufig der Fall ist. Vielmehr noch sollen die Lehrkräfte auch individuelle Entwicklungen prozessbegleitend bewerten sowie neben kognitiven Leistungen auch übergreifende Fähigkeiten und Kompetenzen, wie z.b. Aspekte der Methoden- und Sozialkompetenz, in die Leistungsbewertung einbeziehen. Methodische Hilfsmittel für eine derartige Leistungsbewertung sind exemplarisch im Anhang (▶ Abschnitt 5.3) beschrieben.

Leistungsbeurteilung

Die schulische Leistungsbeurteilung ist ein sehr komplexer, interaktiver Vorgang, der einerseits durch verschiedene subjektive Einstellungen und Erwartungen der Akteure, anderseits auch durch institutionelle, organisatorische und situationsspezifische Gegebenheiten beeinflusst wird (z.B. Ingenkamp & Lissmann, 2008). Eine gute Veranschaulichung dieses Beurteilungsvorgangs geben u.a. Ingenkamp und Lissmann (2008) (▶ Abbildung 26).

In diesem Modell werden die vielfältigen Einflüsse und komplexen Wirkgefüge des Beurteilens im schulischen Kontext abstrahiert und modelliert und als Interaktionsprozess aufgefasst (Ingenkamp & Lissmann, 2008, S. 17). So haben etwa die Merkmale einer Beurteilungssituation (z.B. Ziel der Beurteilungssituation, verwendete Beurteilungsverfahren) sowie die institutionellen Rahmenbedingungen (z.B. Prüfungsordnungen, allgemeine Erziehungsnormen) Einfluss auf die Lehrkräfte als Beurteilende und die Schülerinnen und Schüler als Beurteilte. Zudem beeinflussen individuelle Merkmale (z.B. Kompetenzen, Orientierungen, Einstellungen, Erfahrungen usw.) den interaktionalen Prozess (ebd.). Zwischen Beurteilenden und Beurteilten besteht dabei eine Art „netzwerkartige Wechselbeziehung" (ebd.). Hier haben u.a. spezifische Merkmale einer Beurteilungssituation, die institutionellen Rahmenbedingungen sowie individuelle Merkmale einer Lehrkraft (z.B. Kompetenzen, Orientierungen, Erfahrungen) Einfluss auf deren Erwartungen an die Schülerinnen- und Schülerleistungen und -handlungen (ebd.). Diese wiederum prägen die weitere Informationsaufnahme richtungsweisend und wirken sich auf die Urteilsbildung und Urteilsreaktion aus (ebd.).

Stehen die tatsächlich wahrgenommenen und die durch subjektive Erwartungen beeinflussten Schülerinnen- und Schülerleistungen mit den Leistungserwartungen von Lehrkräften im Widerspruch zueinander, kann es bei der Urteilsbildung zu Fehlern und/oder Wahrnehmungsverzerrungen kommen. Welche Beurteilungsfehler und Verzerrungseffekte der Lehrkraft unterlaufen können, wird im folgenden Abschnitt exemplarisch dargestellt.

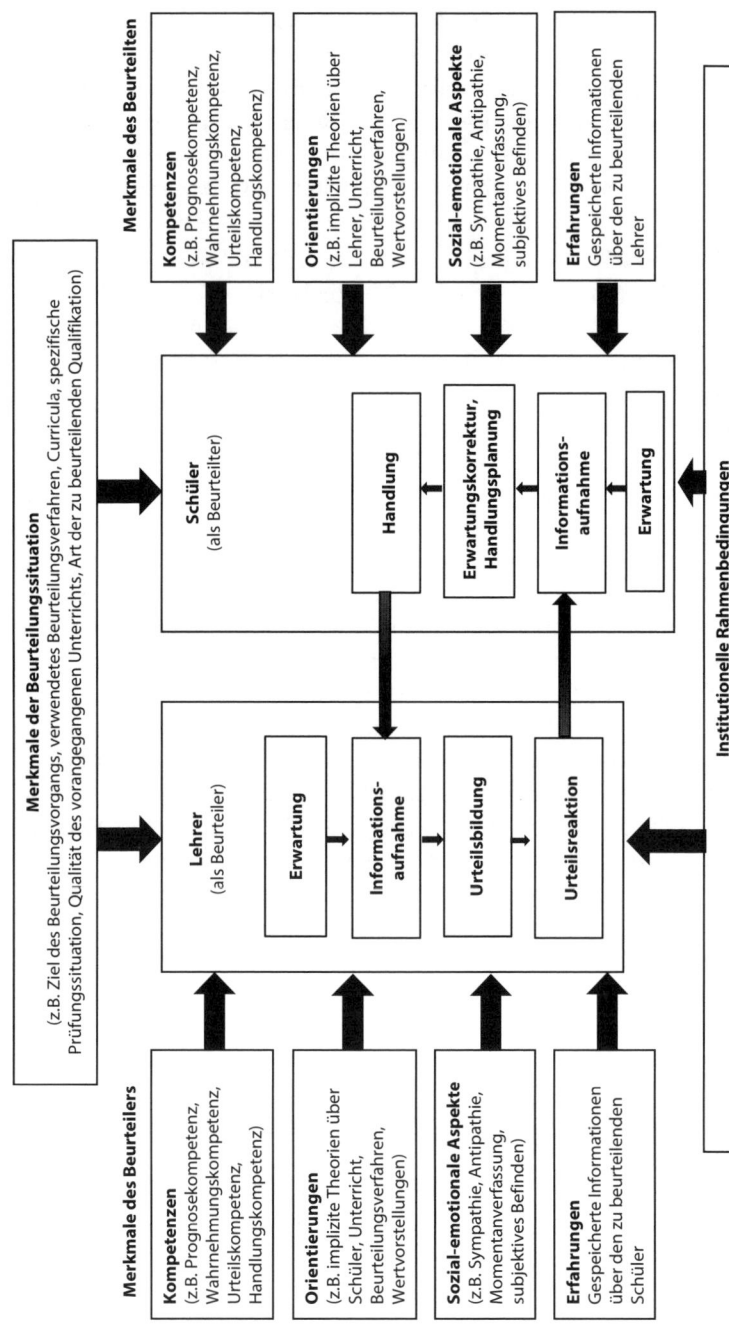

Merkmale des Beurteilten

Kompetenzen
(z.B. Prognosekompetenz, Wahrnehmungskompetenz, Urteilskompetenz, Handlungskompetenz)

Orientierungen
(z.B. implizite Theorien über Lehrer, Unterricht, Beurteilungsverfahren, Wertvorstellungen)

Sozial-emotionale Aspekte
(z.B. Sympathie, Antipathie, Momentanverfassung, subjektives Befinden)

Erfahrungen
Gespeicherte Informationen über den zu beurteilenden Lehrer

Merkmale der Beurteilungssituation
(z.B. Ziel des Beurteilungsvorgangs, verwendetes Beurteilungsverfahren, Curricula, spezifische Prüfungssituation, Qualität des vorangegangenen Unterrichts, Art der zu beurteilenden Qualifikation)

Schüler
(als Beurteilter)

Handlung

Erwartungskorrektur, Handlungsplanung

Informations-aufnahme

Erwartung

Lehrer
(als Beurteiler)

Erwartung

Informations-aufnahme

Urteilsbildung

Urteilsreaktion

Institutionelle Rahmenbedingungen
(z.B. Prüfungsordnungen, allgemeine Erziehungsnormen, Selektionsforderungen, Stellenwert von Prüfungen, Klassenfrequenz)

Merkmale des Beurteilers

Kompetenzen
(z.B. Prognosekompetenz, Wahrnehmungskompetenz, Urteilskompetenz, Handlungskompetenz)

Orientierungen
(z.B. implizite Theorien über Schüler, Unterricht, Beurteilungsverfahren, Wertvorstellungen)

Sozial-emotionale Aspekte
(z.B. Sympathie, Antipathie, Momentanverfassung, subjektives Befinden)

Erfahrungen
Gespeicherte Informationen über den zu beurteilenden Schüler

Abbildung 26: Pädagogische Beurteilung als Interaktion zwischen Beurteilenden und Beurteilten (Ingenkamp & Lissmann, 2008, S. 16)

9.2.2 Beurteilungsfehler und Urteilstendenzen

Wie bereits in den vorherigen Abschnitten beschrieben, kann es bei der alltäglichen Beurteilung von Schülerinnen- und Schülerleistungen durch Lehrkräfte zu einer Vielzahl von Urteilsfehlern kommen. Nicht in jedem Fall liegt das am Einfluss subjektiver Erwartungen und nichtwertfreier Interpretationen seitens der Lehrkräfte. So liegen etwa auch Schwachstellen in der Verwendung von Noten und in der Notenskala selbst vor (u.a. Wengert, 2011). Ein grundlegendes Problem bei der schulischen Leistungsbewertung durch Noten liegt nach Ziegenspeck (1999) beispielsweise darin, dass aufgrund der „Grobmaschigkeit" der Notenskala (ebd., S. 18) die Abstände zwischen den einzelnen Noten nicht so einfach interpretierbar sind (Wengert, 2011, S. 332). So kann zwar zum Ausdruck gebracht werden,

> „dass die Note ‚Eins' besser ist als die Note ‚Zwei' und die Note ‚Fünf'
> schlechter ist als die Note ‚Vier', man kann aber nicht sagen, dass die
> ‚Zwei' von der ‚Eins' gleich weit entfernt ist wie die Note ‚Fünf' von der
> ‚Vier'" (ebd.).

Daher warnt Wengert (2011) vor einer „Überinterpretation des nummerischen Aspekts von Noten [...]. Ziffernoten sind weit weniger exakt, als allgemein angenommen wird, sie gaukeln oft nur eine Scheingenauigkeit vor" (ebd. S. 333). Zwar lassen Noten Rückschlüsse auf Leistungstendenzen der Schülerinnen und Schüler in einem bestimmten Lernbereich zu, jedoch sind sie im Detail relativ informationsarm (ebd.). Was bedeutet es für eine Schülerin oder einen Schüler, wenn sie oder er am Ende des Schuljahres die Note Drei auf dem Zeugnis in Mathematik stehen hat? Anscheinend, dass sie oder er sich verbessern muss, aber worin, in welchem Inhaltsbereich genau, wird allein mit dieser Ziffer nicht ersichtlich. Hierfür sind weiterführende, individuelle und vertiefende Informationen vonnöten. Dabei bietet es sich an, die erteilten Noten um schriftliche Leistungseinschätzungen in Form von z.B. Lernberichten zu ergänzen,[23] die im Detail beschreiben, was eine Schülerin oder ein Schüler in einem bestimmten Lernbereich kann, wie sich die Leistungen entwickelt haben und wo noch Reserven und/oder Potenziale bestehen. Auch kann durch eine Rückmeldung in Form von Lernberichten das Selbstwertgefühl der Schülerinnen und Schüler gesteigert werden, da einzelne Lernerfolge durch explizite Ausformulierungen wertgeschätzt werden und nicht einfach nur beschrieben wird, was die jeweils Beurteilten alles nicht können. Im Folgenden wird ein authentisches Beispiel für einen solchen Lernbericht (aus einer Thüringer Schule) gegeben.

---

23 Wie z.B. in Thüringen, wo für die Klassenstufen 3 bis 9 die Schulnoten um Lernberichte ergänzt werden.

> **Lernbericht für die Grundschule im Fach Mathematik:**
> In Mathematik bist du stets aufmerksam bei der Sache und versuchst, mathematische Probleme eigenständig zu lösen. Gelingt dir das einmal nicht, suchst du Hilfe bei deinen Mitschülern und Mitschülerinnen. Anfängliche Schwierigkeiten im Bereich Subtrahieren und Addieren konntest du mit Hilfe von weiterführendem Übungsmaterial eigenständig überwinden. Durch dein fleißiges Üben wendest du mittlerweile deine verbesserten Rechenfertigkeiten sicher im Zahlenraum bis 100 an. Im Lernbereich Geometrie kannst du verschiedene geometrische Formen korrekt auseinanderhalten und benennen, jedoch fällt dir das Zeichnen von einzelnen geometrischen Formen wie Rechteck, Dreieck usw. noch schwer. Hierfür solltest du verstärkt üben, möglichst sauber und exakt zu zeichnen.

Subjektive Beurteilungsfehler und Verzerrungseffekte kommen v.a. dann zustande, wenn z.B. mehr oder weniger bewusste Einstellungen, Stereotypenvorstellungen oder (Wert-)Haltungen der Lehrkräfte Einfluss auf die Wahrnehmung der Schülerinnen- und Schülerleistungen ausüben. Dies kann im schulischen Kontext besonders dann problematisch sein, wenn z.B. Noten eine richtungsweisende Funktion für zukünftige Berechtigungen haben. So könnten durch nichtleistungsangemessene Beurteilungen seitens der Lehrkraft anstehende Versetzungen und/oder Schulübergänge, künftige Ausbildungschancen oder Zugänge zum Berufsmarkt den so beurteilten Schülerinnen und Schülern verwehrt bleiben.

Um der Beeinflussung derartiger Beurteilungsfehler und Verzerrungstendenzen entgegenzuwirken, bedarf es zunächst der grundlegenden Kenntnis über die am häufigsten auftretenden Beurteilungsfehler. Eine Auswahl dieser wird im Folgenden exemplarisch erläutert (▶ Tabelle 22).

Tabelle 22: Übersicht über Beurteilungsfehler (eigene Darstellung)

Beurteilungsfehler	Erläuterung
Zentraltendenz	„Eine Lehrkraft nutzt nicht die ganze Notenspanne, sondern vermeidet die besseren und schlechteren Noten. Die Leistungsbeschreibung selbst kann dabei korrekt sein." (von Saldern, 2011, S. 99)
Halo-Effekt	„Eine Lehrkraft vergibt eine bessere Note, weil ihm/ihr die Schülerin/der Schüler sympathisch ist [bzw. markante Merkmale dieser, z.B. physische Attraktivität, Handicap, andere überstrahlen; d.A.]. Dabei kann die Leistungsbeschreibung durchaus richtig gewesen sein." (ebd.)
Milde-Strenge-Tendenz	„Eine Lehrkraft vergibt im Vergleich zu anderen Lehrkräften bei gleicher Leistungsbeschreibung bessere [oder schlechtere; d.A.] Noten." (ebd., S. 100)
Logischer Fehler	„Eine Lehrkraft mit den Fächern Latein und Mathematik vergibt wegen der guten Lateinleistung der Schülerin/des Schülers eine bessere Note in Mathematik, als es der Leistungsbeschreibung entspricht" (ebd.).
Kontrast-/ Ähnlichkeits-fehler	„Eine sprachbegabte Lehrkraft vergibt schlechtere Noten als eine sprachlich durchschnittlich begabte Lehrkraft, weil die eigene Sprachleistung als normal angesehen wird (ebd., S. 101).
Nähe-Fehler	„Eine Lehrkraft für Mathematik und Biologie vergibt eine gute Note in der zweiten Stunde Mathematik, weil dieser Schüler/diese Schülerin in der ersten Stunde Biologie so geglänzt hat" (ebd.).
Wissen-um-die-Folgen-Fehler	„Eine Lehrkraft verändert seine/ihre Note zum Positiven, weil ansonsten der Schüler/die Schülerin sitzenbleiben würde. Sie/Er tut dies, weil die Gesamtprognose positiv ausgefallen ist." (ebd., S. 102)
Selektionstendenz	„Eine Lehrkraft vergibt weniger gute Noten, als es dem Leistungsstand ihrer/seiner Klasse entspricht, weil z.B. ihrer/seiner Ansicht nach nicht so viele Schüler_innen auf das Gymnasium sollen" (ebd., S. 102 f.).
Reihenfolgefehler	Eine Lehrkraft, die z.B. bei einer Aufsatzkorrektur hintereinander nur mäßige Arbeiten korrigiert, wird bei einer der folgenden Arbeiten unter dem Gesichtspunkt „alle können doch nicht gleich schlecht sein" eine bessere Note vergeben, als es der tatsächlichen Leistungsbeschreibung entspricht. (vgl. Ziegenspeck, 1999, S. 177)

9.2.3 Forschungsstand zur Leistungsbewertung

Da die Studienergebnisse zur diagnostischen Kompetenz von Lehrkräften (▶ Abschnitt 9.1.5) in engem Zusammenhang mit den Studien zur schulischen Leistungsmessung und -bewertung stehen, werden an dieser Stelle nur einzelne Forschungsschwerpunkte ergänzt (weitere ausführliche Übersichten über aktuelle empirische Forschung finden sich z.B. bei Terhart, 2014a; Weinert, 2002).

In den meisten Studien zur Leistungsbewertung und -beurteilung im schulischen Kontext wird v.a. überprüft, welchen Einfluss verschiedene individuelle Voraussetzungen sowie institutionelle Rahmenbedingungen auf die schulische Leistungsbewertung und -beurteilung haben. In den Studien wird häufig der Zusammenhang zwischen Leistungsbeurteilung und sozialer Herkunft und/ oder Geschlecht der Schülerinnen und Schüler untersucht sowie das (Nicht-) Auftreten verschiedener Beurteilungsfehler durch die Lehrkraft. Wie bereits bei den Studienergebnissen zur diagnostischen Kompetenz von Lehrkräften sind auch hier die Forschungsergebnisse z.t. sehr diskrepant.

Studienergebnisse zum Zusammenhang von Leistungsbeurteilung und Migrationshintergrund sowie sozialer Herkunft der Schülerinnen und Schüler

Kristen (2006) geht in ihrer Studie der Frage nach, ob ethnische Diskriminierung bei der schulischen Leistungsbeurteilung in Form von Noten und Übergangsempfehlungen stattfindet. Die Studienergebnisse zeigen, dass – unter Kontrolle der tatsächlichen Fachleistung durch Testergebnisse – die Schülerinnen und Schüler mit Migrationshintergrund im Vergleich zu denen ohne bei der Leistungsbeurteilung in den Fächern Mathematik und Deutsch nicht benachteiligt werden.

Ditton et al. (2005) weisen in einer längsschnittlichen Untersuchung an bayerischen Grundschulen einen leicht negativen Zusammenhang zwischen dem Migrationshintergrund von Schülerinnen und Schülern und den schulischen Noten nach (ebd., S. 298). Zu einem ganz anderen Ergebnis kommen etwa Lehmann et al. (1997) in ihrer Studie „Aspekte der Lernausgangslage und der Lernentwicklung – LAU" für die Klassenstufe 5. Die Studienergebnisse zeigen, dass Kinder mit Migrationshintergrund in Deutsch und Mathematik sogar etwas bessere Noten erhielten, als es ihren tatsächlichen Testleistungen entsprach (ebd., S. 49). Dies ist möglicherweise ein Befund, der als Indikator für eine pädagogisch gewogene Diagnostik genutzt werden könnte.

Maaz et al. (2008) wiederum eruieren in ihrer Studie, dass – unter Kontrolle der tatsächlichen Testleistung – Schülerinnen und Schüler aus sozial begünstigten Familien bessere Noten erhalten als diejenigen aus sozial weniger begünstigten Familien (ebd., S. 535). Auch die Lernkompetenzeinschätzungen der Lehrkräfte fallen für die Schülerinnen und Schüler aus sozial begünstigten Familien besser aus (ebd., S. 536f.). In einer weiteren Studie von Maaz et al. (2011) zeigt sich, dass sich die schulische Notenvergabe zwar zu fast 50 Prozent mit der Leistung der Schülerinnen und Schüler erklären lässt, aber auch zu 17,2 Prozent durch den sozioökonomischen Status der Familien der Schülerinnen und Schüler sowie zu 4,7 Prozent durch den Migrationshintergrund (ebd., S. 8).

Studienergebnisse zum Zusammenhang von Schullaufbahnempfehlungen der Lehrkräfte und der sozialen Herkunft der Schülerinnen und Schüler

Arnold et al. (2007) ermitteln im Rahmen der Studie „Internationale Grund-schul-Lese-Untersuchung IGLU" aus dem Jahr 2006 unter Kontrolle der ko-gnitiven Fähigkeiten und der Lesekompetenz einen deutlichen Zusammenhang zwischen der sozialen Herkunft der Schülerinnen und Schüler und der Schul-laufbahnpräferenz der Lehrkräfte (ebd., S. 286 ff.). Schülerinnen und Schülern aus „unteren Dienstklassen" werden bei der Vergabe von Übergangsempfeh-lungen für das Gymnasium deutlich benachteiligt (ebd., S. 288). So müssen die Schülerinnen und Schüler aus „unteren Dienstklassen" z.b. deutlich höhe-re (Lese-)Leistungen erbringen, um eine Gymnasialempfehlung zu erhalten, als Schülerinnen und Schüler aus „oberen Dienstklassen" (ebd.). Wie genau die Übergangsempfehlungen der Lehrkräfte den Schulerfolg prognostizieren kön-nen, untersuchen Tiedemann und Billmann-Mahecha (2010) auf Grundlage von Längsschnittdaten eines kompletten Übergangsjahrgangs aus Niedersach-sen. Die Studienergebnisse zeigen, dass:

> „sämtliche Gruppen von Schülerinnen und Schülern mit empfehlungs-widrigem Besuch leistungsstärkerer Schulformen – ob am Gymnasium oder der Realschule – […] mehrheitlich erfolgreich [waren], selbst die Subgruppe, die mit einer Hauptschulempfehlung ein Gymnasium be-suchte" (ebd., S. 649).

Einen etwas anderen Forschungsschwerpunkt setzt beispielsweise McElvany (2010), indem sie das Erleben der Lehrkraft stärker in den Fokus nimmt und fragt, wie schwierig und belastend Lehrkräfte die Aufgabe, Übergangsemp-fehlungen auszusprechen, empfinden und welche Bedeutung sie den erteil-ten Empfehlungen zusprechen. Die Ergebnisse von 236 befragten Klassenleh-rerinnen und -lehrern der 4. Klassenstufe aus 13 Bundesländern zeigen, dass Lehrkräfte es eher als schwierig empfinden, ihre Schülerinnen und Schüler am Ende der Grundschulzeit angemessen zu beurteilen und adäquate Über-gangsempfehlungen auszusprechen (ebd., S. 306 f.). Zudem empfinden sie den Gedanken, bei den Übergangsempfehlungen einen Fehler zu machen, häufig als belastend (ebd.).

Studienergebnisse zu geschlechtsspezifischen Effekten bei der Leistungsbeurteilung und Personenwahrnehmung

Anders et al. (2010b, S. 323) untersuchen in einer Studie, wie Lehrkräfte ver-schiedene lernrelevante Schülerinnen- und Schülermerkmale am Ende der Grundschulzeit wahrnehmen. Es zeigt sich, dass Lehrkräfte durchaus diffe-renziert urteilen, jedoch die sozialen Fähigkeiten und das Sozialverhalten von

Mädchen meist höher einschätzen als von Jungen (ebd.). Außerdem werden Mädchen im Bereich Motivation und Lerntugenden etwas vorteilhafter bewertet als Jungen (ebd.). Konkrete Untersuchungen zum Zusammenhang von Geschlecht und schulischer Leistungsbewertung führen z.B. Maaz et al. (2008) durch. Die Ergebnisse weisen auf geschlechtsspezifische Effekte bei der Leistungsbewertung hin. So werden Mädchen – unter Kontrolle der individuellen Testleistung – besser bewertet als Jungen (ebd., S. 535). Zu ähnlichen Ergebnissen kommt auch die Studie von Schreiner et al. (2008), in der Mädchen im Vergleich zu Jungen in den Hauptfächern bessere Note erhalten, auch wenn sie keine besseren Testleistungen erzielen (Vergleich mit Mathematikkompetenz bei PISA 2003). Helbig (2010) bezieht in seiner Studie noch das Geschlecht der Lehrkraft mit ein und weist nach, dass Jungen im Gegensatz zu Mädchen in Schulen mit vielen weiblichen Lehrkräften etwas schlechter in Mathematik bewertet werden und infolgedessen auch seltener eine Gymnasialempfehlung erhalten als an Schulen mit weniger Lehrerinnen (S. 93). Auch solche Effekte lassen sich als institutionelle Diskriminierung begreifen (▶ Abschnitt 5.3).

Zusammenfassung

Resümierend ist festzuhalten, dass die schulische Leistungsbewertung ein „boomendes" Forschungsfeld darstellt, in welchem sich Forscherinnen und Forscher bereits vielen individuellen und institutionellen Aspekten sowie deren Einflüssen auf die schulische Bewertungspraxis zugewendet haben. Diese Themen werden jedoch weiterhin für Gesellschaft, Schule und Forschung von großem Interesse sein, steht doch als oberste Maxime eine Schule, die gerecht ist und jeder Schülerin sowie jedem Schüler gleiche Chancen und Teilhabemöglichkeiten bietet. Insofern gilt es, die eigenen Erfahrungen und Praktiken diesbezüglich sorgsam zu reflektieren.

9.2.4 Entwicklungsperspektiven der Leistungsmessung und -beurteilung

Für die Verbesserung der Leistungsmessung und Leistungsbeurteilung im Schulalltag haben viele Autoren, wie z.B. Ludwig (1995), Ziegenspeck (1999), Jürgens und Sacher (2008) und Sacher (2009), eine Reihe an Empfehlungen und Verbesserungsvorschlägen formuliert, um möglichen Beurteilungsfehlern präventiv entgegen zu wirken. Einige davon werden im Folgenden überblicksartig aufgeführt:
• Prozeduren der Durchführung, Auswertung und Interpretation von Prüfungen bzw. Prüfungsergebnissen bewusst machen und präzise beschreiben;

- Abstimmung und Austausch mit Kolleginnen und Kollegen;
- Beurteilungstrainings nutzen;
- Einsicht in die Subjektivität des eigenen Urteils und die Bereitschaft bzw. Offenheit, ein Urteil auch zu revidieren;
- Kennen möglicher Beurteilungsfehler sowie ständiges Vergegenwärtigen, Selbstreflexion;
- Trennung von Leistungsmessung und deren Bewertung;
- keine Vorabbildung von Gesamteindrücken, Bildung der Gesamtwerte erst, nachdem einzelne (vorher festgelegte) Aspekte und Dimensionen zu Teilleistungen überprüft und bewertet worden sind;
- Abstand nehmen von Vorinformationen und Hintergrundinformationen über Schülerinnen und Schüler durch z.B. „Lehrerzimmerklatsch";
- Korrekturen schriftlicher Leistungen sollten nach Möglichkeit „blind", das heißt ohne Kenntnis des Schülerinnen- oder Schülernamens, erfolgen;
- im Zweifelsfall und bei entscheidenden Zensuren sollten unbeteiligte „neutrale" Kollegeninnen und Kollegen um ihren Eindruck oder um eine Gegenkorrektur gebeten werden;
- Nutzung von Orientierungs-, Vergleichsarbeiten und Jahrgangsstufentests, um eigene Prüfungs- und Beurteilungspraxis in einem größeren Zusammenhang zu sehen und ggf. zu korrigieren.

Gegenwärtig wird vermehrt eine Abkehr von der „traditionellen" Leistungsbewertung hin zu alternativen, neuen Formen der Beurteilung postuliert (Beutel, 2007; Bohl, 2009; Beutel & Beutel, 2010; Winter, 2016). In der Schule sollen nicht mehr nur kognitive Schülerinnen- und Schülerleistungen durch Noten operationalisiert werden, sondern den Schülerinnen und Schülern auch Berichte und Rückmeldungen zu deren emotional-motivationaler Entwicklung zur Verfügung gestellt werden. Ebenso sollen Sozial- und Methodenkompetenzen prozessbegleitend und fachübergreifend vermittelt werden. Mit der Verwendung alternativer Prüfungsformate ist zumeist die Hoffnung verbunden, den Schülerinnen und Schülern aussagekräftigere und individuell passendere Leistungsrückmeldungen geben zu können als mit Ziffernzensuren. Bestenfalls sollen die Schülerinnen und Schüler durch die detaillierten Leistungsrückmeldungen z.B. selbst befähigt werden, eigene Leistungs- und Lernprobleme zu beheben sowie Stärken weiter zu optimieren. Auch sind alternative Prüfungsformate häufig so angelegt, dass sie verstärkt Schülerinnen und Schüler in die Praxis und in den Prozess der Beurteilung einbeziehen und somit die Selbst- und Mitbestimmung über die eigenen Lernprozesse fördern. Alternative Beurteilungsverfahren besitzen damit ein stark partizipatives Moment (▶ Abschnitt 5.4.1, Klafkis Thesen).

Inzwischen existiert eine Vielzahl an Vorschlägen zum Einbezug und zur Umsetzung alternativer Beurteilungsformen und -formate in der schulischen Bewertungspraxis (z.B. Bohl, 2009), wie z.b.:

- Einbezug von Schülerinnen- und Schülerselbst- und -mitbewertungsbögen,
- Schülerinnen und Schüler bewerten sich gegenseitig (z.b. bei Gruppenarbeit, Vorträgen),
- Nutzung von Diagnose- und Beobachtungsbögen,
- Erstellen von Kompetenzrastern,
- Nutzung von Portfolios und Lerntagebüchern für die Beurteilung,
- Verfassen von Lern- und Zeugnisberichten.

Einige solcher Materialien werden exemplarisch im didaktischen Anhang dargestellt (für weitere Materialübersichten und Kopiervorlagen siehe z.b. auch Paradies et al., 2014).

9.3 Beraten

Ein zunehmend an Bedeutung gewinnendes Handlungsfeld für Lehrkräfte stellt die schulische Beratung dar (Schnebel, 2007, S. 9 f.). Durch die stetige Weiterentwicklung der Gesellschaft und den damit einhergehenden Veränderungen wie Internationalisierung, Multikulturalität und Individualisierung (ebd.) oder auch Technisierung entstehen immer wieder neue Beratungsanlässe und -aufgaben, die die Lehrkräfte im Kontext von Schule zu erfüllen haben. Schwarzer und Posse (2008) haben diesbezüglich eine umfassende Übersicht entworfen (▶ Tabelle 23).

Tabelle 23: Auswahl schulischer Beratungsthemen mit Angabe der Adressaten und beratend Tätigen (angelehnt an Schwarzer & Posse, 2008, S. 444; Schnebel, 2007)

Adressaten: Beratung …	Beratungsthemen	beratend Tätige
von Schülerinnen und Schülern	*Bildungswegentscheidungen, z.B.:* – Schullaufbahn (Einschulung, Übergang, Versetzung) – Berufsfindung – Kurs- und Fächerwahl *Lernberatung, z.B.:* – individuelle Förderung – Lese-Rechtschreib-Schwierigkeiten und/oder Rechenschwäche – leistungsstarke Schülerinnen und Schüler – Prüfungsangst *Verhaltensprobleme, z.B.:* – Aggression und/oder Disziplinschwierigkeiten *Persönliche Entwicklungsaufgaben und Krisen, z.B.:* – familiäre Veränderungen – Pubertät – Krankheit, Süchte *Interaktions- und Beziehungsfragen (in Schülergruppen)*	– Lehrkräfte – Beratungslehrerinnen und -lehrer – Berufsberaterinnen und -berater – Schulpsychologinnen und -psychologen – Sozialarbeiterinnen und -arbeiter
von und mit Eltern	*Bildungswegentscheidungen, z.B.:* – Schullaufbahn (Einschulung, Übergang, Versetzung) *Einzelfallberatung, z.B. in den Bereichen:* – Lernen – Leistung – Verhalten	– Lehrkräfte – Beratungslehrerinnen und -lehrer – Berufsberaterinnen und -berater – Schulpsychologinnen und -psychologen – Sozialarbeiterinnen und -arbeiter – Schulleitung
von Lehrerinnen und Lehrern	*Beratung in der Lehrkräfteausbildung, z.B.:* – Unterrichtsgestaltung – Supervision *Beratung durch Schulleitung und Schulaufsicht, z.B.:* – Verbeamtung – Hospitation, Feedback *Supervision und kollegiale Beratung, z.B.:* – Unterstützung bei belastenden beruflichen Problemen – Professionalisierung/Stärkung beruflicher Kompetenzen	– Mentorinnen und Mentoren – Fachleiterinnen und Fachleiter – Kolleginnen und Kollegen – Schulleitung – Schulbehörde – Supervisorinnen und Supervisoren
von Schulleitung	*Unterstützung für Führungskräfte, z.B.:* – Coaching	– Coaches
in der Schulentwicklung (alle an Schule Beteiligten)	*Schulentwicklungsberatung, z.B.:* – Akzentuierung des Schulprofils – Umsetzung nationaler Bildungsstandards – Entwicklung und Umsetzung von Qualitätssicherungs- oder Fortbildungskonzepten	– Beratungslehrerinnen und -lehrer – Schulberaterinnen und -berater – Schulleitung

Die schulische Beratungsarbeit ist in den einzelnen Bundesländern explizit z.B. durch die Allgemeine Dienstordnung geregelt und festgeschrieben. So heißt es beispielsweise in der „Dienstordnung für Lehrer, Erzieher und Sonderpädagogische Fachkräfte an den staatlichen Schulen in Thüringen" aus dem Jahr 2011 in Paragraph 4:

> „(2) Zu den pädagogischen Aufgaben gehört die Beratung der Schüler sowie ihrer Erziehungsberechtigten, soweit sie dies wünschen. Die Beratung umfasst auch die Information über Ziel und Inhalt, Planung und Gestaltung des Unterrichts, die ihm zugrundeliegenden Bestimmungen und die Maßstäbe der Leistungsbewertung. Die Lehrer geben den Schülern auf Wunsch in einem persönlichen Gespräch Auskunft über ihren Leistungsstand. Sie informieren die Erziehungsberechtigten über die Entwicklung der schulischen Leistungen und beraten in Erziehungsfragen. An Sprechtagen und in Sprechstunden für Erziehungsberechtigte sowie an besonders vereinbarten Terminen stehen die Lehrer den Erziehungsberechtigten für Rücksprachen zur Verfügung." (TMBWK, 2011b, § 4, Abs. 2)

> „(3) Lehrer sollen mit Beratungsstellen, insbesondere dem schulpsychologischen Dienst und Berufsberatung, zusammenarbeiten" (ebd., § 4, Abs. 3).

Doch was genau kennzeichnet schulische Beratung? Wie sieht ein prototypisches Beratungsgespräch aus? Welche Funktionen und Probleme können bei der schulischen Beratung auftreten und wie vermieden werden? Diese Fragen werden in den folgenden Abschnitten näher ausgeführt.

Auch zum Begriff der schulischen Beratung liegen vielfältige und differente Definitionsversuche vor (zur Übersicht siehe Schnebel, 2007). Jedoch gibt es auch hier wesentliche Merkmale, die nahezu auf alle (Beratungs-)Gespräche zutreffen.

Konstitutive Merkmale von Beratung (Schnebel, 2007, S. 15):
- Beratung ist als „Weg zum Umgang mit Problemen oder schwierigen Situationen" zu verstehen.
- Beratung erfolgt immer in Interaktion.
- Beratung wird immer als Prozess definiert, der einmalig oder wiederholt stattfinden kann.
- Beratung hat zum Ziel, Handlungs- und Entscheidungsmöglichkeiten einer Person zu verbessern, um eigenständig ein Problem lösen zu können (Ziel: „Hilfe zur Selbsthilfe").

Ein gängiger Definitionsvorschlag, der fast alle diese Merkmale angemessen zu berücksichtigen versucht, stammt von Schwarzer und Posse (2005).

> **Definition: Beratung**
> Beratung ist „eine freiwillige, kurzfristige, soziale Interaktion zwischen mindestens zwei Personen. Das Ziel der Beratung besteht darin, in einem gemeinsam verantworteten Beratungsprozess die Entscheidungs- und damit Handlungssicherheit zur Bewältigung eines aktuellen Problems zu erhöhen. Dies geschieht in der Regel durch die Vermittlung von neuen Informationen und/oder durch die Analyse, Neustrukturierung und Neubewertung vorhandener Informationen." (ebd., S. 139)

Beratung unterscheidet sich daher von Erziehung (▶ Kapitel 8) insofern, dass es bei der Erziehung einen normreflexiven Überschuss an Kommunikation gibt, beide jedoch auf Kommunikation basieren.

Die meisten Beratungsgespräche folgen trotz teilweiser Differenzen immer einem ähnlichen Ablauf. Exemplarisch aufgeführt ist im Folgenden die Grundstruktur eines Beratungsprozesses nach Schnebel (2007) (▶ Abbildung 27).

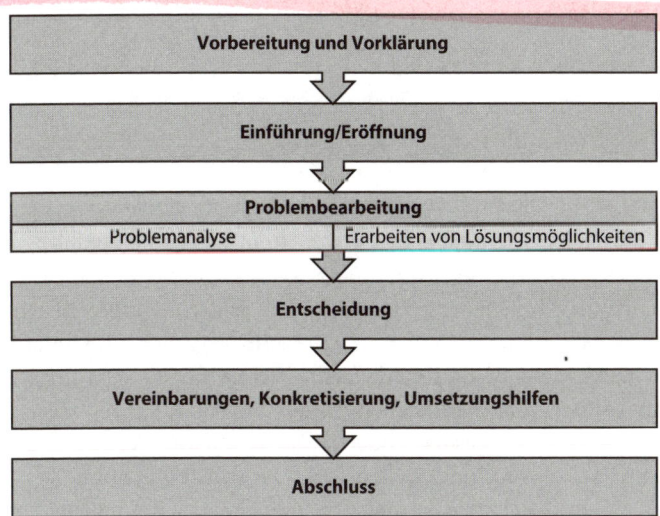

Abbildung 27: Grundstruktur Beratungsprozess (Schnebel, 2007, S. 138)

Worin nun das Spezifische an Beratung und am Beratungsablauf im schulischen Kontext besteht, wird im Folgenden beschrieben.

9.3.1 Merkmale schulischer Beratung

In der pädagogischen Literatur werden unterschiedliche Formalisierungs- und Professionalisierungsgrade von Beratung unterschieden, die sich v.a. auf die beteiligten beratenden Personen sowie auf den Ausbildungs- und Professionalisierungsgrad der Beratenden beziehen (▶ Tabelle 24).

Tabelle 24: Formalisierungsgrade von Beratung (vgl. Schnebel, 2007, S. 22; Sickendiek et al., 2008, S. 23)

Informelle, alltägliche Beratung	Halbformalisierte Beratung	Ausgewiesene und stark formalisierte Beratung
Beratung unter Angehörigen, Freunden, Kolleginnen und Kollegen im partnerschaftlichen Gespräch oder kollegialen Austausch.	Beratung als genuiner Anteil unterschiedlicher psychosozialer, pädagogischer, medizinischer, juristischer oder seelsorgerischer Tätigkeit. Die Beratenden werden als Professionelle ihres Tätigkeitsfelds angesprochen.	Beratung durch professionelle Beraterinnen und Berater mit ausgewiesener Beratungskompetenz in Beratungsstellen, Sprechstunden etc.
Beispiele: Eltern tauschen sich über Umgang mit Erziehungsproblemen aus. Eltern tauschen sich über die Möglichkeiten weiterführender Schulen aus.	Beispiele: Lehrkraft berät bei Motivationsproblemen, Lernschwierigkeiten, Verhaltensauffälligkeiten. Medizinerin oder Mediziner und/oder Pfarrerin oder Pfarrer berät bei schwerer Krankheit eines Angehörigen.	Beispiele: Familienberatungsstellen, Beratungsstellen für Suchtkranke, Schulpsychologische Beratungsstellen

Wie in Tabelle 24 ersichtlich, werden im Kontext Schule zumeist halbformalisierte Beratungen durchgeführt. Zwar werden die Beratenden (meist Lehrkräfte) auch als Professionelle ihres Tätigkeitsfeldes angesprochen und wahrgenommen, jedoch unterscheiden sich diese im Vergleich zu Beraterinnen und Beratern ausgewiesener und stark formalisierter Beratungssettings z.T. deutlich. Was heißt das nun genau? Ist schulische Beratung mit einer professionellen Beratung gleichzusetzen oder ist sie es nicht? Was kennzeichnet eine professionelle Beratung und treffen diese Merkmale auch auf die schulische Beratung zu? Im Folgenden werden wesentliche Gemeinsamkeiten und Unterschiede anhand der jeweiligen zentralen Merkmale stichpunktartig dargestellt.

Merkmale professioneller Beratung:

„• methodisches Vorgehen,
• ein aktiver Lernprozess soll in Gang gesetzt werden,
• Symmetrie der Berater-Klient-Beziehung,
• Freiwilligkeit und Eigenverantwortlichkeit als Grundlagen für den Beratungsprozess,
• die Eigenbemühungen des Ratsuchenden werden unterstützt → Hilfe zur Selbsthilfe
• bewusste Wahrnehmung des Problems,
• Zielrichtung der Veränderung soll sich an Kompetenzen des Ratsuchenden orientieren,
• der Berater, die Beraterin übt die Beratung als Teil bzw. Schwerpunkt ihrer beruflichen Tätigkeit aus,
• klares Aufgabenprofil der Beraterin, des Beraters,
• Beraterin, Berater verfügt über Wissen und Kompetenzen bezüglich des fachspezifischen Handlungsfelds und bezüglich des Beratungsfelds,
• klare und transparente zeitliche, räumliche und methodische Struktur"
(Schnebel, 2007, S. 23 f.).

Merkmale schulischer Beratung:

„1. Lehrkräfte sind (meist) semi-professionelle Berater.
2. Berater/innen in der Schule sind (häufig) Teil des Systems.
3. Die Themen der Beratung stammen ebenfalls aus dem System.
4. Freiwilligkeit als wichtiges Element von Beratung ist nur teilweise gegeben.
5. Häufig spielen eindeutige oder verdeckte Hierarchien eine Rolle.
6. Verantwortlichkeiten und Zuständigkeiten sind in vielen Fällen nicht von vornherein klar.
7. Der zeitliche Rahmen ist meist stark beschränkt.
8. Rollenkonflikte der Lehrkräfte bestehen.
9. Möglicherweise divergieren die Zielsetzungen der Beteiligten." (ebd., S. 26)

Anhand der beiden Merkmalsauflistungen wird bereits deutlich, dass sich Beratung im schulischen Kontext z.T. deutlich von einer professionellen Beratung unterscheidet. Vor allem die Eingebundenheit aller Akteure in das System Schule und die besondere Beziehungsstruktur zwischen Beratenden (zumeist Lehrkräfte) und Beratenen (zumeist Schülerinnen und Schüler) sowie die schulischen Strukturen (und die hiermit verbundenen Antinomien; ▶ Abschnitt 6.2.1) machen eine professionelle Beratung, entsprechend der Kriterien einer professionellen Beratung, zumeist nicht gänzlich möglich. Daher wird häufig auch von *semi-professioneller* Beratung im Kontext von Schule gesprochen.

9.3.2 Funktionen von Beratung und ihre Fehlformen

Beratung ist kein Selbstzweck. Sie will nach Schwarzer und Posse (2005) die:

> „Entscheidungs- und Handlungssicherheit bei Einzelpersonen, Gruppen oder Organisationen nicht nur für das aktuell bestehende Problem erhöhen, sondern möglichst dauerhaft Problembewältigungsstrategien anbahnen, damit im Sinne von ‚Hilfe zur Selbsthilfe' auch zukünftige Probleme selbstständig gelöst werden können. In diesem Sinne hat Beratung auch immer präventiven Charakter und will zukünftigen Problemlagen vorbeugen. Dieses Ziel versucht sie zu erreichen, indem sie informiert, begleitet und steuert." (ebd., S. 140 f.)

Durch Überbetonung einzelner Funktionen kann es nach Schwarzer und Posse (2005) zu entsprechenden Fehlformen von Beratung kommen, die sich problematisch auf die konkrete Beratung auswirken können (▶ Abbildung 28).

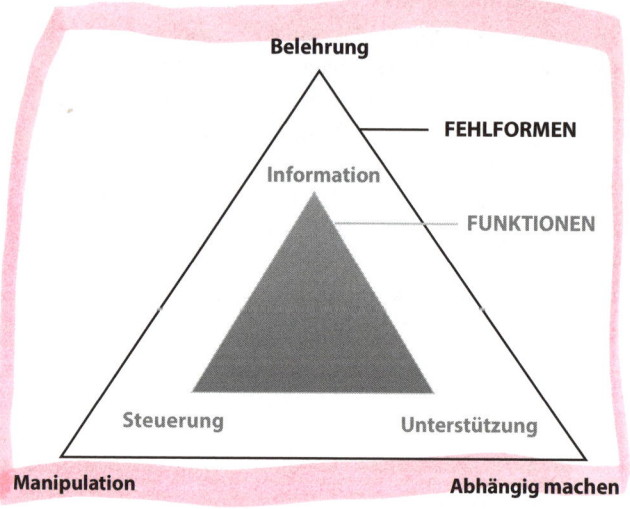

Abbildung 28: Funktionen von Beratung und deren Fehlformen (Schwarzer & Posse, 2005, S. 142)

Optimal verläuft eine Beratung nach Schwarzer und Posse (2005, S. 141),

> „wenn die drei zentralen Aspekte der Beratung in einem funktionalen Gleichgewicht zum Beratungsproblem stehen, also wenn hinsichtlich des Problems angemessen informiert, gesteuert und unterstützt wird."

Dabei erfordern unterschiedliche Probleme auch eine unterschiedliche „Mischung" an Beratungsfunktionen (ebd.). Die Kunst „guten" Beratens sehen Schwarzer und Posse (2005) in der Fähigkeit, die Beratung flexibel, situationsangemessen und dem Beratungsproblem angemessen zu führen und die verschiedenen Aspekte ausgewogen und nicht ausschließlich an einem Aspekt orientiert zu verhandeln (ebd.).

9.3.3 Entwicklungsperspektiven schulischer Beratung

Vorschläge und Materialien zur Verbesserung von Beratungshandeln im Kontext Schule und/oder zur Förderung der Beratungskompetenz von Lehrkräften finden sich in einer Vielzahl an Ratgebern:

- zu Trainingsprogrammen mit dem Fokus auf der Entwicklung und Verbesserung der allgemeinen Kommunikations- und Konfliktfähigkeit siehe Meidinger (2000) und/oder Aich (2008) sowie zur Beratungskompetenz Hertel (2009);
- zum Umgang mit Störungen, Konfliktmanagement siehe Philipp und Rademacher (2010);
- zur kollegialen Beratung und Supervision siehe Schlee (2012) und/oder Neumann-Wirsig (2015);
- zu Elterngesprächen siehe Hennig und Ehinger (2014);
- zur kooperativen Beratung siehe Mutzeck (2008).

Exemplarische Materialien, die sich für die Vorbereitung, Begleitung und Nachbereitung von Beratungsgesprächen eignen, werden im didaktischen Anhang (▶ 5.3) bereitgestellt. Es sei erwähnt, dass diese Materialien allesamt für Elterngespräche in der Schule entwickelt wurden, in leicht abgewandelten Formen jedoch auch in weiteren Beratungsfeldern und mit anderen (auch außerschulischen) Akteuren ihre Anwendung finden können.

Literatur zum Weiterlesen:

Hesse, I. & Latzko, B. (2011). *Diagnostik für Lehrkräfte* (2. Aufl.). Opladen: Verlag Barbara Budrich.

Ingenkamp, K. (Hrsg.). (1975). *Die Fragwürdigkeit der Zensurengebung*. Weinheim: Beltz.

Jürgens, E. & Sacher, W. (2008). *Leistungserziehung und pädagogische Diagnostik in der Schule. Grundlagen und Anregungen für die Praxis*. Stuttgart: Kohlhammer.

Ziegenspeck, J. W. (1999). *Handbuch Zensur und Zeugnis in der Schule. Historischer Rückblick, allgemeine Problematik, empirische Befunde und bildungspolitische Implikationen. Ein Studien- und Arbeitsbuch. Unter Mitarb. von J. Lehmann*. Bad Heilbrunn: Klinkhardt.

10. Kompetenzbereich Innovieren[24]

Der Kompetenzbereich „Innovieren" (siehe KMK, 2014, S. 13 f.) verbindet die Bedeutung, die dem öffentlichen Amt einer Lehrkraft zukommt, und die daraus erwachsenden Verpflichtungen und Verantwortungen mit der uns ebenfalls bekannten, allerdings noch nicht so bezeichneten Idee der lernenden Profession sowie der konkreten Aufgabe der Schul- und Unterrichtsentwicklung (▶ Abbildung 29).

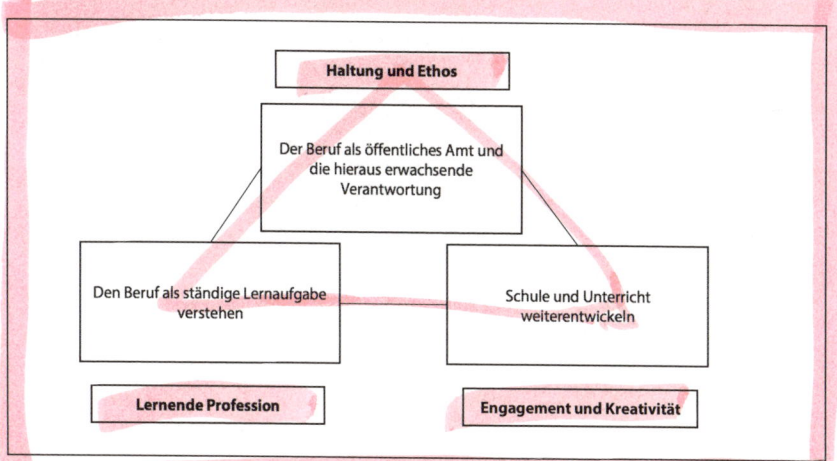

Abbildung 29: Kompetenzbereich „Innovieren" (vgl. KMK, 2014, S. 13 f.; eigene Darstellung)

In den vorangegangenen Kapiteln haben wir bereits einiges über die Kompetenzbereiche „Beruf als öffentliches Amt" (▶ Abschnitt 5.1), über das gewünschte Lehrkräfteethos sowie über Professionsvorstellungen (▶ Kapitel 6) erfahren, so dass wir nachfolgend auf zwei Teilbereiche fokussieren können. Zum einen auf die Kompetenz „Schule und Unterricht entwickeln" (▶ Abschnitt 10.1–10.6) sowie auf den Bereich „Gesundheit" (▶ Abschnitt 10.7), der als Teilbereich der Kompetenz „Beruf als ein öffentliches Amt verstehen" benannt ist. Es sei nur am Rande darauf hingewiesen, dass dieser Kompetenzbereich etwas unsystematisch wirkt, quasi eine Sammlung übrig gebliebener wichtiger Bereiche des Berufs, die nicht zwingend unter den Begriff der In-

---

24 Dieser Text ist eine überarbeitete Fassung von Berkemeyer und Manitius (2016), der um den Themenbereich Gesundheit ergänzt worden ist. Für wesentliche Textvorschläge für diesen Bereich danken wir Sebastian Meißner, Ina Semper und Sascha Roth.

novation hätten subsumiert werden müssen. Auch ist bedauerlich, dass eine schulsystemische Komponente in den Standards nicht explizit genannt wird. Wir werden dies aber nachfolgend berücksichtigen und wenigstens in Ansätzen Fragen der Steuerung in schulentwicklungstheoretischer Perspektive stellen. Wir beginnen mit der Beschreibung einer idealtypischen Lehrkräftebiographie, die vielfältige Phasen und Entwicklungsschwerpunkte des deutschen Schulsystems durchlebt hat.

Herr Dampf ist seit 20 Jahren Lehrkraft. Begonnen hat er an einer Gesamtschule, die im Zuge der Bildungsexpansion in den 1970er Jahren gegründet worden ist. Dort hat er bereits früh heute noch aktuelle Schulentwicklungsthemen wie individuelle Förderung und Binnendifferenzierung kennengelernt. Herr Dampf wechselte dann an ein Gymnasium, um dort eine Position als stellvertretender Schulleiter zu übernehmen. Seine Schulentwicklungsaufgabe war es u.a., das Qualitätsmanagement der Schule zu organisieren. Hierzu richtete er eine Steuerungsgruppe ein, die sich um Fragen der Personal-, Organisations- und Unterrichtsentwicklung kümmerte. Die Erstellung eines Schulprogramms sowie die interne Evaluation einzelner Entwicklungsprojekte gehörten ebenfalls zu seinen Aufgaben, die er gemeinsam mit Kolleginnen und Kollegen seiner Schule bearbeitete. Heute ist Herr Dampf Schulleiter an einer Gemeinschaftsschule, die von Klasse 1 bis Klasse 13 alle Jahrgangsstufen vorhält, erst ab Klasse 9 Noten gibt, die keine Sitzenbleiberinnen und Sitzenbleiber kennt und die inklusiv ist. Diese vergleichsweise neue Schulart gibt es in der einen oder anderen Gestaltungsvariante in vielen Bundesländern. Seine Schule ist dazu noch eine gebundene Ganztagsschule. Aktuell bereitet sich Herr Dampf mit seiner Schule auf die externe Evaluation, die Schulinspektion, vor. Er ist hier ganz gelassen, denn seine Schule schneidet bei den Vergleichsarbeiten seines Landes zumeist erwartungswidrig gut ab. Die guten Ergebnisse und auch die große Nachfrage von Eltern sichern seinen Schulstandort, während andere Standorte aufgrund des demografischen Wandels von der Schließung bedroht sind. Manchmal mag Herr Dampf nicht mehr an die nächsten Entwicklungsschritte denken, denn er und sein Kollegium müssen neben diesen Dingen noch all das machen, was in diesem Buch auch geschildert wird. Manchmal gehört dies eng zusammen, manchmal sind es zusätzliche und neue Herausforderungen. Doch am Ende weiß Herr Dampf, die Schule wird sich weiterentwickeln, so oder so. Darum will er auf seinen gestaltenden Einfluss lieber nicht verzichten.

10.1 Schulentwicklung – eine Annäherung

Der Begriff der Schulentwicklung ist zumeist positiv konnotiert. Er soll anzeigen, dass sich eine Schule oder eine Gruppe von Schulen, etwa in einem Schulentwicklungsprojekt, oder auch das gesamte Schulsystem einer Kommune (zur Entwicklung kommunaler Schul- und Bildungslandschaften siehe z.b. Manitius et al., 2015a; Otto et al., 2015) oder des Landes von einem Zustand A in einen als positiver eingeschätzten Zustand B entwickelt. Mit der Formulierung „als positiver eingeschätzt" ist zugleich aber angezeigt, dass es nicht ganz unproblematisch ist, zu entscheiden, ob ein neuer Zustand auch tatsächlich positiver zu bewerten ist. Schaut man in die Forschungsbefunde zu Schulentwicklungsprojekten, dann ist festzustellen, dass Schulentwicklung nie wirklich scheitert, aber auch nur selten die formulierten Ziele erreicht werden. Die Zuverlässigkeit solcher sich auf Ergebnisse von Entwicklungsprozessen beziehenden Aussagen hängt dann zudem nicht nur von den faktisch zu beobachtenden Veränderungen und den jeweiligen Interpretationen und Bewertungen ab, sondern auch von den eingesetzten Methoden und Forschungsdesigns, die maßgeblich dafür verantwortlich sind, was überhaupt beobachtet und damit auch bewertet werden kann.

Wenn von Schulentwicklung gesprochen wird, wird zudem häufig unterstellt, dass alle Akteure dieselben, zumindest aber ähnliche Ziele verfolgen, von den gleichen Werten geleitet werden und kooperativ und konsensuell agieren. Dies nicht zuletzt, da unterstellt wird, dass die Veränderungsprozesse allen Akteuren gleichermaßen Nutzen bringen würden. Diesbezüglich hat Per Dalin (1999), einer der international renommiertesten Schulentwicklungsforscher, formuliert, dass sich Schulentwicklung vor allem dadurch auszeichnet, dass die Nutzer (vor allem Lehrkräfte und Schülerinnen und Schüler) eine Innovation oder Veränderung als nützlich erleben. Die Bewertung einer Veränderung als nützlich verweist wiederum auf die Beurteilungsabhängigkeit von Schulentwicklungsprozessen und damit auf die normativen und wertbezogenen Annahmen der Akteure. Daher formuliert Dalin (1999, S. 214): „Letztlich geht es bei Schulentwicklung um *Werte*" (Hervorhebung im Original). Dies ist dann auch der Grund, weshalb Herr Dampf weiterhin mitdiskutieren will, und ebenfalls Grund dafür, weshalb die ethische Reflexion der Zielsetzung von Schule wie der eigenen Zielsetzungen und Handlungsweisen so bedeutsam ist.

Es ist weiterhin notwendig, sich klarzumachen, dass alle Veränderungen und Innovationen von unseren darüber bestehenden Urteilen abhängen und es darum hoch bedeutsam für Lehrkräfte ist, die eigene Urteilsfähigkeit (▶ Abschnitt 2.3.3) professionsgemäß auszubilden. Dies bedeutet, dass Innovationen oder Schulentwicklungsprozesse insgesamt mit den richtigen Gründen beurteilt und bewertet werden müssen (siehe hierzu nochmals die Idee der deliberativen Profession; ▶ Abschnitt 6.6). Dies bleibt eine berufsbiografische Herausforderung und zeigt zugleich an, dass Schulentwicklung an bildungspolitische, wissenschaftliche und professionelle Diskurse gleichermaßen gebunden ist. Ein professionsgemäßer Teil von Bewertungsmaßstäben findet sich auch in der Einführung zum Studienbuch „Beruf Lehrer/Lehrerin" (Rothland, 2016b). Ein weiterer ergibt sich aus den öffentlichen Diskursen und bildungspolitischen Debatten um Aufgaben und Entwicklungsanforderungen der Schule und darin artikulierten normativen Ansprüchen an Schule (z.B. Gerechtigkeit, vgl. Manitius et al., 2015b). In einem solchen Verständnis werden Lehrkräfte nie nur als bloße „Erfüller" staatlicher Aufträge verstanden, sondern immer auch als mitgestaltende Akteure, als eine lernende Profession (▶ Abschnitt 6.5).

Man könnte daher auch festhalten, dass diese ersten Gedanken über Schulentwicklung die kulturelle, politische (Altrichter & Posch, 1998) und wissenssoziologische Perspektive (Berkemeyer & Bos, 2015) und somit auch eine akteurszentrierte Perspektive auf das Thema darstellen. Diese Perspektive betont die Deutungsmuster der Akteure, ihre Haltungen und Überzeugungen, die in allen Entwicklungsprozessen in der einen oder anderen Form sichtbar werden und so Prozesse der Entwicklung und die damit verbundenen potenziellen Konflikte begünstigen oder hemmen können. Eine weitere und die Literatur über Schulentwicklung dominierende Perspektive fokussiert eher die Notwendigkeit der Veränderung, die beispielsweise durch die gesellschaftlichen Veränderungen gegeben sind (z.B. Veränderung von Kindheit, Technisierung, Globalisierung, Inklusion u.a.m.). Hierbei werden dann diejenigen Prozesse und Verfahren, die zu Innovationen, Veränderungen, mithin zu Schulentwicklung führen können, entsprechend näher beleuchtet. Anders formuliert, der einzelne Mensch tritt in den Hintergrund und die Organisation Schule rückt als eigenständiger Akteur (Fend, 1986; Rolff, 1993) in den Vordergrund. Für diese Perspektive ist die organisationstheoretisch begründete Trias der Schulentwicklung die klassische Definition (in Anlehnung an Rolff, 1998, S. 295 ff.):

Erste Definition: Schulentwicklung
Schulentwicklung ist der Zusammenhang von Organisationsentwicklung (OE), Personalentwicklung (PE) und Unterrichtsentwicklung (UE). Dabei gilt: „Keine UE ohne OE und PE, keine OE ohne PE und UE, keine PE ohne OE und UE." (ebd., S. 306)

Mit dieser Definition sind zunächst einmal drei Aktivitäts- oder Handlungsbereiche der einzelschulischen Schulentwicklung formuliert. In einer weitergehenden Definition hat Rolff dann versucht, die Komplexität der Prozesse der

Schulentwicklung graduell zu bestimmen und so unterschiedliche Ordnungen, man könnte auch von Komplexitäts- oder Schwierigkeitsstufen sprechen, der Schulentwicklung zu unterscheiden. Da diese Definition bis heute eine der differenziertesten Definitionen darstellt, wird sie nachfolgend in voller Länge als eine zweite Definition von Schulentwicklung herangezogen (vgl. nachfolgend ebd., S. 326, Hervorhebungen im Original):

Zweite Definition: Schulentwicklung

„1. Schulentwicklung ist die bewußte und systematische Weiterentwicklung von Einzelschulen. Man könnte diese häufig vorkommende Form von Schulentwicklung *intentionale* Schulentwicklung nennen oder Schulentwicklung 1. Ordnung.

2. Schulentwicklung zielt darauf ab, lernende Schulen zu schaffen, die sich selbst organisieren, reflektieren und steuern. Dies wird von den jüngsten Schulgesetzen intendiert und von etlichen Schulen angestrebt, teilweise auch praktiziert. Dies könnte man als Schulentwicklung 2. Ordnung oder *institutionelle* Schulentwicklung bezeichnen.

3. Die Entwicklung von Einzelschulen setzt eine Steuerung des Gesamtzusammenhangs voraus, welche Rahmenbedingungen festlegt, die einzelnen Schulen bei ihrer Entwicklung nachdrücklich ermuntert und unterstützt, die Selbstkoordinierung anregt, ein Evaluationssystem aufbaut (sowie möglicherweise im Nachhinein) und auf Distanz korrigiert. Dies könnte man als Schulentwicklung 3. Ordnung oder als *komplexe* Schulentwicklung begreifen."

Mit der in der Definition formulierten Komplexitätssteigerung von Schulentwicklungsprozessen ist zugleich eine historische Entwicklung der nunmehr letzten gut 30 Jahre angedeutet. Schulentwicklung ist immer selbst Gegenstand von Entwicklungen gewesen und es ist fest davon auszugehen, dass sie es auch zukünftig sein wird. Erkenntnisse über Veränderungsprozesse, gesellschaftliche Rahmenbedingungen und politische Mehrheiten mit ihren dahinterliegenden Überzeugungen sind einige der Quellen der Veränderung. Im Unterschied zu den wissenschaftlichen und bildungspolitischen Diskursen der Schulentwicklung, die zumeist auf je aktuelle Themen wie derzeit Inklusion, individuelle Förderung, Ganztagsschule oder Berufsorientierung, um nur einige zu nennen, fokussieren, kommt es vor allem für die Lehrkräfte darauf an, die unterschiedlichen Erkenntnisse aus den vergangenen Jahrzehnten aufeinander zu beziehen und für die praktische Arbeit in und an Schule fruchtbar zu machen. Als Profession kommt es eben auch darauf an, die Rahmenbedingungen der eigenen Arbeit sinnvoll, im Sinne einer lernenden Profession, mitzugestalten. Die Weiterentwicklung eigener Fähigkeiten und Kompetenzen als Teil einer umfassenden Professionalisierung kann dabei kaum als individuelle Entwicklungsaufgabe gelöst werden, sondern immer nur im Kontext einer Organisation und eines Gesamtsystems, das unterstützend auf die Professionalisierung einwirkt. Vor diesem Hintergrund werden die Ziele von Schulentwicklung hinsichtlich der Bedeutung für Lehrkräfte normativ wie folgt verstanden:

Professionsgemäße Schulentwicklung
Für Lehrkräfte sind Prozesse der Schulentwicklung Gelegenheiten, die eigenen Normen und Werte professionellen Handelns zu reflektieren und innerhalb der Profession, also im Kollegium, in Netzwerken oder berufsbezogenen Arbeitsgruppen, zu diskutieren und zu überprüfen. Dies sollte mit dem Ziel geschehen, die Rahmenbedingungen der eigenen Arbeit so mitzugestalten, dass der Arbeitsplatz als förderlich für die beruflichen Aufgaben, die persönliche Weiterentwicklung sowie für die eigene Gesundheit erfahren wird, so dass es möglich wird, Schülerinnen und Schüler so gut wie möglich bei ihren unterschiedlichen kognitiven, sozialen und emotionalen Entwicklungsaufgaben im Rahmen des staatlich verfassten Auftrags erzieherisch und bildend zu begleiten.

Eine solche für Lehrkräfte formulierte Perspektive kann als professionsgemäße Schulentwicklung verstanden werden und betont die Idee einer lernenden Profession.

10.2 Schulentwicklung als äußere Schulreform

Bis in die 1980er Jahre wurde Schulentwicklung häufig als die in Quantitäten zu beschreibende Veränderung des Schulsystems verstanden (Klemm, 1986). Diese drückte sich insbesondere in der Bildungsbeteiligung und der Schulangebotsstruktur aus. Im Sinne einer qualitativen Fragestellung wurden hingegen die Aspekte der Schulreform verstanden (Eigler et al., 1980). Schulentwicklung war somit in den Anfängen eher die an der amtlichen Statistik und der dort vorzufindenden Indikatoren ablesbare Entwicklung des Schulsystems. Die Ausgestaltung von Bildungsprozessen wurde unter dem Stichwort der Bildungsreform oder Schulreform diskutiert, wobei auch hier nicht selten Strukturfragen im Vordergrund standen (von Friedeburg, 1992). Bezogen auf die drei traditionellen Schularten in Deutschland (Gymnasium, Realschule und Hauptschule) berichten Eigler et al. (1980) für den Zeitraum 1960 bis 1978, dass sich die Zahl der Schülerinnen und Schüler in Hauptschulen kaum verändert hat. Hingegen wächst der Anteil an Schülerinnen und Schülern in der Realschule und im Gymnasium um mehr als das Doppelte. Dies bedeutet, dass sich das Übergangsverhalten in diesen Jahren deutlich zugunsten derjenigen Schularten verändert hat, die höhere Abschlüsse anbieten. Zugleich schaffen es immer mehr Kinder und Jugendliche, am Gymnasium zu bestehen. Waren es beispielsweise in Nordrhein-Westfalen 1960 nur ca. 47 Prozent der Anfangskohorte, stieg der Anteil der Schülerinnen und Schüler, die das Gymnasium erfolgreich absolvierten, auf knapp 60 Prozent im Jahre 1978. Diese wenigen Zahlen sollen genügen, um die Expansion in der Bildungsbeteiligung anzudeuten (für aktuelle Beteiligungsquoten vgl. ausführlich Berkemeyer et al., 2014; Berkemeyer et al., 2017).

Bildungsexpansion
Mit dem Begriff der Bildungsexpansion wird eine Epoche der deutschen Schul- und Hochschulgeschichte zwischen ca. 1955 und 1975 bezeichnet, in der es zu einer deutlich verstärkten Beteiligung von Jugendlichen an Formen höherer Bildung gekommen ist.

Im Grunde lässt sich aber die gesamte Schulgeschichte als Bildungsexpansion lesen, die – den empirischen Daten der Bildungsbeteiligung folgend – gegenwärtig an ihre Grenzen stößt. Gerade aber in den 1960er und 1970er Jahren war Bildungsexpansion ein politisches Programm für mehr Teilhabe. Im Anschluss zeigt sich in der Bildungsexpansion eher der Wille der Eltern, ihren Kindern gute Ausgangsvoraussetzungen für das Berufsleben zu verschaffen.

In qualitativer Hinsicht waren die 1970er Jahre vor allem von der Idee einer Bildungsgesamtplanung (Klemm, 1986) und der Idee der Gesamtschule als Schule für fast alle Kinder geprägt (Kinder mit Behinderungen wurden hier noch weitgehend außer Acht gelassen). Beide auf das Ziel der Stärkung von Chancengleichheit ausgerichteten Maßnahmen, die der Gesamtsystemsteuerung durch dezidierte Planung und die einer Strukturreform im Bereich der Schulangebotsstruktur, wurden nach ca. 1975 aufgrund zahlreicher organisatorischer Probleme und ideologisch gefärbter Debatten nicht mehr so intensiv weiterverfolgt, wenngleich das Thema der Chancengerechtigkeit aktuell wieder Konjunktur hat (▶ Abschnitt 5.3).
Die einzelnen Lehrkräfte und die von ihnen erwarteten Fähigkeiten spielen in dieser Phase der Schulentwicklung (zum Vergleich verschiedener Phasenmodelle der Schulentwicklung vgl. Berkemeyer & Bos, 2015) keine eigenständige Rolle in den Reformdiskursen. Lediglich die Frage nach der Art der Ausbildung von Gesamtschullehrern wird vermehrt diskutiert (eine Diskussion, die auch heute wieder geführt wird).

10.3 Die Einzelschule als Handlungseinheit von Schulentwicklung

In einer ersten Definition wurde weiter oben darauf hingewiesen, dass ein zentraler Bestandteil von Schulentwicklung – verstanden als Zusammenhang von OE, UE und PE – die Entwicklung der Organisation der Schule ist. Hiermit wird seit Ende der 1980er Jahre auf die Organisationsförmigkeit und damit auf die Handlungsräume der Einzelschule hingewiesen. Die Einsicht in die Gestaltbarkeit der Einzelschule war nicht nur konzeptionell und theoretisch begründet worden, sondern auch empirisch. Fend (1986) konnte sehr früh zeigen, dass es zwischen Schulen gleicher Schulart größere Unterschiede etwa in Bezug auf das gemessene Schulklima als zwischen Schulen unterschiedlicher Schularten gab. Mit dieser Hinwendung zur Einzelschule geriet das gesamtsystemische Ziel von Chancengleichheit zunächst weitgehend aus dem Blickfeld von Bildungspolitik, -administration und -forschung.

Die Einzelschule zu gestalten, heißt zunächst Praktiken der Organisationsentwicklung in den Schulbereich zu implementieren, später dann auch Management und Führungstechniken anzuwenden. In einer klassischen und für die deutsche Schulentwicklung bedeutsamen Definition von French und Bell (1994, S. 31) wird Organisationsentwicklung wie folgt gefasst:

Definition: Organisationsentwicklung
„Organisationsentwicklung ist eine langfristige Bemühung, die Problemlösungs- und Erneuerungsprozesse in einer Organisation zu verbessern, vor allem durch eine wirksamere und auf Zusammenarbeit gegründete Steuerung der Organisationskultur – unter besonderer Berücksichtigung der Kultur formaler Arbeitsteams – durch Hilfe eines OE-Beraters oder Katalysators und durch Anwendung der Theorie und Technologie der angewandten Sozialwissenschaften unter Einbeziehung von Aktionsforschung."

In dieser Definition sind die wesentlichen Bausteine von OE-Prozessen aufgeführt, die dann auch in den deutschen Bundesländern die Schulentwicklung in den 1990er Jahren bis in die Mitte des ersten Jahrzehnts des neuen Jahrtausends geprägt haben. Zu ergänzen ist, dass die klassische OE sowohl ein Verfahren zur Steigerung der Effektivität der Organisation als auch zur Steigerung der Partizipation der Mitarbeiterinnen und Mitarbeiter ist. Die Einbindung oder Partizipation von Mitarbeiterinnen und Mitarbeitern soll idealerweise zu einer größeren Identifikation und so zu höherer Motivation führen, was dann wiederum zu mehr Effektivität der Organisation beitragen wird, was in verschiedenen Studien, zunächst aus dem Industriebereich, auch gezeigt werden konnte. Für den Schulbereich haben sich als Instrumente der OE die folgenden und im Anschluss kurz skizzierten nahezu flächendeckend verbreitet (▶ Tabelle 25).

Tabelle 25: Bereiche der Organisationsentwicklung (OE) allgemein und im Schulbereich (eigene Darstellung)

OE Allgemein	OE Schulbereich	exemplarische Quelle
Arbeitsteams	Jahrgangs-, Klassen- und Fachteams, Steuergruppen	Philipp (2006)
Sozialwissenschaftliche Methoden	interne Evaluation, Organisationsdiagnose, Bestandsaufnahmen	Berkemeyer & Müller (2010)
Aktionsforschung	Aktionsforschung, Unterrichtsversuche	Altrichter & Posch (1998)
Organisationskultur	Leitbildentwicklung und Schulprogrammarbeit	Philipp & Rolff (1998)
OE-Beratende	Schulentwicklungsberatende	Rolff et al. (1998)

10.3.1 Teamarbeit

Lehrkräfte galten und gelten, z.T. bis heute, als Einzelkämpfer. Unter dem Slogan „Ich und meine Klasse" pflegten Lehrkräfte lange Zeit das, was Lortie (1977) als „Autonomie-Paritäts-Muster" beschrieben hat. Hierbei geht es darum, die Autonomie der Kolleginnen und Kollegen durch Nichteinmischung zu wahren und so auch die eigene „Ungestörtheit" zu sichern. Inzwischen aber ist klar, dass eine angemessene Kooperationskultur die Qualität der Schule deutlich verbessern kann (Fussangel & Gräsel, 2009). Kooperation wird im Schulbereich u.a. dort benötigt, wo gemeinsame Standards, Verfahren und Methoden eingeübt und eingehalten werden sollen. Parallelarbeiten in den Jahrgangsstufen, Lernwerkstätten und Selbstlernzentren sowie die Entwicklung von Fördermaterialien und Förderstrategien setzen Kooperation im Bereich der Unterrichtsentwicklung schlicht voraus. Für die Entwicklung der Organisation wurde die sogenannte „Steuergruppe" eingerichtet (Berkemeyer & Holtappels, 2007; Bonsen & Berkemeyer, 2014), ein Gremium aus ca. 5 bis 7 Lehrkräften sowie der Schulleitung, das die Qualitätsentwicklung der Schule als Gesamtkorpus in den Blick nimmt. Neben schulinternen Kooperationsanforderungen sind auch im Bereich der Übergangsstellen im Schulsystem schulformübergreifende Kooperationen notwendig und hilfreich (Manitius et al., 2015a). Aktuell steht die Entwicklung der Teamarbeit in Schulen vor weiteren Herausforderungen. Unter dem Stichwort multiprofessionelle Teams (Speck et al., 2011) sollen und müssen Sonderpädagoginnen und -pädagogen, Sozialpädagoginnen und -pädagogen und Lehrkräfte lernen, unter den institutionellen Rahmenbedingungen von Ganztagsschule und inklusiver Bildung miteinander zu kooperieren.

Als Strategie der Unterstützung von Innovationsprozessen in der Schule werden aktuell häufig Schulnetzwerke gegründet. In dieser Form der interorganisationalen Kooperation, in dessen Zentrum sogenannte netzwerkbasierte Praxisgemeinschaften stehen, also eine Gruppe von Lehrkräften aus unterschiedlichen Schulen und z.T. auch unterschiedlichen Schularten, geht es im Wesentlichen um die Möglichkeit, Lernprozesse mit dem Ziel der Professions- und Einzelschulentwicklung zu generieren (Berkemeyer et al., 2015a), um somit letztlich die Lern- und Entwicklungsmöglichkeiten der Schülerinnen und Schüler zu verbessern.

10.3.2 Interne Evaluation, Bestandsaufnahme und Organisationsdiagnose

Vergleichsweise neu ist es noch für Schulen, mit Methoden der empirischen Sozialforschung datenbasiert die Entwicklung der Schule zu analysieren und vor dem Hintergrund der Analysen zu planen. Eines der ersten Instrumente dieser Art war das IFS-Schulbarometer (Universität Dortmund, 1999). Dieses wurde von anderen Instituten und Wissenschaftlern in vielfältiger Form ausdifferenziert und weiterentwickelt, so dass unterdessen eine große Zahl an Instrumenten vorliegt (z.B. SEfU, SEIS, APU u.a.m.[25]).

Die klassischen Bestandsaufnahmen enthalten vor allem Items zur Organisationskultur, zum Schulklima und zur Arbeitszufriedenheit. Die Auswertung der zumeist auf Fragebogenbasis erhobenen Daten liefert dann den Anlass, um datenbasiert über die Schule zu diskutieren, Ziele und Maßnahmen festzulegen und die Zielerreichung später durch Verfahren der internen Evaluation zu überprüfen. In der Literatur findet sich diesbezüglich häufig die Bezeichnung Evaluationskreislauf (Rolff et al., 1998). Heute werden Verfahren der internen Evaluation durch solche der externen Evaluation ergänzt, mitunter auch ersetzt (Hermstein et al., 2015).

Eine der zentralen Kritiken an diesem Verfahren war und ist, dass die Zielsetzung im Anschluss an die Organisationsdiagnose nur selten unmittelbar auf den Unterricht bezogen ist und deshalb das Kerngeschäft von Schule, der Unterricht, nicht hinreichend durch die Entwicklung der Organisation tangiert wurde. Insgesamt ist allerdings der Zusammenhang zwischen Organisation und Unterricht in der Tat noch nicht hinreichend empirisch aufgeklärt.

25 URL-Links: IFS-Barometer: http://www.zfw.tu-dortmund.de/cms/dapf/de/home/ werkzeugkasten; SEfU: http://www.sefu-online.de/index.php [23.06.2018]; SEIS: http://www.seis-deutschland.de [23.06.2018].

So hat die Provokation Luhmanns, wenn er schreibt, dass das „Zusammenspiel von Organisation und Interaktion unentbehrlich [ist], und dies nicht zuletzt deshalb, weil die Organisation die Interaktion Unterricht *nicht* steuern kann" (Luhmann, 2002, S. 164, Hervorhebung im Original), weiterhin einen zentralen Herausforderungscharakter für die Schulentwicklung.

10.3.3 Aktionsforschung

Die Aktionsforschung ist ein spezifischer methodologischer Ansatz, der beteiligungsorientiert die Trennung von Subjekten und Objekten der Forschung überwinden will und so zugleich aus dem Handeln in der Praxis Erkenntnisse gewinnen möchte. Forschung wird so zum Gegenstand alltäglichen Handelns, so jedenfalls das Ziel. In der Lehrerausbildung finden sich Ideen der Aktionsforschung häufig in den Praxisphasen unter dem Stichwort forschendes Lernen. Für den Schulbereich haben Altrichter und Posch (2007) das zentrale Lehrbuch zum Thema mit dem Titel „Lehrerinnen und Lehrer erforschen ihren Unterricht" verfasst. In Prozessen der Aktionsforschung geht es immer darum, auf der Grundlage von Daten, ganz gleich ob diese durch quantitative Befragungsformen und Tests oder durch qualitative Beobachtungen von Schülerinnen und Schülern oder die Analyse von Dokumenten zu Stande kommen, die eigenen Handlungsprozesse zu reflektieren und zu bewerten. Ausgangspunkt solcher Untersuchungen sind zumeist selbst oder in Gruppen formulierte Probleme oder Herausforderungen der eigenen Arbeit. Die Idee der Handlungs- oder Aktionsforschung zeigt sich auch im Bereich der Lehrerbildung, z.B. in durch forschendes Lernen konstituierten Praxisphasen (Gröschner & Hascher, im Ersch.; Schüssler et al., 2017). Trotz solcher institutionellen Einbindungen bleibt die Aktionsforschung eher die Ausnahme schulischer Praxis. Ein forschender Habitus als Teil eines Ethos für Lehrkräfte konnte sich bislang noch nicht durchsetzen. Für eine qualifizierte Weiterentwicklung der Schule wäre dies aber durchaus wünschenswert, denn Entscheidungen über Schulbücher, Methoden und Lernsettings sollten nicht aus dem Bauch heraus getroffenen werden, sondern idealerweise auf der Grundlage systematischer Erfahrung, mithin Forschung.

10.3.4 Schulprogramm und Leitbild

Eines der zentralen Instrumente, die Organisationskultur der Schule zu fokussieren und die Schule als Organisation auch darzustellen, war und ist bis heute das Schulprogramm (Philipp & Rolff, 1998). Ein Schulprogramm sollte von der Idee her vor allem ein Plan zur Weiterentwicklung der Schule sein, der auf einer Organisationsdiagnose basiert und dann – wie oben beschrieben – Maßnahmen formuliert und Kriterien sowie Indikatoren für die Zielüberprüfung bereitstellt. In der Praxis hat sich das Schulprogramm jedoch weniger zum Arbeitsinstrument der Schulentwicklung gestaltet, sondern vielmehr zu einem Instrument der Selbstdarstellung und der Öffentlichkeitsarbeit. Schulprogramme können helfen – so das Fazit nach gut 20 Jahren Schulprogrammarbeit in Deutschland –, Kooperation zu begründen, das Selbstverständnis der Schule zu schärfen und insbesondere die Schule nach außen in Bezug auf ihr spezifisches Profil, Feste, Aktionen, inhaltliche Schwerpunkte etc. darzustellen. Sie sind aber entgegen der zu Beginn formulierten Erwartungen nur selten das Universalinstrument einer gesamtheitlichen und umfassenden Einzelschulentwicklung (Berkemeyer, 2007; Holtappels, 2004).

10.3.5 Schulentwicklungsberatende

Eine zentrale Säule der Organisationsentwicklung ist die Begleitung des Prozesses durch externe Beraterinnen und Berater. In den 1990er Jahren wurden solche beispielsweise durch das Institut für Schulentwicklungsforschung (Rolff et al., 1998) mit dem Ziel ausgebildet, beim Prozess der Implementierung von Steuergruppen zu helfen, Steuergruppenmitglieder in bestimmten Bereichen zu trainieren (z.B. Konfliktmanagement, Teambildung, Evaluation etc.), die Schulleitung zu beraten und den Aufbau von Organisations- und Kooperationsstrukturen zu unterstützen. Geeignete Beraterinnen und Berater im Schulsystem zu finden ist nicht ganz leicht, da sie vorwiegend aus dem System Schule stammen, nicht umfassend für die beratenden Tätigkeiten ausgebildet werden und vor allem, weil sie nur in Ausnahmefällen ausschließlich als Beraterinnen und Berater tätig sind, da nur selten eine Freistellung oder gar Abordnung ermöglicht wird. Dieser Umstand führt einerseits zu einer Deprofessionalisierung systemeigener Beratungsleistungen und andererseits dazu, dass zunehmend freiberufliche Beratende das Feld der Schule für sich entdecken (Rauh & Dedering, 2013). Theoretisch spricht vieles dafür, Externe in Schulentwicklungsprozesse einzubinden. Aktuell ist jedoch noch nicht hinreichend geklärt, mit welchen Kompetenzen und auch mit welchem Auftrag sie ausgestattet sein müssen.

10.3.6 Qualitätsmanagement und Führung

Der Ansatz einer beteiligungsorientierten Schulentwicklung im Sinne der klassischen Organisationsentwicklung wurde und wird sukzessiv durch den Ansatz des Qualitätsmanagements und der Führung in Schule abgelöst oder zumindest ergänzt. Ein Grund für die Stärkung von Managementpraktiken ist sicherlich in einer allgemeinen Unzufriedenheit mit den Resultaten der OE-Prozesse in Schulen zu sehen. OE als Strategie wurde insgesamt als zu weich, zu unspezifisch und zu wenig direktional eingestuft. Es gibt für diese Bewertung gute Gründe – ob die Antwort auf die fehlende Problemzentrierung Führung und Management ist, bleibt allerdings abzuwarten. Die Bedeutung der Führung, für den Schulbereich also die Schulleitung, gilt jedoch als unbestritten. Die Schulleitung gilt als zentraler *Change Agent* in Schulentwicklungsprozessen (Schratz, 2009) Anders ausgedrückt: Gegen den Willen der Schulleitung oder ohne deren Unterstützung wird Schulentwicklung zu einer äußerst schwierigen bis hin zu einer unlösbaren Aufgabe. In Bezug auf die Führung von Schulen liegen inzwischen unzählige „Leadership-Modelle" vor, die allesamt anregende Ideen haben, zugleich aber auch einseitig hinsichtlich Führungshandeln argumentieren (Buchen & Rolff, 2013). Daher sei im Folgenden auf einen Aspekt hingewiesen, der in Deutschland noch immer nicht hinreichend Beachtung findet, aber für Führungshandeln und für Lehrkräfte als Adressaten von Führungshandeln hochbedeutsam ist. Gemeint ist die Idee einer lernenden und auf Professionalisierung ausgerichteten Führung (Berkemeyer et al., 2015a, S. 13 ff.).

Lernende Führung

Einer lernenden Führung geht es vor allem darum, Führungshandeln als Lernaufgabe zu begreifen. Damit ist gemeint, dass die Schulleitung wie ein Coach im Sport verstehen lernen muss, wozu das Kollegium in der Lage ist. Eine lernende Führung agiert entsprechend im Spannungsfeld von Anpassungs- und Leitungsprozessen. Zugleich versucht eine lernende Führung ihr Handeln so zu gestalten, dass sie Professionalisierungsprozesse des Kollegiums anregt, unterstützt und evaluiert, so dass sich die Schule sukzessive immer besser den gegebenen und neuen Anforderungen anpassen kann.

Ein solches Führungshandeln wird auch von den Konzepten eines Pädagogischen Qualitätsmanagements (PQM) erwartet (Landwehr, 2009). Nachfolgend werden die zehn Grundprinzipien im Anschluss an die Ausführungen von Landwehr (ebd., S. 180) aufgeführt:

1. Qualitätsmanagement dient der Qualitätssicherung und Qualitätsentwicklung.

2. Die Schulleitung leitet und verantwortet den Qualitätsmanagementprozess.
3. Die Mitarbeiterinnen und Mitarbeiter müssen in das Qualitätsmanagement verantwortungsvoll einbezogen werden.
4. Ziel aller Qualitätsmaßnahmen ist die Verbesserung des Unterrichts, der Erziehung und letztlich somit der Lernfortschritte der Kinder und Jugendlichen.
5. Qualitätsmanagement setzt die Integration unterschiedlicher Steuerungskreisläufe (Fachkonferenzen, Steuergruppen, externe Anforderungen etc.) voraus.
6. PQM folgt den drei Entwicklungsachsen zielführendes Handeln, Teamentwicklung und reziprokes Feedback.
7. Interne Evaluation ist Impulsgeber für Entwicklungen und ein zentraler Aufgabenbereich.
8. Verfahren der externen Evaluation dienen dem Abgleich und gehören wesentlich zum PQM.
9. Ein Referenzrahmen für Schul- und Schulsystemqualität bietet den notwendigen gemeinsamen Bezugspunkt externer wie interner Evaluation.
10. Zertifizierung ist zwar fakultative Option des PQM, aber hilfreich für eine weitergehende Öffnung der Schule nach außen und der Selbstvergewisserung erreichter Fortschritte.

Eines der wenigen Qualitätsmanagementsysteme, das diesen Ansprüchen genügt, ist das in der Schweiz entwickelte Q2E (Qualität durch Entwicklung und Evaluation). Insgesamt ist aber kritisch festzuhalten, dass die Implementierung von Systemen des Qualitätsmanagements in Schule und damit auch die Standardisierung von Organisationsprozessen nicht umfassend stattgefunden hat. Schulen arbeiten in den Bundesländern mit unterschiedlichen Bausteinen des PQM, selten aber nur streng an einem Managementsystem orientiert. Dies könnte auch daran liegen, dass die Gesamtsystementwicklung und mit ihr die Anforderungen an die Einzelschule im Sinne einer Fremdsteuerung deutlich zugenommen haben und somit weniger Raum für die Implementierung eigener Qualitätsmanagementsysteme bleibt. Größere Bedeutung hat hingegen die Orientierung an den Qualitätsrahmen der Länder bekommen, die aber die Wege zur Zielerreichung weitgehend offenlassen (Dobbelstein et al., 2017; Steffens & Bargel, 2016).

> **Definition: Pädagogisches Qualitätsmanagement (PQM)**
> Pädagogisches Qualitätsmanagement (PQM) richtet sich auf die Standardi-
> sierung von organisationalen Prozessen der Kooperation und Zielerreichung
> mit dem Ziel, durch die Einhaltung der neuen organisationalen Regeln und
> Routinen bessere Ergebnisse bei den Schülerinnen und Schülern in Bezug
> auf soziale, kognitive und emotionale Kompetenzen zu erzielen.

Brüsemeister (2005, S. 313) hat hinsichtlich des PQM in einem Aufsatzti-
tel eine pointierte Zusammenfassung der Managementidee in Schule gegeben:
„Wo Interaktion ist, soll Organisation werden". Nach der stark bottom-up-kon-
zipierten Organisationsentwicklung sollte unter einer stärkeren Führung durch
die Schulleitung und einer stärkeren Orientierung an Ergebnissen die Effektivität und Effizienz von Schulentwicklungsprozessen gesteigert werden. Dieser Versuch wird auch als Einführung einer Quasitechnologie für schulisches
Handeln diskutiert, als ein Vorhaben, Unterricht als „Produktionsabläufe" zu
harmonisieren und zu standardisieren und aus der Offenheit der jeweiligen
einzelnen Unterrichtssituationen (Interaktion) herauszulösen. So besehen ist
Qualitätsmanagement immer auch ein Versuch, Freiheitsgrade der einzelnen
Lehrkräfte (Lortie, 1977) zu reduzieren. Gleichsam wird die Idee der Schule als
Handlungseinheit und damit die Schule als Organisation nachhaltig gestärkt,
ohne ihr aber administrativ deutlich mehr Spielräume zu geben. Diese Tatsache wird in der Literatur unter dem Stichwort „Schulautonomie" (Altrichter &
Rürup, 2010; Harazd et al., 2009) häufig kritisch diskutiert. An Stelle weitreichender Handlungsspielräume werden derzeit eher externe Anforderungen, die
es zu erfüllen gilt, in den Fokus der Entwicklungsanstrengungen gerückt.

10.4 Schulentwicklung als Gesamtsystementwicklung

Aktuell werden Fragen der Schulentwicklung vor allem unter dem Stichwort
„Neue Steuerung" diskutiert und Schulentwicklungsinitiativen beziehen sich
nicht selten auf den Umgang mit den Instrumenten der Neuen Steuerung.

> **Definition: Neue Steuerung**
>
> „Auf den Begriff gebracht, verbinden diese neuen Steuerungskonzepte Maßnahmen zur Erhöhung von Rechenschaftspflicht mit Maßnahmen zur Ausweitung von Autonomie auf den der Politik nachgelagerten Entscheidungsebenen. [...] Weil im Vergleich zum alten Steuerungsmodell neben dem Zugang zu Bildungsressourcen die Qualität der Lerngelegenheiten sowie die erreichten Lernergebnisse erhöhte Aufmerksamkeit erfahren, sind eine Verständigung über zu erreichende Standards sowie eine valide Messung von Outcomes zentrale Voraussetzungen des neuen Steuerungsmodells" (Thiel et al., 2014, S. 123 f.).

Es lässt sich mit Grundlage dieser Definition rasch erkennen, dass die mit dem PQM einhergehende Rationalisierung und Zielorientierung durch das Modell der Neuen Steuerung weiter vorangetrieben wird. Immer sind es dabei Daten, die mit sozialwissenschaftlichen Methoden erhoben werden, die zum neuen Motor (zu Beginn war es die Erhöhung der Bildungsbeteiligung, dann die Partizipation der Lehrkräfte, dann die Schulleitung) der Schulentwicklung werden sollen und dabei zugleich eine spezifische Rationalität für sich in Anspruch nehmen (können). Dies wird durch eine zunehmende externe Kontrolle, etwa durch Instrumente wie Schulinspektion (Kotthoff & Böttcher, 2010) Bildungsstandards und Leistungsmessungen (Maag Merki, 2010) sowie Bildungsberichterstattung (Rürup et al., 2010) zu erreichen versucht. Welche Auswirkungen die neuen Kontrollen haben, ist noch weitgehend unklar und dürfte je nach „Architektur" der Kontrollverfahren auch von Bundesland zu Bundesland differieren. Für das Aufgabengebiet von Lehrkräften ist es jedoch bedeutsam, dass die Instrumente auch neue Fähigkeiten und Kompetenzen voraussetzen, die sich auf Aspekte der Gesamtsystemsteuerung sowie auf Fertigkeiten in der empirischen Sozialforschung beziehen. Auf Ebene der Bildungsadministration ist zwar diesbezüglich in vielen Bundesländern ein erheblicher Kompetenzzuwachs zu verzeichnen, doch nicht wenige Schulen und die in ihnen Beschäftigten sind mitunter noch überfordert oder lehnen technische Formen der Messung von Leistungen gar rundweg ab. Doch egal wie man nun zu den Konzepten und Intentionen der Neuen Steuerung stehen mag (zu diversen Deutungsangeboten vgl. Berkemeyer, 2017), sowohl ein konstruktiver als auch ein kritischer Umgang setzen das Verstehen der Instrumente und der Gesamtarchitektur „Neuer Steuerung" voraus, was einen nicht unerheblichen Anspruch an die Aus-, Fort- und Weiterbildung von Lehrkräften mit sich bringt (Kansteiner-Schätzlin, 2011).

10.5 Forschungsbefunde zur Schulentwicklung

Literatur zur Schulentwicklung stellt häufig Instrumente und Konzepte vor, die für die Akteure der Schulentwicklung nützlich sein können. Dagegen finden sich deutlich seltener empirische Studien zu Schulentwicklungsprozessen, die für eine reflektierte Weiterentwicklung der Schulentwicklungsstrategien insgesamt nötig wären. Nachfolgend wird daher tabellarisch auf die Forschungsfelder und einige ausgewählte Befunde eingegangen (▶ Tabelle 26).

Tabelle 26: Übersicht über Forschungsfelder, zentrale Befunde und exemplarische Studien (eigene Darstellung)

Forschungs-feld(er)	Zentrale Befunde	Studie(n) (Auswahl)
Schulprogramm (SP)	Kooperationsförderlich, Stärkung des Organisationsbewusstseins, kein Instrument zur Aktivierung aller und Planung der gesamten Entwicklungsprozesse, interne Evaluation als wichtiger Bestandteil des SP wird häufig nicht umgesetzt.	Holtappels (2004)
Steuergruppen	Arbeitsgruppe zwischen Organisation und Profession, häufig im Bereich Schulprogrammarbeit eingesetzt. Übernehmen Managementaufgaben, strukturieren Entwicklungsprozesse. Gruppen mit klarem Konfliktpotenzial in der inneren wie äußeren Kooperation.	Rahm & Schröck (2008); Berkemeyer & Holtappels (2007)
Kooperation und (netzwerkbasierte) Praxisgemeinschaften	Kooperation, insbesondere anspruchsvollere Formen der Ko-Konstruktion oder solcher in professionellen Lerngemeinschaften führen zu mehr Arbeitszufriedenheit und häufig auch zu besseren Ergebnissen bei den Schülerinnen und Schülern. Kooperation ist Voraussetzung für anspruchsvolle Entwicklungsprozesse.	Fussangel & Gräsel (2009); Berkemeyer et al. (2015b)
Schulentwicklung und Widerstand	Gut vorbereitete Reformen haben weniger Widerstand. Reformen, die bereits in der Vergangenheit erprobt und „erlebt" wurden, werden eher zurückgewiesen (Widerstand gegen Wiederholungszwang).	Bennewitz (2008)
Kompetenzen von Lehrkräften	Wissen im Fach und in der Bildungswissenschaft wirkt sich erwartungskonform positiv auf die Qualität des Unterrichts aus. Diagnosekompetenzen eher gering vorhanden.	Baumert & Kunter (2006)
Schulentwicklungsprojekte (z.B. selbstständige Schule, Schulen im Team, SINUS)	Schulautonomie wirkt nicht grundsätzlich positiv auf den Unterricht und die Schülerleistungen. Lernen in schulübergreifenden Netzwerken unterstützt die Unterrichtsentwicklung und kann so Schülerinnen- und Schülerleistungen verbessern.	Berkemeyer et al. (2015a); Holtappels et. al. (2008)

Forschungs-feld(er)	Zentrale Befunde	Studie(n) (Auswahl)
Neue Steuerung	Rückmeldungen aus standardisierten Testverfahren werden kaum zur Unterrichtsentwicklung genutzt, die Schulinspektion wird teilweise als wertschätzend, teilweise als unangemessen erlebt, Unterrichtsent-wicklung erfolgt eher selten aufgrund der Inspektion.	Altrichter & Maag Merki (2010)
Regionalisierung	Regionalisierungsprozesse bringen neue inhaltliche Impulse für die Schulentwicklung, vor allem der Schul-träger ist hierbei wichtiger neuer Akteur. Unklar ist aber, wie mit den vorhandenen Ressourcen nachhaltig Wirkung erzeugt wird. Regionale Bildungsbüros wer-den teilweise als Unterstützung für einzelschulische Entwicklung erlebt.	Manitius et al. (2013, 2015a)

Im Bereich der Schulentwicklung gibt es vielfältige Forschungsdesiderate. Es fehlen Studien zur Wissensarbeit in Schule, zur Kommunikation und Aner-kennung in Schulentwicklungsprozessen, weiterhin Fallstudien über Entwick-lungsverläufe von Schulentwicklungsprozessen, die stärker ethnographisch oder praxeologisch ausgerichtet sind, sowie Forschungen zu Entwicklungspro-zessen und gesellschaftlichen Kontextfaktoren, zu Schulentwicklung und Raum als Gestaltungsgröße und gestaltender Größe, zu Fragen der Gesundheit und Effektivität in Abhängigkeit von spezifischen Strategien, zur Bedeutung der Schulaufsicht für Schulentwicklungsprozesse u.a.m. (Hermstein & Berkemeyer, 2018). Schulentwicklungsforschung in Deutschland ist somit selbst hochgradig entwicklungsbedürftig (Berkemeyer & Bos, 2015; Klieme & Steinert, 2009).

10.6 Zukunft der Schulentwicklung

Abschließend wird einerseits auf die Strukturen des Schulsystems als Entwick-lungsherausforderung und andererseits auf die konkreten Handlungs- und Aufgabenfelder, die sich für die Akteure in den Einzelschulen ergeben, einge-gangen.

10.6.1 Struktur

Strukturell erhalten in Zukunft die Fragen nach der Ausgestaltung der Schul-angebotsstrukturen im ländlichen Raum eine herausragende Bedeutung, da be-reits jetzt deutlich abzusehen ist, dass aufgrund des demographischen Wandels die Schulträger im ländlichen Raum in Ost und West kaum mehr ein vollstän-diges und wohnortnahes Schulangebot werden bereitstellen können.

In diesem Zusammenhang werden auch die Auseinandersetzungen um das Thema Gliedrigkeit des Schulsystems weiterschwelen. Integrierte Sekundarschulen gelten hier als eine Lösung für die Angebotsstrukturen. Die Frage, inwieweit sich die Lehrkräftebildung den veränderten Schulangebotsstrukturen anpasst und weiter anpassen wird, wird zwischen den Ländern und letztlich auch an den einzelnen Ausbildungsstandorten derzeit sehr uneinheitlich beantwortet. Schließlich scheint der Ausbau der Privatschulen weiter voranzugehen, ohne dass bislang eindeutig geklärt ist, wer dadurch profitiert oder benachteiligt wird. Zu befürchten ist jedoch eine weitergehende Segregation und damit verbunden eine Fundamentierung sozialer Ungleichheiten (▶ Abschnitt 5.3). Die Struktur des Schulsystems ist derzeit also massiven Wandlungen unterworfen; dies gilt sowohl hinsichtlich der Angebotsstrukturen, als auch der Unterstützungs- und Kontrollstrukturen. Es bleibt offen, ob sich am Ende eine stärkere Vereinheitlichung des Systems oder eine weitergehende Ausdifferenzierung zwischen Ländern und Regionen, wie derzeit eher zu beobachten (Berkemeyer et al., 2017) ist, durchsetzen wird.

10.6.2 Handlungs- und Aufgabenfelder

Im innerschulischen Bereich werden die Themen Inklusion, Ganztagsgestaltung und individuelle Förderung auch vor dem Hintergrund des Umgangs mit Heterogenität für die nächsten Jahre die zentralen Themen der Schulentwicklung bleiben. Zudem dürften ergänzende Formen der Leistungsbeurteilung (wie z.B. die Einführung von Kompetenzrastern; ▶ Anhang 5.3) neue Impulse für die Schulentwicklung und die pädagogische Arbeit bringen. Des Weiteren werden die Anforderungen im Lehrbereich in Bezug auf Kommunikation und Beratung, Kooperation in multiprofessionellen Teams, methodische Kenntnisse im Bereich Diagnostik und Evaluation sowie im Hinblick auf Gesamtsystemfragen der Schulsystemsteuerung insgesamt steigen. Dabei ist derzeit noch eher unklar, wie dies in den momentan verfügbaren organisationalen Zeitfenstern auch nachhaltig angeboten werden kann. Die relative Stabilität der Lehrkräftebildung und die sich deutlich verändernden Anforderungsprofile für den Beruf scheinen hier jedenfalls nicht ganz zusammen zu passen.

10.7 Ressourcen und Belastungen im Lehrkräfteberuf

Zwischen Burnout und Frühpensionierung – der mediale Tenor ebenso wie Teile des wissenschaftlichen Diskurses zum Lehrkräfteberuf suggerieren, dass dieser Beruf per se gesundheitsschädlich sei (Blömeke, 2005; Lehr, 2014;

Rothland, 2009; Rothland & Klusmann, 2016). Seit dem alarmierenden Anstieg krankheitsbedingter Frühpensionierungen zu Beginn der 1990er Jahre stellt die Gesundheit von Lehrkräften, ihre Leistungsfähigkeit und Arbeitssituation sowie ihre Belastungen und Beanspruchungen (erneut) ein wichtiges und kontrovers diskutiertes Thema dar, sowohl für die Öffentlichkeit, als auch für die Forschung zum Lehrkräfteberuf.

Die Arbeits- und Gesundheitssituation von Lehrkräften kann aus zwei unterschiedlichen Perspektiven betrachtet werden: Während aus *pathogenetischer Sicht* vor allem die Frage interessiert, *warum und woran Lehrkräfte erkranken*, orientiert sich die *salutogenetische Perspektive* an der Frage, *warum Lehrkräfte trotz hoher Arbeitsbelastungen gesund bleiben.* Beide Zugänge sind für die Stress- und Belastungsforschung gleichermaßen von Bedeutung, denn es gilt, in der Praxis krankmachende Faktoren zu minimieren und gesundheitsförderliche Faktoren zu stärken, um Lehrkräfte auf dem Weg zu einer langen, erfüllten Berufstätigkeit zu unterstützen.

In der Forschung zu berufsbedingtem Stress finden die Begriffe *Belastung*, *Beanspruchung* und *Stress* Verwendung. Alltagssprachlich oft synonym verwendet, kommen ihnen in der Stress- und Belastungsforschung unterschiedliche Bedeutungen zu. Hinzu tritt der Begriff der Ressourcen, der insbesondere aus salutogenetischer Perspektive Bedeutung gewinnt. Tabelle 27 gibt eine Übersicht über die Grundbegriffe in der Forschung und deren Definition.

Tabelle 27: Grundbegriffe der Stress- und Belastungsforschung (adaptiert nach Nieskens et al., 2012; Semmer & Meier, 2014; eigene Darstellung)

Begriff	Definition
Belastung	Alle von außen auf eine Person einwirkende Faktoren.
Beanspruchung	Die Auswirkungen von Belastungen auf eine Person.
Ressourcen	Diejenigen Kräfte und Kompetenzen, die Individuen zur Bewältigung von Anforderungen zur Verfügung stehen.
Stress	Das Erleben negativer Emotionen in Verbindung mit Beanspruchungen.
Stressoren	Diejenigen Faktoren, die mit einer hohen Wahrscheinlichkeit eine Stressreaktion auslösen und sich damit negativ auf das Wohlbefinden und die Gesundheit auswirken.

10.7.1 Gesundheitszustand von Lehrkräften

Die bisherigen Ergebnisse zur Gesundheit und zum Wohlbefinden von Lehrkräften offenbaren ein heterogenes Bild. Aussagekräftige Einschätzungen zum Gesundheitsstatus von Lehrerinnen und Lehrern hängen wesentlich davon ab, wie dieser erhoben wird. Es überwiegen Studien, die auf Selbstauskünften von Lehrkräften basieren, während es an Studien mangelt, die sich auf ärztlich diagnostizierte Erkrankungen beziehen (Lehr, 2014).

Bislang liegen solche „harten Gesundheitsdaten" nur für das vorzeitige Ausscheiden von verbeamteten Lehrkräften aufgrund amtsärztlich attestierter Dienstunfähigkeit vor. Während im Jahr 2000 gut 64 Prozent der verbeamteten Lehrkräfte vorzeitig frühpensioniert wurden, sank der Anteil im Jahr 2011 auf 19 Prozent. Im gleichen Zeitraum stieg die Quote verbeamteter Lehrerinnen und Lehrer, die bis zur Erreichung der Regelaltersgrenze im Lehrkräfteberuf tätig waren, von 6 Prozent auf 37 Prozent (Gehrmann, 2013; Scheuch et al., 2015). Worauf diese Entwicklung zurückzuführen ist, bleibt allerdings unklar und umstritten (Gehrmann, 2013). Trotz dieser positiven Entwicklung gilt es zu berücksichtigen, dass Lehrkräfte im Vergleich zu anderen Beamtengruppen dennoch häufiger krankheitsbedingt frühpensioniert werden (Rothland & Klusmann, 2016, S. 362). Ursächlich hierfür sind vor allem die häufiger auftretenden psychischen und psychosomatischen Erkrankungen (Lehr, 2014).

Auch die Statistiken der Krankenkassen geben auf Basis von Krankheitstagen und diagnostizierten Erkrankungen Auskunft über den Gesundheitszustand von Lehrkräften. Entgegen der landläufigen Annahme zeigt sich, dass Lehrkräfte nicht häufiger und nicht länger als andere Berufsgruppen arbeitsunfähig sind – im Gegenteil: Scheuch et al. (2015) berichten, dass der Krankenstand von Lehrkräften nicht nur zumeist unter dem Durchschnitt der Versicherten der jeweiligen Krankenkassen liegt, sondern i.d.R. auch die Krankheitsdauer pro Fall geringer ist. Ausnahmen bilden hier lediglich Atemwegserkrankungen und psychische Erkrankungen.

Gegenwärtig dominieren innerhalb der Lehrkräftegesundheitsforschung Studien, die „weiche Gesundheitsdaten" nutzen, das heißt solche, die vorrangig auf den Selbstauskünften von Lehrkräften im Kontext von Fragebogenerhebungen basieren. Lehrkräfte leiden demnach v.a. unter Müdigkeit, Erschöpfung, Nervosität, Reizbarkeit, Schlafstörungen, Kopfschmerzen, Angespanntheit und innerer Unruhe: allesamt psychosomatische Beschwerden (Bauer, 2009; Lehr, 2014; Lohmann et al., 2011; Lohmann-Haislah, 2012; Scheuch et al., 2015; Seibt et al., 2007, 2012). In ihrer Reanalyse einer repräsentativen Erwerbstätigenbefragung der Bundesanstalt für Arbeitsschutz und Arbeitsmedizin (N=20.000) können Cramer et al. (2014) zwar bestätigen, dass die psychische Erschöpfung von Lehrkräften im Vergleich zu anderen Berufsgruppen signifikant höher ist, aber ähnlich hoch wie in anderen sozialen Berufen. Daher bleibt auch weiterhin die Frage strittig, inwieweit Lehrkräfte stärker belastet und anfälliger für Depressionen oder Burnout sind als andere Berufsgruppen (Hillert, 2013; Hillert et al., 2016; Rothland & Klusmann, 2016; Schaarschmidt & Kieschke, 2013; Seibt et al., 2016). Ähnlich umstritten sind Aussagen zum

Burnout-Phänomen überhaupt. Bislang existiert keine einheitliche Definition von Burnout (insbesondere in Abgrenzung zu Depressionen) und aufgrund unterschiedlicher Messinstrumente und Erhebungsverfahren liegen derzeit keine validen Angaben zum Ausmaß des Burnout-Risikos im Lehrkräfteberuf vor. Folglich schwankt die von Studien berichtete Burnout-Quote bei Lehrkräften erheblich und reicht von 1 Prozent bis 33 Prozent (Scheuch et al., 2015, S. 350).

Zusammenfassend lässt sich festhalten, dass der Lehrkräfteberuf im Vergleich zu anderen Berufsgruppen weniger physisch, sondern vorrangig psychisch belastend ist (Krause & Dorsemagen, 2011, S. 562). Trotz der vielfältigen berufsbedingten Herausforderungen und Belastungen weisen Lehrkräfte im Vergleich mit Erzieherinnen und Erziehern, Pflegekräften, Verwaltungsbediensteten, Ärztinnen und Ärzten sowie Ingenieurinnen und Ingenieuren eine hohe Arbeitszufriedenheit auf, wie eine Längsschnittstudie auf Basis der Daten des Sozio-oekonomischen Panels (SOEP) zeigt (Schult et al., 2014).

Doch welche Faktoren belasten Lehrkräfte und können daher als typische Stressoren gelten? Im Anschluss an Krause und Dorsemagen (2011, S. 565 f.; 2014, S. 992) werden nachfolgend diejenigen Belastungsfaktoren im Kontext von Schule aufgeführt, die sich nachweislich negativ auf die Gesundheit und das Wohlbefinden von Lehrerinnen und Lehrern auswirken und die Wahrscheinlichkeit für Erkrankungen erhöhen:

- *unterrichtsbezogene Faktoren*: hohe Anzahl von Unterrichtsstörungen, verhaltensauffällige Schülerinnen und Schüler, hoher Lärmpegel, hohe Anzahl zu unterrichtender Klassen sowie Schülerinnen und Schüler in einer Klasse;
- *berufsbezogene Faktoren*: fehlende Aufgabenklarheit, widersprüchliche Erwartungen und Ziele, Rollenkonflikte und -ambiguitäten, Zwang, eigene Gefühle zu unterdrücken;
- *Arbeitsorganisation*: hohes Arbeitspensum, starker Zeitdruck, langanhaltende Phasen mit vielen Arbeitsspitzen, fehlende Lehr-Lernmittel und Arbeitsplätze, schlechte räumliche Bedingungen, Übernahme zusätzlicher Ämter;
- *Arbeitsbeziehungen*: Konflikte mit Eltern, Kolleginnen und Kollegen, der Schulleitung sowie zwischen dem Kollegium und der Schulleitung;
- *schulsystemische Faktoren*: Überforderung durch hohes Reformtempo und Veränderungen im Zuge der Neuen Steuerung.

Die Übersicht zentraler Stressoren verdeutlicht, dass beruflich herausfordernde und belastende Situationen in engem Zusammenhang mit der Struktur der Arbeitstätigkeit von Lehrkräften und den besonderen Bedingungen des Arbeitsplatzes Schule stehen.

10.7.2 Interne und externe Ressourcen im Lehrkräfteberuf

Innerhalb der Lehrkräftegesundheitsforschung wird zunehmend der Frage nachgegangen, was Lehrkräfte gesund erhält. Im Folgenden werden daher überblicksartig sowohl interne als auch externe Ressourcen dargelegt, die sich nachweislich positiv auf die Gesundheit von Lehrkräften auswirken.

Darüber, dass bestimmte Persönlichkeitseigenschaften, innere Überzeugungen und Einstellungen zentrale Ressourcen im Umgang mit herausfordernden und belastenden Situationen im Schulalltag darstellen, herrscht Einigkeit in der Lehrkräftegesundheitsforschung. Nachweisbar ist u.a. der gesundheitsförderliche Einfluss der beruflichen Selbstwirksamkeitserwartung. Lehrkräfte mit einer hohen Selbstwirksamkeitserwartung, die also grundsätzlich davon überzeugt sind, auch belastende Situationen bewältigen zu können, erleben in wesentlich geringerem Umfang negative Beanspruchungen als Lehrkräfte, die an ihren Fähigkeiten zweifeln (Rothland & Klusmann, 2016, S. 359) und sind eher in der Lage, ihre Widerstandsressourcen zu mobilisieren und gesundheitsförderliche Bewältigungsstrategien anzuwenden, wie aktives Problemlösen oder die Suche nach Unterstützung (ebd.; Schmitz & Schwarzer, 2000; Schwarzer & Jerusalem, 2002). Ein weiterer Zusammenhang lässt sich zwischen professioneller Kompetenz und Beanspruchung zeigen: Neuere Arbeiten weisen darauf hin, dass pädagogisch-psychologisches Wissen über Lernprozesse von Schülerinnen und Schülern sowie über Klassenführung und entsprechende Methoden das Beanspruchungserleben reduzieren (König & Rothland, 2016).

Lehrkräfte unterscheiden sich aber auch in der Art und Weise, wie sie mit den alltäglichen Anforderungen im Schulalltag umgehen. Zu klären, welche Persönlichkeitsfaktoren und Bewältigungsstrategien einen gesundheitsförderlichen Umgang mit beruflichen Herausforderungen erleichtern, war eines der Hauptanliegen der Potsdamer Lehrkräftestudie (Schaarschmidt & Kieschke, 2013, S. 81). Vor dem Hintergrund der transaktionalen Stresstheorie (siehe unten) entwickelten Schaarschmidt und Fischer (2001, 2008) den persönlichkeitsdiagnostischen Fragebogen *AVEM* (*A*rbeitsbezogene *V*erhaltens- und *E*rlebens*m*uster). Erhoben wurden insgesamt elf Merkmale, die sich in drei Merkmalsbereiche zusammenfassen lassen (Schaarschmidt & Kieschke, 2013, S. 83):

1. *Arbeitsengagement:* Bedeutsamkeit der Arbeit, beruflicher Ehrgeiz, Verausgabungsbereitschaft, Perfektionsstreben, Distanzierungsfähigkeit;
2. *Widerstandskraft gegenüber Belastungen:* Distanzierungsfähigkeit, Resignationstendenz bei Misserfolg, offensive Problembewältigung, innere Ruhe und Ausgeglichenheit;
3. *Emotionen, mit denen eine Person Arbeits- und Berufsanforderungen gegenübertritt:* Erfolgserleben im Beruf, Lebenszufriedenheit, Erleben sozialer Unterstützung.

Der AVEM-Fragebogen ermöglicht die Zuordnung einer berufstätigen Person zu einem von vier Typen: *Typ G* entspricht dem Gesundheitsideal, *Typ S* zeigt ein ausgeprägtes Schonungsverhalten, *Risikotyp A* ist durch ein überhöhtes Arbeitsengagement überfordert und *Risikotyp B* weist Anzeichen des Burnout-Syndroms auf. Gesunde Lehrkräfte (Typ G) zeichnen sich durch einen hohen Stellenwert der Arbeit im Leben, ein starkes Streben nach beruflichem Aufstieg, eher hohe Qualitätsansprüche an die eigene Arbeit, eine eher hohe Distanzierungsfähigkeit bei zugleich niedriger Resignationstendenz nach beruflichen Misserfolgen, eine stark ausgeprägte innere Ruhe und Ausgeglichenheit und optimistische Haltung bei Problemen, ein hohes Erfolgserleben sowie Erleben sozialer Unterstützung und durch eine insgesamt hohe Lebenszufriedenheit aus (Krause & Dorsemagen, 2011, S. 564).

Empirische Untersuchungen an Lehrkräften ergeben hierzu, so Schaarschmidt und Kieschke (2013, S. 81), ein insgesamt problematisches Bild. Lehrkräfte haben im Vergleich zu anderen Berufsgruppen den höchsten Anteil an risikobehafteten und den geringsten Anteil an gesundheitsförderlichen Bewältigungsmustern (Hedderich, 2016, S. 35). Es gibt nur geringe Unterschiede in den Musterverteilungen zwischen den Bundesländern und Schulformen. Bedeutsam ist zudem, dass sich bereits vor Berufsbeginn sowohl bei Referendaren als auch bei Lehramtsstudierenden ungünstige Musterkonstellationen zeigen.

Neben diesen internen Ressourcen gibt es eine Vielzahl externer Ressourcen, die sich nachweislich positiv auf die Lehrkräftegesundheit auswirken (Krause & Dorsemagen, 2014, S. 991):

- *Ebene Kollegium:* gute Teamarbeit, wechselseitige soziale Unterstützung, gemeinsame pädagogische Vorstellungen, professionelles gegenseitiges Feedback, Unterstützung durch Einbindung weiterer Fachpersonen;
- *Ebene Schulleitung:* Führungsqualität, soziale Unterstützung, gerechte Arbeitsverteilung, unterstützende Besprechungen, Berücksichtigung individueller Bedürfnisse, partizipative und transparente Strukturen, bedürfnisgerechte Fortbildungen;
- *Ebene Einzelschule:* Kultur der Anerkennung, angemessene Entscheidungsspielräume, Autonomie, Rückzugsräume zur Erholung, Innovationsklima.

Aus der Darstellung wird ersichtlich, dass sich eine „gesunde Schule" aus dem gelingenden Zusammenspiel von Aspekten der Schulleitung, Charakteristika des kollegialen Miteinanders sowie daraus folgenden Organisationsmerkmalen wie Schulkultur und Schulklima, aber auch räumlichen Bedingungen, entwickelt. Gesunde Lehrkräfte sollten daher nicht nur als gesunde Individuen, sondern immer im Kontext „gesunder Schulen" gedacht werden.

10.7.3 Theorien und Modelle zur Lehrkräftegesundheit

Grundlage für Forschungsarbeiten zum Zusammenhang von Arbeit und Gesundheit sind theoretische Modellierungen der Wirkungsweise verschiedener Einflussfaktoren auf die Gesundheit. Merkmale der Arbeitstätigkeit können direkt (z.B. Schäden durch die starke Beanspruchung des Sprechapparats) oder indirekt auf die Gesundheit wirken. Indirekte Wirkungen entstehen vermittelt über Belastung bzw. Belastungserleben und Stress, die zu physischen und psychischen Folgeerscheinungen führen können. Derzeit basieren Untersuchungen zur Lehrkräftegesundheit vornehmlich auf empirisch gut abgesicherten und international etablierten Modellen der Stressforschung (überblicksartig hierzu Krause & Dorsemagen, 2014; van Dick & Stegmann, 2013; ▶ Abbildung 30).

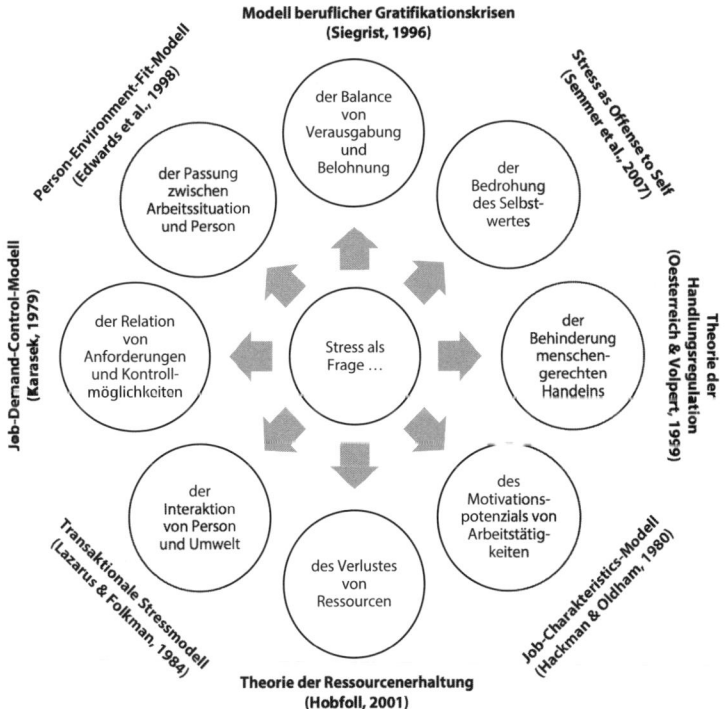

Abbildung 30: Theoretische Modelle zur Erklärung von beruflichem Stress (in Anlehnung an Koch et al., 2015; eigene Darstellung)

Als „Klassiker" der Stressforschung gilt das *transaktionale Stressmodell* (Lazarus & Folkman, 1994). Stress, verstanden als eine Interaktion zwischen Person und Umwelt, entsteht dann, wenn die beruflichen Belastungen die einer

Person zur Verfügung stehenden Ressourcen und Bewältigungsmöglichkeiten übersteigen und als gesundheitsgefährdend bewertet werden (ebd., S. 21). Anders nach dem *Job-Demand-Control-Modell bzw. Anforderungs-Kontroll-Modell* (Karasek, 1979), wo Stress im Kontext zweier unabhängiger Dimensionen gefasst wird: berufliche Anforderungen (Demand) und Entscheidungs- und Kontrollmöglichkeiten (Control). Stress ist demnach nicht nur abhängig vom Ausmaß und Umfang der Stressoren, sondern auch „vom Ausmaß der erlebten Kontrolle […] über diese Anforderungen" (Koch et al., 2015, S. 19). Nach dem *Modell beruflicher Gratifikationskrisen* und dem *Effort-Reward-Imbalance-Modell (ERI)* (Siegrist, 1996) wird Stress dagegen als Folge einer fehlenden Balance zwischen berufsbedingten Verausgabungen und Belohnungen modelliert. Starke, langanhaltende oder wiederkehrende Ungleichgewichte zwischen hohen arbeitsbezogenen Anforderungen bei gleichzeitig niedrigen oder nur unzureichenden Belohnungen führen zu Gratifikationskrisen, die nicht nur Stress auslösen, sondern auch den Selbstwert und die Selbstregulation bedrohen. Den Aspekt der Selbstwertbedrohung durch mangelnde Anerkennung (etwa durch Zuweisung illegitimer Aufgaben) und geringe Selbstwertschätzung und deren Zusammenhänge bei der Entstehung von Stress fokussiert dagegen das Konzept des *„Stress as Offense to Self" (SOS)* zentral (Semmer et al., 2007; Semmer & Meier, 2014).

Dieser exemplarische Blick auf Modellierungen des Stressentstehungsgeschehens zeigt, dass berufsbedingter Stress nicht als objektiv gegeben gefasst werden kann, sondern je nach theoretischer Herangehensweise als Folge eines Zusammenspiels unterschiedlicher Faktoren und Umstände verstanden werden muss, die je nach beruflichem Kontext mehr oder weniger mit dem einen oder anderen Zugang erfasst und beschrieben werden können.

Zusammenfassung

Die bisherigen Ausführungen zeigen, dass Lehrkräfte in einem durch vielfältige Aufgaben und Herausforderung charakterisierten Beruf tätig sind, der als erfüllend und sinnstiftend erlebt werden kann, in dem aber durch berufstypische Stressoren auch Belastungen entstehen, die vor allem die psychische Gesundheit bedrohen. Neben der Erforschung dieser Stressoren kommen aus einer salutogenetischen Perspektive betrachtet auch Ressourcen in den Blick, die es ermöglichen, trotz Belastungen gesund zu bleiben. Viele Faktoren, die durch empirische Studien in einen Zusammenhang mit Gesundheit gebracht werden, können sowohl als Stressoren als auch als Ressourcen wirken. Trotz einer Vielzahl empirischer Studien wird der Erkenntnisfortschritt der Lehrergesundheitsforschung bislang als unbefriedigend bewertet (Guglielmi & Tatrow, 1998; Krause & Dorsemagen, 2014; Lehr, 2014). Die Befundlage zur Gesundheit von Lehrkräften ist insgesamt unzureichend und teils widersprüchlich.

Was den theoretischen Hintergrund empirischer Arbeiten betrifft, so gilt für die Lehrkräftegesundheitsforschung wie auch für die Forschungen zu berufsbedingtem Stress insgesamt, dass derzeit kein bestimmtes Modell „als überlegen eingestuft werden [kann]" (Krause & Dorsemagen, 2011, S. 568). Vielmehr existiert eine Vielfalt an theoretischen Zugängen und Erklärungsmodellen (▶ Abbildung 30), die jeweils andere Aspekte zentral stellen und damit einen spezifischen Ausschnitt berufsbedingten Stresses beleuchten, andere dagegen im Dunkeln lassen. Entscheidend für die Wahl eines spezifischen Modells ist daher das Erkenntnisinteresse der jeweiligen Studie. Kritisch anzumerken sei jedoch, dass es sich bei den gegenwärtig genutzten Modellen um *berufsunspezifische* Modelle handelt, so dass die Besonderheiten des Lehrkräfteberufs und die Spezifika des Settings Schule bislang nur unzureichend berücksichtigt werden, obwohl es empirische Hinweise gibt, dass die Besonderheiten „sozialer Berufe" bei der Modellierung berücksichtigt werden sollten (siehe u.a. Meißner et al., 2018a; Meißner et al., 2018b). Wünschenswert wäre daher eine spezifische Weiterentwicklung aktueller theoretischer Modelle unter stärkerer Berücksichtigung und Aufnahme der konkreten Bedingungen des Lehrkräfteberufs und des Arbeitsorts Schule (Krause & Dorsemagen, 2014).

Literatur zum Weiterlesen

Berkemeyer, N., Bos, W., Järvinen, H., Manitius, V. & van Holt, N. (Hrsg.). (2015). *Netzwerkbasierte Unterrichtsentwicklung. Ergebnisse der wissenschaftlichen Begleitforschung zum Projekt „Schulen im Team"* (Netzwerke im Bildungsbereich, Bd. 7). Münster: Waxmann.

Hattie, J. (2014). *Lernen sichtbar machen für Lehrpersonen.* Überarbeite deutschsprachige Ausgabe von „Visible Learning for Teachers" besorgt von W. Beywl und K. Zierer. Baltmannsweiler: Schneider Verlag Hohengehren.

Rolff, H.-G. (Hrsg.). (2016). *Schulentwicklung kompakt. Modelle, Instrumente, Perspektiven* (3., vollst. überarb. und erw. Aufl.). Weinheim: Beltz

Rothland, M. (Hrsg.). (2013a). *Belastung und Beanspruchung im Lehrerberuf. Modelle, Befunde, Interventionen.* (2., vollst. überarb. Aufl.). Wiesbaden: Springer.

Literatur

Abs, H. J. & Anderson-Park, E. (2014). Programme zur Berufseinführung: die zweite Phase der Lehrerbildung. In E. Terhart, H. Bennewitz & M. Rothland (Hrsg.), *Handbuch der Forschung zum Lehrerberuf* (2., überarb. und erw. Aufl., S. 489–510). Münster: Waxmann.

Abs, H. J. & Hahn-Laudenberg, K. (Hrsg.). (2017). *Das politische Mindset von 14-Jährigen. Ergebnisse der International Civic and Citizenship Education Study 2016.* Münster: Waxmann.

Adl-Amini, B., Hurrelmann, K., Dichanz, H., Schulze, T. & Tillmann, K.-J. (1993). Theorie der Schule – eine abschließende Diskussion. In K.-J. Tillmann (Hrsg.), *Schultheorien* (2. Aufl., S. 117–127). Hamburg: Bergmann und Helbig.

Adorno, T. W. (1971). *Erziehung zur Mündigkeit. Vorträge und Gespräche mit Hellmut Becker 1959–1969. Hrsg. von G. Kadelbach.* Frankfurt am Main: Suhrkamp Verlag.

Adorno, T. W. (1975). *Erziehung zur Mündigkeit. Hrsg. von G. Kadelbach* (4. Aufl.). Frankfurt am Main: Suhrkamp Verlag.

Aebli, H. (1951). *Didactique psychologique. Application à la didactique de la psycholgie de Jean Piaget.* Neuchâtel: Delachaux & Niestlé.

Aebli, H. (1983). *Zwölf Grundformen des Lehrens.* Stuttgart: Klett-Cotta.

Aebli, H. (1987a). *Grundlagen des Lehrens.* Stuttgart: Klett-Cotta.

Aebli, H. (1987b). *Zwölf Grundformen des Lehrens.* Stuttgart: Klett-Cotta.

Aich, G. (2008). *Kompetente Lehrer. Ein Konzept zur Verbesserung der Konflikt- und Kommunikationsfähigkeit* (Grundlagen der Schulpädagogik, Bd. 55; 2., unveränd. Aufl.). Baltmannsweiler: Schneider-Verlag Hohengehren.

Altrichter, H. & Maag Merki, K. (2010). *Handbuch Neue Steuerung im Schulsystem* (Educational Governance, Bd. 7). Wiesbaden: VS Verlag für Sozialwissenschaften.

Altrichter, H. & Maag Merki, K. (Hrsg.). (2016). *Handbuch Neue Steuerung im Schulsystem* (Educational Governance, Bd. 7; 2., überarb. und aktual. Aufl.). Wiesbaden: VS Verlag für Sozialwissenschaften.

Altrichter, H. & Posch, P. (1998). *Lehrer erforschen ihren Unterricht. Eine Einführung in die Methoden der Aktionsforschung* (3., durchges. und erw. Aufl.). Bad Heilbrunn: Verlag Julius Klinkhardt.

Altrichter, H. & Posch, P. (2007). *Lehrerinnen und Lehrer erforschen ihren Unterricht. Unterrichtsentwicklung und Unterrichtsevaluation durch Aktionsforschung* (4., überarb. und erw. Aufl.). Bad Heilbrunn: Verlag Julius Klinkhardt.

Altrichter, H. & Rürup, M. (2010). Schulautonomie und die folgen. In H. Altrichter (Hrsg.), *Handbuch Neue Steuerung im Schulsystem* (Educational Governance, Bd. 7, S. 111–144). Wiesbaden: VS Verlag für Sozialwissenschaften.

Anders, Y., Kunter, M., Brunner, M., Krauss, S. & Baumert, J. (2010a). Diagnostische Fähigkeiten von Mathematiklehrkräften und ihre Auswirkungen auf die Leistungen ihrer Schülerinnen und Schüler. *Psychologie in Erziehung und Unterricht, 57* (3), 175–193.

Anders, Y., McElvany, N. & Baumert, J. (2010b). Die Einschätzung lernrelevanter Schülermerkmale zum Zeitpunkt des Übergangs von der Grundschule auf die weiterführende Schule: Wie differenziert urteilen Lehrkräfte? In K. Maaz, J. Baumert, C. Gresch & N. McElvany (Hrsg.), *Der Übergang von der Grundschule in die weiterführende Schule. Leistungsgerechtigkeit und regionale, soziale und ethnisch-kulturelle Disparitäten* (Bildungsforschung, Bd. 34, S. 313–330). Bonn, Berlin: Bundesministerium für Bildung und Forschung (BMBF) Referat Bildungsforschung.

Apel, H. J. (1995). *Theorie der Schule. Historische und systematische Grundlinien* (Reihe Bildung und Erziehung). Donauwörth: Auer.

Arendt, H. (2015). *Zwischen Vergangenheit und Zukunft* (3. Aufl.). München: Piper.

Ariès, P. (1977). *Geschichte der Kindheit.* (4. Aufl.). München: Hanser.

Arnold, K.-H. (2007). Generalisierungsstrukturen der kategorialen Bildung aus der Perspektive der Lehr-Lernforschung. In B. Koch-Priewe, F. Stübig & K.-H. Arnold (Hrsg.), *Das Potenzial der Allgemeinen Didaktik. Stellungnahmen aus der Perspektive der Bildungstheorie von Wolfgang Klafki* (Beltz-Bibliothek, S. 28–42). Weinheim: Beltz.

Arnold, K.-H., Blömeke, S., Messner, R. & Schlömerkemper, J. (Hrsg.). (2009). *Allgemeine Didaktik und Lehr-Lernforschung. Kontroversen und Entwicklungsperspektiven einer Wissenschaft vom Unterricht.* Bad Heilbrunn: Verlag Julius Klinkhardt.

Arnold, K.-H., Bos, W., Richert, P. & Stubbe, T. C. (2007). Schullaufbahnpräferenzen am Ende der vierten Klassenstufe. In W. Bos, S. Hornberg, K.-H. Arnold, G. Faust, L. Fried, E.-M. Lankes et al. (Hrsg.), *IGLU 2006. Lesekompetenzen von Grundschulkindern in Deutschland im internationalen Vergleich* (S. 271–297). Münster: Waxmann.

Arnold, K.-H. & Koch-Priewe, B. (2009). Allgemein und fachlich bildender Unterricht: Die integrative Perspektive der kritisch-konstruktiven Didaktik. In M. A. Meyer, M. Prenzel & S. Hellekamps (Hrsg.), *Perspektiven der Didaktik. Zeitschrift für Erziehungswissenschaft* (Zeitschrift für Erziehungswissenschaft Sonderheft, Bd. 9, S. 87–99). Wiesbaden: VS Verlag für Sozialwissenschaften.

Aufschnaiter, C. von, Cappell, J., Dübbelde, G., Ennemoser, M., Mayer, J., Stiensmeier-Pelster, J. et al. (2015). Diagnostische Kompetenz. Theoretische Überlegungen zu einem zentralen Konstrukt der Lehrerbildung. *Zeitschrift für Pädagogik, 61* (5), 738–758.

Ausubel, D. P. (1961). In defence of verbal learning. *Educational Theory, 11,* 15–25.

Ausubel, D. P. (1963). *The psychology of meaningful verbal learning. An introduction to school learning.* New York, London: Grune & Stratton.

Ausubel, D. P. (1966). *Learning theory and classroom practice.* Toronto: Ontario Institute for Studies in Education.

Autorengruppe Bildungsberichterstattung. (2010). *Bildung in Deutschland 2010. Ein indikatorengestützter Bericht mit einer Analyse zu Perspektiven des Bildungswesens im demografischen Wandel.* Bielefeld: Bertelsmann.

Autorengruppe Bildungsberichterstattung. (2016). *Bildung in Deutschland 2016. Ein indikatorengestützter Bericht mit einer Analyse zu Bildung und Migration.* Bielefeld: Bertelsmann.

Avenarius, H. (2001). *Einführung in das Schulrecht* (Einführung Erziehungswissenschaft). Darmstadt: WBG.

Avenarius, H., Baumert, J., Döbert, H. & Füssel, H.-P. (Hrsg.). (1998). *Schule in erweiterter Verantwortung. Positionsbestimmungen aus erziehungswissenschaftlicher, bildungspolitischer und verfassungsrechtlicher Sicht* (Beiträge zur Schulentwicklung). Neuwied: Luchterhand.

Baader, M. S. & Freytag, T. (Hrsg.). (2017). *Bildung und Ungleichheit in Deutschland.* Wiesbaden: VS Verlag für Sozialwissenschaften.

Baethge, M. (1995). Materielle Produktion, gesellschaftliche Arbeitsteilung und die Institutionalisierung von Bildung. In M. Baethge & K. Nevermann (Hrsg.), *Orga-*

nisation, Recht und Ökonomie des Bildungswesens (Enzyklopädie Erziehungswissenschaft. Handbuch und Lexikon der Erziehung in 11 Bänden und einem Registerband. Hrsg. von D. Lenzen. Unter Mitarb. von A. Schründer, Bd. 5, S. 21–51). Stuttgart: Klett.

Balzer, N. & Ricken, N. (2010). Anerkennung als pädagogisches Problem – Markierungen im erziehungswissenschaftlichen Diskurs. In A. Schäfer & C. Thompson (Hrsg.), *Anerkennung* (Pädagogik Perspektiven, S. 35–85). Paderborn: Ferdinand Schöningh.

Barthel, M.-E. & Roth, J. (2015). Diagnostische Kompetenz durch Videovignetten fördern. In F. Caluori, H. Linneweber-Lammerskitten & C. Streit (Hrsg.), *Beiträge zum Mathematikunterricht 2015. Vorträge auf der 49. Tagung für Didaktik der Mathematik vom 09.02.2015 bis 13.02.2015 in Basel* (S. 1033–1036). Münster: Verlag für Wissenschaftliche Texte und Medien.

Bauer, J. (2009). Burnout bei schulischen Lehrkräften. *PiD – Psychotherapie im Dialog, 10* (03), 251–255.

Bauer, K.-O. (1998). Pädagogisches Handlungsrepertoire und professionelles Selbst von Lehrerinnen und Lehrern. *Zeitschrift für Pädagogik, 44* (3), 343–359.

Bauer, K.-O., Kopka, A. & Brindt, S. (1996). *Pädagogische Professionalität und Lehrerarbeit. Eine qualitativ empirische Studie über professionelles Handeln und Bewußtsein* (Eine Veröffentlichung des Instituts für Schulentwicklungsforschung der Universität Dortmund). Weinheim: Beltz Juventa.

Baumert, J., Klieme, E., Neubrand, M., Prenzel, M., Schiefele, U., Schneider, W., Tillmann, K.-J. & Weiß, M. (Hrsg.). (2001). *PISA 2000. Basiskompetenzen von Schülerinnen und Schülern im internationalen Vergleich.* Wiesbaden: VS Verlag für Sozialwissenschaften.

Baumert, J. & Kunter, M. (2006). Stichwort: Professionelle Kompetenz von Lehrkräften. *Zeitschrift für Erziehungswissenschaft, 9* (4), 469–520.

Baumert, J. & Kunter, M. (2011). Das Kompetenzmodell von COACTIV. In M. Kunter, J. Baumert, W. Blum, U. Klusmann, S. Krauss & M. Neubrand (Hrsg.), *Professionelle Kompetenz von Lehrkräften. Ergebnisse des Forschungsprogramms COACTIV* (S. 29–53). Münster: Waxmann.

Baumert, J., Maaz, K., Stanat, P. & Watermann, R. (2009). Schulkomposition oder Institution – was zählt? Schulstrukturen und die Entstehung schulformspezifischer Entwicklungsverläufe. *Die Deutsche Schule, 101* (1), 33–46.

Baumgart, F. & Lange, U. (Hrsg.). (1999). *Theorien der Schule. Erläuterungen – Texte – Arbeitsaufgaben* (Studienbücher Erziehungswissenschaft, Bd. 4). Bad Heilbrunn: Verlag Julius Klinkhardt.

Baumgart, F., Lange, U. & Wigger, L. (Hrsg.). (2005). *Theorien des Unterrichts. Erläuterungen – Texte – Arbeitsaufgaben* (Studienbücher Erziehungswissenschaft, Bd. 5). Bad Heilbrunn: Verlag Julius Klinkhardt.

Beck, U. (1986). *Risikogesellschaft. Auf dem Weg in eine andere Moderne.* Frankfurt am Main: Suhrkamp.

Beck, U. (1988). *Gegengifte. Die organisierte Unverantwortlichkeit.* Frankfurt am Main: Suhrkamp.

Beck, U., Giddens, A. & Lash, S. (1996). *Reflexive Modernisierung. Eine Kontroverse.* Frankfurt am Main: Suhrkamp.

Becker, R. (2017). Entstehung und Reproduktion dauerhafter Bildungsungleichheiten. In R. Becker (Hrsg.), *Lehrbuch der Bildungssoziologie* (3., aktual. und überarb. Aufl., S. 89–150). Wiesbaden: VS Verlag für Sozialwissenschaften.

Becker, R. & Lauterbach, W. (2016a). Bildung als Privileg – Ursachen, Mechanismen, Prozesse und Wirkungen. In R. Becker & W. Lauterbach (Hrsg.), *Bildung als Privileg. Erklärungen und Befunde zu den Ursachen der Bildungsungleichheit* (5., aktual. Aufl., S. 3–53). Wiesbaden: VS Verlag für Sozialwissenschaften.

Becker, R. & Lauterbach, W. (Hrsg.). (2016b). *Bildung als Privileg. Erklärungen und Befunde zu den Ursachen der Bildungsungleichheit* (5., aktual. Aufl.). Wiesbaden: VS Verlag für Sozialwissenschaften.

Beljan, J. & Berkemeyer, N. (im Ersch.). Schulreform und kritische Erziehungswissenschaft. In N. Berkemeyer, W. Bos & B. Hermstein (Hrsg.), *Schulreform. Gestern, heute, morgen*. Weinheim: Beltz Juventa.

Bellenberg, G., Böttcher, W. & Klemm, K. (Hrsg.). (2001). *Stärkung der Einzelschule. Neue Ansätze der Ressourcen Geld, Zeit und Personal* (Beiträge zur Schulentwicklung). Neuwied: Luchterhand.

Bellmann, J., Duzevic, D., Schweizer, S. & Thiel, C. (2016). Nebenfolgen Neuer Steuerung und die Rekonstruktion ihrer Genese. Differente Orientierungsmuster schulischer Akteure im Umgang mit neuen Steuerungsinstrumenten. *Zeitschrift für Pädagogik, 62* (3), 381–402.

Bellmann, J. & Müller, T. (2011). *Wissen, was wirkt*. Wiesbaden: VS Verlag für Sozialwissenschaften.

Bellmann, J. & Weiß, M. (2009). Risiken und Nebenwirkungen Neuer Steuerung im Schulsystem. Theoretische Konzeptualisierung und Erklärungsmodelle. *Zeitschrift für Pädagogik, 55* (2), 286–308.

Benner, D. (1973). *Hauptströmungen der Erziehungswissenschaft. Eine Systematik traditioneller und moderner Theorien*. München: List.

Benner, D. (1990). *Wilhelm von Humboldts Bildungstheorie. Eine problemgeschichtliche Studie zum Begründungszusammenhang neuzeitlicher Bildungsreform*. Weinheim: Beltz Juventa.

Benner, D. (1993). *Die Pädagogik Herbarts. Eine problemgeschichtliche Einführung in die Systematik neuzeitlicher Pädagogik* (2. überarb. Aufl.). Weinheim: Beltz Juventa.

Benner, D. (2002). Die Struktur der Allgemeinbildung im Kerncurriculum moderner Bildungssysteme. Ein Vorschlag zur bildungstheoretischen Rahmung von PISA. *Zeitschrift für Pädagogik, 48* (1), 68–90.

Benner, D. & Brüggen, F. (2004). Mündigkeit. In D. Benner & J. Oelkers (Hrsg.), *Historisches Wörterbuch der Pädagogik* (S. 687–699). Weinheim: Beltz.

Benner, D., Oettingen, A. v., Peng, Z. & Stępkowski, D. (2015). *Bildung – Moral – Demokratie. Theorien und Konzepte moralischer Erziehung und Bildung und ihre Beziehungen zu Ethik und Politik*. Paderborn: Ferdinand Schöningh.

Bennewitz, H. (2008). Lehrende in Schulreformprozessen. Eine Deutungsmusteranalyse. In G. Breidenstein & F. Schütze (Hrsg.), *Paradoxien in der Reform der Schule. Ergebnisse qualitativer Sozialforschung* (Studien zur Schul- und Bildungsforschung, S. 247–260). Wiesbaden: VS Verlag für Sozialwissenschaften.

Berkemeyer, J., Berkemeyer, N. & Meetz, F. (Hrsg.). (2015a). *Professionalisierung und Schulleitungshandeln. Wege und Strategien der Personalentwicklung an Schulen*. Weinheim: Beltz Juventa.

Berkemeyer, N. (2001). *Evaluation der Streitschlichtungs AG an der Henry van de Velde Gemeinschaftsgrundschule. Eine mehrperspektivische empirische Untersuchung zum 1. Ausbildungsdurchgang der Streitschlichter mit einer integrierten Methodenreflexion.* Hausarbeit zur 2. Staatsprüfung, Technische Universität Dortmund. Lüdenscheid.

Berkemeyer, N. (2007). Zufrieden mit dem Ergebnis? *Schulverwaltung Spezial, 9* (4), 4–6.

Berkemeyer, N. (2010). *Die Steuerung des Schulsystems. Theoretische und praktische Explorationen* (Educational Governance, Bd. 10). Wiesbaden: VS Verlag für Sozialwissenschaften.

Berkemeyer, N. (2016). Kritische Schulsystementwicklungsforschung – Entwurf eines Forschungsprogramms. In U. Steffens & T. Bargel (Hrsg.), *Schulqualität – Bilanz und Perspektiven. Grundlagen der Qualität von Schule 1* (Beiträge zur Schulentwicklung, S. 201–220). Münster: Waxmann.

Berkemeyer, N. (2017). Anthropologie „Neuer Steuerung". Ein Essay über implizite und explizite Menschenbilder und deren Potenziale für die Steuerungsforschung im Schulsystem. In J. Standop, E. D. Röhrig & R. Winkels (Hrsg.), *Menschenbilder in Schule und Unterricht* (S. 181–194). Weinheim: Beltz Juventa.

Berkemeyer, N. (im Ersch.a). Autorität in schulpädagogischer Perspektive – Ein umstrittener Begriff. In N. Knoepffler, K.-M., Kodalle & T. Rudolph (Hrsg.), *Autorität – Im Spannungsfeld von Theorie und Praxis* (Kritisches Jahrbuch der Philosophie; Bd. 18). Würzburg: Königshausen & Neumann.

Berkemeyer, N. (im Ersch.b). Gerechtigkeit als Maßstab für das System Schule. In R. Koerrenz & N. Berkemeyer (Hrsg.), *Das Schulsystem auf dem Prüfstand.* Weinheim: Beltz Juventa.

Berkemeyer, N. & Bos, W. (2015). Das Projekt Schulen im Team. Theoretische Annahmen, Konzeption und wissenschaftliche Begleitung. In N. Berkemeyer, W. Bos, H. Järvinen, V. Manitius & N. van Holt (Hrsg.), *Netzwerkbasierte Unterrichtsentwicklung. Ergebnisse der wissenschaftlichen Begleitforschung zum Projekt „Schulen im Team"* (Netzwerke im Bildungsbereich, Bd. 7, S. 7–36). Münster: Waxmann.

Berkemeyer, N., Bos, W., Hermstein, B., Abendroth, S. & Semper, I. (Hrsg.). (2017). *Chancenspiegel – eine Zwischenbilanz. Zur Chancengerechtigkeit und Leistungsfähigkeit der deutschen Schulsysteme seit 2002.* Unter Mitarb. von M. Kanders. Gütersloh: Bertelsmann Stiftung.

Berkemeyer, N., Bos, W., Järvinen, H., Manitius, V. & Holt, N. van (Hrsg.). (2015b). *Netzwerkbasierte Unterrichtsentwicklung. Ergebnisse der wissenschaftlichen Begleitforschung zum Projekt „Schulen im Team"* (Netzwerke im Bildungsbereich, Bd. 7). Münster: Waxmann.

Berkemeyer, N., Bos, W., Manitius, V., Hermstein, B., Bonitz, M. & Semper, I. (2014). *Chancenspiegel 2014. Regionale Disparitäten in der Chancengerechtigkeit und Leistungsfähigkeit der deutschen Schulsysteme* (Bertelsmann Stiftung, Institut für Schulentwicklungsforschung der Technischen Universität Dortmund & Institut für Erziehungswissenschaft der Friedrich-Schiller-Universität Jena, Hrsg.). Gütersloh: Bertelsmann Stiftung.

Berkemeyer, N., Hermstein, B. & Manitius, V. (2016). Auf dem Weg zu einer raumorientierten Schulsystemforschung. Was können raumsensible Sozialtheorien für die empirische Analyse regionaler Bildungsdisparitäten leisten. *Zeitschrift für Pädagogik, 62* (1), 48–61.

Berkemeyer, N., Hermstein, B., Meißner, S. & Semper, I. (in Vorb.). Gerechte Ungleichheiten? Schulsystem im Spiegel von Gerechtigkeit und Ungleichheit. *JERO*.

Berkemeyer, N. & Holtappels, H. G. (Hrsg.). (2007). *Schulische Steuergruppen und Change Management. Theoretische Ansätze und empirische Befunde zur schulinternen Schulentwicklung* (Eine Veröffentlichung des Instituts für Schulentwicklungsforschung der Universität Dortmund). Weinheim: Beltz Juventa.

Berkemeyer, N. & Manitius, V. (2016). Lehrerinnen und Lehrer in Schulentwicklungsprozessen. In M. Rothland (Hrsg.), *Beruf Lehrer/Lehrerin. Ein Studienbuch* (UTB Schulpädagogik, S. 227–243). Stuttgart: UTB.

Berkemeyer, N., Mende, L. & Kracke, B. (im Ersch.). Auf dem Weg zu einer professionsgemäßen Lehrerbildung: Weiterentwicklung des bildungs- und erziehungswissenschaftlichen Studiums an der Friedrich-Schiller-Universität Jena. In A. Gröschner, M. May & I. Winkler (Hrsg.), *Lehrerbildung in einer Welt der Vielfalt. Befunde und Perspektiven eines Entwicklungsprojekts*. Bad Heilbrunn: Verlag Julius Klinkhardt.

Berkemeyer, N. & Müller, S. (2010). Schulinterne Evaluation – nur ein Instrument zur Selbststeuerung von Schulen? In H. Altrichter (Hrsg.), *Handbuch Neue Steuerung im Schulsystem* (Educational Governance, Bd. 7, S. 195–218). Wiesbaden: VS Verlag für Sozialwissenschaften.

Berkemeyer, N. & Schneider, R. (2009). Lehrerbildung in der Wissenschaft? In R. Schneider, B. Szczyrba, U. Welbers & J. Wildt (Hrsg.), *Wandel der Lehr- und Lernkulturen* (S. 121–147). Bielefeld: Bertelsmann.

Berkemeyer, N., Schneider, R. & Wildt, J. (2007). Forschendes Lernen in der Lehrerbildung. Ein hochschuldidaktisches Konzept zur Relationierung von Wissenschaft und Praxis. In U. Popp & K. Tischler (Hrsg.), *Fördern und Fordern an Schulen* (S. 298–317). München: Profil-Verlag.

Bernfeld, S. (1973). *Sisyphos oder die Grenzen der Erziehung*. Frankfurt am Main: Suhrkamp.

Bernfeld, S. (2000). *Sisyphos oder die Grenzen der Erziehung* (8. Aufl.). Frankfurt am Main: Suhrkamp.

Bernhard, A., Rothermel, L. & Rühle, M. (Hrsg.). (2018). *Handbuch kritische Pädagogik. Eine Einführung in die Erziehungs- und Bildungswissenschaft* (Neuausgabe). Weinheim: Beltz Juventa.

Best, H., Niehoff, S., Salheiser, A. & Vogel, L. (2017). *Thüringens ambivalente Mitte: Soziale Lagen und politische Einstellungen. Ergebnisse des Thüringen-Monitors 2017*. Jena: Friedrich-Schiller-Universität Jena.

Betz, T. (2015). Ungleichheitsbezogene Bildungsforschung – Lehrkräfte im Fokus. *Zeitschrift für Soziologie der Erziehung und Sozialisation, 35* (4), 339–343.

Beutel, S.-I. (2007). Kinder und ihr Lernen anerkennen. Lerndiagnose und Leistungsbeurteilung. In U. Graf & E. Moser Opitz (Hrsg.), *Diagnostik und Förderung im Elementarbereich und Grundschulunterricht. Lernprozesse wahrnehmen, deuten und begleiten* (Entwicklungslinien der Grundschulpädagogik, Bd. 4, S. 15–29). Baltmannsweiler: Schneider-Verlag Hohengehren.

Beutel, S.-I. & Beutel, W. (Hrsg.) (2010). *Beteiligt oder bewertet? Leistungsbeurteilung und Demokratiepädagogik*. Schwalbach/Ts.: Wochenschau Verlag.

Beutel, W. (2015). Außerschulische Unterstützung – Das Förderprogramm Demokratisch Handeln. In U. Erdsiek-Rave (Hrsg.), *Demokratie lernen – eine Aufgabe der Schule?!* (Schriftenreihe des Netzwerk Bildung, Bd. 35, S. 65–72). Berlin: Friedrich-Ebert-Stiftung.

Bidwell, C. E. (1965). The School as a Formal Organization. In J. G. March (Hrsg.), *Handbook of Organizations* (S. 972–1022). Chicago: Rand McNally.

Birnbacher, D. (2013). *Analytische Einführung in die Ethik* (De-Gruyter-Studienbuch). Berlin: De Gruyter.

Blankertz, H. (1974). *Theorien und Modelle der Didaktik* (Grundfragen der Erziehungswissenschaft, Bd. 6; 8. Aufl.). München: Juventa.

Blankertz, H. (2000). *Theorien und Modelle der Didaktik* (14. Aufl.). Weinheim: Beltz Juventa.

Blankertz, H. (2011). *Die Geschichte der Pädagogik. Von der Aufklärung bis zur Gegenwart* (10. Aufl.). Wetzlar: Büchse der Pandora.

Blättner, F. (1969). Die Entwicklung der Realschule zum Realgymnasium in Preußen. In H. Röhrs (Hrsg.), *Das Gymnasium in Geschichte und Gegenwart* (Akademische Reihe. Auswahl repräsentativer Texte. Pädagogik., S. 14–41). Frankfurt am Main: Akademische Verlagsgesellschaft.

Blömeke, S. (2005). Das Lehrerbild in Printmedien. Inhaltsanalyse von „Spiegel" und „Focus"-Berichten seit 1990. *Die Deutsche Schule, 98* (1), 24–39.

Blömeke, S., Kaiser, G. & Lehmann, R. (Hrsg.). (2010a). *TEDS-M 2008. Professionelle Kompetenz und Lerngelegenheiten angehender Mathematiklehrkräfte für die Sekundarstufe I im internationalen Vergleich.* Münster: Waxmann.

Blömeke, S., Kaiser, G. & Lehmann, R. (Hrsg.). (2010b). *TEDS-M 2008. Professionelle Kompetenz und Lerngelegenheiten angehender Primarstufenlehrkräfte im internationalen Vergleich.* Münster: Waxmann.

Blömeke, S., Risse, J., Müller, C., Eichler, D. & Schulz, W. (2006). Analyse der Qualität von Aufgaben aus didaktischer und fachlicher Sicht. Ein allgemeines Modell und seine exemplarische Umsetzung im Unterrichtsfach Mathematik. *Unterrichtswissenschaft, 34* (4), 330–357.

Bloom, B. S. (1976). *Human characteristics and school learning.* New York: McGraw-Hill.

BMAS – Bundesministerium für Arbeit und Soziales (Hrsg.). (2017). *Lebenslagen in Deutschland. Der Fünfte Armuts- und Reichtumsbericht der Bundesregierung.* Verfügbar unter: http://www.bmas.de/DE/Service/Medien/Publikationen/a306-5-armuts-und-reichtumsbericht.html [23.06.2018].

BMFSFJ – Bundesministerium für Familie, Senioren, Frauen und Jugend (Hrsg.). (2000). *Familien ausländischer Herkunft in Deutschland. Leistungen – Belastungen – Herausforderungen. Sechster Familienbericht.* Verfügbar unter: https://www.bmfsfj.de/bmfsfj/service/publikationen/6--familienbericht/95596 [23.06.2018].

BMFSFJ – Bundesministerium für Familie, Senioren, Frauen und Jugend (Hrsg.). (2006). *Familie zwischen Flexibilität und Verlässlichkeit. Perspektiven für eine lebenslaufbezogene Familienpolitik. Siebter Familienbericht.* Verfügbar unter: https://www.bmfsfj.de/bmfsfj/service/publikationen/7--familienbericht/74010 [23.06.2018].

BMFSFJ – Bundesministerium für Familie, Senioren, Frauen und Jugend (Hrsg.). (2009). *13. Kinder- und Jugendbericht. Bericht über die Lebenssituation junger Menschen und die Leistungen der Kinder- und Jugendhilfe in Deutschland* (2. Aufl.). Verfügbar unter: https://www.bmfsfj.de/bmfsfj/service/publikationen/13--kinder--und-jugendbericht/87246 [23.06.2018].

BMFSFJ – Bundesministerium für Familie, Senioren, Frauen und Jugend (Hrsg.). (2012). *Zeit für Familie. Familienzeitpolitik als Chance einer nachhaltigen Familien-*

politik. Achter Familienbericht. Verfügbar unter: https://www.bmfsfj.de/bmfsfj/service/publikationen/zeit-fuer-familie---achter-familienbericht/74968 [23.06.2018].

BMFSFJ – Bundesministerium für Familie, Senioren, Frauen und Jugend (Hrsg.). (2017). *15. Kinder- und Jugendbericht. Bericht über die Lebenssituation junger Menschen und die Leistungen der Kinder- und Jugendhilfe in Deutschland.* Verfügbar unter: https://www.bmfsfj.de/bmfsfj/service/publikationen/15--kinder--und-jugendbericht/115440 [23.06.2018].

Böckenförde, E.-W. (1999). *Staat, Nation, Europa. Studien zur Staatslehre, Verfassungstheorie und Rechtsphilosophie.* Frankfurt am Main: Suhrkamp.

Bogumil, J., Fahlbusch, R. M. & Kuhn, H.-J. (2016, 18. Juli). *Weiterentwicklung der Schulverwaltung des Landes NRW. Wissenschaftliches Gutachten im Auftrag des Finanzministeriums.* Bochum, Berlin. Verfügbar unter: https://www.finanzverwaltung.nrw.de/sites/default/endberichtschule-nrw0509.pdf [25.05.2018].

Bohl, T. (2004). Empirische Unterrichtsforschung und Allgemeine Didaktik. Ein prekäres Spannungsverhältnis und Konsequenzen im Kontext der PISA-Studie. *Die Deutsche Schule, 96* (4), 414–425.

Bohl, T. (2009). *Prüfen und Bewerten im offenen Unterricht* (Studientexte für das Lehramt, 4., neu ausgestattete Aufl.). Weinheim: Beltz Juventa.

Bohl, T., Harant, M. & Wacker, A. (2015). *Schulpädagogik und Schultheorie.* Bad Heilbrunn: Verlag Julius Klinkhardt.

Böhm, C. (2016). Gewaltprävention in Schulen. In K. Seifried, S. Drewes & M. Hasselhorn (Hrsg.), *Handbuch Schulpsychologie. Psychologie für die Schule* (2., voll. überarb. Aufl., S. 458–465). Stuttgart: Verlag W. Kohlhammer.

Böhm, W. (1994). *Wörterbuch der Pädagogik* (14. überarb. Aufl.). Stuttgart: Kröner.

Böhm, W. (2004). *Geschichte der Pädagogik. Von Platon bis zur Gegenwart* (Beck'sche Reihe, Bd. 2353; 4., durchges. Aufl.). München: Beck.

Böhnisch, L. (1996). *Pädagogische Soziologie. Eine Einführung.* Weinheim: Beltz Juventa.

Bölling, R. (1983). *Sozialgeschichte der deutschen Lehrer. Ein Überblick von 1800 bis zur Gegenwart; mit elf Tabellen.* Göttingen: Vandenhoeck & Ruprecht.

Boltanski, L. (2010). *Soziologie und Sozialkritik* (Frankfurter Adorno-Vorlesungen, Bd. 2008). Frankfurt am Main: Suhrkamp.

Boltanski, L. & Thévenot, L. (2014). *Über die Rechtfertigung. Eine Soziologie der kritischen Urteilskraft* (Neuaufl.). Hamburg: Hamburger Edition.

Bonsen, M. & Berkemeyer, N. (2014). Lehrerinnen und Lehrer in Schulentwicklungsprozessen. In E. Terhart, H. Bennewitz & M. Rothland (Hrsg.), *Handbuch der Forschung zum Lehrerberuf* (2., überarb. und erw. Aufl., S. 920–936). Münster: Waxmann.

Bonsen, M., Bos, W. & Rolff, H.-G. (2008). Zur Fusion von Schuleffektivitäts- und Schulentwicklungsforschung. *Jahrbuch der Schulentwicklung. Band 15. Daten, Beispiele und Perspektiven.,* 11–39.

Böttcher, W. (2002). *Kann eine ökonomische Schule auch eine pädagogische sein? Schulentwicklung zwischen neuer Steuerung, Organisation, Leistungsevaluation und Bildung* (Juventa-Materialien). Weinheim: Beltz Juventa.

Böttcher, W. & Terhart, E. (Hrsg.). (2004). *Organisationstheorie in pädagogischen Feldern. Analyse und Gestaltung* (Organisation und Pädagogik, Bd. 2). Wiesbaden: VS Verlag für Sozialwissenschaften.

Bourdieu, P. (1982). *Die feinen Unterschiede. Kritik der gesellschaftlichen Urteilskraft.* Frankfurt am Main: Suhrkamp.

Bourdieu, P. (1983). Ökonomisches Kapital, kulturelles Kapital, soziales Kapital. In R. Kreckel (Hrsg.), *Soziale Ungleichheiten. Soziale Welt Sonderband 2* (S. 186–198). Göttingen: Verlag Otto Schwartz.

Bourdieu, P. (1985). *Sozialer Raum und „Klassen".* Leçon sur la leçon. Frankfurt am Main: Suhrkamp.

Bourdieu, P. (1993). *Sozialer Sinn. Kritik der theoretischen Vernunft.* Frankfurt am Main: Suhrkamp.

Bourdieu, P. & Passeron, J.-C. (1971). *Die Illusion der Chancengleichheit. Untersuchungen zur Soziologie des Bildungswesens am Beispiel Frankreichs.* Stuttgart: Klett-Cotta.

Brandom, R. (2000). *Expressive Vernunft. Begründung, Repräsentation und diskursive Festlegung.* Frankfurt am Main: Suhrkamp.

Braun, K.-H., Stübig, F. & Stübig, H. (Hrsg.). (2018). *Erziehungswissenschaftliche Reflexion und pädagogisch-politisches Engagement. Wolfgang Klafki weiterdenken.* Wiesbaden: VS Verlag für Sozialwissenschaften.

Breen, R. & Goldthorpe, J. H. (1997). Explaning educational differentials. Towards a formal rational action theory. *Rationality and Society, 9* (3), 275–305.

Breen, R., Luijkx, R., Müller, W. & Pollack, R. (2012). Bildungsdisparitäten nach sozialer Herkunft und Geschlecht im Wandel – Deutschland im internationalen Vergleich. In H. Solga & R. Becker (Hrsg.). Soziologische Bildungsforschung. *Kölner Zeitschrift für Soziologie und Sozialpsychologie.* (Sonderheft 52), 346–373.

Breidenstein, G. (2006). *Teilnahme am Unterricht. Ethnographische Studien zum Schülerjob* (Studien zur Schul- und Bildungsforschung, Bd. 24). Wiesbaden: VS Verlag für Sozialwissenschaften.

Brinkmann, W. (2011). Bertrand Arthur William Russell. Education and the Social Order. In W. Böhm, B. Fuchs & S. Seichter (Hrsg.), *Hauptwerke der Pädagogik* (UTB Pädagogik, Erziehungswissenschaft, Bd. 8464; durchges. und erw. Studienausg., S. 393–395). Paderborn: Schöningh.

Bromme, R. (1981). *Das Denken von Lehrern bei der Unterrichtsvorbereitung. Eine empirische Untersuchung zu kognitiven Prozessen von Mathematiklehrern.* Weinheim: Beltz.

Bromme, R. (1997). Kompetenzen, Funktionen und unterrichtliches Handeln des Lehrers. In F. E. Weinert (Hrsg.), *Psychologie des Unterrichts und der Schule* (Enzyklopädie der Psychologie, Themenbereich D Praxisgebiete; Serie 1: Pädagogische Psychologie; Bd. 3, S. 177–212). Göttingen: Hogrefe.

Bronfenbrenner, U. (1993). *Die Ökologie der menschlichen Entwicklung. Natürliche und geplante Experimente.* Frankfurt am Main: Fischer.

Brügelmann, H. (2015). *Vermessene Schulen – standardisierte Schüler. Zu Risiken und Nebenwirkungen von PISA, Hattie, Vera & Co* (Pädagogik). Weinheim: Beltz.

Brumlik, M. (2017). *Advokatorische Ethik. Zur Legitimation pädagogischer Eingriffe* (Neuausgabe mit einem Vorwort zur 3. Aufl.). Hamburg: CEP Europäische Verlagsanstalt.

Bruner, J. (1960). *The process of education.* Cambridge, Mass.: Harvard University Press.

Bruner, J. (1965). The act of discovery. In R. C. Anderson & D. P. Ausubel (Hrsg.), *Readings in the psychology of cognition* (S. 606–620). New York: Holt, Rinehart and Winston.

Brunner, M., Anders, Y., Hachfeld, A. & Krauss, S. (2011). Diagnostische Fähigkeiten von Mathematiklehrkräften. In M. Kunter, J. Baumert, W. Blum, U. Klusmann,

S. Krauss & M. Neubrand (Hrsg.), *Professionelle Kompetenz von Lehrkräften. Ergebnisse des Forschungsprogramms COACTIV* (S. 215–234). Münster: Waxmann.

Brunotte, O. (2015). *Möglichkeiten der Optimierung von Leistungsbeurteilung in der Schule*. Hamburg: Diplomica-Verlag.

Brüsemeister, T. (2005). „Wo Interaktion ist, soll Organisation werden" – Zur Einführung von Qualitätsmanagement in Schulen. In W. Jäger & U. Schimank (Hrsg.), *Organisationsgesellschaft. Facetten und Perspektiven* (S. 313–343). Wiesbaden: VS Verlag für Sozialwissenschaften.

Buchen, H. & Rolff, H.-G. (Hrsg.). (2013). *Professionswissen Schulleitung* (3., erw. Aufl.). Weinheim: Beltz.

Bueb, B. (2010). *Lob der Disziplin. Eine Streitschrift* (5. Aufl.). Berlin: Ullstein.

Caroll, J. B. (1963). A model of school learning. *Teacher College Record, 64* (8), 723–733.

Clar, G., Doré, J. & Mohr, H. (Hrsg.). (1997). *Humankapital und Wissen. Grundlagen einer nachhaltigen Entwicklung; mit 22 Tabellen* (Veröffentlichungen der Akademie für Technikfolgenabschätzung in Baden-Württemberg). Berlin: Springer.

Combe, A. & Helsper, W. (Hrsg.). (1996). *Pädagogische Professionalität. Untersuchungen zum Typus pädagogischen Handelns* (Suhrkamp-Taschenbuch Wissenschaft, Bd. 1230). Frankfurt am Main: Suhrkamp.

Cortina, K. S., Baumert, J., Leschinsky, A., Mayer, K. U. & Trommer, L. (Hrsg.). (2008). *Das Bildungswesen in der Bundesrepublik Deutschland. Strukturen und Entwicklungen im Überblick* (Orig.-Ausg., vollst. überarb. Neuausg.). Reinbek bei Hamburg: Rowohlt-Taschenbuch-Verlag.

Cramer, C., Merk, S. & Wesselborg, B. (2014). Psychische Erschöpfung von Lehrerinnen und Lehrern. Repräsentativer Berufsgruppenvergleich unter Kontrolle berufsspezifischer Merkmale. *Lehrerbildung auf dem Prüfstand, 7* (2), 138–156.

Dahrendorf, R. (1962). *Gesellschaft und Freiheit. Zur soziologischen Analyse der Gegenwart*. München: Piper.

Dalin, P. (1999). *Theorie und Praxis der Schulentwicklung*. Neuwied: Luchterhand.

Deci, E. L. (2014). *Intrinsic motivation and self-determination in human behavior* (Perspectives in social psychology, Taschenbuchausgabe der originalen 1. Aufl. 1985). New York: Springer Science+Business Media.

Deci, E. L. & Ryan, R. M. (1985). *Intrinsic motivation and self-determination in human behavior* (Perspectives in social psychology). New York: Plenum Press.

DeMause, L. (Hrsg.). (1980). *Hört ihr die Kinder weinen. Eine psychogenetische Geschichte der Kindheit*. Frankfurt am Main: Suhrkamp.

Deppe, U. (2013). Familie, Peers und Bildungsungleichheit. Qualitative Befunde zur interdepenten Bildungsbedeutsamkeit außerschulischer Bildungsorte. *Zeitschrift für Erziehungswissenschaft, 16* (3), S. 533–552.

Deutscher Bildungsrat. (1971). *Strukturplan für das Bildungswesen* (3. Aufl.). Empfehlungen der Bildungskommission. Stuttgart: Klett-Cotta.

Deutscher Bildungsrat. (1974). *Bericht zur Reform von Organisation und Verwaltung, Fragen einer ziel- und programmorientierten Schulverwaltung unter besonderer Berücksichtigung des Ministerialbereichs*. Bonn.

Dewe, B., Ferchhoff, W. & Olaf-Radtke, F. (1992). *Erziehen als Profession. Zur Logik professionellen Handelns in pädagogischen Feldern*. Wiesbaden: VS Verlag für Sozialwissenschaften.

Dick, R. van & Stegmann, S. (2013). Belastung, Beanspruchung und Stress im Lehrerberuf? Theorien und Modelle. In M. Rothland (Hrsg.), *Belastung und Beanspru-*

chung im Lehrerberuf. Modelle, Befunde, Interventionen (2., vollst. überarb. Aufl., S. 41–59). Wiesbaden: VS Verlag für Sozialwissenschaften.

Diederich, J. & Tenorth, H.-E. (1997). *Theorie der Schule. Ein Studienbuch zu Geschichte, Funktionen und Gestaltung.* Berlin: Cornelsen.

Dilthey, W. (1969). Die Reform des Gymnasiums. Schulreform und Schulstuben. In H. Röhrs (Hrsg.), *Das Gymnasium in Geschichte und Gegenwart* (Akademische Reihe. Auswahl repräsentativer Texte. Pädagogik., S. 119–125). Frankfurt am Main: Akademische Verlagsgesellschaft.

Dirks, U. & Hansmann, W. (Hrsg.). (1999). *Reflexive Lehrerbildung. Fallstudien und Konzepte im Kontext berufsspezifischer Kernprobleme* (Studien zur Schul- und Bildungsforschung, Bd. 8). Weinheim: Deutscher Studien Verlag.

Ditton, H. (2016a). Der Beitrag von Schule und Lehrern zur Reproduktion von Bildungsungleichheit. In R. Becker & W. Lauterbach (Hrsg.), *Bildung als Privileg. Erklärungen und Befunde zu den Ursachen der Bildungsungleichheit* (5., aktual. Aufl., S. 281–314). Wiesbaden: VS Verlag für Sozialwissenschaften.

Ditton, H. (2016b). Der Beitrag von Schule und Lehrern zur Reproduktion von Bildungsungleichheit. In R. Becker & W. Lauterbach (Hrsg.), *Bildung als Privileg. Erklärungen und Befunde zu den Ursachen der Bildungsungleichheit* (5., aktual. Aufl., S. 281–312). Wiesbaden: VS Verlag für Sozialwissenschaften.

Ditton, H. (2017). Familie und Schule – eine Bestandsaufnahme der bildungssoziologischen Schuleffektforschung von James S. Coleman bis heute. In R. Becker (Hrsg.), *Lehrbuch der Bildungssoziologie* (3., aktual. und überarb. Aufl., S. 257–280). Wiesbaden: VS Verlag für Sozialwissenschaften.

Ditton, H., Krüsken, J. & Schauenberg, M. (2005). Bildungsungleichheit – der Beitrag von Familie und Schule. *Zeitschrift für Erziehungswissenschaft, 8* (2), 285–304.

Dobbelstein, P., Groot-Wilken, B. & Koltermann, S. (Hrsg.). (2017). *Referenzsysteme zur Unterstützung von Schulentwicklung* (Beiträge zur Schulentwicklung). Münster: Waxmann.

Dobischat, R. & Düsseldorff, K. (2015). Sozialisation in Berufsbildung und Hochschule. In K. Hurrelmann, U. Bauer, M. Grundmann & S. Walper (Hrsg.), *Handbuch Sozialisationsforschung* (Pädagogik, 8. Aufl., S. 469–491). Weinheim: Beltz.

Dörpinghaus, A., Poenitsch, A. & Wigger, L. (2012). *Einführung in die Theorie der Bildung* (Grundwissen Erziehungswissenschaft, 4., durchges. Aufl.). Darmstadt: WBG.

Drechsel, B., Prenzel, M. & Seidel, T. (2015). Nationale und internationale Schulleistungsstudien. In E. Wild & J. Möller (Hrsg.), *Pädagogische Psychologie* (Springer-Lehrbuch, 2. vollst. überarb. und aktual. Aufl., S. 343–368). Berlin: Springer.

Dreeben, R. (1980). *Was wir in der Schule lernen.* Frankfurt am Main: Suhrkamp.

Drepper, T. & Tacke, V. (2012). Die Schule als Organisation. In M. Apelt & V. Tacke (Hrsg.), *Handbuch Organisationstypen* (S. 205–237). Wiesbaden: VS Verlag für Sozialwissenschaften.

Dumont, H., Maaz, K., Neumann, M. & Becker, M. (2014). Soziale Ungleichheiten beim Übergang von der Grundschule in die Sekundarstufe I. Theorie, Forschungsstand, Interventions- und Fördermöglichkeiten. *Zeitschrift für Erziehungswissenschaft, 17* (2), 141–165.

Durach, B., Grüner, T. & Napast, N. (2006). *Das mach ich wieder gut! Mediation-Täter-Opfer-Ausgleich-Regellernen. Soziale Kompetenz und Gewaltprävention an Grundschulen* (6. Aufl.). Lichtenau: AOL.

Durkheim, É. (1984). *Erziehung, Moral und Gesellschaft. Vorlesung an der Sorbonne 1902/1903*. Frankfurt am Main: Suhrkamp.

Eckert, T. & Gniewosz, B. (Hrsg.). (2017). *Bildungsgerechtigkeit*. Wiesbaden: Springer.

Eckerth, M. (2013). *Formen der Diagnose und Förderung. Eine mehrperspektivische Analyse zur Praxis pädagogischer Fachkräfte in der Grundschule*. Münster: Waxmann.

Edelstein, W., Nunner-Winkler, G. & Noam, G. (Hrsg.). (1993). *Moral und Person*. Frankfurt am Main: Suhrkamp.

Edelstein, W., Oser, F. & Schuster, P. (Hrsg.). (2001). *Moralische Erziehung in der Schule. Entwicklungspsychologie und pädagogische Praxis* (Beltz Pädagogik). Weinheim: Beltz.

Edwards, J. R., Caplan, R. D. & van Harrison, R. (1998). Person-Environment Fit Theory. In C. L. Cooper (Hrsg.), *Theories of organizational stress* (S. 28–67). Oxford: Univ. Press.

Eigler, H., Hansen, R. & Klemm, K. (1980). Quantitative Entwicklungen: Wem hat die Bildungsexpansion genützt? In H.-G. Rolff, R. Hansen, K. Klemm & K.-J. Tillmann (Hrsg.), *Handbuch der Schulentwicklung*. Bd. 1 (S. 45–71). Weinheim: Beltz.

Einsiedler, W. (2000). Von Erziehungs- und Unterrichtsstilen zur Unterrichtsqualität. In M. K. W. Schweer (Hrsg.), *Lehrer-Schüler-Interaktion. Pädagogisch-psychologische Aspekte des Lehrens und Lernens in der Schule* (Schule und Gesellschaft, Bd. 24, S. 109–128). Wiesbaden: VS Verlag für Sozialwissenschaften.

Enzelberger, S. (2001). *Sozialgeschichte des Lehrerberufs. Gesellschaftliche Stellung und Professionalisierung von Lehrerinnen und Lehrern von den Anfängen bis zur Gegenwart* (Grundlagentexte Pädagogik). Zugl.: Erlangen-Nürnberg, Univ., Diss., 2000 u.d.T.: Enzelberger, Sabina: Lehrer und Lehrerinnen – zur Geschichte und aktuellen Situation. Weinheim: Beltz Juventa.

Erikson, R. & Jonsson, J. O. (1996). Explaining class inequality in education: The Swedish test case. In R. Erikson & J. O. Jonsson (Hrsg.), *Can education be equalized? The Swedish case in comparative perspective* (Social inequality series, S. 1–63). Boulder: Westview Press.

Esser, H. (1999). *Soziologie. Spezielle Grundlagen* (Bd. 1). Frankfurt am Main: Campus.

Esslinger-Hinz, I. & Sliwka, A. (2011). *Schulpädagogik* (Studium Paedagogik). Weinheim: Beltz.

Fend, H. (1980). *Theorie der Schule* (U-&-S-Pädagogik). München: Urban & Schwarzenberg.

Fend, H. (1981). *Theorie der Schule* (U-&-S-Pädagogik, 2., durchges. Aufl.). München: Urban & Schwarzenberg.

Fend, H. (1986). Gute Schulen – schlechte Schulen. Die einzelne Schule als pädagogische Handlungseinheit. *Die Deutsche Schule, 82*, 275–293.

Fend, H. (1988). *Sozialgeschichte des Aufwachsens. Bedingungen des Aufwachsens und Jugendgestalten im zwanzigsten Jahrhundert*. Frankfurt am Main: Suhrkamp.

Fend, H. (1998). *Qualität im Bildungswesen. Schulforschung zu Systembedingungen, Schulprofilen und Lehrerleistung*. Weinheim: Juventa.

Fend, H. (2006). *Neue Theorie der Schule. Einführung in das Verstehen von Bildungssystemen*. Wiesbaden: VS Verlag für Sozialwissenschaften.

Flitner, W. (1989). *Das Selbstverständnis der Erziehungswissenschaft. Eine Studie über Hermeneutik und Pragmatik, Sinnaufklärung und Normauslegung*. Mit einem Nachwort von Ulrich Herrmann. Paderborn: Ferdinand Schöningh.

Flitner, W., Scheuerl, H., Herrmann, U., Hoffmann, E., Eisermann, W. & Erlinghagen, K. (1997). *Gymnasium und Universität*. Paderborn: Ferdinand Schöningh.

Frederking, V., Heller, H. & Scheunpflug, A. (Hrsg.). (2005). *Nach PISA. Konsequenzen für Schule und Lehrerbildung nach zwei Studien*. Wiesbaden: VS Verlag für Sozialwissenschaften.

French, W. L. & Bell, C. (1994). *Organisationsentwicklung. Sozialwissenschaftliche Strategien zur Organisationsveränderung* (4. Aufl.). Bern: Haupt.

Friedeburg, L. von (1992). *Bildungsreform in Deutschland. Geschichte und gesellschaftlicher Widerspruch*. Frankfurt am Main: Suhrkamp.

Frindte, W. (2001). *Einführung in die Kommunikationspsychologie*. Weinheim: Beltz.

Fritzsche, B. (2014). Inklusion als Exklusion. Differenzproduktionen im Rahmen des schulischen Anerkennungsgeschehens. In A. Tervooren (Hrsg.), *Ethnographie und Differenz in pädagogischen Feldern. Internationale Entwicklungen erziehungswissenschaftlicher Forschung* (Pädagogik). Bielefeld: De Gruyter.

Fritzsche, K. P. (2016). *Menschenrechte. Eine Einführung mit Dokumenten* (3., erw. und aktual. Aufl.). Stuttgart: UTB.

Fuchs, B. & Koch, L. (Hrsg.). (2007). *Urteilskraft und Pädagogik. Beiträge zu einer pädagogischen Handlungstheorie. Lutz Koch zum 65. Geburtstag*. Würzburg: Königshausen & Neumann.

Führ, C. (1997). *Deutsches Bildungswesen seit 1945. Grundzüge und Probleme*. Neuwied: Luchterhand.

Furck, C.-L. (1964). *Das pädagogische Problem der Leistung in der Schule*. Weinheim: Beltz.

Furck, C.-L. (1986). *Revision der Lehrerbildung. Zum Problem der Einstiegsarbeitslosigkeit von Lehrern* (Eine Veröffentlichung des Comenius-Instituts). Weinheim: Beltz.

Fürstenau, P. (1972). Neuere Entwicklungen der Bürokratieforschung und das Schulwesen. Ein organisationssoziologischer Beitrag. In Pädagogisches Zentrum (Hrsg.), *Zur Theorie der Schule* (Reihe B: Diskussionsbeiträge, Bd. 10, S. 47–66). Weinheim: Beltz.

Fussangel, K. & Gräsel, C. (2009). Lerngemeinschaften von Lehrerinnen und Lehrern und ihre Bedeutung für die Schulentwicklung. In N. Berkemeyer, M. Bonsen & B. Harazd (Hrsg.), *Perspektiven der Schulentwicklungsforschung. Festschrift für Hans-Günter Rolff* (S. 118–130). Weinheim: Beltz.

Füssel, H.-P. & Leschinsky, A. (2008). Der institutionelle Rahmen des Bildungswesens. In K. S. Cortina, J. Baumert, A. Leschinsky, K. U. Mayer & L. Trommer (Hrsg.), *Das Bildungswesen in der Bundesrepublik Deutschland. Strukturen und Entwicklungen im Überblick* (vollst. überarb. Neuausg., S. 131–203). Reinbek bei Hamburg: Rowohlt-Taschenbuch-Verlag.

Gehrmann, A. (2013). Zufriedenheit trotz beruflicher Beanspruchungen? Anmerkungen zu Befunden der Lehrerbelastungsforschung. In M. Rothland (Hrsg.), *Belastung und Beanspruchung im Lehrerberuf. Modelle, Befunde, Interventionen* (2., vollst. überarb. Aufl., S. 175–190). Wiesbaden: VS Verlag für Sozialwissenschaften.

Geisler, W. (2015). Anerkennung. Warum Timo, Murat und Sarah sie nötig haben und Pittorini sie dringend gebraucht hätte. *Pädagogik* (7-8), 70–73.

Geißler, R. (2014). *Die Sozialstruktur Deutschlands* (7., überarb. Aufl.). Wiesbaden: Springer.

Gerstner, H.-P. & Wetz, M. (2008). *Einführung in die Theorie der Schule* (Grundwissen Erziehungswissenschaft). Darmstadt: WBG.

GG – Grundgesetz für die Bundesrepublik Deutschland. *Grundgesetz für die Bundesrepublik Deutschland in der im Bundesgesetzblatt Teil III, Gliederungsnummer 100-1, veröffentlichten bereinigten Fassung, das zuletzt durch Artikel 1 des Gesetzes vom 13. Juli 2017 (BGBl. I S. 2347) geändert worden ist.* Verfügbar unter: https://www.gesetze-im-internet.de/gg [18.06.2018].

Giddens, A. (1988). *Die Konstitution der Gesellschaft. Grundzüge einer Theorie der Strukturierung* (Theorie und Gesellschaft, Bd. 1). Frankfurt am Main: Campus.

Giesecke, H. (1996). *Das Ende der Erziehung. Neue Chancen für Familie und Schule* (Kinder fordern uns heraus, Um ein Vorw. erg. Ausg.). Stuttgart: Klett-Cotta.

Glumpler, E. & Rosenbusch, H. S. (Hrsg.). (1997). *Perspektiven der universitären Lehrerbildung.* Bad Heilbrunn: Verlag Julius Klinkhardt.

Gomolla, M. & Radtke, F.-O. (2009). *Institutionelle Diskriminierung. Die Herstellung ethnischer Differenz in der Schule* (3. Aufl.). Wiesbaden: VS Verlag für Sozialwissenschaften.

Gräsel, C. & Gniewosz, B. (2011). Überblick Lehr-Lernforschung. In H. Reinders, H. Ditton, C. Gräsel & B. Gniewosz (Hrsg.), *Empirische Bildungsforschung. Gegenstandsbereiche* (S. 15–20). Wiesbaden: VS Verlag für Sozialwissenschaften.

Gröhlich, C. (2012). *Bildungsqualität. Strukturen und Prozesse in Schule und Unterricht und ihre Bedeutung für den Kompetenzerwerb* (Empirische Erziehungswissenschaft, Bd. 33). Münster: Waxmann.

Groothoff, H. H. (1968). Universitätspädagogik und Gymnasium. In H. Röhrs (Hrsg.), *Der Bildungsauftrag des Gymnasiums* (Akademische Reihe. Auswahl repräsentativer Texte. Pädagogik., S. 255–270). Frankfurt am Main: Akademische Verlagsgesellschaft.

Gröschner, A. (2015). Praxisphasen im Lehramtsstudium: Ausgewählte Befunde zu Wirksamkeit und Gelingensbedingungen. In S. Barsch, M. Dziak-Mahler, M. Hoffmann & P. Ortmanns (Hrsg.), *Fokus Praxissemester: Das Kölner Modell kritisch beleuchtet – Werkstattberichte* (S. 41–49). Köln: Zentrum für LehrerInnenbildung.

Gröschner, A. & Hascher, T. (im Ersch.). Praxisphasen in der Lehrer/innenbildung. In M. Gläser-Zikuda, M. Harring & C. Rohlfs (Hrsg.), *Handbuch Schulpädagogik.* Stuttgart: UTB.

Gröschner, A., Klaß, S. & Dehne, M. (2018). Lehrer-Schüler Interaktion im Praxissemester lernen? Effekte des videobasierten Peer-Coaching auf die Kompetenzeinschätzung. *Zeitschrift für Hochschulentwicklung, 13* (1), 45–67.

Grundmann, M. (2017). Sozialisation – Erziehung – Bildung: Eine kritische Begriffsbestimmung. In R. Becker (Hrsg.), *Lehrbuch der Bildungssoziologie* (3., aktual. und überarb. Aufl., S. 63–88). Wiesbaden: VS Verlag für Sozialwissenschaften.

Gruschka, A. (2011a). Der empirische Blick auf das Unterrichten als pädagogischer Prozess. In W. Meseth, M. Proske & F.-O. Radtke (Hrsg.), *Unterrichtstheorien in Forschung und Lehre* (S. 130–144). Bad Heilbrunn: Verlag Julius Klinkhardt.

Gruschka, A. (2011b). *Verstehen lehren. Ein Plädoyer für guten Unterricht.* Stuttgart: Reclam.

Gudjons, H. (2012). *Pädagogisches Grundwissen. Überblick – Kompendium – Studienbuch* (UTB Pädagogik, Bd. 3092; 11., grundlegend überarb. Aufl.). Bad Heilbrunn: Verlag Julius Klinkhardt.

Guglielmi, R. S. & Tatrow, K. (1998). Occupational Stress, Burnout, and Health in Teachers. A Methodological and Theoretical Analysis. *Review of Educational Research, 68* (1), 61-99.

Gukenbiehl, H. L. (2000). Institution und Organisation. In H. Korte (Hrsg.), *Einführung in Hauptbegriffe der Soziologie* (UTB, Bd. 8063; 5., erw. und aktual. Aufl., S. 141–157). Opladen: Leske + Budrich.

Gutmann, A. (1999). *Democratic Education* (Princeton Paperbacks). Princeton: Princeton University Press.

Gutmann, A. & Thompson, D. F. (2004). *Why deliberative democracy?* Princeton: Princeton University Press.

Haag, L. & Streber, D. (2010). Unterrichtsvorbereitung bei Lehrern – mit System? *Lehrerbildung auf dem Prüfstand, 3* (1), 107–117.

Haas, A. (1998). *Unterrichtsplanung im Alltag. Eine empirische Untersuchung zum Planungshandeln von Hauptschul-, Realschul- und Gymnasiallehrern.* Regensburg: Roderer.

Habermas, J. (1984). *Theorie des kommunikativen Handelns.* Frankfurt am Main: Suhrkamp.

Habermas, J. (1990). *Strukturwandel der Öffentlichkeit. Untersuchungen zu einer Kategorie der bürgerlichen Gesellschaft.* Frankfurt am Main: Suhrkamp.

Habermas, J. (1998). *Faktizität und Geltung. Beiträge zur Diskurstheorie des Rechts und des demokratischen Rechtsstaats* (text- und seitenidentisch mit der 4., durchges. und um Nachwort und Literaturverz. erw. Aufl. 1994). Frankfurt am Main: Suhrkamp.

Habermas, J. (1999). *Die Einbeziehung des Anderen. Studien zur politischen Theorie.* Frankfurt am Main: Suhrkamp.

Habermas, J. (2003). *Zeitdiagnosen. Zwölf Essays 1980–2001.* Frankfurt am Main: Suhrkamp.

Hackman, J. R. & Oldham, G. R. (1980). *Work redesign* (Addison-Wesley series on organization development). Reading, Mass.: Addison-Wesley.

Hadjar, A. & Becker, R. (2017). Erwartete und unerwartete Folgen der Bildungsexpansion in Deutschland. In R. Becker (Hrsg.), *Lehrbuch der Bildungssoziologie* (3., aktual. und überarb. Aufl., S. 211–232). Wiesbaden: VS Verlag für Sozialwissenschaften.

Hampe, M. (2014). *Die Lehren der Philosophie. Eine Kritik* (2. Aufl.). Berlin: Suhrkamp.

Harazd, B., Bonsen, M. & Berkemeyer, N. (2009). Schule als Gestaltungsaufgabe. In N. Berkemeyer, M. Bonsen & B. Harazd (Hrsg.), *Perspektiven der Schulentwicklungsforschung. Festschrift für Hans-Günter Rolff* (S. 50–69). Weinheim: Beltz.

Harder, P. (2014). *Werthaltungen und Ethos von Lehrern. Empirische Studie zu Annahmen über den guten Lehrer* (Schriften aus der Fakultät Sozial- und Wirtschaftswissenschaften der Otto-Friedrich-Universität Bamberg, Bd. 12). Zugl.: Bamberg, Univ., Diss., 2014. Bamberg: University of Bamberg Press.

Harring, M. (2015). Sozialisation in der Lebensphase Jugend. In K. Hurrelmann, U. Bauer, M. Grundmann & S. Walper (Hrsg.), *Handbuch Sozialisationsforschung* (Pädagogik, 8. Aufl., S. 850–870). Weinheim: Beltz.

Hattie, J. (2009). *Visible learning. A synthesis of over 800 meta-analyses relating to achievement.* London: Routledge.

Hattie, J. (2013). *Lernen sichtbar machen.* Baltmannsweiler: Schneider-Verlag Hohengehren.

Hattie, J. (2014). *Lernen sichtbar machen für Lehrpersonen.* Überarbeite deutschsprachige Ausgabe von „Visible Learning for Teachers" besorgt von W. Beywl und K. Zierer. Baltmannsweiler: Schneider-Verlag Hohengehren.

Hattie, J. & Zierer, K. (2017). *Kenne deinen Einfluss! „Visible Learning" für die Unterrichtspraxis* (2. Aufl.). Baltmannsweiler: Schneider-Verlag Hohengehren.

Hedderich, I. (2016). Lehrergesundheit im Kontext schulischer Inklusion. *Prävention und Gesundheitsförderung, 11* (1), 34–39.

Heidenreich, F. (2011). *Theorien der Gerechtigkeit. Eine Einführung* (UTB). Opladen: Barbara Budrich.

Heimann, P. (1972). Didaktik 1965. In A. Blumenthal & W. Ostermann (Hrsg.), *Paul Heinmann, Gunter Otto, Wolfgang Schulz. Unterricht. Analyse und Planung* (6., bearb. Aufl., S. 7–12). Hannover: Hermann Schroedel.

Heimann, P. (Hrsg.). (1976). *Didaktik als Unterrichtswissenschaft*. Stuttgart: Klett-Cotta.

Heinemann, M. (Hrsg.). (1977). *Der Lehrer und seine Organisation* (Veröffentlichungen der Historischen Kommission der Deutschen Gesellschaft für Erziehungswissenschaft, Bd. 2). Stuttgart: Klett-Cotta.

Helbig, M. (2010). Sind Lehrerinnen für den geringeren Schulerfolg von Jungen verantwortlich? *KZfSS Kölner Zeitschrift für Soziologie und Sozialpsychologie, 62* (1), 93–111.

Helbig, M. & Nikolai, R. (2015). *Die Unvergleichbaren. Der Wandel der Schulsysteme in den deutschen Bundesländern seit 1949*. Bad Heilbrunn: Verlag Julius Klinkhardt.

Heller, K. A. & Hany, E. A. (2002). Standardisierte Schulleistungsmessungen. In F. E. Weinert (Hrsg.), *Leistungsmessungen in Schulen* (Beltz Pädagogik, 2., unveränd. Aufl., Dr. nach Typoskript, S. 87–101). Weinheim: Beltz.

Helmke, A. (2003). *Unterrichtsqualität erfassen, bewerten, verbessern*. Seelze: Klett Kallmeyer.

Helmke, A. (2007). *Was wissen wir über guten Unterricht? Wissenschaftliche Erkenntnisse zur Unterrichtsforschung und Konsequenzen für die Unterrichtsentwicklung.* Verfügbar unter: https://www.bildung.koeln.de/imperia/md/content/selbst_schule/downloads/andreas_helmke_.pdf [27.09.2017].

Helmke, A. (2009). *Unterrichtsqualität und Lehrerprofessionalität. Diagnose, Evaluation und Verbesserung des Unterrichts. Franz Emanuel Weinert gewidmet* (Schule weiterentwickeln, Unterricht verbessern Orientierungsband). Seelze: Klett Kallmeyer.

Helmke, A. (2010). *Unterrichtsqualität und Lehrerprofessionalität. Diagnose, Evaluation und Verbesserung des Unterrichts. Franz Emanuel Weinert gewidmet* (Schule weiterentwickeln, Unterricht verbessern, Orientierungsband, 3. Aufl.). Seelze: Klett Kallmeyer.

Helmke, A. (2015). *Unterrichtsqualität und Lehrerprofessionalität. Diagnose, Evaluation und Verbesserung des Unterrichts. Franz Emanuel Weinert gewidmet* (Schule weiterentwickeln, Unterricht verbessern Orientierungsband, 6. Aufl.). Seelze: Klett Kallmeyer.

Helmke, A., Helmke, T. & Ade-Thurow. (2017). Lehren und Lernen in der Klasse sichtbar machen. Erfahrungen und Gelingensbedingungen beim Einsatz von Unterrichtsdiagnostik mit EMU. *Pädagogik* (5), 24–27.

Helmke, A., Hornstein, W. & Terhart, E. (Hrsg.). (2000). Qualität und Qualitätssicherung im Bildungsbereich: Schule, Sozialpädagogik, Hochschule [Themenheft]. *Zeitschrift für Pädagogik* (41. Beiheft). Weinheim: Beltz.

Helmke, A., Hosenfeld, I. & Schrader, F.-W. (2004). Vergleichsarbeiten als Instrument zur Verbesserung der Diagnosekompetenz von Lehrkräften. In R. Arnold & C.

Griese (Hrsg.), *Schulleitung und Schulentwicklung. Voraussetzungen, Bedingungen, Erfahrungen* (S. 115–135). Baltmannsweiler: Schneider-Verlag Hohengehren.

Helmke, A. & Weinert, F. E. (1997). Bedingungsfaktoren schulischer Leistungen. In F. E. Weinert (Hrsg.), *Psychologie des Unterrichts und der Schule* (Enzyklopädie der Psychologie, Themenbereich D Praxisgebiete; Serie 1: Pädagogische Psychologie; Bd. 3, S. 71–176). Göttingen: Hogrefe.

Helsper, W. (1996). Antinomien des Lehrerhandelns in modernisierten pädagogischen Kulturen. Paradoxe Verwendungsweisen von Autonomie und Selbstverantwortlichkeit. In A. Combe & W. Helsper (Hrsg.), *Pädagogische Professionalität. Untersuchungen zum Typus pädagogischen Handelns* (S. 521–570). Frankfurt am Main: Suhrkamp.

Helsper, W. (2007). Eine Antwort auf Jürgen Baumerts und Mareike Kunters Kritik am strukturtheoretischen Professionsansatz. *Zeitschrift für Erziehungswissenschaft, 10* (4), 567–579.

Helsper, W. (2010). Pädagogisches Handeln in den Antinomien der Moderne. In H.-H. Krüger & W. Helsper (Hrsg.), *Einführung in Grundbegriffe und Grundfragen der Erziehungswissenschaft* (UTB Erziehungswissenschaft, Bd. 8092; 9. Aufl., S. 15–34). Opladen: Verlag Barbara Budrich.

Helsper, W. (2016). Pädagogische Lehrerprofessionalität in der Transformation der Schulstruktur – ein Strukturwandel der Lehrerprofessionalität? In T.-S. Idel, F. Dietrich, K. Kunze, K. Rabenstein & A. Schütz (Hrsg.), *Professionsentwicklung und Schulstrukturreform. Zwischen Gymnasium und neuen Schulformen in der Sekundarstufe* (Studien zur Professionsforschung und Lehrerbildung, S. 217–245). Bad Heilbrunn: Verlag Julius Klinkhardt.

Helsper, W., Böhme, J., Kramer, R.-T. & Lingkost, A. (Hrsg.). (2001). *Schulkultur und Schulmythos. Gymnasien zwischen elitärer Bildung und höherer Volksschule im Transformationsprozeß. Rekonstruktionen zur Schulkultur I* (Studien zur Schul- und Bildungsforschung, Bd. 13). Wiesbaden: VS Verlag für Sozialwissenschaften.

Helsper, W., Hummrich, M. & Kramer, R.-T. (2014). Schülerhabitus und Schulkultur Inklusion, inkludierte Fremdheit und Exklusion am Beispiel exklusiver Schulen. In U. Bauer, A. Bolder, H. Bremer, R. Dobischat & G. Kutscha (Hrsg.), *Expansive Bildungspolitik – expansive Bildung?* (Bildung und Arbeit, S. 311–333). Wiesbaden: VS Verlag für Sozialwissenschaften.

Helsper, W. & Klieme, E. (2013). Quantitative und qualitative Unterrichtsforschung – eine Sondierung. Einführung in den Thementeil. *Zeitschrift für Pädagogik, 59* (3), 283–290.

Hennig, C. & Ehinger, W. (2014). *Das Elterngespräch in der Schule. Von der Konfrontation zur Kooperation* (Auer Grundschule/Sekundarstufe I + II, 7. Aufl.). Donauwörth: Auer.

Hericks, U. (2006). *Professionalisierung als Entwicklungsaufgabe. Rekonstruktionen zur Berufseingangsphase von Lehrerinnen und Lehrern* (Studien zur Bildungsgangforschung, Bd. 8). Wiesbaden: VS Verlag für Sozialwissenschaften.

Hermstein, B. & Berkemeyer, N. (2018). Raumverhältnisse lokaler Schulsysteme. Einblicke in eine Interviewstudie zur Sicht kommunaler Schulträger. In E. Glaser, H.-C. Koller, W. Thole & S. Krumme (Hrsg.), *Räume für Bildung – Räume der Bildung. Beiträge zum 25. Kongress der Deutschen Gesellschaft für Erziehungswissenschaft* (Schriften der Deutschen Gesellschaft für Erziehungswissenschaft (DGfE), S. 485–492). Opladen: Verlag Barbara Budrich.

Hermstein, B., Semper, I., Berkemeyer, N. & Mende, L. (2015). Thematisierungen von Bildungsmonitoringinstrumenten seitens der Bildungsforschung. *Die Deutsche Schule, 107* (3), 248–263.

Herrlitz, H.-G., Hopf, W., Titze, H. & Cloer, E. (2009). *Deutsche Schulgeschichte von 1800 bis zur Gegenwart. Eine Einführung* (5., aktual. Aufl.). Weinheim: Beltz Juventa.

Herrmann, U. & Edelstein, W. (2002). *Wie lernen Lehrer ihren Beruf? Empirische Befunde und praktische Vorschläge*. Weinheim: Beltz.

Hertel, S. (2009). *Beratungskompetenz von Lehrern. Kompetenzdiagnostik, Kompetenzförderung, Kompetenzmodellierung*. Techn. Univ., Diss. Darmstadt. Münster: Waxmann.

Herzmann, P. & König, J. (2016). *Lehrerberuf und Lehrerbildung*. Bad Heilbrunn: Verlag Julius Klinkhardt.

Hesse, I. & Latzko, B. (2011). *Diagnostik für Lehrkräfte* (UTB Pädagogik, Bd. 3088; 2. Aufl.). Opladen: Verlag Barbara Budrich.

Hiebl, P. & Heißler, J. (2016). *Kompetenzorientierte Unterrichtsplanung. Vom Stoffverteilungsplan zur flexiblen Kompetenzmatrix* (Handlungsfeld). Köln: Carl Link.

Higgins, C. (2002). Das Glück des Lehrers. *Zeitschrift für Pädagogik, 48* (4), 495–513.

Hillert, A. (2013). Psychische und psychosomatische Erkrankungen von Lehrerinnen und Lehrern. Konzepte. Diagnosen, Präventions- und Behandlungsansätze. In M. Rothland (Hrsg.), *Belastung und Beanspruchung im Lehrerberuf. Modelle, Befunde, Interventionen* (2., vollst. überarb. Aufl., S. 137–153). Wiesbaden: VS Verlag für Sozialwissenschaften.

Hillert, A., Bäcker, K. & Küpper, A. (2016). Wie belastet und/oder wie gesund sind Lehrkräfte verglichen mit anderen Berufstätigen? Aktuelle Daten aus dem Stressmonitor-Projekt: ein Praxisbericht. In *Prävention und Gesundheitsförderung, 11* (3), 154–161.

Hirsch, G. (1990). *Biographie und Identität des Lehrers. Eine typologische Studie über den Zusammenhang von Berufserfahrungen und beruflichem Selbstverständnis* (Juventa-Materialien). Zugl.: Zürich, Univ., Diss., 1989. Weinheim: Beltz Juventa.

Hobfoll, S. E. (2001). The Influence of Culture, Community, and the Nested-Self in the Stress Process: Advancing Conservation of Resources Theory. *Applied Psychology, 50* (3), 337–421.

Hoegg, G. (2017). *SchulRecht! Aus der Praxis – für die Praxis* (Pädagogik, 5. Aufl.). Weinheim: Beltz.

Höffe, O. (Hrsg.). (2013). *Einführung in die utilitaristische Ethik. Klassische und zeitgenössische Texte* (UTB, Bd. 1683; 5., überarb. und erw. Aufl.). Tübingen: A. Francke.

Höhmann, K. (2002). *Was wird durch eine Lehrplanrevision verändert? Die Einführung der hessischen Rahmenpläne (1993–1997) aus innovationstheoretischer Perspektive* (Europäische Hochschulschriften Reihe 11, Pädagogik, Bd. 839). Frankfurt am Main: Lang.

Holtappels, H. G. (Hrsg.). (2004). *Schulprogramme – Instrumente der Schulentwicklung. Konzeptionen, Forschungsergebnisse, Praxisempfehlungen* (Veröffentlichung des Instituts für Schulentwicklungsforschung der Universität Dortmund). Weinheim: Beltz Juventa.

Holtappels, H. G., Klemm, K. & Rolff, H.-G. (Hrsg.). (2008). *Schulentwicklung durch Gestaltungsautonomie. Ergebnisse der Begleitforschung zum Modellvorhaben „Selbstständige Schule" in Nordrhein-Westfalen*. Münster: Waxmann.

Honneth, A. (1992). *Kampf um Anerkennung. Zur moralischen Grammatik sozialer Konflikte. Mit einem neuen Nachwort.* Frankfurt am Main: Suhrkamp.

Honneth, A. (1993). *Kommunitarismus. Eine Debatte über die moralischen Grundlagen moderner Gesellschaften.* Frankfurt am Main: Campus.

Honneth, A. (2011). *Das Recht der Freiheit. Grundriß einer demokratischen Sittlichkeit.* Berlin: Suhrkamp.

Hopf, W. (1995). Bildung und Reproduktion der Sozialstruktur. In M. Baethge & K. Nevermann (Hrsg.), *Organisation, Recht und Ökonomie des Bildungswesens* (Enzyklopädie Erziehungswissenschaft. Handbuch und Lexikon der Erziehung in 11 Bänden und einem Registerband. Hrsg. von D. Lenzen. Unter Mitarb. von A. Schründer, Bd. 5, S. 189–205). Stuttgart: Klett-Cotta.

Hopf, W. (2015). Bildung, Ungleichheit und Sozialisation. In K. Hurrelmann, U. Bauer, M. Grundmann & S. Walper (Hrsg.), *Handbuch Sozialisationsforschung* (Pädagogik, 8. Aufl., S. 788–806). Weinheim: Beltz.

Horster, D. (Hrsg.). (2007). *Moralentwicklung von Kindern und Jugendlichen.* Wiesbaden: VS Verlag für Sozialwissenschaften.

Horstkemper. (2006). Fördern heißt diagnostizieren. Pädagogische Diagnostik als wichtige Voraussetzung für individuellen Lernerfolg. *Friedrich Jahresheft, XXIV,* 4–7.

Horstkemper, M. & Tillmann, K.-J. (2015). Sozialisation in der Schule. In K. Hurrelmann, U. Bauer, M. Grundmann & S. Walper (Hrsg.), *Handbuch Sozialisationsforschung* (Pädagogik, 8. Aufl., S. 414–436). Weinheim: Beltz.

Hosenfeld, I., Helmke, A. & Schrader, F.-W. (2002). Diagnostische Kompetenz. Unterrichts- und lernrelevante Schülermerkmale und deren Einschätzung durch die Lehrkräfte in der Unterrichtsstudie SALVE. *Zeitschrift für Pädagogik* (Beiheft 45), 65–82.

Hoth, J. (2015). *Situationsbezogene Diagnosekompetenz von Mathematiklehrkräften* (Perspektiven der Mathematikdidaktik). Dissertation. Wiesbaden: Springer.

Hügli, A. (1999). *Philosophie und Pädagogik* (Wissenschaft im 20. Jahrhundert). Darmstadt: WBG.

Hügli, A. (2004). Werteerziehung; moralische Erziehung; Moralpädagogik. In J. Ritter, K. Gründer, G. Gabriel, R. Eisler & G. Bien (Hrsg.), *Historisches Wörterbuch der Philosophie* (Völlig neubearb. Ausg. des „Wörterbuchs der philosophischen Begriffe" von Rudolf Eisler, S. 591–610). Basel: Schwabe.

Huisinga, R. (2015). Sozialisation in Berufsausbildung und Arbeit. In K. Hurrelmann, U. Bauer, M. Grundmann & S. Walper (Hrsg.), *Handbuch Sozialisationsforschung* (Pädagogik, 8. Aufl., S. 492–517). Weinheim: Beltz.

Humboldt, W. von (1999a). *Sämtliche Werke. Schriften zu Kultus und Unterricht 1809–1810* (Bd. 6). Hrsg. von W. Stahl. Stuttgart: Mundus Verlag.

Humboldt, W. von (1999b). *Sämtliche Werke. Schriften zur Anthropologie und Geschichte* (Bd. 1). Hrsg. v. W. Stahl. Stuttgart: Mundus Verlag.

Humboldt, W. von (2002). Über die innere und äussere Organisation der höheren wissenschaftlichen Anstalten in Berlin. In W. von Humboldt (2002). Werke in fünf Bänden. Schriften zur Politik und zum Bildungswesen (Bd. 4, 6. Aufl.; S. 255–266). Herausgegeben von V. A. Flitner & K. Giel. Darmstadt: WBG.

Hurrelmann, K. (1995). *Einführung in die Sozialisationstheorie. Über den Zusammenhang von Sozialstruktur und Persönlichkeit* (5., überarb. und erg. Aufl.). Weinheim: Beltz.

Hurrelmann, K. (2013). Thesen zur Entwicklung des Bildungssystems in den nächsten 20 Jahren. Überprüfung und Fortschreibung der Thesen in „Die Deutsche Schule" von 1988. *Die Deutsche Schule, 105* (3), 305–321.

Hurrelmann, K. & Bauer, U. (2015). *Einführung in die Sozialisationstheorie* (Pädagogik, 11. Aufl.). Weinheim: Beltz Juventa.

Hurrelmann, K., Bauer, U., Grundmann, M. & Walper, S. (2015). Vorwort: Die Entwicklung der Sozialisationsforschung. In K. Hurrelmann, U. Bauer, M. Grundmann & S. Walper (Hrsg.), *Handbuch Sozialisationsforschung* (Pädagogik, 8. Aufl., S. 9–13). Weinheim: Beltz.

Idel, T.-S., Dietrich, F., Kunze, K., Rabenstein, K. & Schütz, A. (Hrsg.). (2016). *Professionsentwicklung und Schulstrukturreform. Zwischen Gymnasium und neuen Schulformen in der Sekundarstufe* (Studien zur Professionsforschung und Lehrerbildung). Bad Heilbrunn: Verlag Julius Klinkhardt.

Illich, I. (1972). *Entschulung der Gesellschaft* (2. Aufl.). München: Kösel.

Ingenkamp, K. (1989). Leistungsbeurteilung – Leistungsversagen. In D. Lenzen & F. Rost (Hrsg.), *Jugend – Zeugnis* (S. 988–995). Reinbek bei Hamburg: Rowohlt-Taschenbuch-Verlag.

Ingenkamp, K. (Hrsg.). (1975). *Die Fragwürdigkeit der Zensurengebung.* Weinheim: Beltz.

Ingenkamp, K. & Lissmann, U. (2008). *Lehrbuch der pädagogischen Diagnostik* (Studium Paedagogik, 6., neu ausgestattete Aufl.). Weinheim: Beltz.

Jachmann, M. (2003). *Noten oder Berichte? Die schulische Beurteilungspraxis aus der Sicht von Schülern, Lehrern und Eltern* (Reihe Schule und Gesellschaft, Bd. 29). Wiesbaden: VS Verlag für Sozialwissenschaften.

Jäger, R. S. & Petermann, F. (Hrsg.). (1995). *Psychologische Diagnostik. Ein Lehrbuch* (3., korr. Aufl.). Weinheim: Beltz.

Jäger-Flor, D. & Jäger, R. S. (2008). *Bildungsbarometer zum Thema „Förderung im Bildungssystem" 2/2008. Ergebnisse, Bewertungen und Perspektiven.* Landau: Empirische Pädagogik.

Jank, W. & Meyer, H. (2014). *Didaktische Modelle* (11. Aufl.). Berlin: Cornelsen.

Jefferys-Duden, K. (1999). *Das Streitschlichter-Programm. Mediatorenausbildung für Schülerinnen und Schüler der Klassen 3 bis 6.* Weinheim: Beltz.

Jeismann, K.-E. (1977). Die Stiehlschen Regulative. Ein Beitrag zum Verhältnis von Politik und Pädagogik während der Reaktionszeit in Preußen. In U. Herrmann (Hrsg.), *Schule und Gesellschaft im 19. Jahrhundert. Sozialgeschichte der Schule im Übergang zur Industriegesellschaft* (S. 137–161). Weinheim: Beltz.

Joas, H. (2017). *Die Entstehung der Werte* (7. Aufl.). Frankfurt am Main: Suhrkamp.

Jonas, H. (2003). *Das Prinzip Verantwortung. Versuch einer Ethik für die technologische Zivilisation.* Frankfurt am Main: Suhrkamp.

Jürgens, E. (2005). *Leistung und Beurteilung in der Schule. Eine Einführung in Leistungs-und Bewertungsfragen aus pädagogischer Sicht* (6., aktual. und stark erw. Aufl.). Sankt Augustin: Academia-Verlag.

Jürgens, E. & Sacher, W. (2008). *Leistungserziehung und pädagogische Diagnostik in der Schule. Grundlagen und Anregungen für die Praxis* (Schulpädagogik). Stuttgart: Kohlhammer.

Kansteiner-Schätzlin, K. (2011). Schulentwicklung als Gegenstand der Lehrerbildung. In H. Altrichter & H.-U. Grunder (Hrsg.), *Akteure & Instrumente der Schulentwicklung* (Professionswissen für Lehrerinnen und Lehrer, Bd. 7, S. 187–202). Baltmannsweiler: Schneider-Verlag Hohengehren.

Kant, I. (1960). *Über Pädagogik*. Hrsg. von T. Dietrich. Bad Heilbrunn: Verlag Julius Klinkhardt.

Kant, I. (2016). *Über den Gemeinspruch: Das mag in der Theorie richtig sein, taugt aber nicht für die Praxis.* Hrsg. von K.-M. Guth. Berlin: Contumax; Hofenberg.

Karasek, R. A. (1979). Job Demands, Job Decision Latitude, and Mental Strain: Implications for Job Redesign. *Administrative Science Quarterly, 24* (2), 285–308.

Karing, C. (2009). Diagnostische Kompetenz von Grundschul- und Gymnasiallehrkräften im Leistungsbereich und im Bereich Interessen. *Zeitschrift für Pädagogische Psychologie/German Journal of Educational Psychology, 23* (3–4), 197–209.

Karing, C. & Artelt, C. (2014). Urteilsgenauigkeit von Lehrer(inne)n im emotional-motivationalen Bereich und im Leistungsbereich. In M. Mudiappa & C. Artelt (Hrsg.), *BiKS – Ergebnisse aus den Längsschnittstudien. Praxisrelevante Befunde aus dem Primar- und Sekundarschulbereich* (Schriften aus der Fakultät Humanwissenschaften der Otto-Friedrich-Universität Bamberg, Bd. 15, S. 111–118). Bamberg: University of Bamberg Press.

Kauder, P. (2010). Wissenschaftliche Schulen in der Erziehungswissenschaft. Exemplarische und explorative Annäherungen an ein kaum erforschtes Thema. *Zeitschrift für Pädagogik, 56* (4), 564–581.

Keller, M. (2007). Moralentwicklung und moralische Sozialisation. In D. Horster (Hrsg.), *Moralentwicklung von Kindern und Jugendlichen* (S. 17–49). Wiesbaden: VS Verlag für Sozialwissenschaften.

Kemnitz, H. (2011). Forschung zur Geschichte und Entwicklung des Lehrerberufs vom 18. Jahrhundert bis zur Gegenwart. In E. Terhart, H. Bennewitz & M. Rothland (Hrsg.), *Handbuch der Forschung zum Lehrerberuf* (S. 34–51). Münster: Waxmann.

Kemnitz, H. (2014). Forschung zur Geschichte und Entwicklung des Lehrerberufs vom 18. Jahrhundert bis zur Gegenwart. In E. Terhart, H. Bennewitz & M. Rothland (Hrsg.), *Handbuch der Forschung zum Lehrerberuf* (2., überarb. und erw. Aufl., S. 52–72). Münster: Waxmann.

Kemper, T. & Weishaupt, H. (2011). Region und soziale Ungleichheit. In H. Reinders, H. Ditton, C. Gräsel & B. Gniewosz (Hrsg.), *Empirische Bildungsforschung. Gegenstandsbereiche* (S. 209–219). Wiesbaden: VS Verlag für Sozialwissenschaften.

Kesselring, T. (2012). *Handbuch Ethik für Pädagogen. Grundlagen und Praxis* (2. Aufl.). Darmstadt: WBG.

Kiel, E. & Zierer, K. (2012). Die Allgemeine Didaktik ist tot! Es lebe die allgemeine Didaktik! In K. Zierer (Hrsg.), *Studien zur Allgemeinen Didaktik* (S. 29–51). Baltmannsweiler: Schneider-Verlag Hohengehren.

Kiper, H. (2013). *Theorie der Schule. Institutionelle Grundlagen pädagogischen Handelns.* Stuttgart: Kohlhammer.

Kittsteiner, H. D. (2000). Das Wirklichkeitsverständnis der Kulturgeschichte. In B.-O. Küppers (Hrsg.), *Die Einheit der Wirklichkeit. Zum Wissenschaftsverständnis der Gegenwart* (S. 9–26). München: W. Fink.

Klafki, W. (1964). *Das pädagogische Problem des Elementaren und die Theorie der kategorialen Bildung* (3./4., durchges. und erg. Aufl.). Weinheim: Beltz.

Klafki, W. (1971). *Studien zur Bildungstheorie und Didaktik* (Beltz Studienbuch, Bd. 1). Weinheim: Beltz.

Klafki, W. (1980). Die bildungstheoretische Didaktik. *Westermanns Pädagogische Beiträge, 32* (1), 32–37.

Klafki, W. (1985). *Neue Studien zur Bildungstheorie und Didaktik. Zeitgemäße Allgemeinbildung und kritisch-konstruktive Didaktik.* Weinheim: Beltz.

Klafki, W. (1989). Gesellschaftliche Funktionen und pädagogischer Auftrag der Schule in einer demokratischen Gesellschaft. In K.-H. Braun, K. Müller & R. Odey (Hrsg.), *Subjektivität, Vernunft, Demokratie. Analysen und Alternativen zur konservativen Schulpolitik* (Reihe Pädagogik, S. 4–33). Weinheim: Beltz.

Klafki, W. (1996). *Neue Studien zur Bildungstheorie und Didaktik. Zeitgemäße Allgemeinbildung und kritisch-konstruktive Didaktik* (Reihe Pädagogik, 5., unveränd. Aufl.). Weinheim: Beltz.

Klafki, W. (2007). *Neue Studien zur Bildungstheorie und Didaktik. Zeitgemäße Allgemeinbildung und kritisch-konstruktive Didaktik* (6., neu ausgestattete Aufl.). Weinheim: Beltz.

Klafki, W. (Hrsg.). (2002). *Schultheorie, Schulforschung und Schulentwicklung im politisch-gesellschaftlichen Kontext. Ausgewählte Studien* (Beltz-Pädagogik, Bd. 19). Hrsg. von B. Koch-Priewe, H. Stübig und W. Hendricks. Weinheim: Beltz.

Klauer, K. J. (2002). Wie misst man Schulleistungen? In F. E. Weinert (Hrsg.), *Leistungsmessungen in Schulen* (Beltz Pädagogik, 2., unveränd. Aufl., Dr. nach Typoskript, S. 103–115). Weinheim: Beltz.

Kleber, E. W. (1992). *Diagnostik in pädagogischen Handlungsfeldern. Einführung in Bewertung, Beurteilung, Diagnose und Evaluation.* Weinheim: Beltz Juventa.

Klemm, K. (1986). Was 1985 hätte sein sollen – Zielwerte des Bildungsgesamtplans von 1973 im Vergleich zur realen Schulentwicklung. In H.-G. Rolff (Hrsg.), *Jahrbuch der Schulentwicklung. Bd. 4* (Eine Veröffentlichung der Arbeitsstelle für Schulentwicklungsforschung der Universität Dortmund, S. 50–69). Weinheim: Beltz.

Klieme, E. (2006). Empirische Unterrichtsforschung: aktuelle Entwicklungen, theoretische Grundlagen und fachspezifische Befunde. Einführung in den Thementeil. *Zeitschrift für Pädagogik, 52* (6), 765–773.

Klieme, E., Avenarius, H., Blum, W., Döbrich, P., Gruber, H., Prenzel, M. et al. (Bundesministerium für Bildung und Forschung (BMBF), Hrsg.). (2003). *Zur Entwicklung nationaler Bildungsstandards. Eine Expertise.* Verfügbar unter: https://www.bmbf.de/pub/Bildungsforschung_Band_1.pdf [30.04.2018].

Klieme, E. & Steinert, B. (2009). Schulentwicklung im Längsschnitt. Ein Forschungsprogramm und erste explorative Analysen. In M. Prenzel & J. Baumert (Hrsg.), *Vertiefende Analysen zu PISA 2006. Zeitschrift für Erziehungswissenschaft* (Zeitschrift für Erziehungswissenschaft Sonderheft, Bd. 10, S. 221–238). Wiesbaden: VS Verlag für Sozialwissenschaften.

Kluchert, G. (2014). Umbruch, Aufbruch, Abbruch. Schulrecht und Schulreform in der Weimarer Republik. In S. Reh & H.-P. Füssel (Hrsg.), *Recht und moderne Schule. Beiträge zu ihrer Geschichte* (S. 191–205). Bad Heilbrunn: Verlag Julius Klinkhardt.

KMK – Kultusministerkonferenz (Hrsg.). (o.J.). *Aufgaben der Kultusministerkonferenz.* Verfügbar unter: https://www.kmk.org/kmk/aufgaben.html [25.05.2018].

KMK – Kultusministerkonferenz. (1964). *Abkommen zwischen den Ländern der Bundesrepublik zur Vereinheitlichung auf dem Gebiet des Schulwesens. (Vom 28.10. 1964 in der Fassung vom 14. 10. 1971).* Verfügbar unter: http://www.kmk.org/fileadmin/Dateien/veroeffentlichungen_beschluesse/1964/1964_10_28-Hamburger_Abkommen.pdf [20.06.2016].

KMK – Kultusministerkonferenz. (2000). *Bremer Erklärung: Gemeinsame Erklärung des Präsidenten der Kultusministerkonferenz und der Vorsitzenden der Bildungs- und Lehrergewerkschaften sowie ihrer Spitzenorganisationen Deutscher Gewerkschaftsbund (DGB) und DBB – Beamtenbund und Tarifunion. Beschluss vom 5. Oktober 2000.* Verfügbar unter: http://www.kmk.org/fileadmin/Dateien/veroeffentlichungen_beschluesse/2000/2000_10_05-Bremer-Erkl-Lehrerbildung.pdf [04.06.2018].

KMK – Kultusministerkonferenz. (Beschluss der 299. Kultusministerkonferenz vom 2002, 17. Oktober). *PISA 2000 – Zentrale Handlungsfelder. Zusammenfassende Darstellung der laufenden und geplanten Maßnahmen in den Ländern.* (Stand: 07.10.2002). Verfügbar unter: https://www.kmk.org/fileadmin/Dateien/veroeffentlichungen_beschluesse/2002/2002_10_07-Pisa-2000-Zentrale-Handlungsfelder.pdf [25.05.2018].

KMK – Kultusministerkonferenz (Hrsg.). (2004). *Bildungsstandards der Kultusministerkonferenz. Erläuterungen zur Konzeption und Entwicklung.* (Am 16.12.2004 von der Kultusministerkonferenz zustimmend zur Kenntnis genommen). Verfügbar unter: https://www.kmk.org/2004_12_16-Bildungsstandards-Konzeption-Entwicklung.pdf [30.04.2018].

KMK – Kultusministerkonferenz (Hrsg.). (2005). *Bildungsstandards der Kulturministerkonferenz. Erläuterungen zur Konzeption und Entwicklung* (Veröffentlichungen der Kultusministerkonferenz). München: Luchterhand/Wolters Kluwer.

KMK – Kultusministerkonferenz (Hrsg.). (2014). *Standards für die Lehrerbildung: Bildungswissenschaften. (Beschluss der Kultusministerkonferenz vom 16.12.2004 i.d.F. vom 12.06.2014).* Verfügbar unter: http://www.kmk.org/fileadmin/Dateien/veroeffentlichungen_beschluesse/2004/2004_12_16-Standards-Lehrerbildung-Bildungswissenschaften.pdf [30.04.2018].

KMK – Kultusministerkonferenz (Hrsg.). (2015). *Bericht über den Verfahrensstand bei der Implementation der Bildungsstandards für die Allgemeine Hochschulreife.* (Beschluss der Kultusministerkonferenz vom 06.11.2014 i.d.F. vom 12.11.2015). Verfügbar unter: https://www.kmk.org/2015_11_12-Bericht-Implementation-Bildungsstandards-AHR.pdf [30.04.2018].

KMK – Kultusministerkonferenz (Hrsg.). (2017). *Grundstruktur des Bildungswesens in der Bundesrepublik Deutschland. Diagramm.* Verfügbar unter: https://www.kmk.org/dokumentation-statistik/informationen-zum-deutschen-bildungssystem.html [25.05.2018].

Knoepffler, N. (2009). *Menschenwürde in der Bioethik.* Berlin: Springer.

Koch, L. (1976). Über die Schwierigkeit einer Einführung in die Erziehungswissenschaft. *Vierteljahrsschrift für wissenschaftliche Pädagogik 52* (1), 1–10.

Koch, S., Lehr, D. & Hillert, A. (2015). *Burnout und chronischer beruflicher Stress* (Fortschritte der Psychotherapie, Bd. 60). Göttingen: Hogrefe.

Koch-Priewe, B. (2000). Zur Aktualität und Relevanz der Allgemeinen Didaktik in der LehrerInnenausbildung. In M. Bayer, F. Bohnsack, B. Koch-Priewe & J. Wildt (Hrsg.), *Lehrerin und Lehrer werden ohne Kompetenz. Professionalisierung durch eine andere Lehrerbildung* (S. 148–170). Bad Heilbrunn: Verlag Julius Klinkhardt.

Köck, P. & Ott, H. (1994). *Wörterbuch für Erziehung und Unterricht. 3100 Begriffe aus den Bereichen Pädagogik, Didaktik, Psychologie, Soziologie, Sozialwesen* (5., völlig neu bearb. und erw. Aufl.). Donauwörth: Auer.

Kohler, B. & Wacker, A. (2013). Das Angebots-Nutzungs-Modell. Überlegungen zu Chancen und Grenzen des derzeit prominentesten Wirkmodell der Schul- und Unterrichtsforschung. *Die Deutsche Schule, 105* (3), 241–257.

Köhler, H. (1996). Bildung ist Ländersache – Zur Entwicklung des Schulwesens im föderalistischen Staat. In D. Benner, R. Fatke, C.-L. Furck, A. Helmke, U. Herrmann, D. Hopf et al. (Hrsg.). Die Institutionalisierung von Lehren und Lernen. Beiträge zu einer Theorie der Schule. *Zeitschrift für Pädagogik.* (Beiheft 34), 49–70.

Köker, A. & Störtländer, J. C. (Hrsg.). (2017). *Kritische und konstruktive Anschlüsse an das Werk Wolfgang Klafkis.* Weinheim: Beltz.

Koller, H.-C. (2012). *Bildung anders denken. Einführung in die Theorie transformatorischer Bildungsprozesse* (Pädagogik). Stuttgart: Kohlhammer.

Koller, H.-C. (2017). *Grundbegriffe, Theorien und Methoden der Erziehungswissenschaft. Eine Einführung.* Stuttgart: Kohlhammer.

Koller, H.-C. (Hrsg.). (2008). *Sinnkonstruktion und Bildungsgang. Zur Bedeutung individueller Sinnzuschreibungen im Kontext schulischer Lehr-Lern-Prozesse* (Studien zur Bildungsgangforschung, Bd. 24). Opladen: Verlag Barbara Budrich.

Köller, O. (2014). What works best in school? Hatties Befunde zu Effekten von Schul- und Unterrichtsvariablen auf Schulleistungen. In E. Terhart (Hrsg.), *Die Hattie-Studie in der Diskussion. Probleme sichtbar machen* (Bildung kontrovers, S. 24–37). Seelze: Klett Kallmeyer.

Köller, O. & Baumert, J. (2012). Schulische Leistung und ihre Messung. In W. Schneider & U. Lindenberger (Hrsg.), *Entwicklungspsychologie* (7., vollst. überarb. Aufl., S. 645–661). Weinheim: Beltz.

König, E. & Zedler, P. (1983). *Einführung in die Wissenschaftstheorie der Erziehungswissenschaft* (Schwann Pädagogik). Düsseldorf: Schwann.

König, J., Doll, J., Buchholtz, N., Förster, S., Kaspar, K., Rühl, A.-M., Strauß, S., Bremerich-Vos, A., Fladung, I. & Kaiser, G. (2018). Pädagogisches Wissen versus fachdidaktisches Wissen? Struktur des professionellen Wissens bei angehenden Deutsch-, Englisch- und Mathematiklehrkräften im Studium. *Zeitschrift für Erziehungswissenschaft, 21* (3), 565–588.

König, J. & Rothland, M. (2016). Klassenführungswissen als Ressource der Burnout-Prävention? Zum Nutzen von pädagogisch-psychologischem Wissen im Lehrerberuf. *Unterrichtswissenschaft, 44* (4), 425–441.

Konrad, F.-M. (2012). *Geschichte der Schule. Von der Antike bis zur Gegenwart* (2., durchges. und aktual. Aufl.). München: Beck.

Kotthoff, H.-G. & Böttcher, W. (2010). Neue Formen der „Schulinspektion": Wirkungshoffnungen und Wirksamkeit im Spiegel empirischer Bildungsforschung. In H. Altrichter (Hrsg.), *Handbuch Neue Steuerung im Schulsystem* (Educational Governance, Bd. 7, S. 295–326). Wiesbaden: VS Verlag für Sozialwissenschaften.

Krais, B. (2014). Bildungssoziologie. *Die Deutsche Schule, 106* (3), 264–290.

Kraul, M. (1984). *Das deutsche Gymnasium. 1780–1980.* Frankfurt am Main: Suhrkamp.

Kraus, A. (2016). *Pädagogische Wissensformen in der Lehrer(innen)bildung. Ein performativitätstheoretischer Ansatz* (European Studies on Educational Practices, Bd. 7). Münster: Waxmann.

Krause, A. & Dorsemagen, C. (2011). Gesundheitsförderung für Lehrerinnen und Lehrer. In E. Bamberg, A. Ducki & A.-M. Metz (Hrsg.), *Gesundheitsförderung und*

Gesundheitsmanagement in der Arbeitswelt. Ein Handbuch (Innovatives Management, S. 561–579). Göttingen: Hogrefe.

Krause, A. & Dorsemagen, C. (2014). Belastung und Beanspruchung im Lehrberuf – Arbeitsplatz- und bedingungsbezogene Forschung. In E. Terhart, H. Bennewitz & M. Rothland (Hrsg.), *Handbuch der Forschung zum Lehrerberuf* (2., überarb. und erw. Aufl., S. 987–1013). Münster: Waxmann.

Krauss, S. & Bruckmaier, G. (2014). Das Experten-Paradigma in der Forschung zum Lehrberuf. In E. Terhart, H. Bennewitz & M. Rothland (Hrsg.), *Handbuch der Forschung zum Lehrerberuf* (2., überarb. und erw. Aufl., S. 241–261). Münster: Waxmann.

Krebs, A. (Hrsg.). (2000). *Gleichheit oder Gerechtigkeit. Texte der neuen Egalitarismuskritik* (Orig.-Ausg.). Frankfurt am Main: Suhrkamp.

Kristen, C. (2006). Ethnische Diskriminierung in der Grundschule? Die Vergabe von Noten und Bildungsempfehlungen. *Kölner Zeitschrift für Soziologie und Sozialpsychologie, 58* (1), 79–97.

Krüger, H.-H. (1999). *Einführung in Theorien und Methoden der Erziehungswissenschaft* (UTB für Wissenschaft Erziehungswissenschaft, Bd. 8108; 2. Aufl.). Opladen: Budrich.

Krüger, H.-H. (2010). Jugend und Bildung. In R. Tippelt & B. Schmidt (Hrsg.), *Handbuch Bildungsforschung* (3., durchges. Aufl., S. 641–660). Wiesbaden: VS Verlag für Sozialwissenschaften.

Kuhn, T. S. (1997). *Die Struktur wissenschaftlicher Revolutionen* (2., rev. und um das Postskriptum von 1969 erg. Aufl., 14. Aufl.). Frankfurt am Main: Suhrkamp.

Kunter, M., Kunina-Habenicht, O., Baumert, J., Dicke, T., Holzberger, D., Lohse-Bossenz, H. et al. (2017). Bildungswissenschaftliches Wissen und professionelle Kompetenz in der Lehramtsausbildung. Ergebnisse des Projekts BilWiss. In C. Gräsel & K. Trempler (Hrsg.), *Entwicklung von Professionalität pädagogischen Personals. Interdisziplinäre Betrachtungen, Befunde und Perspektiven.* Wiesbaden: VS Verlag für Sozialwissenschaften.

Küppers, B.-O. (2010). *Wissen statt Moral. Fünf Thesen zur Wissensgesellschaft*. Köln: Fackelträger.

Ladwig, B. (2011). *Gerechtigkeitstheorien zur Einführung*. Hamburg: Junius.

Lambrecht, M. (2018). *Steuerung als pädagogisches Problem. Empirische Rekonstruktionen zur Interaktion in Schulinspektions-Interviews* (Rekonstruktive Bildungsforschung, Bd. 16). Wiesbaden: Springer.

Landwehr, C. (2012). Demokratische Legitimation durch rationale Kommunikation. Theorien deliberativer Demokratie. In O. W. Lembcke, C. Ritzi & G. S. Schaal (Hrsg.), *Zeitgenössische Demokratietheorie. Band 1: Normative Demokratietheorien* (S. 355–385). Wiesbaden: VS Verlag für Sozialwissenschaften.

Landwehr, N. (2009). Ein Gesamtsystem des Pädagogischen Qualitätsmanagements (PQM). In N. Berkemeyer, M. Bonsen & B. Harazd (Hrsg.), *Perspektiven der Schulentwicklungsforschung. Festschrift für Hans-Günter Rolff* (S. 180–197). Weinheim: Beltz.

Lange, A. (2015). Sozialisation in der mediatisierten Gesellschaft. In K. Hurrelmann, U. Bauer, M. Grundmann & S. Walper (Hrsg.), *Handbuch Sozialisationsforschung* (Pädagogik, 8. Aufl., S. 537–556). Weinheim: Beltz.

Langewand, A. (2004). Theorie und Praxis. In D. Benner & J. Oelkers (Hrsg.), *Historisches Wörterbuch der Pädagogik* (S. 1016–1030). Weinheim: Beltz.

Lang-Wojtasik, G. (2008). *Schule in der Weltgesellschaft. Herausforderungen und Perspektiven einer Schultheorie jenseits der Moderne* (Beiträge zur pädagogischen Grundlagenforschung). Weinheim: Beltz Juventa.

Lazarus, R. S. & Folkman, S. (1994). *Stress, appraisal, and coping.* New York: Springer.

Lehmann, R. H., Peek, R. & Gänsfuß, R. (Behörde für Schule, Jugend und Berufsbildung, Amt für Schule, Hrsg.). (1997). *Aspekte der Lernausgangslage und der Lernentwicklung. von Schülerinnen und Schülern, die im Schuljahr 1996/97 eine fünfte Klasse an Hamburger Schulen besuchten. Bericht über die Erhebung im September 1996 (LAU 5).*Verfügbar unter: http://bildungsserver.hamburg.de/contentblob/2815702/3b66049d4257501a0d44dce9b7ca449c/data/pdf-schulleistungstest-lau-5.pdf [11.05.2017].

Lehner, M. (2012). *Didaktische Reduktion* (UTB, 3715). Bern: Haupt.

Lehr, D. (2014). Belastung und Beanspruchung im Lehrerberuf – Gesundheitliche Situation und Evidenz für Risikofaktoren. In E. Terhart, H. Bennewitz & M. Rothland (Hrsg.), *Handbuch der Forschung zum Lehrerberuf* (2., überarb. und erw. Aufl., S. 947–967). Münster: Waxmann.

Lembcke, O. W., Ritzi, C. & Schaal, G. S. (Hrsg.). (2012). *Zeitgenössische Demokratietheorie. Bd. 1: Normative Demokratietheorien.* Wiesbaden: VS Verlag für Sozialwissenschaften.

Lembcke, O., Ritzi, C. & Schaal, G. S. (Hrsg.). (2016). *Zeitgenössische Demokratietheorie. Bd. 2: Empirische Demokratietheorien.* Wiesbaden: VS Verlag für Sozialwissenschaften.

Lenzen, D. (1996). *Handlung und Reflexion. Von pädagogischen Theoriedefizit zur reflexiven Erziehungswissenschaft* (Reihe Pädagogik). Weinheim: Beltz.

Lersch, R. & Schreder, G. (2013). *Grundlagen kompetenzorientierten Unterrichtens. Von den Bildungsstandards zum Schulcurriculum.* Opladen: Verlag Barbara Budrich.

Leschinsky, A. (1996). Einleitung. In D. Benner, R. Fatke, C.-L. Furck, A. Helmke, U. Herrmann, D. Hopf et al. (Hrsg.). Die Institutionalisierung von Lehren und Lernen. Beiträge zu einer Theorie der Schule. *Zeitschrift für Pädagogik.* (Beiheft 34), 9–20.

Leschinsky, A. & Cortina, K. S. (2008). Zur sozialen Einbettung bildungspolitischer Trends in der Bundesrepublik. In K. S. Cortina, J. Baumert, A. Leschinsky, K. U. Mayer & L. Trommer (Hrsg.), *Das Bildungswesen in der Bundesrepublik Deutschland. Strukturen und Entwicklungen im Überblick.* (Orig.-Ausg., vollst. überarb. Neuausg, S. 21–51). Reinbek bei Hamburg: Rowohlt-Taschenbuch-Verlag.

Leutner, D. (2010). Pädagogisch-psychologische Diagnostik. In D. H. Rost (Hrsg.), *Handwörterbuch Pädagogische Psychologie* (4., überarb. und erw. Aufl., S. 624–635). Weinheim: Beltz.

Lichtenstein, E. (1971). Bildung. In J. Ritter (Hrsg.), *Historisches Wörterbuch der Philosophie* (Bd. 1, S. 922–938). Darmstadt: WBG.

Liket, T. M. E. (1995). *Freiheit und Verantwortung. Das niederländische Modell des Bildungswesens* (2. Aufl.). Gütersloh: Bertelsmann Stiftung.

Lind, G. (2009). *Moral ist lehrbar. Handbuch zur Theorie und Praxis moralischer und demokratischer Bildung* (EGS-Texte Erziehung – Gesellschaft – Schule, 2., überarb. und aktual. Aufl.). München: Oldenbourg.

Lipowsky, F. (2007). Was wissen wir über guten Unterricht? In G. Becker, A. Feindt, H. Meyer, M. Rothland, L. Stäudel & E. Terhart (Hrsg.), *Guter Unterricht. Maß-*

stäbe und Merkmale – Wege und Werkzeuge. (Friedrich Jahresheft XXV, S. 26–30). Seelze: Friedrich.

Lipowsky, F. (2015). Unterricht. In E. Wild & J. Möller (Hrsg.), *Pädagogische Psychologie* (Springer-Lehrbuch, 2. vollst. überarb. und aktual. Aufl., S. 69–105). Berlin: Springer.

Lohmann, V., Seidel, V. & Terhart, E. (2011). Bildungswissenschaften in der universitären Lehrerbildung: Curriculare Strukturen und Verbindlichkeiten. Eine Analyse aktueller Studienordnungen an nordrhein-westfälischen Universitäten. *Lehrerbildung auf dem Prüfstand, 4* (2), 271–302.

Lohmann-Haislah, A. (2012). *Stressreport Deutschland 2012. Psychische Anforderungen, Ressourcen und Befinden* (Bundesanstalt für Arbeitsschutz und Arbeitsmedizin, Hrsg.). Dortmund, Dresden, Berlin. Verfügbar unter: https://www.baua.de/DE/Angebote/Publikationen/Berichte/Gd68.pdf?__blob=publicationFile [22.06.2017].

Lortie, D. C. (1977). *Schoolteacher: a sociological study.* Chicago, IL: University of Chicago Press.

Lüders, M. (2003). *Unterricht als Sprachspiel. Eine systematische und empirische Studie zum Unterrichtsbegriff und zur Unterrichtssprache* (Klinkhardt-Forschung). Bad Heilbrunn: Verlag Julius Klinkhardt.

Lüders, M. (2012). Der Unterrichtsbegriff in pädagogischen Nachschlagewerken. Ein empirischer Beitrag zur disziplinären Entwicklung der Schulpädagogik. *Zeitschrift für Pädagogik, 58,* 109–129.

Lüders, M. (2014). Erziehungswissenschaftliche Unterrichtstheorien. *Zeitschrift für Pädagogik, 60* (6), 832–849.

Lüders, M. & Rauin, U. (2008). Unterrichts- und Lehr-Lernforschung. In W. Helsper & J. Böhme (Hrsg.), *Handbuch der Schulforschung* (2., durchges. und erw. Aufl., S. 717–745). Wiesbaden: VS Verlag für Sozialwissenschaften.

Ludwig, P. H. (1995). Pygmalion im Notenbuch. Die Auswirkungen von Erwartungen bei Leistungsbeurteilung und -rückmeldung. *Pädagogische Welt, 49* (3), 115–119.

Luhmann, N. (1987). *Soziale Systeme. Grundriß einer allgemeinen Theorie.* Frankfurt am Main: Suhrkamp.

Luhmann, N. (2002). *Das Erziehungssystem der Gesellschaft* (Suhrkamp-Taschenbuch Wissenschaft, Bd. 1593). Hrsg. von D. Lenzen. Frankfurt am Main: Suhrkamp.

Luhmann, N. & Schorr, K. E. (1988). *Reflexionsprobleme im Erziehungssystem* (4. Aufl.). Frankfurt am Main: Suhrkamp.

Lundgreen, P. (1995). Institutionalisierung des höheren Schulwesens. In M. Baethge & K. Nevermann (Hrsg.), *Organisation, Recht und Ökonomie des Bildungswesens* (Enzyklopädie Erziehungswissenschaft. Handbuch und Lexikon der Erziehung in 11 Bänden und einem Registerband, hrsg. von D. Lenzen. Unter Mitarb. von A. Schründer, Bd. 5, S. 98–113). Stuttgart: Klett-Cotta.

Lundgreen, P. (2011). Pädagogische Professionen. Ausbildung und Professionalität in historischer Perspektive. *Zeitschrift für Pädagogik* (Beiheft 57), 9–39.

Maag Merki, K. (2009). Selbstständige Schule: Begründung und Konkretisierung. In N. Berkemeyer, M. Bonsen & B. Harazd (Hrsg.), *Perspektiven der Schulentwicklungsforschung. Festschrift für Hans-Günter Rolff* (S. 70–83). Weinheim: Beltz.

Maag Merki, K. (2010). Theoretische und empirische Analysen der Effektivität von Bildungsstandards, standardbezogenen Lernstandserhebungen und zentralen Abschlussprüfungen. In H. Altrichter (Hrsg.), *Handbuch Neue Steuerung im Schulsys-*

tem (Educational Governance, Bd. 7, S. 145–170). Wiesbaden: VS Verlag für Sozialwissenschaften.

Maaz, K., Baeriswyl, F. & Trautwein, U. (Vodafone Stiftung Deutschland gemeinnützige GmbH, Hrsg.). (2011). *Herkunft zensiert? Leistungsdiagnostik und soziale Ungleichheiten in der Schule.* Eine Studie im Auftrag der Vodafone Stiftung Deutschland. Verfügbar unter: https://www.vodafone-stiftung.de/vodafone_stiftung_publikationen.html?&no_cache=1&tx_newsjson_pi1%5BshowUid%5D=44 [11.05.2017].

Maaz, K., Baumert, J. & Trautwein, U. (2010). Genese sozialer Ungleichheit im institutionellen Kontext Schule: Wo entsteht und vergrößert sich soziale Ungleichheit? In H.-H. Krüger, U. Rabe-Kleberg, R.-T. Kramer & J. Budde (Hrsg.), *Bildungsungleichheit revisited. Bildung und soziale Ungleichheit vom Kindergarten bis zur Hochschule* (Studien zur Schul- und Bildungsforschung, Bd. 30, S. 69–102). Wiesbaden: VS Verlag für Sozialwissenschaften.

Maaz, K. & Nagy, G. (2009). Der Übergang von der Grundschule in die weiterführenden Schulen des Sekundarschulsystems: Definitionen, Spezifikation und Quantifizierung primärer und sekundärer Herkunftseffekte. In J. Baumert, K. Maaz & U. Trautwein (Hrsg.). Bildungsentscheidungen. *Zeitschrift für Erziehungswissenschaft.* (Sonderheft 12), S. 153–182 [Themenheft]. Wiesbaden: VS Verlag für Sozialwissenschaften.

Maaz, K., Neumann, M., Trautwein, U., Wendt, W., Lehmann, R. & Baumert, J. (2008). Der Übergang von der Grundschule in die weiterführende Schule. Die Rolle von Schüler- und Klassenmerkmalen beim Einschätzen der individuellen Lernkompetenz durch die Lehrkräfte. *Schweizerische Zeitschrift für Bildungswissenschaften, 30* (3), 519–548.

Malti, T. (2010). Moralische Emotionen und Moralerziehung in der Kindheit. In B. Latzko & T. Malti (Hrsg.), *Moralische Entwicklung und Erziehung in Kindheit und Adoleszenz* (S. 181–198). Göttingen: Hogrefe.

Manitius, V., Berkemeyer, N., Brüsemeister, T. & Bos, W. (2015a). Regionalisierung im Bildungsbereich. Editorial. *Journal for Educational Research Online, 7* (1), 7–13.

Manitius, V., Hermstein, B., Berkemeyer, N. & Bos, W. (Hrsg.). (2015b). *Zur Gerechtigkeit von Schule. Theorien, Konzepte, Analysen.* Münster: Waxmann.

Manitius, V., Jungermann, Berkemeyer, Nils & Bos, W. (2013). Regionale Bildungsbüros als Boundary Spanner – Ergebnisse aus einer Bestandsaufnahme zu den Regionalen Bildungsbüros in NRW. *Die Deutsche Schule, 105* (3), 276–295.

March, J. G. (Hrsg.). (1965). *Handbook of Organizations.* Chicago: Rand McNally.

Martial, I. von (1996). Einführung in didaktische Modelle. Baltmannsweiler: Schneider-Verlag Hohengehren.

May, M. (2007). *Demokratiefähigkeit und Bürgerkompetenzen. Kompetenztheoretische und normative Grundlagen der politischen Bildung* (Studien zur Schul- und Bildungsforschung). Wiesbaden: VS Verlag für Sozialwissenschaften.

Mayer, K. U. (2008). Das Hochschulwesen. In K. S. Cortina, J. Baumert, A. Leschinsky, K. U. Mayer & L. Trommer (Hrsg.), *Das Bildungswesen in der Bundesrepublik Deutschland. Strukturen und Entwicklungen im Überblick* (vollst. überarb. Neuausg., S. 599–645). Reinbek bei Hamburg: Rowohlt-Taschenbuch-Verlag.

McElvany, N. (2010). Die Übergangsempfehlung von der Grundschule auf die weiterführende Schule im Erleben der Lehrkräfte. In K. Maaz, J. Baumert, C. Gresch & N. McElvany (Hrsg.), *Der Übergang von der Grundschule in die weiterführende Schule. Leistungsgerechtigkeit und regionale, soziale und ethnisch-kulturelle Dispari-*

täten (Bildungsforschung, Bd. 34, S. 295–311). Bonn, Berlin: Bundesministerium für Bildung und Forschung (BMBF) Referat Bildungsforschung.

Meidinger, H. (2000). *Stärke durch Offenheit. Ein Trainingsprogramm zur Verbesserung der Kommunikations- und Konfliktfähigkeit von Lehrern*. Berlin: Cornelsen Scriptor.

Meißner, S., Semper, I., Roth, S. & Berkemeyer, N. (2018a). Anerkennung als Gesundheitsressource? Die Bedeutung von Anerkennung für die Gesundheit von Lehrkräften. Bildungspolitik, Bildungsadministration und Bildungsforschung im Dialog. In K. Drossel & B. Eickelmann (Hrsg.), *Does „What works" work? Bildungspolitik, Bildungsadministration und Bildungsforschung im Dialog* (S. 223–240). Münster: Waxmann.

Meißner, S., Semper, I., Roth, S. & Berkemeyer, N. (2018b). Gesunde Lehrkräfte: Eine Frage personaler und organisationaler Anerkennung? Ergebnisse einer qualitativen Studie zu schulische Anerkennungsverhältnissen und deren Auswirkungen auf den Selbstwert. In Gesellschaft für Arbeitswissenschaft e.V. (Hrsg.), *Bericht zum 64. Arbeitswissenschaftlichen Kongress vom 21.–23. Februar 2018, Frankfurt am Main*. Dortmund.

Meyer, E. & Winkel, R. (Hrsg.). (1991). *Unser Ziel: humane Schule. Entwicklung, Praxis, Perspektiven* (Grundlagen der Schulpädagogik, Bd. 1). Baltmannsweiler: Schneider-Verlag Hohengehren.

Meyer, H. (2004). *Was ist guter Unterricht?* (5. Aufl.). Berlin: Cornelsen.

Meyer, R. (1977). Das Berechtigungswesen in seiner Bedeutung für Schule und Gesellschaft im 19. Jahrhundert. In U. Herrmann (Hrsg.), *Schule und Gesellschaft im 19. Jahrhundert. Sozialgeschichte der Schule im Übergang zur Industriegesellschaft* (Beltz-Studienbuch, S. 371–383). Weinheim: Beltz.

Miceli, N. (2018). *Schulautonomie als Element neuer Steuerung. Rekontextualisierungen zwischen pädagogischer und struktureller Perspektive*. Dissertation. Wiesbaden: VS Verlag für Sozialwissenschaften.

Michael, B. & Schepp, H.-H. (1993). *Die Schule in Staat und Gesellschaft. Dokumente zur deutschen Schulgeschichte im 19. und 20. Jahrhundert* (Quellensammlung zur Kulturgeschichte, Bd. 22). Göttingen: Muster-Schmidt.

Mittelstraß, J. (2001). *Wissen und Grenzen. Philosophische Studien*. Frankfurt am Main: Suhrkamp.

Mittelstraß, J. (Hrsg.). (2004). *Enzyklopädie Philosophie und Wissenschaftstheorie. Bd. 4: Sp–Z* (Unveränd. Nachdr. der Sonderausg. 2004). Darmstadt: WBG.

Mittelstraß, J. (2015). *Der philosophische Blick. Elf Studien über Wissen und Denken*. Wiesbaden: Berlin University Press.

MSB NRW – Ministerium für Schule und Bildung des Landes Nordrhein-Westfalen (01.06.2015). *Teilnahme am Unterricht und an sonstigen Schulveranstaltungen. RdErl. d. Ministeriums für Schule und Weiterbildung v. 29.05.2015 (ABl. NRW. 7/8-15)*. Verfügbar unter: https://www.schulministerium.nrw.de/docs/Recht/Schulrecht/Erlasse/index.html [16.06.2018].

Müller, D. K. (1977). *Sozialstruktur und Schulsystem. Aspekte zum Strukturwandel des Schulwesens im 19. Jahrhundert* (Studien zum Wandel von Gesellschaft und Bildung im neunzehnten Jahrhundert, Bd. 7). Zugl.: Frankfurt am Main, Diss., 1971. Göttingen: Vandenhoeck & Ruprecht.

Müller, H.-P. & Reitz, T. (2015). Einleitung. Die Bildungsgesellschaft und die Bildungssoziologie. In H.-P. Müller & T. Reitz (Hrsg.), *Bildung und Klassenbildung*.

Kritische Perspektiven auf eine Leitsituation der Gegenwart (Wirtschaft und Gesellschaft, S. 8–24). Weinheim: Beltz Juventa.

Müller, S. F. & Tenorth, H.-E. (1995). Professionalisierung der Lehrertätigkeit. In M. Baethge & K. Nevermann (Hrsg.), *Organisation, Recht und Ökonomie des Bildungswesens* (Enzyklopädie Erziehungswissenschaft. Handbuch und Lexikon der Erziehung in 11 Bänden und einem Registerband, hrsg. von D. Lenzen. Unter Mitarb. von A. Schründer, Bd. 5, S. 153–171). Stuttgart: Klett-Cotta.

Mutzeck, W. (2008). *Methodenbuch kooperative Beratung. Supervision, Teamberatung, Coaching, Mediation, Unterrichtsberatung, Klassenrat* (Beltz Pädagogik Praxis). Weinheim: Beltz.

Nairz-Wirth, E., Wendebourg, E. & Feldmann, K. (2013). Schulabbruch und schulische Anerkennung. In M. Jäggle (Hrsg.), *Kultur der Anerkennung. Würde – Gerechtigkeit – Partizipation für Schulkultur, Schulentwicklung und Religion* (S. 161–174). Baltmannsweiler: Schneider-Verlag Hohengehren.

Nave-Herz, R. (2015). *Familie heute. Wandel der Familienstrukturen und Folgen für die Erziehung* (6. Aufl.). Darmstadt, Germany: WBG.

NEA – National Education Association (1975). *Code of Ethics.* Verfügbar unter: http://www.nea.org/home/30442.htm [02.02.2018].

Neugebauer, W. (2014). Schulrecht im 18. Jahrhundert. In S. Reh & H.-P. Füssel (Hrsg.), *Recht und moderne Schule. Beiträge zu ihrer Geschichte* (S. 35–59). Bad Heilbrunn: Verlag Julius Klinkhardt.

Neumann, M., Becker, M., Baumert, J., Maaz, K. & Köller, O. (Hrsg.). (2017). *Zweigliedrigkeit im deutschen Schulsystem. Potenziale und Herausforderungen in Berlin.* Münster: Waxmann.

Neumann-Wirsig, H. (Hrsg.). (2015). *Supervisions-Tools. Die Methodenvielfalt der Supervision in 55 Beiträgen renommierter Supervisorinnen und Supervisoren.* Bonn: managerSeminare Verlags GmbH.

Newen, A. & Schrenk, M. A. (2013). *Einführung in die Sprachphilosophie* (Einführungen Philosophie, 2., durchges. Aufl.). Darmstadt: WBG.

Nida-Rümelin, J. (2006). *Demokratie und Wahrheit.* München: Beck.

Nida-Rümelin, J. (2009). *Politische Philosophie der Gegenwart. Rationalität und politische Ordnung* (Grundzüge der Politikwissenschaft, Bd. 3242). Unter Mitarb. von C. Bratu und T. Schmidt. Paderborn: Fink.

Nida-Rümelin, J. (2013). *Philosophie einer humanen Bildung.* Hamburg: Edition Körber-Stiftung.

Nida-Rümelin, J. (2016a). *Humanistische Reflexionen.* Berlin: Suhrkamp.

Nida-Rümelin, J. (2016b). *Strukturelle Rationalität. Ein philosophischer Essay über praktische Vernunft.* Stuttgart: Reclam.

Nida-Rümelin, J. & Zierer, K. (2015). *Auf dem Weg in eine neue deutsche Bildungskatastrophe. Zwölf unangenehme Wahrheiten.* Freiburg: Herder.

Nieskens, B., Rupprecht, S. & Erbing, S. (2012). Was hält Lehrkräfte gesund? Ergebnisse der Gesundheitsforschung für Lehrkräfte und Schulen. In DAK Gesundheit & Unfallkasse Nordrhein-Westfalen (Hrsg.), *Handbuch Lehrergesundheit – Impulse für die Entwicklung guter gesunder Schulen* (2., umfänglich überarb. und erw. Aufl., S. 41–96). Köln: Carl Link.

Nohl, H. (2002). *Die pädagogische Bewegung in Deutschland und ihre Theorie* (11. Aufl.). Frankfurt am Main: Klostermann.

Nunner-Winkler, G. (2007). Zum Verständnis von Moral – Entwicklungen in der Kindheit. In D. Horster (Hrsg.), *Moralentwicklung von Kindern und Jugendlichen* (S. 51–76). Wiesbaden: VS Verlag für Sozialwissenschaften.

Nyssen, E. (1995). Schule als Institution: Bildung für alle? In E. Nyssen & B. Schön (Hrsg.), *Perspektiven für pädagogisches Handeln. Eine Einführung in Erziehungswissenschaft und Schulpädagogik* (S. 101–153). Weinheim: Beltz Juventa.

Oelkers, J. (1976). *Die Vermittlung zwischen Theorie und Praxis in der Pädagogik* (Kösel Diskussion). Zugl.: Hamburg, Univ., Diss., 1976 u.d.T.: Oelkers, Jürgen: Die Vermittlung von Theorie und Praxis in der deutschen Pädagogik von Kant bis Nohl. München: Kösel.

Oelkers, J. (1992). *Pädagogische Ethik. Eine Einführung in Probleme, Paradoxien und Perspektiven* (Grundlagentexte Pädagogik). Weinheim: Beltz Juventa.

Oelkers, J. (2001). *Einführung in die Theorie der Erziehung* (Beltz-Studium Erziehung und Bildung). Weinheim: Beltz.

Oesterreich, R. & Volpert, W. (Hrsg.). (1999). *Psychologie gesundheitsgerechter Arbeitsbedingungen. Konzepte, Ergebnisse und Werkzeuge zur Arbeitsgestaltung* (Schriften zur Arbeitspsychologie, Bd. 59). Bern: Huber.

Oevermann, U. (1996). Theoretische Skizze einer revidierten Theorie professionalisierten Handelns. In A. Combe & W. Helsper (Hrsg.), *Pädagogische Professionalität. Untersuchungen zum Typus pädagogischen Handelns* (S. 70–182). Frankfurt am Main: Suhrkamp.

Ofenbach, B. (2006). *Geschichte des pädagogischen Berufsethos. Realbedingungen für Lehrerhandeln von der Antike bis zum 21. Jahrhundert.* Würzburg: Königshausen & Neumann.

Offe, C. (Hrsg.). (2003). *Demokratisierung der Demokratie. Diagnosen und Reformvorschläge.* Frankfurt am Main: Campus.

Oser, F. (2001). Acht Strategien der Wert- und Moralerziehung. In W. Edelstein, F. Oser & P. Schuster (Hrsg.), *Moralische Erziehung in der Schule. Entwicklungspsychologie und pädagogische Praxis* (S. 63–89). Weinheim: Beltz.

Oser, F. & Althof, W. (2001). Die Gerechte Schulgemeinschaft: Lernen durch Gestaltung des Schullebens. In W. Edelstein, F. Oser & P. Schuster (Hrsg.), *Moralische Erziehung in der Schule. Entwicklungspsychologie und pädagogische Praxis* (S. 233–268). Weinheim: Beltz.

Osterwalder, F. (2011). *Demokratie, Erziehung und Schule. Zur Geschichte der politischen Legitimation von Bildung und pädagogischer Legitimation von Demokratie.* Bern: Haupt.

Ott, K. (2005). *Moralbegründungen zur Einführung* (2., erg. Aufl.). Hamburg: Junius.

Otto, J., Sendzik, N., Järvinen, H., Berkemeyer, N. & Bos, W. (2015). *Kommunales Netzwerkmanagement. Forschung, Praxis, Perspektiven.* Münster: Waxmann.

Pant, H. A. (2014). Visible Evidence? Eine methodisch orientierte Auseinandersetzung mit John Hatties Meta-Metaanalysen. In E. Terhart (Hrsg.), *Die Hattie-Studie in der Diskussion. Probleme sichtbar machen* (S. 134–146). Seelze: Klett Kallmeyer.

Paradies, L., Wester, F. & Greving, J. (2014). *Leistungsmessung und -bewertung* (5. Aufl.). Berlin: Cornelsen.

Pätzold, H., Hoffmann, N. & Schrapper, C. (Hrsg.). (2015). *Organisation bildet. Organisationsforschung in pädagogischen Kontexten.* Weinheim: Beltz Juventa.

Peterßen, W. H. (1996). *Lehrbuch Allgemeine Didaktik* (5., überarb. und erw. Aufl.). München: Ehrenwirth.

Peterßen, W. H. (2001). *Lehrbuch Allgemeine Didaktik* (EGS-Texte, 6. Aufl.). München: Oldenbourg.

Philipp, E. (2006). *Teamentwicklung in der Schule. Konzepte und Methoden* (4., unveränd. Aufl.). Weinheim: Beltz.

Philipp, E. & Rademacher, H. (2010). *Konfliktmanagement im Kollegium. Arbeitsbuch mit Modellen und Methoden* (2., neu ausgestatte Aufl.). Weinheim: Beltz.

Philipp, E. & Rolff, H.-G. (1998). *Schulprogramme und Leitbilder entwickeln. Ein Arbeitsbuch*. Weinheim: Beltz.

Pongratz, L. A., Wimmer, M., Nieke, W. & Masschelein, J. (2004). *Nach Foucault. Diskurs- und machtanalytische Perspektiven der Pädagogik* (Schriftenreihe der Kommission Bildungs- und Erziehungsphilosophie der DGfE). Wiesbaden: VS Verlag für Sozialwissenschaften.

Popper, K. R. (1989). *Logik der Forschung* (9., verb. Aufl.). Tübingen: J.C.B. Mohr.

Pörksen, B. (Hrsg.). (2015). *Schlüsselwerke des Konstruktivismus* (2., erw. Aufl.). Mit einem Nachwort von Siegfried J. Schmidt. Wiesbaden: VS Verlag für Sozialwissenschaften.

Postman, N. (1986). *Das Verschwinden der Kindheit* (13. Aufl.). Frankfurt am Main: Fischer.

Prange, K. (2010). *Die Ethik der Pädagogik. Zur Normativität erzieherischen Handelns*. Paderborn: Schöningh.

Prengel, A. (2014). „Anerkennung ermöglicht Lernen, Verletzung verhindert es". Ergebnisse und Folgerungen aus dem Projektnetz INTAKT. *Pädagogik, 66* (12), 29–31.

Proske, M. (2011). Wozu Unterrichtstheorie? In W. Meseth, M. Proske & F.-O. Radtke (Hrsg.), *Unterrichtstheorien in Forschung und Lehre* (S. 9–22). Bad Heilbrunn: Verlag Julius Klinkhardt.

Quenzel, G. (2015). *Entwicklungsaufgaben und Gesundheit im Jugendalter*. Zugl.: Bielefeld, Univ., Habil.-Schr., 2014. Weinheim: Beltz Juventa.

Radtke, F.-O. (1996). *Wissen und Können. Die Rolle der Erziehungswissenschaft in der Erziehung* (Studien zur Erziehungswissenschaft und Bildungsforschung, Bd. 8). Wiesbaden: VS Verlag für Sozialwissenschaften.

Rahm, S. & Schröck, N. (2008). *Wer steuert die Schule? Zur Rekonstruktion dilemmatischer Ausgangslagen für Schulleitungshandeln in lernenden Schulen*. Bad Heilbrunn: Verlag Julius Klinkhardt.

Ramseger, J. (1991). *Was heißt „durch Unterricht erziehen"? Erziehender Unterricht und Schulreform* (Studien zur Schulpädagogik und Didaktik, Bd. 5). Weinheim: Beltz.

Rauh, M. & Dedering, K. (2013). Beratungstypen in der externen Schulentwicklungsberatung. *Zeitschrift für Bildungsforschung, 3* (3), 253–269.

Rawls, J. (1979). *Eine Theorie der Gerechtigkeit*. Frankfurt am Main: Suhrkamp.

Rawls, J. (2006). *Gerechtigkeit als Fairneß. Ein Neuentwurf*. Frankfurt am Main: Suhrkamp.

Regionalverband Ruhr (Hrsg.). (2012). *Bildungsbericht Ruhr*. Münster: Waxmann.

Reh, S., Fritzsche, B., Idel, T.-S. & Rabenstein, K. (Hrsg.). (2015). *Lernkulturen. Rekonstruktion pädagogischer Praktiken an Ganztagsschulen* (Schule und Gesellschaft, Bd. 47). Wiesbaden: VS Verlag für Sozialwissenschaften.

Reh, S. & Rabenstein, K. (2013). Die soziale Konstitution des Unterrichts in pädagogischen Praktiken und die Potentiale qualitativer Unterrichtsforschung. Rekonstruktionen des Zeigens und Adressierens. *Zeitschrift für Pädagogik, 59* (3), 291–307.

Reich, K. (1981). 3. Zur Entwicklung des lehr-/lerntheoretischen Ansatzes in der Didaktik. In W. Twellmann (Hrsg.), *Handbuch Schule und Unterricht. Schule und Unterricht unter dem Aspekt der Didaktik unterrichtlicher Prozesse* (S. 52–71). Düsseldorf: Pädagogischer Verlag Schwann.

Reich, K. (2001). Konstruktivistische Ansätze in den Sozial- und Kulturwissenschaften. In T. Hug (Hrsg.), *Wie kommt Wissenschaft zu Wissen?* (S. 356–376). Baltmannsweiler: Schneider-Verlag Hohengehren.

Reich, K. (2004). Konstruktivistische Didaktik im Blick auf Aufgaben der Fachdidaktik Pädagogik. In K. Beyer (Hrsg.), *Planungshilfen für den Fachunterricht. Die Praxisbedeutung der wichtigsten allgemein-didaktischen Konzeptionen* (S. 103–121). Baltmannsweiler: Schneider-Verlag Hohengehren.

Reich, K. (2005a). Konstruktivistische Didaktik auf dem Weg, die Didaktik neu zu erfinden. In R. Voß (Hrsg.), *LernLust und EigenSinn. Systemisch-konstruktivistische Lernwelten* (S. 179–190). Heidelberg: Carl-Auer.

Reich, K. (2005b). *Systemisch-konstruktivistische Pädagogik. Einführung in Grundlagen einer interaktionistisch-konstruktivistischen Pädagogik* (Pädagogik und Konstruktivismus, 5., völlig überarb. Aufl.). Weinheim: Beltz.

Reich, K. (2008). *Konstruktivistische Didaktik. Lehr- und Studienbuch mit Methodenpool* (Beltz Pädagogik, 4., durchges. Aufl.). Weinheim: Beltz.

Reich, K. (2011). Konstruktivistische Didaktik. In G. Bovet & V. Huwendiek (Hrsg.), *Leitfaden Schulpraxis. Pädagogik und Psychologie für den Lehrberuf* (6. Aufl., S. 56–63). Berlin: Cornelsen-Scriptor.

Reichenbach, R. (2018). *Ethik der Bildung und Erziehung. Essays zur pädagogischen Ethik* (Pädagogik, Erziehungswissenschaft, Bildungswissenschaft, UTB-Bd. 4859). Paderborn: Ferdinand Schöningh.

Reinders, H. (2015). Sozialisation in der Gleichaltrigengruppe. In K. Hurrelmann, U. Bauer, M. Grundmann & S. Walper (Hrsg.), *Handbuch Sozialisationsforschung* (Pädagogik, 8. Aufl., S. 393–413). Weinheim: Beltz.

Reinmann-Rothmeier, G. & Mandl, H. (1999). *Unterrichten und Lernumgebungen gestalten. Forschungsbericht Nr. 60*. Ludwig-Maximilians-Universität München.

Reusser, K. (2009). Empirisch fundierte Didaktik – didaktisch fundierte Unterrichtsforschung. In M. A. Meyer, M. Prenzel & S. Hellekamps (Hrsg.), *Perspektiven der Didaktik. Zeitschrift für Erziehungswissenschaft* (Zeitschrift für Erziehungswissenschaft Sonderheft, Bd. 9, S. 219–237). Wiesbaden: VS Verlag für Sozialwissenschaften.

Reutlinger, C. (2015). Sozialräumliche Sozialisation. In K. Hurrelmann, U. Bauer, M. Grundmann & S. Walper (Hrsg.), *Handbuch Sozialisationsforschung* (Pädagogik, 8. Aufl., S. 606–627). Weinheim: Beltz.

Rheinberg, F. (2002). Bezugsnormen und schulische Leistungsbeurteilung. In F. E. Weinert (Hrsg.), *Leistungsmessungen in Schulen* (2., unveränd. Aufl., Dr. nach Typoskript, S. 59–71). Weinheim: Beltz.

Richter, I. (1995). Verfassungsrechtliche Grundlagen des Bildungswesens. In M. Baethge & K. Nevermann (Hrsg.), *Organisation, Recht und Ökonomie des Bildungswesens* (Enzyklopädie Erziehungswissenschaft. Handbuch und Lexikon der Erziehung in 11 Bänden und einem Registerband. Hrsg. von D. Lenzen. Unter Mitarb. von A. Schründer, Bd. 5, S. 226–243). Stuttgart: Klett-Cotta.

Ricken, N. (2013). Anerkennung als Adressierung. Über die Bedeutung von Anerkennung für Subjektivationsprozesse. In T. Alkemeyer, G. Budde & D. Freist (Hrsg.),

Selbst-Bildungen. Soziale und kulturelle Praktiken der Subjektivierung (Praktiken der Subjektivierung, Bd. 1, S. 69–99). Bielefeld: DeGruyter.

Ricken, N., Koller, H.-C. & Keiner, E. (Hrsg.). (2014). *Die Idee der Universität – revisited*. Wiesbaden: VS Verlag für Sozialwissenschaften.

Ricken, N. & Rieger-Ladich, M. (Hrsg.). (2004). *Michel Foucault: Pädagogische Lektüren*. Wiesbaden: VS Verlag für Sozialwissenschaften.

Riedl, A. (2010). *Grundlagen der Didaktik* (Pädagogik, 2., überarb. Aufl.). Stuttgart: Steiner.

Rodehüser, F. (1989). *Epochen der Grundschulgeschichte. Darstellung und Analyse der historischen Entwicklung einer Schulstufe unter Berücksichtigung ihrer Entstehungszusammenhänge und möglicher Perspektiven für die Zukunft* (2. Aufl.). Zugl.: Dortmund, Univ., Diss., 1987. Bochum: Winkler.

Rogge, B. & Groh-Samberg, O. (2015). Statuserhalt und Statusbewusstsein. In H.-P. Müller & T. Reitz (Hrsg.), *Bildung und Klassenbildung. Kritische Perspektiven auf eine Leitsituation der Gegenwart* (Wirtschaft und Gesellschaft, S. 26–82). Weinheim: Beltz Juventa.

Rolff, H.-G. (1993). *Wandel durch Selbstorganisation. Theoretische Grundlagen und praktische Hinweise für eine bessere Schule* (Veröffentlichung des Instituts für Schulentwicklungsforschung der Universität Dortmund). Weinheim: Beltz Juventa.

Rolff, H.-G. (1997). *Sozialisation und Auslese durch die Schule* (Überarb. Neuausg). Weinheim: Beltz Juventa.

Rolff, H.-G. (1998). Entwicklung von Einzelschulen: Viel Praxis, wenig Theorie und kaum Forschung. In H.-G. Rolff, K.-O. Bauer, K. Klemm & H. Pfeiffer (Hrsg.), *Jahrbuch Schulentwicklung. Bd. 10.* (S. 295–326). Weinheim: Beltz Juventa.

Rolff, H.-G. (2014). Sind schulische Strukturfaktoren wirklich nicht so wichtig? Hattie und das deutsche Schulsystem. In E. Terhart (Hrsg.), *Die Hattie-Studie in der Diskussion. Probleme sichtbar machen* (Bildung kontrovers, S. 67–77). Seelze: Klett Kallmeyer.

Rolff, H.-G., Buhren, C. G., Lindau-Bank, D. & Müller, S. (1998). *Manual Schulentwicklung. Handlungskonzept zur pädagogischen Schulentwicklungsberatung (SchuB)* (Beltz-Pädagogik). Weinheim: Beltz.

Rolff, H.-G. & Evers, C.-H. (1974). *Strategisches Lernen in der Gesamtschule. Gesellschaftliche Perspektiven der Schulreform*. Reinbek: Rowohlt.

Rolff, H.-G. & Zimmermann, P. (2001). *Kindheit im Wandel. Eine Einführung in die Sozialisation im Kindesalter* (Beltz-Taschenbuch Pädagogik, Bd. 84; vollst. überarb. Neuausg. der 5. Aufl. 1997). Weinheim: Beltz.

Rommerskirchen, J. (2017). *Soziologie & Kommunikation. Theorien und Paradigmen von der Antike bis zur Gegenwart* (2., überarb. und erw. Aufl.). Wiesbaden: VS Verlag für Sozialwissenschaften.

Rosa, H. (2005). *Beschleunigung. Die Veränderung der Zeitstrukturen in der Moderne* (Orig.-Ausg). Frankfurt am Main: Suhrkamp.

Rosa, H. (2016). *Resonanz. Eine Soziologie der Weltbeziehung*. Berlin: Suhrkamp.

Rösner, E. (2007). *Hauptschule am Ende. Ein Nachruf*. Münster: Waxmann.

Rothland, M. (2009). Das Dilemma des Lehrerberufs sind … die Lehrer? Anmerkungen zur persönlichkeitspsychologisch dominierten Lehrerbelastungsforschung. *Zeitschrift für Erziehungswissenschaft, 12* (1), 111–125.

Rothland, M. (Hrsg.). (2013a). *Belastung und Beanspruchung im Lehrerberuf. Modelle, Befunde, Interventionen* (2., vollst. überarb. Aufl.). Wiesbaden: VS Verlag für Sozialwissenschaften.

Rothland, M. (2013b). Wiederbelebung einer Totgesagten. Anmerkungen zur Reanimation der Allgemeinen Didaktik. *Zeitschrift für Erziehungswissenschaft, 16* (3), 629–645.

Rothland, M. (2014). Warum entscheiden sich Studierende für den Lehrberuf? In E. Terhart, H. Bennewitz & M. Rothland (Hrsg.), *Handbuch der Forschung zum Lehrerberuf* (2., überarb. und erw. Aufl.; S. 349–385.). Münster: Waxmann.

Rothland, M. (2016a). Der Lehrberuf in der Öffentlichkeit. In M. Rothland (Hrsg.), *Beruf Lehrer/Lehrerin. Ein Studienbuch* (UTB Schulpädagogik, S. 57–85). Münster: Waxmann.

Rothland, M. (2016b). Der Lehrerberuf als Gegenstand der Lehrerbildung. Zur Einführung in das Studienbuch. In M. Rothland (Hrsg.), *Beruf Lehrer/Lehrerin. Ein Studienbuch* (UTB Schulpädagogik, S. 7–15). Münster: Waxmann.

Rothland, M. & Klusmann, U. (2016). Belastung und Beanspruchung im Lehrberuf. In M. Rothland (Hrsg.), *Beruf Lehrer/Lehrerin. Ein Studienbuch* (UTB Schulpädagogik, S. 351–369). Münster: Waxmann.

Rürup, M., Fuchs, H.-W. & Weishaupt, H. (2010). Bildungsberichterstattung – Bildungsmonitoring. In H. Altrichter (Hrsg.), *Handbuch Neue Steuerung im Schulsystem* (Educational Governance, Bd. 7, S. 377–402). Wiesbaden: VS Verlag für Sozialwissenschaften.

Russell, B. (1974). *Erziehung ohne Dogma. Pädagogische Schriften* (Sammlung Dialog, 108: Texte). München: Nymphenburger Verlagshandlung.

Russell, B. (1993). *Education and the social order.* Abingdon, Oxon: Routledge.

Rüther, M. (2015). *Metaethik zur Einführung* (Zur Einführung). Hamburg: Junius.

Sacher, W. (2009). *Leistungen entwickeln, überprüfen und beurteilen. Bewährte und neue Wege für die Primar- und Sekundarstufe* (5., überarb. und erw. Aufl.). Bad Heilbrunn: Verlag Julius Klinkhardt.

Sachße, C. (2018). *Die Erziehung und ihr Recht. Vergesellschaftung und Verrechtlichung von Erziehung in Deutschland 1870–1990.* Weinheim: Beltz Juventa.

Sandring, S. (2013). *Schulversagen und Anerkennung. Scheiternde Schulkarrieren im Spiegel der Anerkennungsbedürfnisse Jugendlicher.* Dordrecht: Springer.

Schaarschmidt, U. & Fischer, A. W. (2001). *Bewältigungsmuster im Beruf. Persönlichkeitsunterschiede in der Auseinandersetzung mit der Arbeitsbelastung; mit 86 Abbildungen und 6 Tabellen.* Göttingen: Vandenhoeck & Ruprecht.

Schaarschmidt, U. & Fischer, A. W. (2008). *AVEM – Arbeitsbezogenes Verhaltens- und Erlebensmuster* (3., überarb. und erw. Aufl.). London: Pearson.

Schaarschmidt, U. & Kieschke, U. (2013). Beanspruchungsmuster im Lehrerberuf. Ergebnisse und Schlussfolgerungen aus der Potsdamer Lehrerstudie. In M. Rothland (Hrsg.), *Belastung und Beanspruchung im Lehrerberuf. Modelle, Befunde, Interventionen* (2., vollst. überarb. Aufl., S. 81–97). Wiesbaden: VS Verlag für Sozialwissenschaften.

Scheuch, K., Haufe, E. & Seibt, R. (2015). Lehrergesundheit. *Deutsches Ärzteblatt international, 112* (20), 347–356.

Schiller, F. (1996). *Was heißt und zu welchem Ende studiert man Universalgeschichte? Die akademische Antrittsrede von 1789.* Reprint des Erstdrucks aus dem Jahre 1789 mit einem Nachwort und neu hrsg. von V. Wahl. Jena: Dr. Bussert & Stadeler.

Schiller, F. (2000). *Über die ästhetische Erziehung des Menschen in einer Reihe von Briefen. Mit den Augustenburger Briefen* (Universal-Bibliothek, Bd. 18062). Hrsg. von K. L. Berghan. Stuttgart: Reclam.

Schlee, J. (2012). *Kollegiale Beratung und Supervision für pädagogische Berufe. Hilfe zur Selbsthilfe; ein Arbeitsbuch* (Schulpädagogik, 3. Aufl.). Stuttgart: Kohlhammer.

Schleiermacher, F. (2000). *Texte zur Pädagogik. Kommentierte Studienausgabe. Bd. 2.* Hrsg. von M. Winkler & J. Brachmann. Frankfurt am Main: Suhrkamp.

Schmerse, D. & Tietze, W. (2015). Sozialisation in Krippe und Kindergarten. In K. Hurrelmann, U. Bauer, M. Grundmann & S. Walper (Hrsg.), *Handbuch Sozialisationsforschung* (Pädagogik, 8. Aufl., S. 414–436). Weinheim: Beltz.

Schmid, C. & Watermann, R. (2010). Demokratische Bildung. In R. Tippelt & B. Schmidt (Hrsg.), *Handbuch Bildungsforschung* (3., durchges. Aufl., S. 881–898). Wiesbaden: VS Verlag für Sozialwissenschaften.

Schmidt, R. & Schmidt, B. (Hrsg.). (2010). *Handbuch Bildungsforschung* (3., durchges. Aufl.). Wiesbaden: VS Verlag für Sozialwissenschaften.

Schmitt, C. & Schönberger, C. (2011). *Die Tyrannei der Werte* (3., korr. Aufl.). Berlin: Duncker & Humblot.

Schmitz, G. S. & Schwarzer, R. (2000). Selbstwirksamkeitserwartung von Lehrern: Längsschnittbefunde mit einem neuen Instrument. *Zeitschrift für Pädagogische Psychologie, 14* (1), 12–25.

Schnädelbach, H. (2012). *Was Philosophen wissen und was man von ihnen lernen kann* (2. Aufl.). München: Beck.

Schnebel, S. (2007). *Professionell beraten. Beratungskompetenz in der Schule* (Beltz Pädagogik, Bd. 20). Weinheim: Beltz.

Scholl, D. (2009). *Sind die traditionellen Lehrpläne überflüssig? Zur lehrplantheoretischen Problematik von Bildungsstandards und Kernlehrplänen.* Zugl.: Köln, Univ., Diss. 2008. Wiesbaden: VS Verlag für Sozialwissenschaften.

Schrader, F.-W. (2014). Lehrer als Diagnostiker. In E. Terhart, H. Bennewitz & M. Rothland (Hrsg.), *Handbuch der Forschung zum Lehrerberuf* (2., überarb. und erw. Aufl., S. 865–882). Münster: Waxmann.

Schratz, M. (2009). Leistungsfähigkeit von Schule als geteilte Entwicklungsaufgabe. In N. Berkemeyer, M. Bonsen & B. Harazd (Hrsg.), *Perspektiven der Schulentwicklungsforschung. Festschrift für Hans-Günter Rolff* (S. 84–102). Weinheim: Beltz.

Schreiner, C., Breit, S. & Haider, G. (2008). Zur Validität der Mathematiknoten. Ein Vergleich von Leistungsbeurteilung und Leistungsmessung bei PISA. In F. Hofmann, C. Schreiner & J. Thonhauser (Hrsg.), *Qualitative und quantitative Aspekte. Zu ihrer Komplementarität in der erziehungswissenschaftlichen Forschung* (S. 211–224). Münster: Waxmann.

SchulG NRW. *Schulgesetz für das Land Nordrhein-Westfalen.* In der Fassung vom 15.2.2005, zuletzt geändert durch das 9. Schulrechtsänderungsgesetz vom 5.11.2013. Verfügbar unter: https://recht.nrw.de/lmi/owa/br_text_anzeigen?v_id=10000000000000000524 [23.06.2018].

Schult, J., Münzer-Schrobildgen, M. & Sparfeldt, J. R. (2014). Belastet, aber hochzufrieden? *Zeitschrift für Gesundheitspsychologie, 22* (2), 61–67.

Schultheis, F. & Hector, F. (Hrsg.). (2008). *Humboldts Albtraum. Der Bologna-Prozess und seine Folgen.* Konstanz: UVK.

Schultheis, K. (2011). Erziehen als Beruf. In G. Mertens, U. Frost, W. Böhm, L. Koch & V. Ladenthin (Hrsg.), *Allgemeine Erziehungswissenschaft II. Handbuch der Erzie-*

hungswissenschaft 2 (utb-studi-e-book, Bd. 8456, S. 363–384). Studienausgabe. Paderborn: Schöningh.

Schulz, W. (1972). Unterricht – Analyse und Planung. In A. Blumenthal & W. Ostermann (Hrsg.), *Paul Heinmann, Gunter Otto, Wolfgang Schulz. Unterricht. Analyse und Planung* (6., bearb. Aufl., S. 13–47). Hannover: Schroedel.

Schulz, W. (1980). Die lerntheoretische Didaktik. *Westermanns Pädagogische Beiträge, 32* (2), 80–85.

Schulz, W. (1981). *Unterrichtsplanung. Mit Materialien aus Unterrichtsfächern* (U-und-S-Pädagogik Praxis und Theorie des Unterrichtens, 3., erw. Aufl.). München: Urban & Schwarzenberg.

Schurz, G. (2006). *Einführung in die Wissenschaftstheorie*. Darmstadt: WBG.

Schüssler, R., Schöning, A., Schwier, V., Schicht, S., Gold, J. & Weyland, U. (Hrsg.). (2017). *Forschendes Lernen im Praxissemester. Zugänge, Konzepte, Erfahrungen.* Bad Heilbrunn: Verlag Julius Klinkhardt.

Schütze, F. (1996). Organisationszwänge und hoheitsstaatliche Rahmenbedingungen im Sozialwesen. Ihre Auswirkungen auf die Paradoxien des professionellen Handelns. In A. Combe & W. Helsper (Hrsg.), *Pädagogische Professionalität. Untersuchungen zum Typus pädagogischen Handelns* (S. 183–275). Frankfurt am Main: Suhrkamp.

Schützeichel, R. (2004). *Soziologische Kommunikationstheorien* (UTB Soziologie, Medien- und Kommunikationswissenschaft, Bd. 2623). Konstanz: UVK.

Schützeichel, R. (2007). *Handbuch Wissenssoziologie und Wissensforschung* (Erfahrung – Wissen – Imagination, Bd. 15). Konstanz: UVK.

Schwandt, M. (2010). *Kritische Theorie. Eine Einführung* (Theorie.org, 2., durchges. Aufl.). Stuttgart: Schmetterling-Verlag.

Schwanitz, D. (2002). *Bildung. Alles, was man wissen muß* (11. Aufl., vollst. Taschenbuchausg). München: Goldmann.

Schwarzer, C. & Posse, N. (2005). Beratung im Handlungsfeld Schule. *Pädagogische Rundschau, 59* (2), 139–151.

Schwarzer, C. & Posse, N. (2008). Schulberatung. In W. Schneider & M. Hasselhorn (Hrsg.), *Handbuch der pädagogischen Psychologie* (Handbuch der Psychologie, Bd. 10, S. 441–451). Göttingen: Hogrefe.

Schwarzer, R. & Jerusalem, M. (2002). Das Konzept der Selbstwirksamkeit. In M. Jerusalem & D. Hopf (Hrsg.). Selbstwirksamkeit und Motivationsprozesse in Bildungsinstitutionen. *Zeitschrift für Pädagogik.* (Beiheft 44), 28–53.

Searle, J. R. (2012). *Wie wir die soziale Welt machen. Die Struktur der menschlichen Zivilisation* (1., neue Ausg.). Berlin: Suhrkamp.

Sedlmeier, P. & Renkewitz, F. (2013). *Forschungsmethoden und Statistik für Psychologen und Sozialwissenschaftler* (Always learning, 2., aktual. und erw. Aufl.). München: Pearson.

Seibt, R., Galle, M. & Dutschke, D. (2007). Psychische Gesundheit im Lehrerberuf. In *Prävention und Gesundheitsförderung, 2* (4), 228–234.

Seibt, R., Hübler, A., Steputat, A. & Scheuch, K. (2012). Verausgabungs-Belohnungs-Verhältnis und Burnout-Risiko bei Lehrerinnen und Ärztinnen – ein Berufsgruppenvergleich. *Arbeitsmedizin. Sozialmedizin, Umweltmedizin, 47* (7), 396–406.

Seibt, R., Meyer, K., Spitzer, S., Steputat, A. & Freude, G. (2016). Arbeitsfähigkeit und physische Gesundheit von Lehrkräften. Vergleich mit einer Regionalstichprobe Erwerbstätiger. In *Prävention und Gesundheitsförderung, 11* (3), 162–170.

Seidel, T., Blomberg, G. & Stürmer, K. (2010). „Observer" – Validierung eines videobasierten Instruments zur Erfassung der professionellen Wahrnehmung von Unterricht. *Zeitschrift für Pädagogik, 56* (Beiheft), 296–306.

Semmer, N. K., Jacobshagen, N., Meier, Laurenz, L. & Elfering, A. (2007). Occupational Stress Research: The "Stress-as-offense-to-self" Perspective. *Occupational Health Psychology: European Perspectives on Research, Education and Practice* (2), 43–60.

Semmer, N. K. & Meier, L. L. (2014). Bedeutung und Wirkung von Arbeit. In H. Schuler & K. Moser (Hrsg.), *Lehrbuch Organisationspsychologie* (5., vollst. überarb. Aufl. S. 559–604). Bern: Verlag Hans Huber.

Semper, I., Mende, L. & Berkemeyer, N. (2017). Schul- und Unterrichtsforschung – Thematische Einführung in die einzelnen Abschnitte. In T. Burger & N. Miceli (Hrsg.), *Empirische Forschung im Kontext Schule. Einführung in theoretische Aspekte und methodische Zugänge* (S. 31–48). Wiesbaden: VS Verlag für Sozialwissenschaften.

Sennett, R. (2000). *Der flexible Mensch. Die Kultur des neuen Kapitalismus* (6. Aufl., vollst. Taschenbuchausg). Berlin: Siedler.

Shell Deutschland Holding (Hrsg.). (2015). *Jugend 2015. Eine pragmatische Generation im Aufbruch.* Frankfurt am Main: Fischer.

Sickendiek, U., Engel, F. & Nestmann, F. (2008). *Beratung. Eine Einführung in sozialpädagogische und psychosoziale Beratungsansätze* (Grundlagentexte soziale Berufe, 3. Aufl.). Weinheim: Beltz Juventa.

Siebert, H. (2008). *Konstruktivistisch lehren und lernen* (Grundlagen der Weiterbildung). Augsburg: Ziel.

Siegrist, J. (1996). *Soziale Krisen und Gesundheit. Eine Theorie der Gesundheitsförderung am Beispiel von Herz-Kreislauf-Risiken* (Reihe Gesundheitspsychologie, Bd. 5). Göttingen: Hogrefe.

Slavin, R. E. (1994). Quality, appropriateness, incentive, and time: A model of instructional effectiveness. *International Journal of Education Research, 21* (2), 141–157.

Solga, H. & Wagner, S. (2016). Die Zurückgelassenen – die soziale Verarmung der Lernumwelt von Hauptschülerinnen und Hauptschülern. In R. Becker & W. Lauterbach (Hrsg.), *Bildung als Privileg. Erklärungen und Befunde zu den Ursachen der Bildungsungleichheit* (5., aktual. Aufl., S. 221–252). Wiesbaden: VS Verlag für Sozialwissenschaften.

Speck, K., Olk, T. & Stimpel, T. (2011). Auf dem Weg zum multiprofessionellen Organisationen? Die Kooperation von Sozialpädagogen und Lehrkräften im schulischen Ganztag. Empirische Befunde aus der Ganztagsforschung und dem Forschungsprojekt „Professionelle Kooperation von unterschiedlichen Berufskulturen an Ganztagsschulen" (ProKoop). *Zeitschrift für Pädagogik* (Beiheft 57), 184–201.

Spinath, B. (2005). Akkuratheit der Einschätzung von Schülermerkmalen durch Lehrer und das Konstrukt der diagnostischen Kompetenz. *Zeitschrift für Pädagogische Psychologie/German Journal of Educational Psychology, 19* (1/2), 85–95.

Stahl, T. (2013). *Einführung in die Metaethik.* Stuttgart: Reclam.

Stanat, P., Pant, H. A., Böhme, K. & Richter, D. (Hrsg.). (2012). *Kompetenzen von Schülerinnen und Schülern am Ende der vierten Jahrgangsstufe in den Fächern Deutsch und Mathematik. Ergebnisse des IQB-Ländervergleichs 2011.* Münster: Waxmann.

Standop, J. (2005). *Werte in der Schule. Grundlegende Konzepte und Handlungsansätze* (Pädagogik, Bd. 18). Weinheim: Beltz.

Steffens, U. & Bargel, T. (Hrsg.). (2016). *Schulqualität – Bilanz und Perspektiven. Grundlagen der Qualität von Schule 1* (Beiträge zur Schulentwicklung). Münster: Waxmann.

Stehr, N. (1994). *Arbeit, Eigentum und Wissen. Zur Theorie von Wissensgesellschaften.* Frankfurt am Main: Suhrkamp.

Stehr, N. & Grundmann, R. (2010). *Expertenwissen. Die Kultur und die Macht von Experten, Beratern und Ratgebern.* Weilerswist: Velbrück Wissenschaft.

Steins, G., Behnke, K. & Haep, A. (2014). *Im Klassenzimmer* (Sozialpsychologie des Schulalltags; Bd. 2; 2., überarb. Aufl.). Lengerich, Westf.: Pabst Science Publ.

Stichweh, R. (1996). Professionen in einer funktional differenzierten Gesellschaft. In A. Combe & W. Helsper (Hrsg.), *Pädagogische Professionalität. Untersuchungen zum Typus pädagogischen Handelns* (S. 49–78). Frankfurt am Main: Suhrkamp.

Straka, G. A. & Macke, G. (2002). *Lern-lehr-theoretische Didaktik* (Lernen, organisiert und selbstgesteuert – Forschung – Lehre – Praxis, Bd. 3). Münster: Waxmann.

Stratmann, K. & Pätzold, G. (1995). Institutionalisierung der Berufsbildung. In M. Baethge & K. Nevermann (Hrsg.), *Organisation, Recht und Ökonomie des Bildungswesens* (Enzyklopädie Erziehungswissenschaft. Handbuch und Lexikon der Erziehung in 11 Bänden und einem Registerband, hrsg. von D. Lenzen. Unter Mitarb. von A. Schründer, Bd. 5, S. 114–134). Stuttgart: Klett-Cotta.

Straub, E. (2010). *Zur Tyrannei der Werte.* Stuttgart: Klett-Cotta.

Südkamp, A., Kaiser, J. & Möller, J. (2012). Accuracy of teachers' judgments of students' academic achievement: A meta-analysis. *Journal of Educational Psychology, 104* (3), 743–762.

Suhr, M. (2005). *John Dewey zur Einführung* (Zur Einführung, Bd. 296). Hamburg: Junius.

Sydow, J. & Wirth, C. (Hrsg.). (2014). *Organisation und Strukturation. Eine fallbasierte Einführung* (Organisationssoziologie). Wiesbaden: VS Verlag für Sozialwissenschaften.

Tenorth, H.-E. (1977). Statuspolitik und Professionalisierungspolitik. Zur Geschichte von Philologenverband und GEW in der Bundesrepublik Deutschland. In M. Heinemann (Hrsg.), *Der Lehrer und seine Organisation* (Veröffentlichungen der Historischen Kommission der Deutschen Gesellschaft für Erziehungswissenschaft, Bd. 2, S. 409–422). Stuttgart: Klett-Cotta.

Tenorth, H.-E. (1996). Die professionelle Konstruktion der Schule. Historische Ambivalenz eines Autonomisierungsprozesses. *Zeitschrift für Pädagogik* (Beiheft 34), 285–298.

Tenorth, H.-E. (Hrsg.). (2003). *Klassiker der Pädagogik. Zweiter Band. Von Dewey bis Paulo Freire.* (Beck'sche Reihe). München: Beck.

Tenorth, H.-E. (2010). *Geschichte der Erziehung. Einführung in die Grundzüge ihrer neuzeitlichen Entwicklung* (Grundlagentexte Pädagogik, 5. Aufl.). Weinheim: Beltz Juventa.

Tenorth, H.-E. (Hrsg.). (2012). *Klassiker der Pädagogik* (Beck'sche Reihe, 2., durchges. Aufl.). München: Beck.

Tenorth, H.-E. (2014). „Schulrecht" – eine erinnerungswürdige Tradition und Perspektive ihrer Historiographie. In S. Reh & H.-P. Füssel (Hrsg.), *Recht und moderne Schule. Beiträge zu ihrer Geschichte* (S. 15–34). Bad Heilbrunn: Verlag Julius Klinkhardt.

Terhart, E. (1992). Lehrerberuf und Professionalität. In B. Dewe, W. Ferchhoff & F. Olaf-Radtke (Hrsg.), *Erziehen als Profession. Zur Logik professionellen Handelns in pädagogischen Feldern* (S. 103–131). Opladen: Leske + Budrich.

Terhart, E. (1999). Konstruktivismus und Unterricht. Gibt es einen neuen Ansatz in der Allgemeinen Didaktik? *Zeitschrift für Pädagogik, 45* (5), 629–647.

Terhart, E. (2002a). Fremde Schwestern. Zum Verhältnis von Allgemeiner Didaktik und empirischer Lehr-Lern-Forschung. *Zeitschrift für Pädagogische Psychologie, 16* (2), 77–86.

Terhart, E. (2002b). *Standards für die Lehrerbildung. Eine Expertise für die Kultusministerkonferenz.* Münster.

Terhart, E. (2005). Über Traditionen und Innovationen oder: Wie geht es weiter mit der Allgemeinen Didaktik? *Zeitschrift für Pädagogik, 51* (1), 1–13.

Terhart, E. (2009a). Allgemeine Didaktik: Traditionen, Neuanfänge, Herausforderungen. In M. A. Meyer, M. Prenzel & S. Hellekamps (Hrsg.), *Perspektiven der Didaktik. Zeitschrift für Erziehungswissenschaft* (Zeitschrift für Erziehungswissenschaft Sonderheft, Bd. 9, S. 13–34). Wiesbaden: VS Verlag für Sozialwissenschaften.

Terhart, E. (2009b). *Didaktik. Eine Einführung.* Stuttgart: Reclam.

Terhart, E. (2011). Lehrerberuf und Professionalität. Gewandeltes Begriffsverständnis – neue Herausforderungen. In W. Helsper & R. Tippelt (Hrsg.) Pädagogische Professionalität. *Zeitschrift für Pädagogik.* (Beiheft 57), 202–224.

Terhart, E. (2013). *Erziehungswissenschaft und Lehrerbildung* (Waxmann-Studium). Münster: Waxmann.

Terhart, E. (2014a). Die Beurteilung von Schülern als Aufgabe des Lehrers: Forschungslinien und Forschungsergebnisse. In E. Terhart, H. Bennewitz & M. Rothland (Hrsg.), *Handbuch der Forschung zum Lehrerberuf* (2., überarb. und erw. Aufl., S. 883–904). Münster: Waxmann.

Terhart, E. (Hrsg.). (2014b). *Die Hattie-Studie in der Diskussion. Probleme sichtbar machen* (Bildung kontrovers). Seelze: Klett Kallmeyer.

Terhart, E. (2014c). Forschung zu Berufsbiographien von Lehrerinnen und Lehrern: Stichworte. In E. Terhart, H. Bennewitz & M. Rothland (Hrsg.), *Handbuch der Forschung zum Lehrerberuf* (2., überarb. und erw. Aufl., S. 433–437). Münster: Waxmann.

Terhart, E. (2016). Geschichte des Lehrberufs. In M. Rothland (Hrsg.), *Beruf Lehrer/ Lehrerin. Ein Studienbuch* (UTB Schulpädagogik, S. 17–32). Münster: Waxmann.

Terhart, E., Bennewitz, H. & Rothland, M. (Hrsg.). (2014). *Handbuch der Forschung zum Lehrerberuf* (2., überarb. und erw. Aufl.). Münster: Waxmann.

Terpoorten, T. (2014). *Räumliche Konfiguration der Bildungschancen. ZEFIR-Materialien* (Bd. 3). Bochum: Zentrum für Interdisziplinäre Regionalforschung (ZEFIR), Ruhr-Universität Bochum.

Thiel, F., Cortina, K. S. & Pant, H. A. (2014). Steuerung im Bildungssystem im internationalen Vergleich. In R. Fatke & J. Oelkers (Hrsg.), *Zeitschrift für Pädagogik* (Beiheft 60), 123–148.

ThILLM – Thüringer Institut für Lehrerfortbildung, Lehrplanentwicklung und Medien (Hrsg.). (2008). *Mit Bildungsstandards arbeiten in den Fächern Deutsch und Mathematik der Grundschule. Lehrplanrevision, Unterrichtsentwicklung, Kompetenztests* (2. Aufl.). Impulse: 50. Verfügbar unter: http://www.schulportal-thueringen.de/web/guest/media/detail?tspi=1941 [30.04.2018].

ThILLM – Thüringer Institut für Lehrerfortbildung, Lehrplanentwicklung und Medien (Hrsg.). (2010). *Kompetent werden – Begriffliche Orientierung zur Lehrplanar-*

beit in Thüringen. Material Nr. 161. Verfügbar unter: https://www.schulportal-thu-eringen.de/web/guest/media/detail?tspi=1544 [30.04.2018].

Thompson, C., Jergus, K. & Breidenstein, G. (Hrsg.). (2014). *Interferenzen. Perspektiven kulturwissenschaftlicher Bildungsforschung.* Weilerswist: Velbrück Wissenschaft.

ThürSchulG – *Thüringer Schulgesetz.* In der Fassung der Bekanntmachung vom 30. April 2003 (GVBl. S. 238) zuletzt geändert durch Artikel 5 des Gesetzes vom 31. Januar 2013 (GVBl. S. 22, 23). Verfügbar unter: http://landesrecht.thuerin-gen.de/jportal/?quelle=jlink&query=SchulG+TH&psml=bsthueprod.psml&max=true&aiz=true [23.06.2018].

ThürSchulO – Thüringer Schulordnung für die Grundschule, die Regelschule, die Gemeinschaftsschule, das Gymnasium und die Gesamtschule. In der Fassung vom 20.1.1994 (GVBl. 1994, 185) mehrfach geändert durch Verordnung vom 7.7.2011 (GVBl., 208). Verfügbar unter: http://landesrecht.thueringen.de/jportal/?quelle=jlink&query=SchulO+TH&psml=bsthueprod.psml&max=true [23.06.2018].

Tiedemann, J. & Billmann-Mahecha, E. (2010). Wie erfolgreich sind Gymnasiasten ohne Gymnasialempfehlung? Die Kluft zwischen Schullaufbahnempfehlung und Schulformwahl der Eltern. *Zeitschrift für Erziehungswissenschaft, 13* (4), 649–660.

Tiel, C. (2004). Theorie. In J. Mittelstraß (Hrsg.), *Enzyklopädie Philosophie und Wissenschaftstheorie. Bd. 4: Sp–Z* (Unveränd. Nachdr. der Sonderausg. 2004, S. 260–270). Darmstadt: WBG.

Tillmann, K.-J. (Hrsg.). (1993). *Schultheorien* (2. Aufl.). Hamburg: Bergmann und Helbig.

Tillmann, K.-J. (2013). *Schulstrukturen in 16 deutschen Bundesländern. Zur institutionellen Rahmung des Lebenslaufs.* (NEPS Working Paper No. 28). Bamberg: Otto-Friedrich-Universität, Nationales Bildungspanel.

TMBJS – Thüringer Ministerium für Bildung, Jugend und Sport. (o.J.). *Thüringer Schulämter.* Verfügbar unter: http://www.thueringen.de/th2/schulaemter/index. aspx [23.09.2015].

TMBWK Thüringer Ministerium für Bildung, Wissenschaft und Kultur. (2011a). *Leitgedanken zu den Thüringer Lehrplänen für den Erwerb der allgemein bildenden Schulabschlüsse.* Verfügbar unter: https://www.schulportal.thueringen.de/media/detail?tspi=1382 [27.06.2016].

TMBWK – Thüringer Ministerium für Bildung, Wissenschaft und Kultur. (2011b). *Dienstordnung für Lehrer, Erzieher und Sonderpädagogische Fachkräfte an den staatlichen Schulen in Thüringen. Verwaltungsvorschrift des Thüringer Kultusministeriums vom 28. Mai 1993 (Gem.ABl. S. 235), geändert durch Verwaltungsvorschrift vom 19. Juli 2001 (Gem.ABl. S. 326), zuletzt geändert durch Verwaltungsvorschrift vom 30.11.2011 (ABl. TMBWK 2011 Nr. 12, S. 258).* Verfügbar unter: http://landesrecht.thueringen.de/jportal/?quelle=jlink&query=VVTH-223246-TKM-1993-05-28-SF&psml=bsthueprod.psml&max=true [20.07.2016].

Tocqueville, A. de (Hrsg.). (2011). *Über die Demokratie in Amerika.* Stuttgart: Reclam.

Topsch, W. (2011). Leistung messen und bewerten. In H. Kiper, H. Meyer & W. Topsch (Hrsg.), *Einführung in die Schulpädagogik* (Studium kompakt Unterricht, Schule, 6. Aufl., S. 134–146). Berlin: Cornelsen.

Tosch, F. (2014). Reichweite und Wirksamkeit der Bildungsadministration. Verwaltungshandeln als Steuerung zwischen staatlicher Vorgabe, regionaler Anpassung und lokaler Realität an der Wende vom 19. zum 20. Jahrhundert. In S. Reh & H.-

P. Füssel (Hrsg.), *Recht und moderne Schule. Beiträge zu ihrer Geschichte* (S. 77–96). Bad Heilbrunn: Verlag Julius Klinkhardt.

Trautmann, M. (Hrsg.). (2004). *Entwicklungsaufgaben im Bildungsgang* (Studien zur Bildungsgangforschung, Bd. 5). Wiesbaden: VS Verlag für Sozialwissenschaften.

Trautmann, M. (2016a). Allgemeine Didaktik – Krisenrhetorik, Wandel und Normalisierung einer erziehungswissenschaftlichen Teildisziplin. In A. Wegner (Hrsg.), *Allgemeine Didaktik: Praxis, Positionen, Perspektiven* (S. 37–48). Opladen: Verlag Barbara Budrich.

Trautmann, M. (2016b). Die allgemeine Didaktik – eine umstrittene Disziplin. In R. Porsch (Hrsg.), *Einführung in die Allgemeine Didaktik. Ein Lehr- und Arbeitsbuch für Lehramtsstudierende* (Bd. 4565, S. 9–23). Münster: Waxmann.

Tschamler, H. (1996). *Wissenschaftstheorie. Eine Einführung für Pädagogen* (3., erw. und überarb. Aufl.). Bad Heilbrunn: Verlag Julius Klinkhardt.

Tugendhat, E. (1993). *Vorlesungen über Ethik*. Frankfurt am Main: Suhrkamp.

Tugendhat, E. (2015). *Ethik und Politik. Vorträge und Stellungnahmen aus den Jahren 1978–1991* (3. Aufl.). Frankfurt am Main: Suhrkamp.

Tulodziecki, G., Herzig, B. & Blömeke, S. (2017). *Gestaltung von Unterricht. Eine Einführung in die Didaktik* (UTB Erziehungswissenschaft, Schulpädagogik, Allgemeine Didaktik, Bd. 3311; 3., überarb. und erw. Aufl.). Bad Heilbrunn: Verlag Julius Klinkhardt.

Universität Dortmund. (1999). *IFS-Schulbarometer. Ein mehrperspektivisches Instrument zur Erfassung von Schulwirklichkeit* (Beiträge zur Bildungsforschung und Schulentwicklung, Bd. 1; 4. Aufl.). Dortmund: IFS.

Vaill, P. B. (1998). *Lernen als Lebensform. Ein Manifest wider die Hüter der richtigen Antworten*. Stuttgart: Klett-Cotta.

van Ackeren, I. & Klemm, K. (2009). *Entstehung, Struktur und Steuerung des deutschen Schulsystems. Eine Einführung*. Wiesbaden: VS Verlag für Sozialwissenschaften.

van Ackeren, I., Klemm, K. & Kühn, S. M. (2011). *Entstehung, Struktur und Steuerung des deutschen Schulsystems. Eine Einführung* (Lehrbuch, 2., überarb. und aktual. Aufl.). Wiesbaden: VS Verlag für Sozialwissenschaften.

Vester, M. (2006). Die ständische Kanalisierung der Bildungschancen. Bildung und soziale Ungleichheit zwischen Boudon und Bourdieu. In W. Georg (Hrsg.), *Soziale Ungleichheit im Bildungssystem. Eine empirisch-theoretische Bestandsaufnahme* (Theorie und Methode. Sozialwissenschaften/UVK, S. 13–54). Konstanz: UVK.

Vester, M. (2014). Bildungsprivilegien unter Druck. Die ständische Bildungsordnung und ihre Herausforderungen durch aktivere Bildungsstrategien der Milieus. In U. Bauer, A. Bolder, H. Bremer, R. Dobischat & G. Kutscha (Hrsg.), *Expansive Bildungspolitik – expansive Bildung?* (Bildung und Arbeit, S. 243–267). Wiesbaden: VS Verlag für Sozialwissenschaften.

Vogel, P. (1977). *Die bürokratische Schule. Unterricht als Verwaltungshandlung und der pädagogische Auftrag der Schule*. Kastellaun: A. Henn.

Vogel, P. (1996). Scheinprobleme in der Erziehungswissenschaft. Das Verhältnis von „Erziehung" und „Sozialisation". *Zeitschrift für Pädagogik, 42* (4), 481–490.

von Saldern, M. (2011). *Schulleistung 2.0. Von der Note zum Kompetenzraster* (Schule in Deutschland, Bd. 4). Norderstedt: Books on Demand.

Walberg, H. J. (1984). Improving the productivity of American Schools. *Educational Leadership, 41*, 19–27.

Walker Tileston, D. (2004). *What every teacher should know about the profession and politics of teaching* (What every teacher should know about, Bd. 10). Thousand Oaks, California: Corwin Press.

Walper, S., Langmeyer, A. & Wendt, E.-V. (2015). Sozialisation in der Familie. In K. Hurrelmann, U. Bauer, M. Grundmann & S. Walper (Hrsg.), *Handbuch Sozialisationsforschung* (Pädagogik, 8. Aufl., S. 364–392). Weinheim: Beltz.

Watzlawick, P., Bavelas, J. H. & Jackson, D. D. (1993). *Menschliche Kommunikation. Formen, Störungen, Paradoxien* (Nachdr. der 8., unveränd. Aufl.). Bern: Huber.

Wegner, A. (2016). Einleitung. In A. Wegner (Hrsg.), *Allgemeine Didaktik: Praxis, Positionen, Perspektiven* (S. 9–23). Opladen: Verlag Barbara Budrich.

Wehling, H.-G. (1977). Konsens à la Beutelsbach? Nachlese zu einem Expertengespräch. In S. Schiele & H. Schneider (Hrsg.), *Das Konsensproblem in der politischen Bildung* (Anmerkungen und Argumente zur historischen und politischen Bildung, Bd. 17, S. 173–184). Stuttgart: Klett-Cotta.

Weinert, F. E. (1999). Psychologische Orientierung in der Pädagogik. In H. Röhrs & H. Scheuerl (Hrsg.), *Richtungsstreit in der Erziehungswissenschaft und pädagogische Verständigung* (S. 203–214). Frankfurt am Main: Lang.

Weinert, F. E. (2000). Lehren und Lernen für die Zukunft – Ansprüche an das Lernen in der Schule. *Pädagogische Nachrichten Rheinland-Pfalz, 2*, 1–16.

Weinert, F. E. (Hrsg.). (2002). *Leistungsmessungen in Schulen* (Beltz Pädagogik, 2., unveränd. Aufl., Dr. nach Typoskript). Weinheim: Beltz.

Weinert, F. E. & Schrader, F.-W. (1986). Diagnose des Lehrers als Diagnostiker. In H. Petillon & A. Auffenfeld (Hrsg.), *Schülergerechte Diagnose. Theoretische und empirische Beiträge zur pädagogischen Diagnostik; Festschrift zum 60. Geburtstag von Karlheinz Ingenkamp* (Beltz Monographie, S. 11–29). Weinheim: Beltz.

Weishaupt, H. (2018). Bildung und Region. In R. Tippelt & B. Schmidt-Hertha (Hrsg.), *Handbuch Bildungsforschung* (Springer Reference Sozialwissenschaften, 4., überarb. und aktual. Aufl., S. 271–286). Wiesbaden: VS Verlag für Sozialwissenschaften.

WELT. (2004, 18. September). *„Mut zur Erziehung“.* Verfügbar unter· https://www.welt.de/print-welt/article341284/Mut-zur-Erziehung.html [08.06.2018].

Wengert, H. G. (2011). Leistungsbeurteilung in Schule. In G. Bovet & V. Huwendick (Hrsg.), *Leitfaden Schulpraxis. Pädagogik und Psychologie für den Lehrberuf* (6. Aufl., S. 324–349). Berlin: Cornelsen Scriptor.

Werlen, B. (2015). From Local to Global Sustainability. Transdisciplinary Integrated Research in the Digital Age. In B. Werlen (Hrsg.), *Global Sustainability. Cultural Perspectives and Challenges for Transdisciplinary Integrated Research* (S. 2–16). Cham: Springer International Publishing.

Werner, H. J. (2002). *Moral und Erziehung in der pluralistischen Gesellschaft.* Darmstadt: WBG.

Wernke, S., Werner, J. & Zierer, K. (2015). Heimann, Schulz oder Klafki? Eine quantitative Studie zur Einschätzung der Praktikabilität allgemeindidaktischer Planungsmodelle. *Zeitschrift für Pädagogik, 61* (3), 429–451.

Westphal, A., Gronostaj, A., Vock, M., Emmrich, R. & Harych, P. (2016). Differenzierung im gymnasialen Mathematik- und Deutschunterricht – vor allem bei guten Diagnostiker/innen und in heterogenen Klassen? *Zeitschrift für Pädagogik, 62* (1), 131–148.

Wiater, W. (2010). *Unterrichten und Lernen in der Schule. Eine Einführung in die Didaktik* (Immer besser unterrichten Didaktik, 2. Aufl.). Donauwörth: Auer.

Widmaier, B. & Zorn, P. (Hrsg.). (2016). *Brauchen wir den Beutelsbacher Konsens? Eine Debatte der politischen Bildung.* Bonn: BPB.

Wild, E. & Möller, J. (Hrsg.). (2015). *Pädagogische Psychologie* (Springer-Lehrbuch, 2., vollst. überarb. und aktual. Aufl.). Berlin: Springer.

Willems, A. S. (2016). Unterrichtsqualität und professionelles Lehrerhandeln. Prozesse und Wirkungen guten Unterrichts aus dem Blickwinkel der empirischen Schul- und Unterrichtsforschung. In R. Porsch (Hrsg.), *Einführung in die Allgemeine Didaktik. Ein Lehr- und Arbeitsbuch für Lehramtsstudierende* (UTB, Bd. 4565, S. 289–338). Münster: Waxmann.

Winter, F. (2016). *Leistungsbewertung. Eine neue Lernkultur braucht einen anderen Umgang mit den Schülerleistungen* (Grundlagen der Schulpädagogik, Bd. 49; 7., unv. Aufl.). Baltmannsweiler: Schneider-Verlag Hohengehren.

Wittgenstein, L. (1980). *Philosophische Untersuchungen* (2. Aufl.). Frankfurt am Main.

Wittgenstein, L. (Hrsg.). (2003). *Philosophische Untersuchungen. Kritisch-genetische Edition.* Hrsg. von J. Schulte in Zusammenarbeit mit H. Nyman, E. von Savigny und G. Henrik von Wright. Frankfurt am Main: Suhrkamp.

Wulf, A. (2016). *Alexander von Humboldt und die Erfindung der Natur.* München: Bertelsmann.

Wulf, C., Althans, B., Audehm, K., Blaschke, G., Ferrin, N., Kellermann, I. et al. (2011). *Die Geste in Erziehung, Bildung und Sozialisation. Ethnographische Feldstudien.* Wiesbaden: VS Verlag für Sozialwissenschaften.

Zeitler, S. K., Heller, N. & Asbrand, B. (2012). *Bildungsstandards in der Schule. Eine rekonstruktive Studie zur Implementation der Bildungsstandards.* Münster: Waxmann.

Ziegenspeck, J. W. (1999). *Handbuch Zensur und Zeugnis in der Schule. Historischer Rückblick, allgemeine Problematik, empirische Befunde und bildungspolitische Implikationen; ein Studien- und Arbeitsbuch.* Bad Heilbrunn: Verlag Julius Klinkhardt.

Ziener, G. (2013). *Bildungsstandards in der Praxis. Kompetenzorientiert unterrichten* (3. Aufl.). Stuttgart: Klett.

Zlatkin-Troitschanskaia, O., Beck, K., Sembill, D., Nickolaus, R. & Mulder, R. (Hrsg.). (2009). *Lehrprofessionalität. Bedingungen, Genese, Wirkungen und ihre Messung.* Weinheim: Beltz.

Zymek, B. (2008). Geschichte des Schulwesens und des Lehrerberufs. In W. Helsper & J. Böhme (Hrsg.), *Handbuch der Schulforschung* (S. 203–237). Wiesbaden: VS Verlag für Sozialwissenschaften.

Zymek, B. (2014). Die Schule in der Stadt und die Schule auf dem Lande. Zur Geschichte der kommunalen Schulverwaltung. In S. Reh & H.-P. Füssel (Hrsg.), *Recht und moderne Schule. Beiträge zu ihrer Geschichte* (S. 97–124). Bad Heilbrunn: Verlag Julius Klinkhardt.

Zymek, B. (2017). Die Zukunft des Lehrerberufs in Deutschland – was wir dazu aus der Geschichte wissen können. *Die Deutsche Schule, 109* (1), 70–90.

Zymek, B., Sikorski, S., Franke, T., Ragutt, F. & Jakubik, A. (2006). Die Transformation regionaler Bildungslandschaften. Vergleichende Analyse lokaler und regionaler Schulangebotsstrukturen in den Städten Münster, Recklinghausen, Bochum und dem Kreis Steinfurt 1995–2003. In W. Bos, H. G. Holtappels, H. Pfeiffer, H.-G. Rolff & R. Schulz-Zander (Hrsg.), *Jahrbuch der Schulentwicklung. Daten, Beispiele und Perspektiven* (Eine Veröffentlichung der Arbeitsstelle für Schulentwicklungsforschung der Universität Dortmund, Bd. 14, S. 195–219). Weinheim: Beltz Juventa.

Abbildungsverzeichnis

Tabellenverzeichnis

Abkürzungsverzeichnis

APU	ArbeitsPlatzUntersuchung
B.A.	Bachelor of Arts
BASS	Bereinigte Amtliche Sammlung der Schulvorschriften
BLK	Bund-Länder-Kommission
BMAS	Bundesministerium für Arbeit und Soziales
BMBF	Bundesministerium für Bildung und Forschung
BMFSFJ	Bundesministerium für Familie, Senioren, Frauen und Jugend
BRD	Bundesrepublik Deutschland
BRRG	Beamtenrechtsrahmengesetz
bzw.	beziehungsweise
CERN	Conseil européen pour la recherche nucléaire
COACTIV	Professionswissen von Lehrkräften, kognitiv aktivierender Mathematikunterricht und die Entwicklung mathematischer Kompetenz
CSP	Chancenspiegel
d.A.	die Autoren
DBB	Deutscher Beamtenbund
DEMAT	Deutscher Mathematiktest für erste Klassen
DGB	Deutscher Gewerkschaftsbund
DIPF	Deutsches Institut für Internationale Pädagogische Forschung
EPA	Einheitliche Prüfungsanforderungen in der Abiturprüfung
ERI	Effort-Reward-Imbalance-Modell
FSU	Friedrich-Schiller-Universität
GG	Grundgesetz
ICCS	International Civic and Citizenship Education Study
i.d.F.	in der Fassung
i.d.R.	in der Regel
IEA	International Association for the Evaluation of Educational Achievement
IFS	Institut für Sprachvermittlung und internationalen Kulturaustausch
IGLU	Internationale Grundschul-Lese-Untersuchung
IGS	Integrierte Gesamtschule
IQB	Institut zur Qualitätsentwicklung im Bildungswesen
K	Kompetenz
KMK	Kultusministerkonferenz
LDL	Lernfortschrittsdiagnostik Lesen
LP	Lehrperson
M.A.	Magister/Magistra Artium
m.a.W.	mit anderen Worten
MSB NRW	Ministerium für Schule und Bildung des Landes Nordrhein-Westfalen
NCTM	National Council of Teachers of Mathematics
NEA	National Education Association
NEPS	National Educational Panel Study

NGO	Non-Governmental Organization
NPM	New Public Managements
NRW	Nordrhein-Westfalen
OE	Organisationsentwicklung
OECD	Organisation for Economic Co-operation and Development
PE	Personalentwicklung
PISA	Programme for International Student Assessment
PISA-E	Erweiterungsstudie zum Bundesländervergleich in Ergänzung der internationalen PISA-Studien
PQM	Pädagogisches Qualitätsmanagements
ProfJL2	Professionalisierung von Anfang an im Jenaer Modell der Lehrerbildung
QUA-LIS	Qualitäts- und Unterstützungsagentur – Landesinstitut für Schule
SchulG NRW	Schulgesetz für das Land Nordrhein-Westfalen
SEfU	Schüler als Experten für Unterricht
SEIS	Selbstevaluation in Schulen
SESSKO	Skalen zur Erfassung des schulischen Selbstkonzepts
SL	Schulleitende
SLS	Salzburger-Lesescreening
SOEP	Sozio-oekonomisches Panel des Deutschen Instituts für Wirtschaftsforschung
TEDS-M	Teacher Education and Development Study in Mathematics
TEDS-FU	Teacher Education and Development Study in Mathematics – Follow Up
ThILLM	Thüringer Institut für Lehrerfortbildung, Lehrplanentwicklung und Medien
TIMSS	Trends in International Mathematics and Science Study
TMBJS	Thüringer Ministerium für Bildung, Jugend und Sport
TMBWK	Thüringer Ministerium für Bildung, Wissenschaft und Kultur
ThürSchulG	Thüringer Schulgesetz
ThürSchulO	Thüringer Schulordnung für die Grundschule, die Regelschule, die Gemeinschaftsschule, das Gymnasium und die Gesamtschule
UE	Unterrichtsentwicklung
VERA	Vergleichsarbeiten
VSL	Verlaufsdiagnostik sinnerfassenden Lesens